가족복지론

가족복지론

임정문 · 한현지 · 신선애 · 오선영 공저

dm 동문사

머리말

최근 급속한 도시화, 산업화 등의 변화와 제도, 관습, 법, 오락, 산업 등 사회의 여러 분야도 이에 맞추어 급변하고 있는데, 그중에서도 가족과 가족을 둘러싼 환경의 변화는 가장 중요한 변화일 것이다. 우리나라는 가족의식의 변화, 가족문제의 유형, 내용, 대처방안 등에서도 많은 변화를 경험하고 있다. 이러한 변화는 저출산, 고령화, 다문화가정의 급증, 가정폭력문제, 한부모 가족문제, 이혼율 증가, 독신가구의 증가, 빈곤가족의 문제, 장애인문제, 노인문제, 미혼모와 그 자녀의 문제, 가족해체 문제 등 가족과 관련된 다양한 문제들이 나타나고 있다.

그럼에도 불구하고 가족은 과거로부터 기본적인 안정성을 가지고 있으며, 여전히 개인의 성장과 발전에 큰 영향을 미치고 있다. 따라서 가족복지는 개인과 가족을 동시에 고려하여 개입해야 하며, 다양하게 나타나고 있는 가족문제를 최소화하는 개입방법이 될 수 있다.

이 책은 가족복지의 다양한 이론과 실제를 결합하여 최근의 변화에 따른 가족 관련 이슈의 실태 파악과 현재의 개입현황, 미래의 방향을 살펴봄으로써 우리가 접하는 가족문제의 예방과 개입방안 등의 기초를 제공하고, 가족복지 관련 종사자로서 전문적인 실천을 위해 필요한 지식과 기술을 담고자 노력하였다.

이 책은 총 5부로 구성되어 있다. 제1부 가족복지 개관에서는 기본적인 가족개념과 유형, 가족생활주기, 가족복지의 기능 등을 제1장 가족의 이해, 제2장 가족복지의 이해를 통해 살펴보았다. 제2부 가족복지정책에서는 제3장 복지국가와 가족복지정책, 제4장 한국과 외국의 가족복지정책, 제5장 가족복지정책과 관련법을 살펴봄으로써 우리나라에서 시행 중인 가족복지와 관련한 정책과 관련법, 외국의 가족복지정책을 비교하며 앞으로 나아갈 방향성을 찾고자 하였다. 제3부 가족복지 실천과정에서는 제6장 초기단계, 제7장 사정과 개입계획, 제8장 개입과 종결의 과정을 살펴봄으로써 가족복지 서비스 접근방법에 대하여 제시하였다. 제4부 가족복지 실천현장과 프로그램의 이해에서는 제9장 가족복지실천현장, 제10장 가족치료 프로그램을 다루어 가족복지 관련기관의 현황과 프로그램에 대하여 살펴보았다. 제5부 가족복지 실천의 대상과 영역에서는 제11장 빈곤가족, 제12장 한부모가족, 제13장 가정폭력가족, 제14장 다문화가족, 제15장 장애인가족에 대해 살펴봄으로써, 우리 사회에 나타나고 있는 다양한 가족문제와 그에 따른 개입과 해결방안 등을 제시하여 가족문제 해결을 위한 대책을 제시하였다.

마지막으로 이 책이 나오기까지 도움을 주신 동문사 이중수 사장님과 짧은 시간에도 불구하고 꼼꼼히 편집을 해주신 관계자께 감사드리며, 이 책이 가족복지를 공부하는 많은 이들에게 조금이나마 도움이 되기를 바란다.

2025년 2월
저자 일동

차 례

CONTENTS

차 례

CONTENTS

PART 01

가족복지 개관

CHAPTER 01

가족의 이해

1. 가족의 정의 및 특성

1) 가족의 정의

가족(家族)은 부부를 중심으로 하여 그로부터 생겨난 자녀 등 가까운 혈육들로 이루어지는 집단을 말한다. 가족의 사전적 정의를 찾아보면 "어버이와 자식, 형제자매, 부부 등 혈연과 혼인관계 등에 의해 한 집안을 이룬 사람들의 집단 또는 그 성원"(새우리말 큰 사전, 2000)이라고 정의하고 있으며 「민법」에서 정의하는 가족의 범위는 배우자, 직계혈족, 형제자매와 생계를 같이하는 직계혈족의 배우자, 배우자의 직계혈족 및 배우자의 형제자매로 정의하고 있다.[1)]

가족을 연구하는 학자마다 강조하는 점이 약간씩 다르지만, 어원적 개념으로 보면 가족(family)은 라틴어의 familia에 있는데, 노예나 하인을 뜻하는 famous와 유사하며 집에 속하는 모든 것을 포함하는 개념으로, 생활하는 장소로서의 집과 소속된 인간, 즉 가구 구성원 모두를 포함한다(김혜경 외, 2016: 14). 가족에 대한 정의를 사전적으로 정의해 보면, 가족은 대체로 혈연이나 입양, 결혼 등으로 관계되어 같이 생활하는 사람들의 집단(공동체) 또는 그 구성원을 말한다. 집단을 말할 때는 가

---

1) 「민법」 제4편 친족, 제779조(가족의 범위)

① 다음의 자는 가족으로 한다.

1. 배우자, 직계혈족 및 형제자매 2. 직계혈족의 배우자, 배우자의 직계혈족 및 배우자의 형제자매

② 제1항 제2호의 경우에는 생계를 같이 하는 경우에 한한다.

정이라고 하며, 그 구성원을 말할 때는 가족이라고 한다. 가장 보편적으로 알려진 정의로는 머독(Murdock, 1949)의 핵가족 정의와 레비-스트라우스(Levi-Strauss, 1969) 등의 확대가족적 정의가 있다.

(1) 전통적 의미의 가족

① 머독(Murdock)의 정의

"가족은 공동의 거주와 경제적 협동, 인정받은 성관계, 자녀 출산(생산)의 특징을 갖는 집단으로 부부와 그들의 자녀로 구성된다"라고 정의하였다. 즉, 가족은 혈연, 입양, 결혼 등에 기반을 둔 특수한 관계를 지닌 사람들로서 반드시 동거할 필요는 없으며 생활공동체로서의 연대의식을 가지고 동거를 기대할 수 있는 관계라고 볼 수 있다. 이러한 관점은 부부와 자녀를 가족의 핵으로 파악하고 있어 핵가족적 정의라고 한다(이영실, 2016: 12). 하지만 가족을 너무 좁은 의미로 한정하여, 현대 가족의 형태인 한부모가족, 일인가구가족, 재혼가족 등 다양한 가족을 보편적으로 정의하는 데는 부적합하다는 문제점이 제기된다.

② 레비-스트라우스(Levi-Strauss)

"가족은 결혼으로 시작되며 부부와 그들 사이에서 출생한 자녀로 구성되지만, 이들에 가까운 친척이 포함될 수 있고, 가족 구성원은 법적 유대 및 경제적·종교적인 것 등의 권리와 의무, 성적 권리와 금기, 애정, 존경 등의 다양한 심리적 정감으로 결합되어 있다"고 정의하였다. 레비-스트라우스의 관점은 가족 구성원의 유대, 관계, 결합의 운명체적 관점을 강조함으로써 머독의 정의보다 확대된 범위를 가족으로 보고 있다. 레비-스트라우스의 정의는 가족을 결혼과 혈연으로 이루어진 보다 넓은 친족집단의 구조로 파악하여 확대가족적 정의라고 하며, 현대사회의 가족을 정의하는 데 보다 적합하다.

이들의 개념은 조금씩 다르기는 하지만 모두 결혼과 혈연을 토대로 한 협의의 개념에 속하는데, 가족은 혼인, 혈연 및 입양으로 이루어진 관계자들의 집단이며, 이들은 의식주를 공동으로 해결하고 정서적·정신적 유대와 공동체적 생활방식을 갖는 집단이라고 정의할 수 있다(최경석 외, 2001: 16-17; 여성한국사회연구소, 2002: 3).

(2) 현재 상황의 가족

미국의 인구국에서는 '가족은 한 집에 거주하는 서로 관련된 두 명 이상의 사람들로 구성된다'라고 하여 물리적 거주에 중점을 두고 있으나 가족학자들은 '가족이란 둘 또는 그 이상의 가족 구성원들이 서로 돕고 몰입되어 있으며 애정과 친밀감, 가치관과 의사결정, 그리고 자원을 서로 나누는 집단'으로 보았다. 또 친밀감에 대한 욕구는 가족 구성원 간에 감정을 공유하면서 충족할 수 있으며, 친밀한 인간관계에서 걱정과 근심을 함께 나눔으로써 사회적 통합의 욕구를 충족시킬 수 있다고 정의한다. 이들의 정의는 서로 심리적·정서적 정감을 어떻게 나누느냐를 중시하고 있으며, 가족이란 서로에게 자원이 되고 충족감을 줄 수 있는 상호작용적인 체계로 보고 있다(김혜경 외, 2016: 16).

(3) 미래 변화의 가족

최근 서구 여러 나라에서 일어나고 있는 사회현상은 가족에 대한 전통적 개념을 수정하도록 요구하고 있다. 우리 사회도 고전적 의미의 핵가족 비율이 감소하고 있는 반면에 부자가족 또는 모자가족 등의 한부모가족, 노인가족, 1인가족, 무자녀가족, 비동거가족, 공동체가족, 동성가족 등의 비전통적인 가족의 형태가 증가하고 있다. 이와 같이 현대 가족의 생활양식과 구조가 유동적으로 변화하고 있다는 점에서 결혼과 혈연을 토대로 한 전통적인 협의의 개념보다는 가족에 대한 광의의 개념 접근이 요구된다(Collins et al., 1999: 25-26). 실제로 오늘날의 가족학자들은 더 이상 보편적이고 전형적인 가족현상을 규정하려 하지 않는다. 오히려 존재하는 그대로의 생활양식을 중심으로 나타나는 가족현상에 관심을 갖는다. 그리하여 '가족이란 무엇인가'보다는 '무엇을 가족으로 볼 수 있는가'에 연구의 초점을 둔다(정혜정 외, 2009). 즉, 세 가지 조건인 '관계의 지속성', '경제적 지원과 공유성', '정서적 친밀감'이 모두 이루어지는 관계라면 그 관계를 가족으로 규정할 수 있다는 것이다.

참고

가족의 개념을 어떻게 규정할 것인가? 그리고 어떤 가족 개념에 의거하여 정책이 형성되는가에 따라 다양한 형태의 가족들이 경험하는 현실은 현저히 달라질 수 있다.

① 핵가족만을 정상 가족으로 간주할 경우 다른 형태의 가족들은 비정상적인 가족이 되어 사회적으로 낙인을 받을 것이며, 핵가족만을 염두에 둔 가족정책은 다른 형태의 가족들을 소외시키고 불이익을 가져다줄 수 있어 사회통합을 저해시킬 수 있다(이영주 외, 2015: 13).

② 사회복지적 관점으로 볼 때, 개인의 가족생활 경험에 대한 편견과 낙인을 배제하고 가능한 한 모든 가족유형이 가족복지의 대상이 될 수 있도록 하기 위해서는 가족의 정의가 포괄적이어야 할 것이다(손병덕, 2011: 17).

2) 가족의 특성

가족을 하나의 사회집단으로 보았을 때, 다른 사회집단과 구분되는 특성을 살펴보면 다음과 같다(이정우 외, 1992; 김혜경 외, 2016: 16-18).

(1) 1차적 집단

1차적[2)] 집단(primary group)에서는 구성원 상호 간의 관계가 직접적(face-to-face)이고 친밀하며, 그 관계가 항구적으로 지속된다. 또한 구성원들은 하나의 공통된 전체 속에 융합되어 우리 의식(we-feeling)으로 강한 일체감을 유지한다. 이에 대하여 2차적인 집단이란 간접적 거리를 가지고 접촉하는 결합관계를 갖는 것(예 조직, 국가, 사회 등)이다(2차적 집단은 그 구조가 비교적 복잡하고 제도화되어 있다).

2) 쿨리(Cooley)는 인간 간의 접촉방식에 따라 1차적 집단과 2차적 집단으로 구분하고 인간이 출생과 동시에 참여하는 집단을 1차적 집단으로 분류하였다.

(2) 공동사회집단

공동사회(gemeinschaft)는 퇴니스(Tönnis)가 사용한 개념으로 희생사회라고도 불리며, 구성원 상호 간의 애정과 이해로 결합되어 외부적 장애에 의해 결코 분열하지 않는 본질적 결합관계를 지닌다. 이러한 관계는 가족관계로, 가족 구성원 간의 상호 신뢰를 바탕으로 한 정의적·감정적 기초로 성립되는 관계이다. 이에 대하여 이익사회(gesellschaft)는 "어떠한 결합에도 불구하고 본질적으로 분리되어 있는 사회"를 의미하는 것으로, 이러한 사회는 특정한 이익이나 목적을 달성하기 위해 수단을 사용하며, 타산적으로 대등하게 주고받는 이해관계가 개입된 집단이다(예 정당, 사회, 조합 등).

(3) 폐쇄집단

폐쇄집단(closed group)이란 구성원이 되기 위한 자격의 획득이나 포기가 용이하지 않는 집단을 의미한다. 개인은 누구나 원한다고 해서 특정 가족의 구성원이 될 수 없는 것이고, 또한 혈연으로 특정 가족에 태어난 이상 그 가족관계를 자유롭게 포기할 수 없다. 이에 비하여 개방집단이란 집단의 소속성이 자유롭고, 원하는 대로 그 집단 성원의 자격을 획득, 포기할 수 있는 집단을 의미한다(우리 사회에서 가족 이외의 대부분 집단은 개방집단이라 할 수 있다).

(4) 형식적 집단으로 가족관계는 비형식적 형태

형식적 집단(formal group)이란 객관적 조직과 특정한 관습적 절차 체계를 지니며 이것에 의하여 행동이 통제되는 집단을 의미한다. 가족은 결혼이라는 법적 절차에 의하여 부부관계가 성립되므로 이러한 면에서는 형식적이고 제도적인 집단이다. 또한 가족은 도덕, 법규 등 외부적 규범, 문화의 규제를 엄격히 받는 집단이다. 그러나 가족 구성원 상호 간의 관계는 자유스럽고 솔직하며, 형식에 얽매이지 않으며, 인간적 감정으로 연결되어 있는 비형식적(in-formal) 관계로 비교적 자유로운 관계이다.

2. 가족의 기능

머독(Murdock, 1949)은 가족의 주요 기능을 성적 기능, 경제적 기능, 출산 기능, 교육 기능으로 보았다. 인류사회의 존속을 위해서는 가족이 네 가지 본질적 기능을 충분히 수행하여야 하는데, 이 중 한 기능이라도 수행되지 않으면 인류사회의 존속이 불가능하다는 고유 가족기능성을 강조하였다. 즉, 성적 기능과 생식 기능은 구성원을 재생산함으로써 인류사회가 존속되게 하며, 경제적 협동의 기능은 생존의 문제를 해결하기 위해 필요하며, 자녀의 양육과 사회화의 기능은 교육하고 문화를 계승시키는 기능으로 이 네 가지 기능은 가족의 고유 기능이라고 하였다. 이러한 기능은 여러 가지 부차적 또는 파생적 기능을 갖는다. 대외적으로 성적 통제와 종족 보존의 기능으로 사회의 질서를 유지하며, 생산·소비는 사회적으로 노동력 제공과 경제질서 유지의 기능을 수행하고, 여기서 파생되는 교육은 문화 계승의 기능을, 보호와 휴식은 심리적·신체적 안정의 측면에서, 오락과 종교는 문화적·정서적 측면에서 나아가 사회의 안정화에 기여하는 기능을 가진다(김혜경 외, 2016: 26).

일반적으로 가족의 기능은 가족 내 기능과 대사회적 기능으로 분류할 수 있다. 가족 내 기능은 성 및 자녀 출산 기능, 자녀양육·교육 기능, 소비경제·휴식·오락·종교의 기능 등이 있다. 대사회적 기능은 성을 통제하는 기능, 사회 구성원을 충원시키는 기능, 노동력을 제공하고 생활을 보장하는 기능, 사회 전통과 문화를 계승하는 기능, 사회를 안정시키는 기능 등을 들 수 있다. 가족의 기능을 가족 내 기능과 대사회적 기능, 가족기능 변화의 바람직한 기능으로 나누어 살펴보면 다음과 같다(이영실 외, 2016: 17).

1) 가족 내 기능

(1) 성·자녀 출산 기능

결혼은 사회적으로 합법적인 성관계를 인정하는 방식이다. 가족은 남녀의 사랑을 기초로 하여 이루어지므로 가족 구성원의 중심이 되는 부부간의 성적 욕구를 충족시키는 기능을 한다. 그리고 부부간의 성생활 결과 자녀를 출산하며, 자녀를 출산하는 생식의 기능은 사회의 다른 집단에서 대신할 수 없는 가족만의 고유한 기능이다. 피임법의 발달과 더불어 섹슈얼리티가 생식과 구별되기도 하지만, 아직도 이는 생물학적 토대를 가지고 있으며 배우자들 간의 연결고리로서의 핵심적인 기능을 수행한다.

(2) 자녀 양육과 사회화 기능

아이들은 출생하면서 가족으로부터 보호를 받으며, 가족생활을 통해 교육을 받는다. 가정에서는 그들이 사회에 잘 적응하고 바람직한 인간으로 성장하도록 돕는 역할을 하는데, 자녀의 인격 형성이 막대한 영향을 끼쳐 건강한 사회인을 길러내는 기능을 한다. 가족은 1차 집단으로 자녀의 인격 형성에 막대한 영향을 끼치므로 건강한 사회인을 길러내는 가족의 사회화 기능은 매우 중요하다.

(3) 경제 기능

가족의 경제적 기능은 생산 기능과 소비 기능으로 구분할 수 있다. 과거 전통사회의 가족은 생산과 소비의 기능을 함께 수행했지만 현대사회는 고도의 산업사회화, 상품의 대량생산으로 생산단위로서의 가족의 기능은 축소되었으며, 가족 구성원은 산업사회에 노동력을 제공하고 그 대가로 임금을 받으며 이것으로 필요한 물자를 구입하게 되었다. 따라서 현대산업사회의 가족은 상품선택과 구매에 대한 현명한 소비자로서의 능력이 요구되며, 한정된 수입으로 온 가족 구성원의 욕구를 충족시킬 수 있는 공평하고 합리적인 재정관리가 요구된다.

(4) 보호 기능

아동과 다른 구성원에 대한 기본적인 보호는 가족의 핵심기능 중 하나이다. 이는 모든 종류의 폭력, 심리적·신체적·성적·사회적 폭력으로부터 취약한 가족 구성원을 보호하는 것이며, 질병과 위협으로부터 가족 구성원과 재산을 보호하는 것 등도 포함한다. 예전에는 더위, 추위 등 사나운 기후와 맹수로부터 개인을 보호했고 오늘날은 외부환경의 위험으로부터 보호해 준다. 특히 돌봄 기능의 일차 대상은 가족 내 아동과 노인이다. 그 밖에도 질병이나 사고로 일상적 기능을 수행하지 못하는 구성원이 발생하면 가족이 이들을 돌보게 된다. 보육시설, 노인복지시설, 의료기관 등의 발달로 가족 내 돌봄 기능이 약화되고 있지만, 아직까지 가족 구성원을 돌보는 일차적 책임은 그 가족에게 있다.

(5) 종교 기능

가족의 종교적 기능은 종교적 의례나 형식만을 의미하는 것이 아니라 생활에 감사하고 사람의 진리를 깨달으며, 인간 능력의 한계를 겸허하게 인정하고 기도하는 자세로 살아가는 생활태도를 의미한다. 조상에 대한 숭배, 가신(家神) 숭배, 무속신앙, 유교 등의 예가 있으며, 그 밖의 여러 종교기관 등이 그 기능을 맡기도 한다.

(6) 휴식 기능

가족은 가족 구성원에 대하여 심신의 긴장이나 피로를 회복시켜 주는 휴식의 기능을 갖는다. 사회생활로 지친 몸과 마음을 가정에 돌아와 쉬며 긴장을 풀고 다음 날 노동할 수 있도록 노동력을 재생산하게 된다. 이러한 면에서 가정은 단순한 거주지가 아니라 심신의 긴장과 피로를 회복시켜 주는 중요한 기능을 한다.

(7) 오락 기능

가족이 단위가 되어 여가를 즐길 때, 부모와 자녀가 한자리에 모이게 되므로 교육적 의미도 수반될 수 있으며, 또한 가족 구성원이 함께 모여 시간을 보내는 그 자체로 마음이 열리고 대화하게 되고, 생기를 불어넣어 건전한 가정에서 건전한 가치관을 갖게 하며, 나아가 바람직한 사회풍토를 이루는 기초가 되므로 가족이 지니는 오락 기능은 그 의의가 크다.

2) 대사회적 기능

(1) 성을 통제하는 기능

성적 무질서를 방지하고 사회적으로 인정되는 방법으로 성적 욕구를 충족하도록 하는 제도가 결혼이며, 결혼이란 사회제도가 전체 사회에 대하여 어느 정도 성 관계의 통제 기능을 담당함을 의미한다. 즉, 어느 사회나 결혼을 제도화한 이유는 성적 관계를 규제하기 위함이며, 이어 따른 규범은 시대나 사회 배경에 따라 다소 차이는 있어도 소멸되지 않을 것이다.

(2) 사회 구성원의 충원 기능

가족이 지닌 자녀 출산의 기능은 사회를 존속·발전시키는 기능을 담당한다. 인구 재생산은 사회의 존속을 위해서 필수적인 부분인데, 초혼 연령이 늦어지고, 독신 및 이혼율의 증가 등으로 인한 가족 내 성적 기능의 약화, 출산율 감소 등의 현상은 가족의 재생산 기능이 약화되고 있는 것을 의미한다. 대다수 사회는 가족에게 자녀의 수와 출산 터울의 결정을 자율에 맡기고 가족건강에 필요한 가족계획에 대한 정보를 제공한다.

(3) 노동력을 제공하고 생활을 보장하는 기능

가족의 소비 기능은 의식주와 같은 일상생활을 중심으로 이루어지는데 이것은 대사회적으로 개개인의 생활보장을 의미하며, 가족의 소비적 기능을 얼마나 합리적으로 수행하고 있는가는 바로 국민경제의 건전한 발전과 직결되므로 국민 경제 순환에 있어 가계가 차지하는 비중은 매우 크다.

(4) 사회화의 기능

가정에서의 양육과 교육을 통하여 이루어지는 자녀의 사회화를 사회적 측면에서 보면 자녀양육을 통하여 자녀가 그 사회에 적합하게 기능하도록 사회화가 이루어지고, 교육을 통하여 사회생활을 원만하게 해나갈 수 있도록 지식, 규범, 도덕을 익히는 것이므로 가정은 그 사회가 유지·발전할 수 있도록 하는 사회화의 기능을 하고 있다.

(5) 사회안정화의 기능

가족이 인간을 보호하고 휴식하도록 할 때, 개인은 심리적, 신체적으로 안정을 위할 수 있다. 개개인 심신의 안정은 재생산의 원동력이 되고 그것은 다시 사회의 안정을 도모한다. 즉, 가족이 개인에게 심신의 보호와 휴식을 제공하는 것은 바로 가족이 사회의 안정화를 촉진하는 것이라고 할 수 있다.

3. 가족의 유형

가족의 유형이란 가족의 가장이나 호주 한 사람 또는 부부를 중심으로 가족 구성원이 이들과 어떤 관계에 있는지를 조사하여 형태를 분류하는 것으로 핵가족과 그 이외의 가족으로 분류하는 방법, 가족 구성원의 결합 상태에 따라 분류하는 방법, 세대 수에 따라 분류하는 방법이 있다. 가족유형은 일반적으로 소가족과 대가족 및 핵가족과 확대가족, 결합 형태에 따른 분류에 따라 부부가족, 직계가족, 방계가족, 과도기적 가족으로 분류할 수 있다. 이러한 분류를 기준으로 살펴보면 다음과 같다(이영실 외, 2016: 22-25).

1) 소가족과 대가족 및 핵가족과 확대가족

가족의 형태를 분류하는 가장 기본적인 방법은 가족 구성원의 범위를 살펴보는 방법이다.

(1) 소가족과 대가족

대소의 구별이 단순히 식구 수가 많고 적음을 의미하기도 하고, 때로는 혈연관계의 범위와 관련지어 사용되기도 한다. 식구의 수와 혈연관계의 범위가 반드시 일치하는 것은 아니므로 가족의 형태를 대소의 개념으로 구분할 때는 식구의 수와 혈연관계의 범위를 모두 명시하여야 한다. 예를 들면, 부부 중심의 가족일 경우에는 식구의 수가 적어서 소가족의 형태일 가능성이 크지만, 자녀를 여러 명 낳는 경향이 있는 사회에서는 핵가족일지라도 대가족이 되는 경우가 흔히 있다. 가족 구성원의 수를 기준으로 5인 이하를 소가족, 6인 이상을 대가족이라고 한다.

(2) 핵가족과 확대가족

핵가족이란 용어는 미국의 인류학자 머독(Murdock, 1949)이 최초로 사용하였다. 핵가족(nuclear family)은 부부와 그들의 미혼 직계 자녀로 구성된 가족으로서 자녀는 결혼과 동시에 부모의 집을 떠나 새살림을 시작하는 것이 원칙이다. 그러므로 가족 구성원은 부모와 자녀의 2세대로 한정되는 가장 간단한 형태로 가장 보편적으로 쓰이는 용어이다. 개별가족, 단순가족, 요소가족, 부부가족(conjugal family)이라고도 표현한다. 핵가족은 현대산업사회에 특징적인 것으로 간주되어 왔지만 이동성이 필요한 사회에 기능적이어서 원시수렵 채취사회에도 존재하였으며, 특정한 경제생활 조건과 관련되어 나타나는 가족형태이다.

확대가족(extended family)은 핵가족이 확대되거나 복합된 형태, 즉 핵가족이 종적 또는 횡적으로 연결되어 형성되는 형태로 자녀가 결혼 후에도 부모와 동거하는 가족형태를 의미한다. 가족이 횡적으로 확대된 가족을 직계가족(stem family)이라고 한다. 한편 가족이 횡적으로 확대되어 다른 세대뿐만 아니라 세대의 형제들이 결혼한 후에도 그들의 부모와 동거하는 가족을 방계가족(collateral family)이라 한다.

또한 확대가족의 한 변형으로 확대가족의 제일 윗세대가 사망하여도 그의 아들들이 계속하여 한 가족을 이루고 사는 경우가 있는데, 이를 복합가족(joint family)이라고도 하는데, 이는 확대가족의 성격, 즉 결혼한 신랑, 신부가 어디에 거주하는지에 따라 부처확대가족, 모처확대가족, 양처확대가족, 외숙처 확대가족의 네 가지 형태로 분류할 수 있다(Murdock, 1949). 복혼가족은 결혼배우자의 수에 따라서 일부다처제, 일처다부제가 있다.

2) 결합 형태에 따른 분류

가족의 결합 형태에 따른 분류로 살펴보면 ① 부부가족, ② 직계가족, ③ 방계가족, ④ 과도기적 가족으로 분류할 수 있다.

① 부부가족은 자녀가 결혼하여 부모에게서 독립, 분가하여 가족을 구성하는 형태로 핵가족과 외형적으로 동일한 형태이다.
② 직계가족은 핵가족이 종적으로 확대된 형태로서 전통적인 한국의 가족이나 일본의 가족과 같이 원칙적으로 맏아들만 본가에 남아 부모를 모시고 가계를 계승하면서 그 이외의 아들은 분가하는 형태이다.
③ 방계가족은 핵가족이 횡적으로 확대된 형태로서 같은 세대의 형제들이 결혼한 후에도 부모와 동거하는 형태로 중국의 가족유형이 이에 속한다.
④ 과도기적 가족은 잠정적 기간이지만 조부모나 부모 없이 형제나 남매로 구성된 1세대 가족이다.

3) 세대 수에 따른 분류

가족을 구성하고 있는 세대 수에 따라 1세대 가족, 2세대 가족, 3세대 가족, 4세대 가족 등으로 분류할 수 있으며, 남매나 형제로 구성된 과도기적 가족은 1세대 가족이며, 부부와 미혼자녀로 구성된 핵가족은 2세대 가족이다. 또한 조부모와 부모-자녀로 구성된 직계가족과 방계가족은 3세대 가족이다.

4. 가족생활주기

가족생활주기는 가족 변화의 시점이 언제이며, 각 시점별 경험하는 사건들은 무엇이며, 그 원인은 어디에 있으며, 이들 사건에 대해 가족 구성원은 어떻게 대처해 나가는가 등에 관심을 가진다. 가족생활주기는 가족을 순간순간 변화하는 동태적·과정적 집단으로 파악한다. 그러나 가족생활주기는 각 단계대로 진행되는 것이 아니라 현대사회의 다양한 가족들의 등장으로 각각 다른 생활주기를 갖게 됨에 따라 앞으로는 다양한 가족의 형태에 맞는 가족생활주기의 기준이 연구되어야 할 것이다.

1) 가족생활주기의 개념과 의의

(1) 개념

가족주기(family cycle) 또는 가족생활주기(family life cycle)란 성인남녀의 결혼으로 형성된 가족이 자녀 출산과 자녀 성장으로 확대되었다가 자녀의 결혼과 분가로 축소되고, 부부가 노후생활을 거쳐 사망에 이르는 가족생활의 연속적 과정을 의미한다. 가족도 개인과 마찬가지로 탄생과 죽음을 반복한다는 것을 전제로 하여 부부가 혼인해서 사망할 때까지 가족이 겪게 되는 주요한 경험을 단계적으로 설정한 것이 가족생활주기이다(이영주 외, 2015: 18).

(2) 의의

가족생활주기가 갖는 의의는 가족 형성에서 시작되는 가족생활을 전 생애적 관점으로 전망해 봄으로써 각 발달단계에 이루어야 할 과업, 각 단계에서의 가족들의 기대와 욕구, 잠재되어 있는 문제점, 강점 등을 알 수 있고 예측과 계획이 가능하여 계획적 가족생활을 운영할 수 있는 자료를 제공해 주기도 하는 중요한 의의가 있다. 또한 가족생활을 시간적 차원에서 연구하는 데 중요한 기준이 되기도 한다(김혜경 외, 2016: 30).

2) 가족생활주기의 단계

모든 가족 구성원은 각 가족생활주기에 따라 부딪치게 되는 특정 사건에 부모, 조부모, 자녀로서 적절한 대처를 해야만 하는데, 이를 발달과업이라고 한다. 한 가족의 생활이 전체적으로 원만한 발달을 이루기 위해서는 이전의 발달과업이 어느 정도 성취된 후 다음 주기의 발달과업으로 이어져야 한다. 가장 고전적인 가족생활주기 연구자는 미국의 2세대 핵가족을 조사한 사회학자 듀발(Duvall, 1977)로 첫 자녀의 나이에 기초하여 가족생활주기를 8단계로 구분하였다. 듀발의 발달과업을 정리하면 <표 1-1>과 같다.

표 1-1 가족생활주기 단계별 가족의 발달과업

단계		가족구성	가족의 발달과업
1	신혼기	결혼한 부부만의 가족	• 역할과 책임관계의 기준 설정 • 만족스러운 소득과 지출체계 수립 • 상호 만족스러운 애정표현과 성생활체계 수립 • 효율적인 대화체계 수립 • 친인척과 원만한 관계 수립 • 임신과 부모됨에 적응 및 준비
2	자녀 출산 및 자녀 영아기	자녀 출산기의 가족 (0~30개월)	• 영아기 자녀의 부모역할 적응 • 시간과 가사의 재조정 • 만족스러운 부부관계 유지

3	자녀 유아기	학령전기 아동이 있는 가족 (2세 반~6세)	• 유아기 자녀를 효율적으로 양육 • 공간, 에너지, 시간 재정의·재조정 • 만족스러운 부부관계 유지
4	자녀 학동기	학령기 아동이 있는 가족 (7~12세)	• 자녀의 잠재력 개발에 대한 교육적 배려 • 자녀의 학업성취 지원 • 아동이 정서안정과 소속감을 갖도록 환경조성 • 만족스러운 부부관계 유지
5	자녀 청소년기	청소년 자녀가 있는 가족 (13~20세)	• 청소년 자녀의 자아정체감 형성, 진로선택 및 준비, 사회적 역할 획득, 학업성취, 부모로부터 정서적 독립 • 자녀와의 생활에 적응하기 • 재정계획 및 실천 • 부부관계 유지, 중년기 준비
6	진수기	성장한 자녀가 독립하는 가족	• 자녀의 독립 지원, 독립한 자녀와의 새로운 관계 적응 • 재정계획 및 실천 • 중·노년기 준비
7	중년기	중년기 부부 (빈둥지가족에서 은퇴까지)	• 부부관계 재정비 • 건강대책 세우기, 중년기 위기감 극복 • 조부모 역할 수행, 노년기 준비
8	노년기	노년기 부부 가족	• 노화 및 은퇴 적응, 건강 유지 • 유지 및 개선 • 가족 친지와의 유대감 유지 • 배우자 사별과 자신의 죽음에 대한 수용

출처: Duvall(1985); Wallerstein(1995); 최규련(2011); 이영주(2015) 참조 및 재구성.

그러나 많은 학자는 듀발(Duvall)의 가족생활주기 단계가 자녀가 많은 가족이나 단계가 중복되는 경우 및 이른 배우자의 사망 등과 같은 가족의 다양성을 고려하지 못했다고 비판하며 다양한 가족을 설명할 수 있는 가족생활주기를 제안하였다. 예를 들어, 무자녀가족의 자녀양육기나 자녀독립기로 이행되지 않기 때문에 기존의 가족생활주기로는 설명이 어렵다. 또한 발달모델은 보통 첫째 아이와 같이 특정 개인에게 초점을 맞추기 때문에 첫째 자녀는 집을 떠날 시기가 되었는데 늦둥이가 태어나 가정이나, 미혼모의 경우에는 적용하기 어렵다. 실제로 가족마다 가족생활주기는 다양하고 복잡하다. 특히 이혼이나 재혼을 하는 가족이 증가하는 것을 고려하여 이들을 설명할 수 있는 보다 정교하고 확장된 가족생활주기가 필요하게 되었다.

따라서 이후의 이론가들은 듀발이 제시한 단계를 가감함으로써 다른 틀을 제시하게 되었다. 카터와 맥골드릭(Carter & McGoldrick, 1980)은 부모세대와 자녀세대를 연결하는 결혼한 성인 자녀를 포함한 3세대 중심의 6단계 모델을 제시하였다. 카터와 맥골드릭은 ① 결혼 전기, ② 결혼 적응기, ③ 자녀 아동기, ④ 자녀 청소년기, ⑤ 자녀 독립기, ⑥ 노년기의 6단계를 제시하였는데, 특별히 가족생활주기의 첫 단계에 결혼 전기 단계를 두었다. 이는 결혼 전 남녀 모두가 원가족과의 관계로부터 분화되고, 서로 친밀한 이성관계로 발전시키며, 일과 재정적 독립을 통해 자신을 확립시키는 결혼 전 준비과정이 중요함을 보여 주는 것이다(성정현 외, 2011; 이영주 외, 2015: 22).

5. 가족의 욕구와 문제

가족의 욕구는 가족이 지닌 물질적 및 정신적 욕구로서 소득, 보건, 주택, 교육 및 기타 문화적 욕구와 사회참여 등 사회적 욕구가 있으며, 정신적 욕구는 가족이 지닌 정신적 갈등 및 역기능 등으로 인한 가족위기 등을 들 수 있다. 가족의 욕구가 충족되지 않은 상태에서 가족이 당면하게 되는 빈곤, 실업, 분배의 불평등 문제, 기회의 불평등 문제 및 비행, 범죄, 약물중독, 가족 결손 및 해체, 가족갈등 등을 들 수 있다.

1) 가족의 욕구

욕구(needs)는 대부분 어떤 목적을 위해 좋은 것, 필요한 것, 필수적인 것을 의미한다. 즉, 목적을 위해 필요한 것 또는 필수적인 것이 결여되거나 결핍된 상태를 지칭한다. 사회복지는 일반적으로 인간의 사회적 욕구를 충족시키기 위한 서비스이고, 사회문제에 대한 대책으로 인식된다. 욕구의 의미에 대해서 사회사업사전은

"생존이나 안녕, 충족을 위한 신체적, 심리적, 경제적, 사회적 필요"라고 정의하고 있지만, 인간의 욕구는 다양하고 무한하기 때문에 욕구를 분류하기란 쉽지 않다.

가족복지에서 가족의 생활주기와 가족의 욕구에 관심을 가지는 이유는 첫째, 사람이 일생을 영위하는데 연령별 또는 생애의 시기별로 욕구가 다양하다는 점이며, 둘째, 인간의 생활 전반에 걸쳐 또한 생애 전반에 걸쳐 국가는 국민들의 욕구해결을 위해 국가나 사회가 원조하여야 한다는 측면이 강하게 부각되기 때문이다. 가족생활주기 단계별 주거 및 가족경제 상태의 변화양상은 개인의 전 생애를 포괄하는 복지정책을 입안함에 있어 가족생활주기를 주요 요인의 하나로 고려할 수 있다. 예를 들면, 저축의 요구가 큰 형성기 및 확대기의 경우 소득세 감면을 위주로, 소득은 물론 소비지출이 가장 많은 확대 완료기 및 축소기의 경우 세금공제를 위주로, 축소 완료기 및 해체기의 경우 직접적인 생활비 지원을 위주로 한 소득정책을 생각해 볼 수 있다(김혜경 외, 2016: 56).

표 1-2 가족생활주기별 가족의 욕구와 가족복지대책 및 서비스

구분	기간	현대가족의 특징 및 문제	복지대책 방향
형성기	결혼~첫 자녀 출생	• 초혼연령의 상승과 출산력 저하로 자녀수 감소 • 근로 및 사업소득을 통해 지출억제 및 저축증대 도모	• 저축 욕구가 크므로 소득세 감면
확대기	첫 자녀 출생~ 막내 자녀 출생		
확대 완료기	막내 자녀 출생~ 자녀의 결혼 시작	• 자녀부양 기간 연장 - 결혼연령 연장 • 자녀교육비 등의 소비 지출 활발	• 세금 공제 • 아동수당제도 도입
축소기	자녀의 결혼 시작 ~자녀의 결혼 완료	• 점차 단축되는 경향 • 본격적인 자녀교육 및 결혼, 분가가 일어나는 시기이므로 소득뿐만 아니라 소비지출도 가장 활발	
축소 완료기	자녀의 결혼 완료 ~배우자 사망	• 점차 길어지는 경향 - 수명연장 • 소득, 소비수준은 급격히 낮아짐	• 직접적인 생활비 지원을 위주로 한 노후 소득보장정책
해체기	배우자 사망~ 본인 사망	• 점차 길어지는 경향 - 수명연장 • 소득뿐만 아니라 주거사정도 매우 열악 • 경제적 문제가 여느 단계보다도 심각	

출처: 김혜경 외(2016). p. 57.

2) 가족문제

현대사회에 있어서 가족의 기능적인 측면은 시대의 변천과 더불어 많은 변화를 가져왔다. 그러한 변화는 가족의 생활상의 문제뿐만 아니라, 부부간, 친자 간의 심리적 갈등도 많아지게 되었다. 또한 핵가족화 현상에 대한 사회보장제도의 부재한 상황에서 다양한 문제를 일으키게 된다. 예를 들면, 가족을 둘러싼 사람들의 행동과 의식이 급속한 변화를 보이면서 이혼의 급증, 출생률 저하 등의 현상을 초래했고, 가정 내 폭력으로 인한 아동교육의 어려움, 주택문제, 노후문제 등에 이르기까지 가족생활에 관련되는 여러 가지 새로운 문제가 대두되고 있다. 문제(problem)란 해결욕구를 유발하는 불만족스러운 상태 또는 조건을 지칭하며, 가족복지에서 문제는 일단 가족이 가지는 욕구와 연관한다.

(1) 가족문제의 발생 원인

가족문제의 접근하는 방법은 가족 내적인 인간관계에서 제기되는 문제를 중요시하는 것과 사회체제와 관련성에서 야기되는 모순으로 직면하는 대상으로 접근하는 방법이 있다(이효재, 1988: 379-380). 가족의 문제는 사회 전반에 걸쳐 자녀양육과 교육의 문제, 청소년문제, 맞벌이부부 가족문제, 가족이탈의 노동자문제, 여성문제, 주택문제, 소비자문제, 노후문제 등과 밀접한 연관이 있기 때문에 거시적 차원에서 가족문제를 이해해야 한다. 따라서 가족문제의 발생적 원인을 규명하기 위한 접근방법으로서 몇 가지 제시하면 다음과 같다.

① 구조적인 가족문제

가족의 구조적인 결함을 가족문제의 발생 원인으로 보는데, 그 대표적인 것이 결손가족이다(예 생활보호대상자나 사회복지수혜 대상자의 대부분이 결손가족이다). 그리고 가족 구성원 간의 관계에서 발생하고 있는 많은 문제가 있다. 즉, 가족 구성원과의 연령차이가 심한 경우이고, 남녀 형태가 불균형적으로 형성된 경우이고, 과잉가족으로 형성되어 있고, 고령 가족 구성원이 존재하는 등이 가족문제에 미치는 영향이 매우 크다. 따라서 결손가족이나 가족 구성원상 문제가 있는 가족뿐만 아니라, 부모와 자녀 중심으로 구성하고 있는 현대가정에도 문제의 근원이 있음을 인식해야 한다.

② 기능적인 가족문제

가족의 기능은 생물학적으로 종속을 유지하고, 심리학적으로 상호의존하여 애정적 욕구를 충족하고, 경제적으로 물질적 욕구를 해결하고, 사회문화적으로 도덕이나 관습에 적응하는 일이다(Ackerman, 1960: 17). 이러한 기능적 장애는 가족의 문제를 일으키는 주요 원인이 된다. 가족문제를 파악하기 위해서는 그 가족의 기능이 어떻게 수행되고 있는가를 파악해야 할 필요가 있다.

첫째, 가족 내 하위체계의 기능으로서 핵가족인 경우이다. 이것은 부부관계기능, 부모자녀관계기능, 형제자매관계기능 등으로 되어 있다.

- 부부관계기능에서는 정서적 기능, 성적 기능, 경제적 기능, 자아 강화적 기능의 수행에 문제가 있는 경우이다.
- 부모자녀관계기능에서는 부모의 양육을 통한 자녀의 성숙문제, 자녀의 건전한 사회화 문제, 성적 동일시의 문제, 건강교육문제 등을 지적할 수 있다.
- 형제자매관계기능은 형제간의 갈등, 상호불신감, 극도의 증오나 경쟁심 등의 문제를 파악할 수 있다.

둘째, 가족 구성원의 역할기능으로서 가족형태가 급격히 변하는 사회에서는 변천과정에서 생긴 많은 갈등이 새로운 가족문제를 파생시키고 있다. 예컨대, 아동양육 면에서는 부의 권위적 역할과 모의 지배적 역할, 조부모의 과보호적 역할 등이 문제를 일으키게 된다. 이에 대해 역할행동이나 방향이 설정되어야 하며, 역할갈등이나 문제에 대한 복지적 개입을 위해서는 역할유도나 역할수정과 같은 가족상담이나 가족치료를 활용하는 가족복지서비스가 수반되어야 한다.

③ 사회경제적인 가족문제

개인이 갖는 사회적 기능의 장애나 결여의 원인이 가족에게만 있다고 할 수 없다. 그것은 지역사회, 경제체제, 사회적·문화적 요인 등과 관련해서 가족문제를 파악해야 하며, 가족의 사회경제적 조건에 대한 조사, 평가와 더불어 현존 조건에 대처하는 가족의 능력을 이해해야 한다. 많은 가족이 빈곤, 질병, 실업, 비행, 범죄 등의 사회경제적 문제에 직면하고 있으며, 이런 요인이 가족의 관계면이나 기능면에 많은 문제를 파생시킨다. 예를 들면, 저소득 가족의 경우 노동력은 있으나 그 기회가 주어지지 않으면 주어진다 해도 저임금으로 가계에 타격을 받게 된다. 임금 중심의 현대사회에서 하층노동자의 생활 불안정, 실업, 저임금에 대한 불안은 커다란 가족문제의 원인이 된다. 그리고 가족의 사회경제적 영향은 부부관계에도 문제의 소지가 있다. 즉, 남편의 수입으로 자녀의 교육비, 주거비, 기타 생활비 등을 충당하기 어려운 실정이므로, 맞벌이부부 중심으로 늘어가는 경향이 있다. 이에 여성의 사회진출은 부의 전통적 권위 약화, 성별 역할의 혼돈, 육아분담의 보호지도 등의 변화를 가져오고 있다. 이것은 부정적인 상황으로 수용한다면 부부관계의 갈등, 이혼, 보육문제 등이 수반된다. 따라서 가족의 특수대상자에 대한 보충적 접근에서 일반대상자 중심으로 제도적 접근으로 가족의 경제적 생활보장대책이 확립되어야 한다.

④ 역동적인 가족문제

가족문제를 역동적 입장에서 분석하는 것은 구조적, 기능적, 관계적 또는 사회경제적 조건 등의 여러 측면, 역동성 상호작용에 의해 문제가 발생한다고 보는 관점이다. 가령 가족의 구조적 결함으로 인한 결손가정, 기능적 장애로 인한 경제적 부양 기능 결여, 가족의 감정관계의 영향으로 인한 부부관계의 혼란, 부모자녀관계 혼란, 형제자매관계 혼란 등의 문제들이 상호 역동적으로 발생한다는 것이다. 따라서 가족복지의 견지에서 가족의 집단역할이나 힘의 파장을 막을 수 있는 전문적 개입이 필요하다. 이러한 역동적 분석과 적절한 개입은 가족문제가 확대되기 전에 예방하고 조기해결을 가능하게 할 수 있다. 예를 들면, 부의 사망은 모가 부의 역할까지 감당해야 한다. 이러한 이중 역할로 지속적인 긴장에 빠지게 되고, 이러한 긴장의 장기화는 부정적 감정을 축적하게 되며, 결국은 가족의 해체 문제로 초래하게 된다. 이와 같은 가족 내의 한 가지 문제가 여타 가족체계 전체에 역동적 영향을 미치게 된다.

(2) 우리나라 가족문제의 성격

현재 우리나라는 겪어온 사회변동 과정에 따라 가족관, 가족문제의 유형, 내용, 대처방안 등에 많은 변화를 경험해 왔다. 경제성장 등을 통한 현대와의 사회변동을 겪으면서 전통적 가족관계의 변화, 가족생활주기의 변화, 가족의식의 변화 등을 초래함으로써 청소년 약물남용의 문제, 가정폭력문제, 한부모가족문제, 아동가장가족의 문제, 장애인문제, 노인문제와 성의 자유화로 인한 미혼모와 그 자녀의 문제, 배우자 부정문제, 별거, 이혼 등 가족해체문제 등 가족과 관련된 다양한 문제들이 나타나게 되었다.

우리나라 가족의 변화는 출산의 감소, 평균수명의 연장 등으로 연소 인구(0-14세)의 수와 비율은 크게 감소하는 반면 노인인구(60세 이상)의 수와 비율은 크게 증가하는 추이를 나타내고 있다. 또한 가족 규모의 축소와 노인·아동가장가구 등 단독가구의 증가, 여성의 취업 증가로 인한 가족 내의 아동, 장애인, 노인 등에 대한 보호기능의 약화 현상, 이혼율의 증가, 개인주의적 가치관의 발전과 가족관계의 평등화 경향, 가족과 관련한 사회병리 현상 증가 등의 현상을 볼 수 있다(김혜경 외, 2016: 50).

이렇게 볼 때 우리나라 가족문제의 성격은 경제적 부양문제, 가족의 보호기능 약화문제, 가족의 통제기능의 약화 또는 상실문제, 결손가정의 증가에 따른 문제 등으로 볼 수 있다. 첫째, 경제적 부양문제로서 가족소득의 문제이다. 가정의 빈곤문제, 가족구조상 취업여성의 증가, 가족 간의 빈부 차이에 의한 상대적 박탈감 등은 가족의 경제적 부양문제와 높은 관련성이 있다. 둘째, 가족의 보호기능 약화문제이다. 핵가족화에 따른 약자 가족 구성원(약자: 어린이, 노인, 장애인)들에 대한 가족의 보호기능이 약화되는 데서 오는 문제가 증가하고 있다. 셋째, 가족의 통제기능 약화 또는 상실문제, 잦은 이사로 인한 가족생활의 불안정성, 세대 차이 문제, 부부불화, 부모역할 모델의 부족, 대화의 부족 등이 원활한 가족기능 수행에 문제가 되고 있다. 넷째, 결손가정의 증가에 따른 문제이다. 부부의 별거 또는 이혼의 증가, 배우자 부정 또는 향락산업의 발달 등으로 결손가정이 증가하면서 정신적, 정서적, 심리적 장애아동, 가출 및 비행청소년 등 문제아동의 수가 증가하고 있고 이들 가족 구성원의 각종 심리적, 경제적 문제와 사회적 또는 소외문제가 많아졌다고 할 수 있다(한국가족학회, 1994: 89).

CHAPTER 02

가족복지의 이해

1. 가족복지의 이해

가족에 대한 사회복지의 기능은 가족 구성원 개개인에게 초점을 맞추는 것이 아니라 '한 단위로서의 가족 전체'에 주목하면서 가족의 보호, 보장, 강화를 도모하는 데 목적이 있기 때문이다. '한 단위로서의 가족 전체', 즉 '가족 정체성(family wholeness)'이란 가족을 아동, 노인 등 가족 구성원 각각으로 나누어 보는 것이 아니라, 한 가족 구성원 변화가 다른 가족 구성원에게도 연쇄적으로 영향을 미친다는 상호 관련된 단위로 보는 개념이다(김성천, 1995; 손병덕, 2011; 조흥식 외, 2011; 이영주, 2015: 38; 김혜경 외, 2016: 50-51). 이와 같이 가족복지적 접근이 따로 존재해야 함을 전제로 하여 가족복지의 개념을 살펴보고자 한다.

1) 가족복지의 개념

가족복지의 어원적 개념은 영어로 family social work, family social welfare, family science, family welfare, family service 등으로 사용되고 있다. 가족복지가 무엇인가에 대한 개념은 '가족'과 '복지'의 용어 이해가 필요하다.

- 가족(family)이란 전통적으로 혈연 및 입양을 통해서 이루어진 관계자들의 집단이며, 이들은 의식주의 해결을 공동을 하고 정서적·정신적 유대와 공동체적 생활방식을 갖는 집단이라고 정의하면서 현대사회에서는 가족 구성원의 필요에 따라 일상생활을 함께 영위하는 집단까지 포함하는 광의의 정의를 의미한다.

- 복지(welfare)란 안녕(well-being)의 의미로 사용하고 있는데, 더할 나위 없이 좋고 만족스러운 삶이며 건강, 행복의 조건들이 만족스러운 안녕의 상태를 말한다. 그리고 공적 구제(public relief)의 의미도 포함되면서 인간의 안녕 된 삶을 위한 적극적인 사회적 노력이라고 볼 수 있다.

가족복지란 가족의 복지를 추구하기 위한 인간의 공동체적 노력을 의미한다. 가족복지의 개념은 문화적 양상에 따라 다양한 의미를 지니고 있는데, 여러 학자의 정의를 살펴보면 다음과 같다(조흥식, 1997; 이소희 외, 1998).

- 모토무라(本村汎, 1981: 143-144)는 가족복지사업이란 가족이 사회로부터 기대되고 있는 고유의 기능, 즉 생식의 기능, 성적 욕구 충족의 기능, 자녀양육과 사회화의 기능, 가족의 정서적 안정의 기능 및 공동의 가계 유지의 기능을 그 가족이 실현할 수 있도록 원조하는 것이라고 하였다.
- 박상규(1983)는 가족복지란 한마디로 가족의 행복을 유지하는 것을 말하는데, 국민 생활권의 기본 이념에 입각하여 가족생활을 보장하는 사회적 모든 노력(제도적·정책적·기술적 서비스)을 총칭하는 것이라 하였다.
- 김만두(1982)는 가족복지란 가족의 집단성을 확립하도록 하고, 개개 가족 구성원의 인격의 성장과 발달을 원조하며, 항상 변화하는 사회에 대응하여 적극적인 적응능력을 가질 수 있는 가족, 즉 사회적으로 적응하는 가족으로서의 확립이라고 하는 목표를 가지고 전개하는 활동이라고 하였다.
- 김영모(1960)는 가족복지란 가족의 생활을 강화하고, 가족 내의 관계를 강화하며, 가족 구성원의 사회적응기능을 강화하기 위하여 정부와 민간이 개입을 행하는 사회적 대책이라고 하였다.
- 펠드람과 쉐르즈(Feldman & Scherz, 1968)는 가족복지란 전체로서의 가족은 물론 가족 구성원들의 사회적 기능 수행을 효과적으로 증진함으로써 가족 구성원들 모두에게 행복을 도모하도록 하기 위한 사회복지의 한 분야라고 하였다.

이상의 정의에 근거하여 정의하면, 가족복지란 가족이 행복하고 안정된 바람직한 삶을 추구하는 것을 목적으로 가족의 욕구를 자력으로 충족할 수 있도록 그 잠재력을 개발시켜 주거나 가족문제의 예방 및 해결, 가족 구성원의 사회적 기능수행의 활성화, 생활의 질적 향상 등에 전문적 지식과 기술을 동원한 제도적, 정책적·기술적 서비스이며 가족 구성원 개인이나 가족 전체에 관심을 두는 과정으로 볼 수 있다.

2) 가족복지의 필요성

현재 우리 사회에서 가족의 상황은 사회경제적 변화와 더불어 가족의 관계, 구조 기능, 역할, 가치관을 비롯하여 가족생활 전반에 걸쳐 많은 변화를 겪고 있다. 가족 내외적인 변화로 인하여 가족은 다양하고 복잡한 가족문제에 직면하고 있으며, 가족문제의 증가는 개인과 사회 모두에게 많은 부담과 부작용을 낳고 있다. 예를 들면, 1990년 후반 외환위기 이후 가족의 부양기능 약화, 위기가족의 증대, 저출산·고령화에 따른 인구구조의 변화, 돌봄의 위기 등의 상황 속에서 그동안 가족이 수행하던 많은 기능은 축소되고 있으며 가족복지서비스가 가족기능을 보완·대체하게 되어 가족복지의 필요성이 그 어느 때보다 부각되고 있고 이러한 문제에 대해 전적으로 가족에게 의존할 것이 아니라 사회가 함께 책임지고 분담해야 한다는 사회적 공감대가 확산되고 있다(최경석 외, 2006). 이러한 가족복지의 필요성을 구체적으로 살펴보면 다음과 같다(이영주 외, 2015: 40-41).

(1) 가족기능의 약화

현대사회에서 가족은 개인과 사회의 존속을 위해 없어서는 안 될 중요한 기능적 과업을 수행한다. 현대의 가족은 사회와의 관계성은 더욱 긴밀해지고 있으나, 과거 가족이 지닌 주요 기능이 전반적으로 약화되어 스스로 힘으로는 해결할 수 없는 많은 문제를 안게 되었다. 취업모의 증가, 평균수명의 연장, 소가족화, 탈시설화 정책 등의 변화를 겪으며 가족의 기능은 약화되었고 책임은 오히려 가중되고 있다. 따라서 가족의 책임을 잘 수행할 수 있도록 다양한 가족복지서비스가 제공되어야 한다.

(2) 국가의 가족문제 개입에 대한 관점 변화

1980년대 이전까지는 가족 구성원의 보호는 가족의 책임으로 간주하여 국가가 개입하는 것이 오히려 문제를 일으킨다는 관점이었다. 하지만 이제는 사회문제의 해결에 국가가 개입하는 것을 바람직하게 여기지 않던 신자유주의자들조차도 가족복지 프로그램을 지원·강화하는 국가 개입의 방향으로 바뀌어 가고 있다.

(3) 다양한 가족형태의 등장과 욕구 변화

다양한 가족형태의 등장은 이러한 가족들의 욕구를 충족시켜 줄 수 있는 가족복지서비스 및 가족복지대책이 필요하게 되었다. 맞벌이가족, 재혼가족, 한부모가족, 소년소녀가족, 독신가족, 노인단독가족, 동성부부가족, 공동체가족, 다문화가족 등 다양한 형태의 가족을 문제가족으로 보고 접근하던 기존의 가족복지정책은 오히려 가족해체, 문제의 심화현상으로 나타나게 되었다. 그러므로 먼저 다양한 형태의 가족을 인정하고 그들에게 맞는 가족복지서비스를 제공하는 정책적, 실천적 접근이 필요하다.

(4) 문제해결 단위로서의 가족의 유용성

인간과 사회문제를 해결하는 데 가족이 효율적 단위라는 사실이 강조되고 있다. 역사적으로 볼 때 사회주의 국가에서 전통적인 가족제도를 대신하는 공동체(콜호스, 인민공사, 집단농장)를 건설하려던 시도가 있었으나 경제적 비효율성과 건강한 아동양육의 실패로 얼마 못 가 가족보호정책으로 후퇴하게 되었다. 이는 가족을 부양하던 사회주의 국가에서 가족이 사회체계의 핵심단위이고, 문제해결을 위한 효과적인 단위임을 인정한 사례라고 볼 수 있다. 또한 인간의 문제를 해결하려는 접근방법으로 개인을 대상으로 한 개별적인 접근보다 가족을 단위로 한 가족치료가 문제해결에 보다 효과적이라는 결과가 나온 것도 한 예라고 할 수 있다(이영실 외, 2016: 43).

3) 가족복지의 의의 및 목표

(1) 의의

가족복지의 의의를 가족과 국가와의 관계로 살펴보면 다음과 같다. 사회는 가족을 기본적이고 핵심적인 단위로 삼아 핵심적인 단위로 삼아 사회는 가족 자체의 생존과 복지를 보장해 주는 기능을 수행하게 된다. 현대의 사회 변동에 따라 이러한 가족의 기능을 제대로 수행할 수 없게 되는 경우가 많아짐으로써 사회를 대표하는 실체인 국가가 가족의 복지기능을 강화, 보완 또는 대리하기 위한 제도적인 노력이 필요하게 되었고 이러한 노력이 복지국가를 성립시켰던 것이다. 따라서 가족은 개인의 기본적이고 일상적인 욕구를 충족시키면서 개인의 발전과 복지를 뒷받침하는 역할을 하는 데 본질적인 의의가 있다.

(2) 목표

가족복지의 목표는 한 사회의 경제, 정치 및 역사적·문화적 배경에 따라 다양할 수 있다(성영혜 외, 1977; 한국가족학회, 1995).

① 가족의 안녕을 도모해야 한다. 즉, 가족이 갖는 문제와 욕구에 개입한다.

② 가족 구성원 간의 권리 보장과 평등을 증진한다. 다양한 가족 구성원 간의 문제(예를 들면, 학대 및 유기 문제 등)를 해결하고 예방할 수 있는 법적 또는 제도적 장치가 가족 구성원의 권리와 평등을 보장하는 데 목표를 둔 정책이 되어야 하며, 이에 대한 실천이 이루어져야 한다.

③ 새로운 가족형태의 인정이 필요하다. 산업화와 가치관 등의 변화에 다른 새로운 가족형태의 출현을 인정하고 이를 위한 정책을 시행해야 한다.

④ 가족복지는 사회문제의 근본 해결에 기여해야 한다. 가족복지는 사회문제 해결에 기여하며, 사회의 변화를 유도할 수 있어야 한다. 사회복지의 시작은 바로 가족문제의 해결이다.

2. 가족복지의 기능

가족복지의 기능은 다음과 같다(이영실, 2016: 41).

1) 의뢰적 기능

의뢰적 기능은 가족문제의 진단에 기초해서 가족복지기관이 직접적으로 어떤 구체적인 서비스를 제공하는 것이 아니고 그 문제에 대해 가장 효과적인 서비스를 줄 수 있는 지역사회의 자원을 발견하여 사례를 소개하고 활동하도록 돕는 기능이다.

> 의뢰적 기능은 개인에게 어떤 사회관계가 결손되어 있고, 그것 때문에 사회생활의 기본적 욕구를 충족하지 못하는 상태에 대하여 기성 제도적 집단을 효과적으로 이용하여 문제를 해결하는 기능이다.

① 이용하는 범위 내에서, 그리고 사람들의 생활상 기본적 욕구에 관한 다수의 제도적 집단 서비스의 종류, 규모, 사업 방침, 특색 등을 명백히 하는 것에서부터 시작된다.

② 대상자 생활의 요구를 오해 없이 취급하는 일이다. 이것은 언뜻 보기에는 용이한 것같이 보이지만, 사회복지 대상자가 반드시 자기가 절실히 필요로 하는 것이 무엇일까에 관해서 항상 명백하게 의식하고 있다고는 할 수 없기 때문에 반드시 그렇지도 않다.

③ 대상자의 자발성에 관계되는 것이다. 대상자에 의해 효과적인 이용이 이루어지기 위해서는 대상자 자신의 자발성이 없어서는 안 되기 때문이다.

2) 조정적 기능

조정적 기능은 개인의 기본적 욕구에 관련된 사회관계 전체가 조화를 유지하도록 원조해야 한다. 그 때문에 이런 사회관계의 조정에 앞서 사회관계 전체에 대한 평가가 행해진다. 이 평가에 기초하여 조화가 깨진 사회관계 부분에 대해 조정이 행해지는 것이다[1].

이처럼 사회관계는 동적·경과적인 것이기 때문에 평가는 몇 번이고 반복되어야 하며, 그에 따라 사회관계의 조정도 결코 한 번으로 끝나지 않는다. 그래서 이 조정기능은 여러 가지 방법으로 행해진다.

① 개인의 사회관계에 대한 평가결과를 본인 자신에게 이해시켜, 객관적인 현실을 평정하게 받아들이게 하고, 본인 자신으로 하여금 사회관계의 모순을 조화시키도록 원조한다.

② 사회복지의 조정기능은 개인이 가진 사회관계 전체를 본인과 관계된 제도적 집단과 관련하여 설명하고 이해시켜, 더욱더 본인에 대한 제도적 요구 조건을 완화하고 태도를 변경하도록 원조한다. 물론 이 경우에도 첫 번째의 조정기능, 즉 개인의 주체적 책임의 존중과 원조는 전제 조건이다.

3) 개발적 기능

개발적 기능은 지역사회활동이 소집단활동, 그리고 개별활동을 통해서 각 가족에 내 모든 구성원이 그 지위에 맞는 역할을 수행하는 기회, 능력, 태도를 발전·촉진하는 기능을 의미한다. 즉, 그 지역사회 내에 여러 가지 사회적 자원, 예를 들어 사회보장제도, 주택문제, 복지시설, 교육시설, 법제의 개선 등을 사회행동 및 지역주민의 자발적 협력을 보조해서 이루는 것을 의미한다.

---

1) 가족복지기관은 가족 전체를 서비스 단위로 하고 가족 전체가 가족으로서의 기능을 발휘하는 데 목적을 두고 동일 가족에 대해서 가족복지기관 이외에 다른 전문분업적 기관인 의료기관, 아동상담소, 부녀상담소, 보건소, 학교, 직업안정기관에서 가족생활의 일부 또는 가족의 일원을 대상으로 원조한다.

4) 회복적 기능

가족이 정상적 기능을 발휘하도록 그 장애요인인 빈곤, 실업, 신체적·정신적 장애, 중독, 장시간 노동 등의 환경적 요인과 부부불화, 형제간의 갈등 등 인간관계의 문제를 가진 가족 구성원과 가족을 직접 원조함으로써 가족역할이나 책임을 수행하여 가족기능을 회복시킨다. 이러한 회복적 기능은 공공부조에 의한 원조나 아동상담지도, 직업지도 및 알선, 주택알선, 가임보조, 가정지도 및 가족계획지도, 가족진단 및 가족치료를 통해서 달성할 수 있다.

3. 가족복지의 접근방법

가족복지의 접근방법[2]은 거시적 측면에서의 가족복지정책과 미시적 측면에서 사회복지사가 직접 만나서 개입하는 가족복지서비스 등으로 구분할 수 있다.

1) 가족복지의 대상

가족복지의 대상은 가족의 구조와 기능, 그리고 가족의 주기에 따라 다음과 같이 분류할 수 있다(김혜경, 2016: 54-55).

① 가족 구조상의 특성에 따른 대상이다.

가구 구조상의 특성으로 분류하면, 취업부모가족, 미혼모가족, 이혼 및 재혼 가족, 소년소녀가장가족, 노인가족, 독신가구 등 가족 구조상의 다양화를 고려하여 가족이 지닌 특성에 따라 복지 개입을 달리하는 경우로 분류한다.

2) 가족복지의 정책적 접근은 가족이 전체사회와의 관계 속에서 잘 존속하거나 기능을 수행할 수 있도록 사회적 조건 또는 환경을 조성해 나가도록 하는 접근방법으로, 직접적 개입보다 간접적인 법과 제도를 통한 거시적 접근을 의미한다. 이에 비해 가족복지서비스적 접근은 가족문제나 가정생활에 직접적으로 개입하여 심리적 서비스나 지역사회정보나 연계를 활성화시키는 것과 관련되는 방법으로 미시적 개입방법을 의미한다.

② 가족 기능상의 문제에 따른 대상이다.

학대, 알코올중독, 약물중독, 청소년 비행 및 실직으로 인한 소득의 상실 등 가족이 지닌 병리적이거나 경제적인 측면에서 가능상의 결손을 경험하는 가족과 장애로 인한 심리적 및 의료적 문제를 겪고 있는 가족의 경우를 말한다.

③ 가족의 주기에 따라 발생하게 되는 다양한 변화와 위기, 욕구에 따른 대상이다.

부부만의 시기, 자녀 출산 및 양육기, 미취학 아동기, 학동기, 청소년기, 독립기, 중년기, 노년기 등 가족생활주기에 따라 가족 구성원인 개개인은 물론 가족 자체가 당면하게 되는 복지 욕구는 다양하며, 이에 따라 복지 개입을 달리하는 경우를 말한다.

2) 가족복지의 주체

가족의 복지를 담당하는 주체는 크게 개인 및 가족, 국가, 기업 및 민간단체로 나누어 볼 수 있다. 전통적으로 우리나라에서는 가족복지의 주체를 가족 또는 부부(부모)로 생각하였다. 따라서 가족의 기능이 마비되고 해체되면 가족 구성원 개인이 개별적으로 해결하였거나, 가족의 최소한의 유지를 위해 국가의 정책으로 가족을 보호하는 조치의 하나로 이루어졌다.

복지의 주체는 국가만도 아니고 가족 자체도 아니며 민간 차원의 노력만으로도 불가능하다. 세계경제의 변화는 복지와도 직결되어 있어 국가의 복지에 대한 개입의 위축은 지속될 전망이다. 이에 대한 대안으로 국가는 민간의 복지참여를 더욱 유도할 것이다. 자본주의 사회에서 민간복지의 주체는 기업복지이다. 가족의 복지 역시 기업복지와 직결되는데, 앞으로 기업은 가족의 복지를 위해 더 많은 기여를 해야 할 것이다.

3) 가족복지서비스 접근방법

가족복지서비스 접근방법[3]이란 그 대상이 개인에게 있는 직접적인 접근방법이다. 가족복지서비스란 국가와 사회가 지향하는 가족복지정책의 방향에 따라 가족의 복지증진을 위하여 구체적인 서비스로 기획·전환된 프로그램이나 사업을 의미한다.

(1) 가족복지정책적 접근방법

가족복지정책적 접근이란 그 대상이 가족으로서 사회적 위험으로 나타난 사회구조적 문제를 개인책임이 아닌 사회책임 또는 국가책임으로 접근하는 방법이다. 가족에 대한 정책으로는 소득지원정책으로 사회보험과 조세정책, 빈곤가족을 위한 국민기초생활보장제도를 들 수 있고, 건강지원정책으로는 건강보험과 빈곤가족을 위한 의료급여를 들 수 있다.

가족기능을 중심으로 우리나라의 가족복지정책을 살펴보면 <표 2-1>과 같다(이영주 외, 2015: 43).

표 2-1 가족기능 중심의 가족정책

가족의 기능	관련 가족복지정책
재생산 기능	출산전후휴가, 육아휴직, 방과후 보호, 양육비 지원, 보육서비스
경제적 기능	가족수당, 아동수당, 가족에 대한 각종 소득공제, 공적연금, 공공부조, 주택보조
사회화 기능	교육비 지원 및 공제
돌봄 기능	노인장기요양보험, 간병휴가

출처: 이영주 외(2015). p. 43.

3) 가족복지의 접근방법은 크게 두 가지로 살펴볼 수 있는데, 하나는 사회나 국가에서 개입하는 가족정책이고 또 다른 하나는 가족복지서비스이다. 가족복지서비스의 개입 대상은 '개인'이다. 가족 개인의 문제를 인간관계의 조성기술로 보고 문제의 원인을 심리적·사회적 원인에서 찾는다. 인간욕구에 대한 부러움과 불만, 갈등이 문제의 초점으로 개인의 정신병, 마약중독, 청소년 비행 등과 같은 탈선행위의 원인과 치료, 예방 등의 실천과정에서 전문적 기술과 지식을 가진 사회복지사가 개입하여 사례관리 등 사회복지 실천방법과 기술로 활용·접근한다.

(2) 가족복지서비스적 접근방법

가족복지서비스의 목적은 건강한 가족의 지향에 있다. 즉, 가족과 가족 구성원들을 지지, 교육하는 기술을 통해 임파워먼트하여 환경과 조화되고 사회적으로 건강한 힘을 발휘하도록 지원하는 것에 목적을 두고 있다. 따라서 가족의 기능을 회복하고 지속적인 자원연결을 통하여 사회에 적응하고, 나아가 사회에서 건강한 역할을 담당하도록 지원하는 역할이 가족서비스가 지향하는 바라고 할 수 있다.

가족복지서비스적 접근방법에는 가족상담, 가족치료, 가족사례관리 등이 포함된다. 미국 가족관계학회(NWSW, 1995)의 가족복지서비스의 대표적인 프로그램으로는 가족에 대한 직접적 개입으로서(조흥식 외, 2011) 가족보호(family care), 가족생활교육(family life education), 가족계획사업(family planing), 가족옹호(family advocacy), 가족치료(family therapy) 등이 있다(이영주 외, 2015: 44).

- 가족보호(family care): 가정 내에서 발생하는 가족장애문제에 대해 보호를 제공함으로써 가족의 역할수행과 능력고취를 향상하는 기능을 수행하는 것이다. 예를 들어, 발달장애아동을 양육하는 가족, 치매노인가족, 만성질환자 부양가족들에 대한 서비스 등이 있다.
- 가족생활교육(family life education): 가족가치의 혼란과 탈규범적인 가족문화의 출현, 가족 구성원의 긴장과 가족 내 역기능의 증가, 가족의 교육기능 상실과 이에 대한 외부자원에 대한 가족의 욕구 증가와 같은 가족과 사회적 변화에 따라 그 필요성이 강조되고 있다.
- 가족계획사업(family planing): 재생산적 건강보호서비스의 일종으로 임신중절, 성병에 대한 보호, 영양, 자녀수에 대한 계획, 임신을 위한 서비스 등을 제공함으로써 건강한 가족생활을 하도록 하는 데 목표를 둔다. 또한 예방성과 필요성을 띤 혼전, 혼후 상담서비스 등이 있다.
- 가족옹호(family advocacy): 지역사회에 필요한 변화를 일으키기 위해 사람들이 사회행동에 사명을 가지고 가족의 욕구에 대한 직접적이고 전문적인 지식을 이용하게 하여 가족의 생활조건을 향상하도록 계획하는 전문적인 서비스이다.
- 가족치료(family therapy): 가족을 단위로 하는 사회복지사업, 치료 및 상담 등의 방법을 절충하는 다양한 모델을 가지며, 가족복지기관과 사회복지 관련 분야에서 활발히 행해지고 있다.

(3) 가족복지서비스 유형

가족복지서비스를 기능상의 특성에 따라 다음 세 가지 유형으로 구분할 수 있다 (김혜경, 2016: 66).

① 가족기능 지원서비스

가족기능 지원서비스는 가족에 대한 지지적 서비스로 가족이 생활하고 있는 시대와 사회가 요구하는 가족의 기능을 가족 스스로 보다 잘 수행할 수 있도록 기능의 일부를 지지하는 서비스이다.

예 각종 가족정책(소득보장, 주택보장, 교육보장, 보건 및 의료보장), 가족상담과 가족치료서비스, 가족생활교육 및 부모교육서비스, 문화 또는 여가생활 및 각종 생활정보를 제공하는 서비스(supplementary service) 등

② 가족기능 보충서비스

가족의 내부적 원인이나 가족을 둘러싼 여러 가지 사회환경 때문에 가족 스스로 가족의 기능을 원활하게 수행하지 못할 때 가족문제가 발생하게 되는데, 이렇게 발생된 가족문제를 해결하여 가족이 안정을 찾을 수 있도록 사회가 가족의 기능을 일부 보충해 주는 서비스이다.

예 보육서비스, 노인과 장애인을 위한 재가서비스 또는 케어(care)서비스, 가정조성사업(홈메이커서비스), 노인보호서비스 등

③ 가족기능 대리서비스

가족 스스로 당면한 문제를 해결할 수 없을 때 가족의 기능을 전적으로 대리하는 서비스이다.

예 일시 또는 장기간의 가정위탁보호, 입양, 노인 및 장애인이나 아동을 수용하는 시설보호 등

4. 가족복지 관련 이론

사회과학에서 전통적으로 주류적인 이론은 기능주의, 갈등주의, 상호작용주의였고, 1950년대 이후 교환주의도 점차 주류로 인정받고 있다. 각 이론 내에는 여러 가지 분파가 있지만, 대표적인 학자의 주장을 중심으로 가족문제의 정의, 원인과 해결책에 대한 시각을 간략히 소개하고자 한다(최일섭·최성재, 1996; 서병주 외, 2002; 정현숙 외, 2007; 이영주 외, 2015; 임정문 외, 2016).

1) 구조기능주의 이론

구조기능주의 이론(structural-functionalism)은 허버트 스펜서(Herbert Spencer), 탈코트 파슨스(Talcott Parsons), 로버트 머튼(Robert Merton) 등의 이론에 근거하여 사회과학의 주류 이론으로서 제일 먼저 발전되었고, 이 이론에 근거하여 사회과학의 여러 학문분야의 많은 이론들이 파생되어 발전되었으며, 현재까지 가장 널리 적용되고 있는 이론이다.

(1) 주요 가정

구조기능주의는 가족이 개인과 사회에 대하여 어떤 기능을 하며, 사회와 어떻게 관련되어 있는가를 설명하는데, 이들은 지역적·사회적 이동이 빈번하게 요구되는 산업사회에서 가장 기능적으로 적합한 가족의 형태는 부부와 그들의 자녀로 구성된 초혼핵가족(intact nuclear family)이라고 생각하였다.

첫째, 체계의 구성요소는 상호의존적이다. 이 이론은 사회를 상호 연관된 여러 부분으로 조직된 안정된 체계로 보며, 이러한 여러 부분들을 하위체계라고 하였다. 이러한 하위체계는 가족체계, 경제체계, 교육체계, 종교체계 등이 있으며 상호의존적으로 기능하고 있다는 것이다.

둘째, 하위체계의 변화는 전체 사회체계에 영향을 미친다. 체계의 구성요소는 서로 상호의존적이기 때문이며, 체계의 어느 한 부분의 변화는 궁극적으로 전체 체계에 영향을 미치기 때문이다. 따라서 사회를 구성하고 있는 하위체계의 변화가 다른 하위체계나 전체 사회에 어떤 영향을 미치고 있는지에 관심을 갖는다. 이러한 관점에서 가족이란 하위체계는 전체 사회에 대하여 어떤 영향을 미치는지, 가족이란 사회의 하위체계인 가족 구성원 간에 어떤 기능이 서로에게 영향을 미치는지에 대한 관심을 갖는다.

(2) 문제

파슨스(Parsons)를 중심으로 한 구조기능주의에 의하면 사회문제는 "어떤 사회체계가 상위체계에 대하여 기능적 요건을 충족하지 못하고 있는 상태", "한 사회체계가 사회적으로 합의된 규범을 준수하지 못하고 있는 상태", 또는 "어떤 사회체계가 사회화 과정과 결과에서 실패한 상태"라고 할 수 있다. 즉, 사회는 그 부분적 체계가 전체 체계에 대하여 기능적으로 공헌하도록 되어야 생존하고 발전할 수 있다고 보고, 각각의 부분적 체계가 긍정적인 공헌을 하도록 하기 위하여 적합한 사회화 기능과 통제기능을 발휘하는 장치가 있어야 한다. 사회문제가 발생하는 것은 사회전체의 기능적 결함 때문이 아니라 사회체계 일부의 기능인 사회화 기능과 사회통제 기능의 실패라 할 수 있다.

이러한 관점에서 파슨스는 가족을 사회체계 유지를 위한 기능 중 '유형 유지의 기능'을 담당하는 제도로 보았다. 즉, 가족은 구성원을 재생산하고 자녀를 양육·교육함으로써 사회화시키고 사회체계를 통합시키는 사회존속에 가장 중요한 기능을 담당하는 보편적·기본적 제도이다. 예를 들면, 구조기능주의자들은 가족의 기능을 성(gender)과 연령에 따라 구분하여 남녀노소에 따라 수행해야 할 역할을 구분하였고 가족 안에서 남편과 아내, 부모와 자녀의 역할은 상호의존적이라고 보았다. 산업혁명 이후 성별분업과 관련하여 아내의 양육, 보호, 부양 같은 역할을 '표면적 역할', 임금노동을 통해 가정경제를 책임지는 남편의 역할을 '도구적 역할'이라고 정의하였다. 이러한 역할들은 결과적으로 경제를 책임지는 남편들에게 가부장적 지위를 주고 가정에 머물러 가사와 양육의 책임을 지던 여성들은 종속적 지위에 처하게 되었다. 그런데 구조기능주의자들은 이러한 역할들이 수행되는 전통적 핵가족만을 '정상적', '표준적' 가족으로 인식하여 여성의 노동시장 참여를 역기능적이라고 주장한다.

(3) 평가 및 적용

① 평가

구조기능주의의 핵심 개념 중 하나인 '기능'의 개념은 가족의 역동성과 상호작용을 분석하는 데 유용한 개념틀을 제공해 주었다. 즉, 사회변화가 사회체계의 모든 부분들에 영향을 미친다고 인식하고 있고 이러한 변화는 피할 수 없이 계속 일어나고 있으며, 이와 같은 개념에서 건강한 가족을 위해서는 가족 구성원들의 역동성과 상호작용도 변화에 적응해야 함을 주장하였다. 그럼에도 불구하고 구조기능주의 이론은 보수성과 성차별의 측면에서 비판을 받았다. 예를 들면, 가족제도의 근본 목적을 사회변화의 불안정성을 막는 안식처의 기능으로 보고 전통적 성역할 체계를 갖춘 핵가족을 적합한 가족의 형태로 전제함으로써 그 밖의 다양한 가족의 형태를 '결손가족'으로 문제시하는 보수성을 가지게 되었다. 또한 여성을 남성에게 예속화하는 성차별적 요소를 가진다. 여성 가사노동의 경제적·생산적 가치를 간과하고, 노동시장에 참여한 여성의 가족을 역기능적 가족으로 보는 오류로 인해 사회적 변화와 갈등을 간과하였다는 평가를 받고 있다.

② 적용

구조기능주의의 입장에서 가족문제의 해결방안은 사회화기능과 통제기능을 강화하거나 수정하고 재사회화 또는 재활기능을 강화하거나 또는 사회의 물질적 및 기회의 분배기능을 강화 또는 수정하는 것이다. 다시 말해서 개인과 가족적 차원에 대해서는 교육기회 및 여건을 보장하거나 개인이나 가족에 대한 병리적 현상을 치료하는 서비스(예를 들면 사회사업서비스)를 강화하는 것이 될 것이고, 사회제도적 차원에 대해서는 공적 교육제도의 개선, 재사회화 제도(교정제도)의 개선 및 강화, 조세제도 및 사회복지제도의 개선, 기회균등의 보장 등이 될 것이다.

2) 상징적 상호작용이론

상징적 상호작용이론(symbolic interactionism)은 1800년대 후반 윌리엄 제임스(William James), 찰스 쿨리(Charles H. Cooley), 조지 허버트 미드(George Herbert Mead) 등 미국의 실용주의 학자들의 영향을 받아 발전되었다. 기능주의와 갈등주의 이론이 사회현상을 거시적 차원에서 접근하고 분석하려는 입장인 것과 대조적으로 관심의 초점을 개인 간의 상호작용 과정과 상호작용이 개인과 사회에 미치는 결과에 두는 이론적 시각이다. 상호작용주의에서 가장 핵심적인 이론은 상징적 상호작용이론인데, 상징적이라는 말을 덧붙인 것은 인간이 상호작용의 도구로 언어나 몸짓 등의 상징을 사용하고 상징의 주관적 의미를 중요시한다는 것을 강조하기 위한 것이다.

(1) 주요 가정

상징적 상호작용이론의 주요 개념은 역할과 정체성, 자아개념, 의사소통 등이 있으며 개인의 복지에 있어서 대인관계 및 가족관계의 중요성을 강조한다. 특히 개인의 자아개념은 인간이 상호작용하면서 지속적으로 형성되고 획득되는 것으로 자신의 행동에 대해 다른 사람들이 자신을 어떻게 생각하는지를 인식하면서 자신의 행동을 결정한다는 것이다. 따라서 상징적 상호작용이론은 가족 구성원 간의 상호작용에 대한 개인 지각의 중요성을 강조하며, 각 개인은 자신에게 할당된 역할을 지각하고 다른 가족 구성원들에 의해 그 역할에 대한 역할기대를 받게 된다고 보았다(이영주 외, 2015: 47).

상징적 상호작용의 기본 가정은 다음과 같다(서병숙 외, 2002; 김혜경 외, 2016: 21).

첫째, 인간은 그들이 상징을 창조하고 조작할 수 있다는 점에서 독특하고 유일한 존재이다. 행동주의자들과는 달리 상징적 상호작용이론자들은 인간은 추상적이고 정교화된 언어적·비언어적 상징체계들을 통하여 의사소통을 할 수 있는 능력이 있으므로 다른 동물과는 다르다고 주장한다. 이러한 능력은 개인에게 그들의 경험을 분류하고 과거의 사건들을 회상하고, 미래를 예측하게 하며, 사람과 사물과 사건을 범주화하여 자신과 타인들을 보다 넓은 사회적 상황하에서 조망할 수 있게 한다. 따라서 상징적 상호작용이론자들은 사회적 역할의 중요성을 강조하게 되는 것이다.

둘째, 상징의 의미는 사회적 상호작용 내에서 만들어진다. 상징적 상호작용이론자들에 의하면, 사람들은 타인과 상호작용을 통하여 "어떤 것 또는 모든 것에 대한 의미를 부여받게 되며, 학습하게 되면 그 의미가 전이된다"고 주장하였다. 이는 물건이나 사건들에 부여된 의미들은 영원한 것이 아니라 시간이나 상황이 달라짐에 따라 얼마든지 전환되거나 변화할 수 있는 것임을 의미한다.

셋째, 상황에 대한 인지가 인간의 행동에 영향을 미친다. 인간이 그들이 처한 환경에 대하여 그들의 행동을 스스로 통제한다고 주장할 수 있으며, 자신의 행동을 결정짓는 데 능동적 존재임을 주장하고 있다.

넷째, 인간은 지속적으로 변화하는 사회에 태어난다.

다섯째, 개인은 자아개념을 갖고 태어나는 것이 아니라 사회적 상호작용을 통하여 자아개념이 발달한다. 상징적 상호작용이론자들은 사회적 상호작용은 개인의 자아개념 발달에 매우 중요한 과정이라고 믿는다.

여섯째, 자기 자신은 과정이며 또한 목적 자체이다. 자아개념이란 인간이 타인과 상호작용하면서 지속적으로 형성되고 획득되는 것이며, 자신의 행동에 대하여 또는 다른 사람들이 자신에 대하여 어떻게 생각하는지 등을 생각하면서 자신의 행동에 반영시킬 수 있다.

일곱째, 인간은 그들이 처한 자연적 환경과 사회적 맥락 가운데 연구되어야 한다.

(2) 문제

상징적 상호작용이론에 의하면 가족문제는 사회의 한 집단이 다른 집단의 의미에 동의할 수 없는 것으로 규정하고 그 집단의 의미대로 행동하지 않는 것이라 할 수 있다. 예를 들면, 대부분의 사람은 이성애를 선호하고 동성애를 금기시하는데, 일부 사람이 동성애를 하는 것은 사회문제일 수 있다. 상징적 상호작용이론에 따르면, 가족문제의 원인은 상호작용에서 어떤 현상이나 행동에 대한 의미에 동의할 수 없다는 판단을 하는 것, 어떤 현상을 바람직하지 않은 행동으로(범죄자, 알코올중독자 등으로) 낙인을 찍는 것, 어떤 행위에 대하여 다른 의미로 사회화된 것, 또는 상징의 차이라고 할 수 있다.

(3) 평가 및 적용

① 평가

상징적 상호작용이론은 가족의 내적 과정에 중점을 두고 배우자의 선택, 세대 간 가치관의 전이, 역할과 지위관계, 가족 스트레스, 취업모 문제, 가족 내 권력의 문제 등 다양한 주제의 가족연구뿐 아니라 의사소통과 가족치료, 교육 분야 연구에도 기여하였다.

그럼에도 불구하고 상징적 상호작용이론은 다음과 같은 비판을 받는다. 첫째, 미시적인 관점에서 접근하기 때문에 결혼과 가족에 미치는 문화·경제 등의 거시적 측면을 간과하고 있다. 예를 들면, 소수 민족에 대한 차별이나 여성에 대한 경제적 차별 등을 들 수 있다. 가족은 커다란 사회 속에 살고 있기 때문에 사회구조적 영향을 직접적으로 받는다. 둘째, 가족관계에서 보이지 않는 권력의 영향이나 역할을 간과한다. 가족 구성원 간에 갈등이 발생할 경우 의사소통만으로 갈등을 해결할 수 없는 경우가 있으며, 이때 갈등은 대개 권력을 많이 가지고 있는 사람에 의해 해소된다. 셋째, 인간의 무의식·정서적 측면을 충분히 성명하지 못한다. 사람은 '자아'뿐 아니라 '타아'도 함께 갖고 있다는 점과 실제의 현실과 자신만이 만들어 내 현실을 갖기도 하는데, 이를 고려할 수 없다는 점에서 비판을 받고 있다(김혜경 외, 2016: 22).

② 적용

상징적 상호작용이론에 의하면, 사회변화의 주체는 개인이므로 개입의 주된 대상도 개인이 되어야 하지만, 개입의 주체는 사회제도도 포함되어야 한다. 가족문제의 해결방안은 적절하게 상징에 의미를 부여하고 동의할 수 있도록 사회화하거나 재사회화하는 것, 적절한 사회제도나 재사회화제도를 확립하는 것, 낙인행위를 유발할 수 있는 상황을 조성하지 않는 것, 부정적인 낙인 사용에 신중을 기하는 것, 낙인행위로 간주될 수 있는 것의 범위를 좁히는 것, 낙인행위에서 얻어지는 이득을 제거할 것 등이 될 수 있다. 즉, 보다 다양한 행동과 상황을 정상적인 것으로 규정하면 가족문제는 상당히 줄일 수 있다는 입장이다.

3) 갈등이론

갈등이론(conflict theory)은 기능주의 이론에 대한 대안적인 이론으로 발전되었다. 칼 마르크스(Karl Mark, 1818~1883)로부터 영향을 받은 갈등이론은 1960년대부터 부흥기를 맞았다. 갈등주의는 사회현실은 질서와 안정과 합의보다는 무질서, 변화, 갈등과 투쟁이 상존하는 현상으로 보는 시각이다. 갈등주의는 몇 가지 분파가 있는데, 모든 사회현상은 대립적 모순을 내포하고 있고 모순은 새로운 사회체계를 발생시킨다는 변증법적 갈등주의(dialectical conflict theory)와 사회현상에는 갈등이 불가피하게 편재하고 있지만 갈등은 기능적으로 작용한다는 기능적 갈등주의(conflict functionalism)가 있다.

(1) 기본 가정

가족복지에서 갈등이론은 다음과 같은 기본 가정을 갖는다(김혜경 외, 2016: 22-23).

첫째, 갈등은 자연적인 것이며 인간의 본성과 사회 내에서 피할 수 없는 것이다. 인간은 본래 자기중심적이기 때문에 타인의 욕구보다는 자기의 욕구를 추구하게 된다. 그러한 예로 가족은 구성원 간에 대립과 이익이 상충되어 갈등이 존재하는 집단이다.

둘째, 경제는 다른 모든 사회제도의 구조를 결정한다. 가족제도에서 경제적 생산의 주요 책임자인 남성은 가정 내에서 여성에 대한 권력을 갖고 우월적 지위를 차지하고 있으며, 부와 권력에 대한 능력이 없는 여성과 아이들은 종속적 위치가 된다고 보고 있다. 이로 인해 자본축적의 기본이 되는 사적재산이 부체계, 일부일처제의 가족제도를 출현시켰다고 보고 자본주의를 없애는 것이 결혼과 가족제도에서의 불평등을 없애는 것이라고 하였다.

셋째, 갈등은 성장과 사회변화를 위한 필수요소이다. 갈등이론가들은 갈등을 자연적이고 피할 수 없는 현상으로 보았을 뿐 아니라, 갈등이 사회에 유익을 줄 수 있는 것으로 보았다. 즉, 가족 내에서 권력과 자원이 불평등함에 따라 갈등이 발생하는 것은 필연적이며, 이 갈등을 생산적으로 관리하고 대처할 때 가족통합과 발전의 토대가 될 수 있다고 보았다.

(2) 문제

변증법적 갈등주의에 의하면 사회문제는 "희소자원의 불균등한 소유로 인하여 발생하는 갈등현상" 또는 "희소자원을 통제하는 데 있어 권위와 권력이 유형화되어 있는 것에 대한 불만적인 반응"이라 할 수 있다. 특히 마르크스(Marx)의 갈등주의 전통을 따르고 있는 입장에서는 "희소자원을 많이 소유한 사람이 희소자원을 적게 소유한 사람을 착취하고 특권을 행사하고 시장경제를 수립한 결과 생겨난 현상"이라고 할 수 있다.

기능적 갈등주의에 의하면 사회문제는 "자원의 불평등한 분배에 대한 갈등의 결과로서 사회체계의 통합과 발전에 역기능적인 현상을 나타내고 있는 것"이라고 할 수 있다. 즉, 갈등주의 시각에서 사회문제의 원인은 "비합법적인 사회통제와 착취", "희소자원의 불균등한 분배" 또는 "불균등한 분배를 가져오는 사회의 권위와 권력의 구조"라고 할 수 있다. 변증법적 갈등주의는 사회문제의 원인은 개인에게 있는 것이 아니라 사회제도에 있다고 보고, 기능적 갈등주의는 주로 사회제도에 있지만 갈등이 어느 정도 적대적 본능 때문에 유발된다는 점에서 개인에게도 원인이 있다고 본다.

가족복지에서 갈등이론의 관점은 가족 내의 이해관계나 권력 또는 자원의 불평등에 초점을 두고 있으며, 이러한 갈등이 가족 내에서 반복된다고 해서 반드시 가족 해체가 발생하는 것은 아니라고 본다. 그러므로 갈등을 긍정적 또는 부정적, 어느 쪽으로 보느냐에 따라 갈등의 강도와 지속성이 결정된다. 또한 갈등이론에서는 가족갈등이 처리되는 과정이 중요하므로 부부관계나 부모-자녀관계 등에서 자원과 권위의 독특한 특성이 파악되고 존중되어야 한다고 본다(이영실 2016: 34).

(3) 평가 및 적용

① 평가

갈등이론은 가족의 안정과 질서를 강조하는 구조기능론적 가정이 필연적이고 타당하며 바람직한가에 대한 근본적인 의문을 제기하고 조화와 갈등이 존재하는 가족의 양면성과 가족갈등 문제를 표면화시킨 점에서 가족학 분야에 기여한 바가 크다(정현숙 외, 2007). 즉, 가정 안팎에서 여성에게 주어지는 불평한 기회나 남편, 아버지, 또는 사랑하는 사람으로부터의 신체적·정신적 학대를 경험하는 것과 같은 가족문제가 광범위하게 퍼져 있을 뿐만 아니라 파괴적인 영향력을 가지고 있다는 사실을 공론화한 것이다.

그럼에도 불구하고 갈등이론은 다음과 같은 문제점을 갖는다.

첫째, 갈등이론은 권력이나 역할과 같은 사회규범이 가족 간에는 경쟁적 갈등기제로만 작용하는 것이 아니라 긍정적으로 수용되기도 하고, 가족 구성원 간의 갈등을 통제하는 데 영향을 주기도 한다는 점을 간과하였다. 실제로 가족은 애정이나 친밀감, 유대감, 희생정신 등이 중요한 정서로 작용하고 있는 집단인 만큼 가족문화를 설명하기에는 무리가 있다(김혜경 외, 2016: 23).

둘째, 사회질서보다는 갈등에 초점을 두고 있는 갈등이론은 한 가지 원인으로 모든 가족행동 및 인간행동을 설명하려는 경향이 있다. 그러나 가족에서 발생하는 다양한 갈등 양상을 단일 원인론으로 하여 해결책을 찾는 데에는 어려움이 있다(이영주, 2015: 52).

② 적용

변증법적 갈등주의는 자원의 불평등한 지배를 영속화시키고 있는 기본적인 사회체제 자체를 재조직하지 않는 한 사회문제의 근본적인 해결은 불가능하다고 본다. 기능적 갈등주의는 사회문제의 해결은 제도의 전면적 재조직이 아니라 단편적인 개혁, 개선, 보완으로 가능하다고 본다. 그 구체적인 방법은 역기능적인 제도에 관련된 자원분배를 평등화하는 것, 사회복지 프로그램을 보편적이고 제도적인 방향으로 강화하는 것, 세제의 개선 등이 될 수 있다.

가족복지에서 문제해결의 방법은 갈등주의는 기능적 갈등주의의 입장에 서 있는데, 갈등은 가족생활 내에서 종결될 수 없기 때문에 갈등을 해소하려 하기보다는 구성원들의 갈등을 관리하는 과정에서 상호 만족스러운 방식으로 협상하고 타협할 수 있는 능력과 공유된 규칙을 갖는 것이 중요하다.

4) 체계이론

가족복지에서 체계이론이 차지하는 비중은 매우 크다. 체계이론은 가족을 개인이 아니라 전체 가족의 맥락에서 접근하며, 가족과 환경과의 상호작용을 조명하는 개념틀로서도 유용하다.

체계(system)는 여러 개의 부분으로 구성된 전체, 즉 전체를 구성하는 부분들이 모여 복잡한 기능체를 만든다는 개념이다. 체계이론은 생물학자 버틀란피(Bertalanffy)에 의해 1940년대에 처음으로 제시된 이후 1960년대부터 주목을 받게 되었다. 체계이론에 대하여 버틀란피는 "이론이 아니고 현상을 설명하고, 통제할 수 있는 이론적 모형을 제시해 주는 기능을 하는 작업가설이다"라고 하였다. 체계이론에서 가족체계의 원리는 '전체성'에 입각하고 있으며 이런 '전체성'은 가족 구성원 간의 상호작용에 의해 가능하다고 본다. 가족은 외부환경에 대한 개방성과 가족 구성원 간의 상호작용으로 변화하는 상황이나 요구에 민감하게 반응하며, 안정성과 균형을 유지하기 위해 상호작용 패턴을 형성하고 자원의 행동을 제한한다는 규칙을 갖는다(김혜경 외, 2016: 24).

(1) 주요 가정

체계란 서로 관계를 맺어 영향을 주고받는 부분들의 형성한 전체 또는 조직으로 이해된다. 체계이론은 상호작용 구성요인의 균형 유지를 위해 이들 구성요인의 파악과 통제를 통해 인간행동과 사회를 전체적으로 설명하고자 하는 개념적 지침이다. 이 이론은 미생물부터 사회까지 살아 있는 존재에 초점을 두는 체계이론의 부분으로 경계, 역할, 사람들과의 정보 흐름에 관심을 둔다. 이것은 개인과 집단 그리고 지역사회와 접하는 사회복지사에게 다양한 상황과 환경을 중요시할 것을 강조한다.

체계이론의 주요 가정은 다음과 같다.

첫째, 개방체계와 폐쇄체계가 있는데, 이것은 외부로부터 투입을 받아 이에 합당한 산출을 만들어 내는 개방체계와 외부로부터 투입을 받아들이지 않고 산출도 없이 해체·고갈·소멸해 버리는 엔트로피(entropy)의 특성을 지닌 폐쇄체계로 구분할 수 있다(Goldenberg & Goldenberg, 1998: 25-27). 개인, 집단, 지역사회 등의 각 체계는 상황에 따라 개방체계 또는 폐쇄체계의 속성을 갖게 된다.

둘째, 경계(boundary)는 체계 간의 상호작용을 조절하는 역할을 하는데, 개인과 하위체계들을 둘러싸고 외부와의 접촉을 통제하는 비가시적 경계를 의미한다. 예를 들어, 외부의 침투가 힘든 경계의 가족은 사회적 환경으로부터 소외된 상태이고, 그 반대의 가족 경계는 외부 변화에 민감한 상태라 할 수 있다. 역동적인 체계는 존재하기 위해 지속성을 유지하면서 동시에 변화를 추구한다. 그러나 체계의 변화는 반드시 그 체계의 안정을 고려하여 이루어져야 한다. 그러므로 체계이론가들은 모든 체계의 생존은 안정과 균형의 상태와 혁신과 변화를 위한 생태를 위한 과정에 의해 가능하다고 본다.

셋째, 체계는 항상성, 안정상태, 균형을 유지하려고 한다. 균형, 항상성, 안정상태는 경계의 개방성에서 상이한 정도를 반영하는 개념이다.

① 항상성(homeostasis)

항상성은 체계가 상대적으로 안정되고 지속적 평형상태 또는 균형을 지키려는 경향을 의미하는데(Zastrow & Kirst-Ashman, 1997: 151), 모든 체계들은 안정성, 질서, 일관성을 가져야 유지할 수 있다는 것이다. 항상성은 개방된 체계를 전제로 한다. 항상성은 환경과 지속적 상호교환을 하는 체계에 존재하며, 그 결과 안정적이지만 정적인 균형이 아니라 역동적인 균형으로 나타난다. 이같이 균형을 유지하려는 자동적인 경향이 항상성이다.

② 안정상태(steady state)

안정상태는 부분들 간의 관계를 유지하고 쇠퇴해서 붕괴하지 않도록 에너지가 계속적으로 사용되는 상태를 뜻한다. 안정상태는 환경과의 교환뿐 아니라 변화하는 여건에 적응하기 위해 구조를 변화시킬 수 있는 개방체계에 존재한다. 이는 모든 살아 있는 체계의 기본적인 속성이다. 건전한 개방체계는 현상유지만 지향하거나 욕구 완화에만 집착하지 않고 긴장이나 갈등을 성장의 전제조건인 건전한 자극으로 간주한다.

③ 균형(equilibrium)

안정과 변화 사이의 균형 개념은 가족을 이해하는 데 매우 유용하다. 가족은 그 구성원들의 발달적 변화(예 유아기에서 학령기 자녀로의 변화)로부터 내적 압력을 받는다. 동시에 가족은 변화하는 외적 조건(예 전업주부가 직장에 복귀하도록, 아동이 전학하도록, 또는 배우자가 직업전환을 하도록)에 적응해야 한다. 성공적인 가족은 변화하는 상황에 따라 새로운 전략을 채택하고, 규칙을 수정하면서, 새로운 접근을 시도하는 등 문제를 해결하는 새로운 방식을 습득해 나간다(Goldenberg & Goldenberg, 1998: 35).

(2) 문제

가족이란 인간사회에 있어서 모든 다른 체계들과 불가분의 관계를 맺고 있는 하나의 사회 단위이다. 가족은 문화의 사회화에 일차적 책임을 떠맡고 있거나, 위임받고 있어서 인간의 생존을 보장하는 주요한 책임을 맡고 있다. 또한 합법적인 자녀 출산을 가능하게 하는 유일한 제도이며, 사회화 기능이 학교와 같은 다른 사회제도에 일부 이양되기는 했지만 가족은 여전히 인간의 성격 형성에 가장 큰 영향력을 지니고 있다.

가족은 생활주기의 모든 단계에서 사회의 기대를 규정하고 성장에 필요한 자원을 공급하는 데 중요한 의미를 갖는다. 가족은 사회체계의 제 특성을 갖추면서도 목표, 기능 등에 있어서는 다른 체계와 구별된다. 가족의 분석은 그 구성원들에 의한 것과 가족이 소속하고 문화와 지역사회에 의한 것 등 두 가지 방법이 다 가능하다. 즉, 모든 구성원들에게 친밀한 사회적 상호작용을 할 수 있고 기회를 제공하며, 동시에 모든 구성원들의 개인적인 안정에 밑바탕이 된다.

① 진화적 측면

가족체계의 진화적 측면은 안정상태의 특성을 가진다. 가족체계는 변화하는 동시에 같은 상태로 유지될 필요가 있다. 가족은 생활주기를 통해 가족 구성원들과 사회로부터 계속 변하는 요구 조건들에 대처하면서 존재한다.

위기에 처한 가족은 종종 한 형태의 안정상태에서 다른 형태로의 안정상태로 변화하는 파괴적 변화의 상황에 처하게 된다. 이때 가족은 외부의 에너지 활용에 보다 개방적이 될 수 있으며, 중재적 노력에 대해 더욱 순응적으로 될 수 있다. 가족은 사회의 다른 대상에게 그들의 문제와 역기능의 책임을 전가시키기도 하고, 반대로 해체 가정의 사회적 비난과 같이 책임의 대상이 되기도 한다. 가족을 돕는다는 것은 가족 자체의 독특한 경향이 무엇이며, 이들이 어떻게 작용하고 있는지 이해하도록 돕는 것이다. 그러므로 대인서비스 전문직들은 가족의 독특한 체계적 성격을 잘 파악해야 한다.

② 구조적 측면

가족은 가장 최소 단위의 사회적, 인간체계이므로 가족 구성원 간의 상호의존성이 강하다. 즉, 가족은 하나의 단위이며, 어떤 구성원의 행위라도 다른 구성원에게 영향을 미친다. 이러한 가족조직의 유효성은 목표 성취의 정도에 달려 있다. 목표란 구성원의 목표와 사회의 목표를 뜻한다. 만약 사회적 목표가 성취되지 않는다면, 가족은 법령에 의해 해체되기도 한다. 목표를 달성하기 위해 가족은 그 조직을 통해 내적, 외적 힘을 확보하고 비축하며, 그 힘을 개인적 목적뿐 아니라 가족체계를 위해서도 써야 한다.

가족은 가족 구성원 간의 상호작용이 빈번하며 강력함을 의미하는 행동적 특성을 가진다. 그리고 분화와 전문화의 개념 등이 가족에 적용될 수 있다. 가족은 그 구성원의 안전과 감정적 욕구를 보장하는 유일한 책임을 가진 것으로 고도로 전문화된 문화 구성체가 되어 왔다. 이러한 가족의 기능이 축소되어 간다는 것은 가족 분화의 결과로 볼 수 있다. 소득보장, 건강보호, 정서적 지지, 탁아사업 등을 제공하는 사회복지서비스와 같은 다른 제도의 발전이 이전의 가족의 기능을 전문적으로 대신하여 맡게 된 것이다. 가족 내에서 분화와 전문화는 역할분담에서 반영되고 있다. 분화된 역할기대는 보통 연령과 성에 따라 결정된다. 또한 가족의 구조는 고유영역을 가진다. 가족은 고유영역의 확보와 유지란 목적을 중심으로 결합하며, 이를 통해 일체감을 찾게 된다.

③ 행동적 측면

첫째, 사회통제와 사회화는 가족의 특징적 기능이다.

가족은 항상 소속 사회의 하위체계이며 그 사회의 사회화 과정에 참여한다. 사회화란 어린아이가 소속집단의 가치와 지식을 습득하는 과정이며, 소속된 사회에서의 자기 위치에 합당한 사회적 역할을 학습하는 과정이다. 가족에게 부여된 사회화 과업의 범위는 다른 사회제도(특히 학교)가 떠맡아 축소되기는 했지만, 가족이 성격발달에 제1차적 영향력을 지닌다는 점은 여전하다.

둘째, 가족 상호작용의 모체는 의사소통이며, 이는 가족 역동성을 이해하는 열쇠 구실을 한다. 어느 가족이든 특징적인 의사소통 방식이 있으며, 이는 가족 범주 내의 외부 체계와의 상호작용 시 모두 작용한다.

셋째, 적응은 가족기능에 있어서 필수적이다. 가족은 사회변화에 대한 순응체계로 환경의 현저한 변화에 적응할 수 있도록 구조와 기능을 바꾸는 능력이 있다. 가족체계는 구성원들에게 에너지(의사전달의 힘)를 요구하며 유사한 주위 체계들과 그 에너지를 교환한다. 또 가족의 적응방식은 경험한 외부 억압을 동화하는 것이다. 가족은 사람이 긴장을 풀고 스스로 밖으로 적응할 수 있는 역할 행동의 부담을 덜며 자신을 찾게 해준다. 한 가족이 만일 주위환경과 구성원들이 부여하는 가변적 요구에 적응할 수 없을 때, 부적응으로 간주된다. 만일 가족이 너무 불변적이거나 기존 구조의 유지에 필요 이상의 에너지를 쏟게 된다면, 외적 요구를 다 감당하지 못하며 역기능적이 될 것이다. 한편 가족이 변하기만 하는 불안전 상태로 있게 된다면, 구성원들은 자신을 지켜 나가는 데 필요한 만큼의 안정성을 제공받지 못하게 될 것이다.

(3) 평가 및 적용

① 평가

이러한 체계이론은 다음과 같은 긍정적인 평가를 받는다.

첫째, 체계이론은 사회복지 실천에 매우 중요한 영향을 미쳤으며 많은 변화를 초래하였다. 체계이론의 영향으로 사회복지에서는 X가 Y를 일으킨다는 직선적 원인론에 입각한 의료적 모형에서 벗어나 여러 가지 원인에 의해 행동이 일어난다고 보는 순환적 원인론으로 전환할 수 있게 되었다.

둘째, 체계이론은 원조과정에서 수집한 정보를 조직화하고 통합할 수 있는 길을 열어주었다. 인간행동을 이해하는 데 있어 사회복지사들에게 인간의 다양한 체계를 고려해야 한다는 것을 인식시켜 주었다. 즉, 사회적 현상 간의 상호관련성에 초점을 두는 일반체계이론은 체계의 다면성에 강조점을 두기 때문에, 통합적 관점 또는 개념적 가교를 제공해 주는 이론으로 받아들여진다. 사회복지 실천에 있어서 개인의 행동에 초점을 두고 있었던 것에서 벗어나 구성원들 간의 역동적 상호작용에 초점을 두게 하였다. 개인과 사회체계 사이의 새로운 관계, 나누어진 개인과 환경을 새롭게 융합할 수 있는 이론적 기반을 구축한 것이다.

셋째, 일반체계이론은 인간이 상호작용하는 많은 체계를 고려할 수 있는 접근방법이기 때문에 사회복지 실천의 사정과 개입의 영역을 확대했다. 즉, 사회복지 실천의 사정에서는 내담자에게 국한되지 않고 관련 체계의 영향력을 사정에 포함하게 되었으며, 문제나 욕구를 보다 상황적이고 환경적인 맥락에서 이해하려는 경향을 부각했다.

넷째, 체계이론은 사회체계 내부 및 체계들 간의 안정성과 변화를 설명할 수 있는 수단을 제공해 주기 때문에 사회복지 실천에 매우 유용하다. 사회복지사가 문제해결과 개입 및 가능성을 결정하고자 할 때 사회체계가 정적 상태에 머물러 있는 것이 아니라 환경과 지속적으로 상호작용하고, 목적적이며, 목적지향적이라는 체계이론의 개념을 활용할 수 있다.

그럼에도 불구하고 체계이론은 다음과 같은 한계를 가진다.

첫째, 체계이론은 분석대상을 서로 관련성을 가지고 존재하는 단위의 복합적 전체로 보기 때문에 상대적 존재라는 것을 전제로 한다. 따라서 목적까지도 상대적이며, 하나의 체계가 다양한 목적을 가진 요소로 성립되는 경우가 있다. 사회사업가의 개입은 바람직한 목적을 달성하기 위한 활동으로, 목적이 바람직한가에 대한 결정에는 가치에 대한 주체적인 선택이 요구된다.

둘째, 체계이론은 너무 추상적이고 분석적이어서 요소 간 관계성을 분석적으로 파악하는 데 적합하지만, 이를 이용하여 상황에 대한 전체성을 파악하는 데는 어려움이 있다. 이러한 체계이론의 한계성으로 인해, 사회사업실천은 인간의 생활실태에 좀 더 가까운 이론인 생태학에 관심을 기울이게 된 것이다.

셋째, 특히 가족체계에 있어서 역기능적인 가족의 가족역동을 설명하려는 과정에서 도출된 이론으로 역기능 가족을 이해하는 데 유용한 개념적 틀을 제공한다. 그러나 이 이론이 정상가족에 대해서도 적용될 수 있는가에 의문이 제기되고 있다.

넷째, 여권주의적 성향을 지닌 학자들은 가족체계이론이 가족 내 모든 구성원이 동등하게 체계의 역기능에 기여한다고 가정함으로써 가족 내 존재하는 남성과 여성의 권력 차이를 간과하였으며, 상대적으로 약자의 입장에 있는 집단에 대한 설명이 약하다고 평가한다. 이러한 가족체계이론의 가치중립적 특징은 힘의 논리가 작용하는 가족학대나 성학대 등의 문제를 설명하는 데 한계가 있다고 비판받고 있다(이영주, 2015: 50).

② 적용

가족체계이론이 가족치료에서 활용되고 있는 대표적인 기법들은 다음과 같다.

첫째, 상호작용 실연 및 경계선 설정이다. 상호작용 실연기법은 미누친(Minuchin)의 구조적 가족치료에서 활용하는 가족 재구조화 기법으로 치료자가 치료시간에 가족의 상호작용 유형을 직접 확인하고자 할 때 사용하는 기법이다. 즉, 가족으로 하여금 가족 내에서 일어나는 상호작용을 말로 설명하는 대신에 실제 행동으로 재현해 보게 하는 기법이다. 경계선 설정기법은 하위체계 간의 독립성과 침투성을 허용할 수 있는 경계선을 만들기 위한 기법이다. 가족체계 내의 개별 구성원의 경계선을 설정하기 위해서는 가족 구성원의 이야기를 경청하고 그의 관점을 인정해 주며, 다른 구성원들이 대신해서 답변하는 것을 통제하고, 한 구성원이 가족의 기억창고(memory bank)로서의 역할을 못하게 하는 기법이 있다.

둘째, 지시기법이다. 지시기법은 헤일리(Haley)의 전략적 가족치료에서 주로 활용하는 기법으로 직설적 지시, 은유적 지시 그리고 역설적 지시가 있다. 직설적 지시는 치료자가 내담자에게 부적응적 행동을 중단하거나 과거와 다른 행동을 하도록 언어 또는 비언어적으로 치료시간에 명령하거나 숙제를 부과하는 기법이다. 이러한 직설적 지시를 사용하여 과제를 부과할 경우에는 명확하고 구체적인 과제, 전체 가족이 참여할 수 있는 과제, 일상생활과 밀접하게 관련된 과제, 아주 작고 쉬운 것부터 시작하는 과제를 부과해야 하며, 과제수행이 끝난 후에는 그 결과를 재검토하게 하고 미흡한 부분에 대해서는 유감의 표시를 강하게 표현하는 것이 좋다. 은유적 지시는 가족이 문제를 밝히기를 꺼려하거나 토론하기를 원하지 않는 경우 사용하는 기법이다. 은유적 지시는 치료자가 가족의 특정행동을 해주었으면 하고 원할 때 그와 유사한 행동을 하도록 명령하는 기법이다. 역설적 지시기법에는 증상을 지속하게 하거나, 과장하게 하고, 자의적으로 증상을 통제할 수 있게 하는 처방, 재발을 경고하거나 변화의 속도가 지나치게 빠르다고 지적하는 제지, 증상행동보다 더 큰 어려움이 수반되는 행동을 하게 하는 시련기법 등이 있다.

셋째, 재정의이다. 재정의 기법은 MRI(Mental Research Institute)의 상호작용 가족치료, Milan Group의 체계론적 가족치료 등 대부분의 가족치료 접근방법에서 사용하는 기법이다. 주로 행동이나 사건이 지니는 부정적인 의미를 긍정적 의미로 변화시켜 주는 기법으로, 재명명 또는 긍정적 의미부여라고도 불린다.

넷째, 순환적 질문이다. Milan Group의 체계론적 가족치료의 대표적인 치료기법으로 개인의 증상행동을 가족 구성원들 간의 관계상의 문제로 재규정하기 위하여 사용하는 기법이다. 이 기법은 가족 상호작용 유형이나 가족관계에 대해 질문을 함으로써 가족 구성원들 간의 지각차이를 밝혀내는 데 목적을 두고 있다. 이러한 순환적 질문에는 차이에 관한 질문, 가설적 질문, 행동의 효과에 대한 질문, 3인군 질문이 있다. 차이에 관한 질문은 동일한 사건에 대해 구성원들의 생각이 어떻게 차이가 나며, 시간의 흐름에 따라 사건의 의미가 어떻게 달라지는지를 질문하는 것이다. 가설적 질문은 가족에게 미래에 가족 내에서 일어날 수 있는 창조적인 대안행동을 만들어 내도록 하는 질문기법이다. 행동의 효과에 대한 질문은 가족 구성원들 간의 상호작용 과정에서 나타나는 행동의 연쇄과정이나 연결고리에 대해 질문하는 기법이다. 3인군 질문은 제삼자에게 두 사람의 관계속성을 질문하는 기법으로, 한 구성원이 참석하지 않는 경우에는 참석하지 않은 구성원이 특정 상황에서 어떤 반응을 보였을지를 생각해 보라고 하는 마음 읽기 질문을 사용하기도 한다.

5) 교환이론

교환이론(exchange theory)은 사회를 거시적 차원에서 분석하려는 기능주의에 대한 이론보다 미시적인 차원에서 개인, 가족, 사회현상을 분석하려는 이론이다. 교환이론은 사회적 관계가 왜 지속되고, 왜 끝나는가를 설명하는 데 유용한 이론으로, 사람이 자신의 이익을 위해 손해를 보는 행동을 피하고 보상이나 비용이 주어지는 상호작용이나 인간관계를 추구한다는 명제에서 출발한다. 여기서 보상과 비용이라는 개념은 단지 물질적인 측면뿐만 아니라 심리적 만족감과 불쾌감 등을 표현하는 포괄적 개념이다.

1960년대 후반부터 가족연구에 적용되기 시작한 교환이론은 1970년대 이후 중요한 개념틀로 부상되었다. 대표적인 학자로는 호만(Homans, 1961)과 블라우(Blau, 1964) 등이 있다.

(1) 주요 가정

교환이론은 사회적 행동을 적어도 두 사람 간에 교환자원을 주고받는 반복적인 행위가 이루어지는 것으로 본다. 교환자원은 물질적인 것과 비물질적인 것이 포함되는데, 예를 들면 금전, 물품, 칭찬, 복종, 존경 등이 있다. 상대방에게 주는 교환자원은 비용이 되고 상대편으로부터 받는 교환자원은 보상이 되며, 교환관계에 있는 당사자는 가능하면 비용에 비하여 보상이 크도록 행동하려 하고 권력적으로 대등한 입장에서 교환관계를 유지하려고 한다는 것이다.

(2) 문제

이 이론에서 사회문제는 기본적으로 교환관계가 단절되거나 불균형을 이루고 있는 상태로 정의할 수 있고, 사회문제의 원인은 교환자원의 부족, 고갈 또는 가치 저하라 할 수 있다.

가족 구성원 간의 교환은 부부관계, 부모-자녀관계를 기점으로 하여 광역사회와의 관계로 확대된다. 기본적으로 가족 구성원 간의 교환은 관계 자체가 보상으로 작용하는 경우가 많지만 상업화·도시화 등의 영향으로 점차 이러한 특성이 감소되고 있다.

(3) 평가 및 적용

① 평가

교환이론은 사회적 관계의 형성과 유지 및 해체를 매개하는 개인적·관계적 요인을 설명하는 데 기여하였다. 그러나 사람들은 이익을 극대화하려는 방향으로 행동하지만 때때로 어떤 보상을 기대하지 않고 이타적으로 행동한다는 것을 간과하였다. 예를 들어, 자녀에 대한 부모의 무조건적인 사랑 등은 교환이론으로 설명하기 어렵다. 또한 보상과 자원, 비용의 가치를 지각하는 데 개인차가 있다는 것을 간과하고 있다. 특정한 보상과 비용의 개념을 모든 사람에게 일률적으로 적용하기 어려울 뿐만 아니라 그러한 개인 차이의 원인을 적절하게 설명하지 못하다는 비판을 받고 있다.

② 적용

교환이론에서 주요한 개념은 보상, 비용, 이익, 비교수준, 대안, 호혜성 등이며, 배우자 선택에서 교환개념이 시작되어 부부권력, 의사소통, 결혼의 안정성, 성역할, 성행동, 가정폭력 등에 적용되고 있다. 배우자 선택과정에서는 상호 간에 소유한 제반 자원에 의해 보상 정도가 평가되어 선택행위가 일어나며, 부부간의 권력에 있어서는 물질적 보상을 더욱 추구해 가는 산업사회에서 취업모 문제, 세대 간 유사성이나 동일성이 보상적 관계에 미치는 영향, 사회계층별 부모행동이나 가치관에서의 비용개념 등이 교환이론과 연관된다(이영실, 2016: 33).

6) 성평등이론

여권주의자들은 남녀의 차이가 과장되거나 유사성이 은폐되어 사회적으로 만들어진 이분법적인 성(gender)의식, 사회적 과제들을 성별로 할당함으로써 여성과 남성을 분리해 성차를 더 크게 하여 남녀가 서로 의존하도록 만드는 성별노동분업, 그리고 이성 간의 성적결합을 요구하는 성체계가 바로 여성에 대해 억압을 가져오는 주원인이라고 주장한다(정현숙 외, 2007).

(1) 주요 가정

성평등이론은 기본적으로 남성과 여성이 동등하므로 동등한 대우와 권리를 보장받아야 한다는 믿음에 기초한다. 따라서 전통적인 성역할의 개념이 자연스러운 현상이며, 사회에 효과적이라는 시각에 반기를 든다. 성평등 관점에 기초한 여권주의자들은 가족 내 존재하는 여성억압을 세 가지로 정리하였다(이영주 외, 2015: 54).

첫째, 가부장제에 의한 억압이다. 가부장제에서 남성은 여성에게 가정에서의 역할을 우선시하게 함으로써 여성들의 노동시장 참여를 억압하고 있다.

둘째, 여성의 재생산 역할에 대한 억압이다. 남성 중심적 자본주의 사회질서에서 여성은 임신과 출산, 양육과 같은 생물학적 재생산 역할을 수행함으로써 남성 부양자 중심의 가부장제에 통제를 받게 된다.

셋째, 이데올로기에 의한 억압이다. 성역할 이데올로기 또는 가족 이데올로기는 가족의 사회화 과정을 통해 유지되고 대중매체를 통해 강화되어 전통적인 남성우위의 가족 및 사회체계가 유지되는데, 이러한 현상은 인간 본성에 의한 자연스러운 현상이 아니라 사회적 산물로서 권력관계에 기반하고 있는 구조라고 주장한다.

(2) 문제

여성주의자들은 여성 행동을 제약하는 사회제도, 규범, 역할 등을 찾아내어 그것을 개선하기 위하여 노력해 왔는데, 특히 가정생활에서 여성의 억압에 초점을 맞추었다. 즉, 현재의 가족체계는 남편과 아내가 서로 다른 계급에 놓이고 이익과 권력에서 불평등이 존재하며, 이러한 가부장적 체계는 권력을 가진 남성의 이익에만 기여할 뿐 여성은 억압되어 있다고 본다. 그들은 결혼과 가족은 인간의 본성에 기초한 자연스런 현상이 아니라 시간과 공간의 제약을 받는 사회적 산물로 간주하며, 가족이 단일체계라기보다 권력단체의 구조임을 주장한다. 따라서 여성주의자들은 남성 중심의 가부장적 가족제도에서 벗어나 부부, 자녀관계가 모두 동등하고 민주주의적인 가족제도를 추구한다(이영실 외, 2016: 35).

(3) 평가 및 개입

① 평가

성평등이론은 가족의 조화와 권력의 균형을 강조한 기존 이론들에 도전하여 성역할 구분에 따른 여성 억압과 아내 구타와 같은 많은 여성들이 경험하는 문제들을 파악하여 가시화하였다. 이로 인해 여성은 가족의 봉사자나 희생자가 아닌 주체적 개인으로서 위상을 재조명받게 되었고 다른 이론들에 비해 사회적 실천을 강조하는 데 기여하였다. 그럼에도 불구하고 여성 중심적이어서 남성들의 경험을 제외한 또 하나의 차별이라는 비판을 받고 있다(이영주, 2015: 56).

② 개입

성평등적 관점에서 본 가족의 근본과제는 가족에 대한 올바른 관점을 제시하고 또한 여성이 가족의 봉사자나 희생자가 아니라 여성 개인으로서의 주체적 위치가 함께 부각되어야 한다는 것이다(이영실 외, 2016: 35).

PART 02

가족복지정책

CHAPTER 03

복지국가와 가족복지정책

1. 가족복지정책의 정의와 욕구

서구 복지국가는 개인과 사회문제를 해결하는 데 있어 가족을 단위로 접근하는 것이 효과적이라는 인식하에 다양한 가족복지정책을 시행하고 있다.

1) 정의

가족복지정책의 정의를 카머맨과 칸[1](Kamerman & Kahn, 1978)은 정부가 가족[2]에 대해 그리고 가족을 위해 행하는 모든 활동으로 정의하고 있다. 카머맨과 칸은 가족전체를 단위로, 또는 가족 구성원에 대하여 특정한 목적을 성취하기 위한 노력으로 명시적·묵시적 성격의 고안된 법과 규정 그리고 혜택 및 프로그램을 모두 포함하고 있다. 따라서 일반적으로 정부의 활동을 가리키는 정책이지만 민간부문의 활동도 포함하고 공공부문과 민간부문을 구분 또는 혼합 형태로 추진하고 있다.

짐머만(Zimmerman, 1995)은 가족의 복리후생의 목적을 가지고 가족이 경험하게

1) 류종훈, 최신 가족복지론, 학현사, p. 80.

2) ① 가족을 대상으로 하고 있음을 명시하는 정책으로는 "가족이나 가족 구성원을 직접적으로 대상으로 하는 정책(예 보육, 아동복지정책 등)"이 있다. ② 가족을 암묵적 대상으로 하는 정책으로는 "정책대상에 '가족'을 명시하지는 않았지만 의도적으로 가족을 겨냥하는 정책(예 조세, 연금, 주택정책 등)"이 있다. ③ 가족에게 간접적으로 영향을 미치는 정책으로는 "가족에게 영향을 미치는 것이 직접적인 목표는 아니나 정책수행의 결과로써 가족에게 간접적으로 영향을 미칠 수 있는 정책(예 이민정책 등)"이 있다.

되는 여러 문제에 대처하기 위한 일련의 상호 연관된 정책적 선택이라고 정의하고 있다.

고티에(Gauthier, 1999)는 가족정책을 협의와 광의로 나누어 정의하였다. 협의의 가족정책의 영역에는 가족의 소득유지, 모성보호, 아동보호, 노인보호 등을 포함했고, 광의의 가족정책에는 가족법, 각종 사회복지서비스, 기타 공공정책을 포함했다. 고티에의 분류 중에서 일반적으로 협의의 가족정책을 가족복지정책으로 간주할 수 있다.

표 3-1 고티에의 가족정책 분류

구분	특성	
협의의 분류	전통적 요소 • 직접적 소득이전(가족수당, 주거수당, 학비지원) • 간접적 소득이전(세제혜택 등) • 모성휴가, 부성휴가 • 보육시설	
광의의 분류	비전통적 요소	노인보호수당, 가족간병 책임자에 대한 연금, 노동시장정책(유동시간근무제, 재택근무)
	가족관련법	결혼, 이혼, 동거관련법, 자녀부양법, 낙태-피임관련법, 학대관련법, 아동복지법, 청소년범죄법
	서비스	교육, 보건, 쉼터, 아동복지서비스
	기타 공공서비스	대중교통, 이민법, 실업지원책, 직업훈련

여러 학자들의 가족복지정책에 대한 정의를 종합해 보면, 가족복지정책이란 '가족의 복리 증진을 위해 하나의 단위로서의 가족 또는 각각의 가족 구성원의 욕구를 충족시키기 위한 국가의 정책'이라고 정의 내릴 수 있다.

2) 가족의 욕구

다양한 가족복지정책과 제도를 구분함에 있어 흔히 사용되는 방법은 가족이 수행하는 사회적 기능과 역할에 의하여 분류하는 방법이다. 국가가 기대하는 가족의 기능 또는 역할 수행은 부적응적 역기능의 관점에서 가족의 욕구로 표현되며 이와 관련하여 가족복지정책을 다음과 같이 구분할 수 있다.

표 3-2 가족의 욕구와 정책의 범위

가족 욕구	가족복지정책의 범위
경제적 욕구	사회보험, 공공부조, 가족수당, 세금감면, 주택관련 지원
육체적 욕구	건강보험 및 관련 프로그램
양육 및 보호 욕구	아동수당, 육아휴직, 양육비지원, 보육서비스, 모자보건, 가족간병휴가, 노인, 아동, 장애인, 입양아 부양지원서비스
심리·정서적 욕구	가족상담 및 치료서비스, 가족폭력 및 학대가족 서비스, 부부상담, 기타 서비스
건강가족 유지 욕구	가족과 관련된 법, 제도(가족법(민법), 건강가정지원법 등)

2. 가족복지정책의 유형화[3)]

국가별 가족정책을 살펴보면 공통된 유사점이나 특징들로 유형화, 또는 분류하려는 다양한 시도를 하고 있기에 다음과 같이 살펴보고자 한다.

1) 하딩의 유형화

하딩(Harding)의 유형화(1996)는 국가와 가족 간의 통제정도에 따라 현실에서는 찾아보기 힘든 권위주의 모델과 자유방임 모델을 양극으로 하고 그 가운데 현실적으로 존재하는 중간적 모델 다섯 가지 유형을 제시하였다.

3) 송정애 외, 가족복지론, 양서원, pp. 57-61을 정리하였다.

표 3-3 하딩의 유형화 특징

유형	특징	가족통제의 정도
권위주의 모델	• 국가는 특정 선호하는 가족유형과 가족행위를 장려하고 여타의 것을 금지하는 통제정책을 펼침 • 개인과 가족의 개별적 욕구나 선택은 무시됨	통제적 ↑
특정영역에서 가족책임의 강제	• 특정영역에 있어서 가족생활을 통제	
긍정적 인센티브를 사용한 조정	• 국가가 선호하는 가족행동패턴을 조장하기 위해 조세나 급여체제 등의 경제적 유인책을 병행	
제한적 가정하에서 작용	• 구체적인 어떤 행동유형을 통제하거나 부정적 제재를 낳는 통제적 가족정책은 없음 • 암묵적으로 정책에서 어떤 가족유형을 가정함으로써 결과적으로 특정 가족유형을 조장	
가족을 대체하거나 지원	• 가족행위에 대해 의도적으로 영향을 미치고자 하는 국가정책은 없으며 현존 가족역할이나 행위가 지속되기를 바람 • 다만, 가족이 실패할 경우 이를 지원하거나 대체하는 서비스 제공	
수요와 욕구에 반응	• 국가는 특정 가족유형에 대한 가정이나 선호가 없으며, 가족의 변화에 따라 나타나는 가족의 욕구에 수동적으로 반응 • 가족유형에 상관없이 모든 가족이 필요한 서비스를 이용할 수 있음	
자유방임 모델	• 가족은 개인의 자유영역이고 사적 선택의 영역으로 간주됨. 국가는 가족생활에 대해 어떠한 영향력을 행사하지 않음 • 가족에 대한 정책목표는 없으며, 선호하는 가족유형이나 행위, 가치, 성도덕 등은 존재하지 않음. 가족정책은 무정책이 정책 • 국가는 가족을 매개하지 않고 단지 개인으로서 사회 구성원과 관계함	↓ 방임적

2) 카머맨과 칸의 유형화

카머맨과 칸(Kamerman & Kahn)의 유형화(1997)는 가족정책의 유형화에서 가장 널리 사용되며 기본모델로 평가되고 있다. 서구 14개국의 가족정책을 비교·분석하면서 가족을 위한 정책인 '명시적 가족정책'과 다른 정책영역에서 행해진 조치들이 가족에게 영향을 주는 '묵시적 가족정책'으로 분류하였다. 명시적 가족정책을 실시하고 있는 나라는 스웨덴, 노르웨이, 헝가리, 프랑스 등이 있으며, 영국, 캐나다, 미국 등은 묵시적 가족정책을 실시하고 있다. 묵시적 가족정책을 실시하고 있는 나라는 가족정책을 사회통제를 위한 수단으로 보는 경향이 지배적이다.

표 3-4 카머맨과 칸의 유형화 특징

유형별	가족복지정책	프로그램
고용관련	고용과 양육제도	모성, 부성지원정책
		피고용자 급여
소득관련	조세제도	세율차등적용, 피부양자 면세제도, 빈곤자면세, 근로소득공제
	가족급여제도	피부양자수당, 식권제도
사회서비스	보육제도	보육서비스
	모성건강, 아동건강	모성휴가, 학교보건
	주택정책	주택임대
	특수가족을 위한 정책	빈곤가족의 보충급여, 특별요구를 가진 아동지원서비스, 아동복지서비스

3) 에스핑-앤더슨의 유형화

에스핑-앤더슨(Easping-Andersen)의 유형화(1999)는 사회복지정책이 가족 중심의 책임을 강조하면서 가족주의, 가족에 대한 사회적 책임을 강조하면서 복지국가의 유형에 따라 분석될 수 있다고 보았다.

표 3-5 에스핑-앤더슨의 유형화 특징

복지체계	가족복지 유형	국가의 역할과 개입	해당국가
자유주의	가족주의	국가개입 최소화, 가족 스스로의 책임과 전통적 가족기능 강조	미국, 캐나다, 호주
조합주의	이원적 가족주의	국가가 상당 부분 개입하나 가족이 보호와 양육기능의 책임주체로 역할강화	독일, 프랑스, 오스트레일리아, 이탈리아, 네덜란드
사회민주주의, 조합주의 혼합	탈가족주의	국가가 가족에게 부양과 양육의 책임을 전가하지 않음	덴마크, 스웨덴, 노르웨이, 핀란드

4) 고티에의 유형화

고티에(Gauthier)의 유형화(1999)는 인구학적인 변화인 출산율의 하락, 인구의 노령화, 한부모가족의 증가, 여성의 사회참여 증가 등과 같은 요소에 대한 국가의 개입이 가족복지정책으로 나타난다고 하면서 국가마다 정책의 선정과 개입방법 및 수준의 차이가 있음을 분석하고 가족의 현금급여, 취업지원급여, 보육제도, 피임과 낙태에 관한 법률 등을 중심으로 유형화하였다.

표 3-6 고티에의 유형화 특징

유형별	정책적 관심	정책프로그램	해당 국가
가족 친화적 모델 출산 장려주의 모델	저출산의 문제를 해결하기 위한 출산장려정책	자녀수당, 모성휴가, 보육시설 지원, 관대한 낙태	프랑스
전통주의 모델	전통적·가족친화적 정책 목표 유지, 가족지원을 위한 중간 정도의 국가개입	취업모 세제지원, 휴가급여, 보육정책 부진	독일
양성평등주의 모델	남녀평등 증진, 취업부모에 대한 국가지원	부모휴가, 자녀간병휴가, 아동수당, 낙태관대	덴마크, 스웨덴
가족 친화적이면서 비개입적 모델	최소한의 국가개입, 요보호 가족 중심 개입, 전통적 가족유형 선호, 자립강화	낮은 수준의 모성휴가, 보육지원	미국, 영국

3. 우리나라 가족복지정책의 영역과 내용

우리나라의 가족복지정책의 영역[4]은 <표 3-7>과 같이 분류할 수 있다.

표 3-7 우리나라 가족복지정책의 영역 분류

대상	제공주체		정책, 서비스, 프로그램
전체로서의 가족	국가부문		사회보험(연금, 건강, 고용, 산재), 가정폭력 방지대책, 기초생활보장제도, 장애연금, 공제제도, 주택정책, 모-부자가정 지원, 건강가정육성대책
	민간	시장부문	퇴직금, 재형저축장려금, 경조사비 지원, 가족상담과 치료, 가정생활교육 등
		비시장부문	가족상담과 치료, 가정생활교육, 저소득층 소득지원 등
가족 내 아동	국가부문		공제제도, 보육사업, 학교사회사업, 성교육사업, 아동보호사업, 입양-위탁-시설보호사업, 장애인자녀 교육비 지원, 저소득층 자녀지원
	민간	시장부문	직장보육제도, 보육료지원, 자녀학비지원 등
		비시장부문	아동상담, 성교육사업, 아동보호사업, 아동여가활동 지원, 입양-위탁-시설보호사업, 지역사회결연사업, 상담과 치료 등
가족 내 노인	국가부문		공제제도, 경로연금(기초생활보호대상자), 기초노령연금(65세 이상 노인 60%에 속하는 어르신), 노인고용서비스, 재가노인복지서비스, 경로우대제 등
	민간	시장부문	시설보호, 주단기보호, 치매노인전문치료, 재가노인복지서비스
		비시장부문	노인복지시설, 주단기보호, 치매노인전문치료, 재가노인복지서비스, 상담과 치료
가족 내 여성	국가부문		공제제도, 고용관련서비스(남녀고용평등법, 남녀차별금지법), 국민연금, 모자복지-보건사업, 요보호여성 발생 예방책, 생업자금융자, 공공임대주택 지원, 보육, 여성사회교육사업
	민간	시장부문	산전(후)휴가, 육아휴직, 직업훈련, 보육사업, 자녀학비, 양육비지원
		비시장부문	여성사회교육사업, 저소득층, 장애인 여성지원 서비스, 상담과 치료

4) 최경석 외, 한국 가족복지의 이해, 인간과 복지, p. 120.

4. 가족복지정책의 변화

1) 복지국가의 가족복지정책의 변화

고티에(Gauthier)의 연구를 중심으로 살펴보면[5], 1879~1929년 이 시기는 19세기 말~20세기 초의 시기로, 급속한 산업화와 도시화가 진행된 시기이다. 이 시기에는 일부 가족을 제외한 대다수 임금근로자 가족의 높은 빈곤율과 높은 영아사망률 등이 사회문제로 등장하였다. 이에 모성휴가제도를 통한 일하는 여성의 보호, 여성복지센터 또는 아동복지센터의 설립, 빈곤한 어머니, 과부, 고아 등에 대한 제한적 현금급여 등을 통해 아동과 여성을 보호하고자 하는 공적 개입이 나타났다. 또한 1870년대 이후 두드러진 출산율의 하락에 대응하여 낙태와 피임을 금하는 법적 조치들이 나타났다.

1930~1944년 이 시기는 제2차 세계대전까지의 시기로, 엄청난 출산율의 하락으로 인구감소에 대한 우려가 지배적인 시기였다. 또한 가족의 불안정성 증가와 가족 내 부모의 권위 약화는 사회의 위협이 되었다. 그 결과 독일, 이탈리아, 스페인 등 파시스트 국가들이나 프랑스, 일본 등에서 출산수당, 결혼자금 대부 등과 같이 결혼과 출산을 장려하는 조치들이 취해졌으며, 일부 국가에서는 부양자녀를 거느린 남성 노동자에게 임금보너스 또는 가족수당의 형태로 현금급여 지원이 이루어졌다.

1945~1959년 이 시기는 종전으로 평화의 시기가 도래하자 출산율은 다시 높아지고 가족은 다시 안정화되는 경향을 보였다. 이 시기는 인구감소에 대한 우려는 적었지만 보편주의에 기반을 둔 복지국가 팽창의 가속도에 힘입어 국가마다 가족에 대한 지원책을 강화하는 경향을 보였다. 그 결과 제한적 인구를 대상으로 하던 가족수당이 보편주의적 급여로 확장·발전되었다. 일부 임신한 근로여성에 대한 보호조치가 강화되기도 하였지만, 대체로 전통적인 남성부양가족을 지지하는 정

5) 류종훈, 최신 가족복지론, 학현사, pp. 86-90.

책들을 만들어 냄으로써 어머니와 자녀 간의 친밀한 관계를 찬양하는 분위기가 형성되었으며, 전쟁기간 동안 노동시장에 참여했던 여성들이 가정으로 되돌아가 전통적 역할을 수행할 것이 촉구되었다.

표 3-8 윌렌스키와 르보의 사회복지 유형의 2분 모형

구분	잔여적 복지	제도적 복지
목표	가족과 시장체계에서 제 기능을 하지 못하는 사람 또는 탈락한 사람들을 일시적, 한정적, 보완적으로 보호하고 지원함	항시적으로 소득의 재분배 기능을 수행하여 전체 국민들이 최적의 삶을 영위하도록 함
대상	사회적 취약계층	전체 사회 구성원
실천주체	민간의 자발적인 활동 장려	국가의 보다 많은 역할 강조
빈곤의 책임	개인 책임	사회 책임
복지욕구 충족기제	가족이나 시장 우선	국가의 사회복지제도
이념	선별주의(자산조사 등에 의거)	보편주의

1960~1974년 이 시기는 복지국가의 확장으로 사라진 것으로 보았던 빈곤문제가 다시 재확인되면서, 저소득 빈곤가족에 대해 자산조사를 통한 선별주의적 급여정책이 도입되었고, 한부모가족에 대한 급여 확대, 저소득가족에 불리한 조세감면제도의 개선 등이 이루어졌다. 또 한편 여권주의 운동에 힘입어 성평등과 출산에 대한 통제권 이슈가 쟁점화되면서 피임과 낙태에 관련된 법규들이 완화되고 노동시장 내 성평등을 추구하는 조치들이 생겨났다.

1975년~현재 이 시기는 1970년대 중반부터 현재까지의 시기로서, 유례없는 저출산, 여성의 노동시장참여율 증가, 가족형태의 다양화 등으로 특징화되는 시기이다. 이에 대응하여 낙태에 관한 법규의 완화, 취업모에 대한 지원 강화, 부양자녀가 있는 빈곤가족에 대한 지원 강화 등 다양한 차원에서 공공정책이 마련되었다. 일부 국가에서는 다시 출산장려주의적 정책을 추진하였는데, 이는 1930년대와 같이 명시적 방식이 아니라 가족복지, 취업활동과 부모역할의 양립을 지원하는 가족친화적 정책 등을 통해 간접적 방식으로 추구되었다.

2) 우리나라의 가족복지정책의 변화

우리나라의 가족복지 관련 정책은 정부 수립 이후 꾸준히 연구·발전되었으나 국가산업 발전계획을 입안하면서 특히 1960년대 이후 괄목할 만한 가족정책이 체계화되면서 지속적으로 변화해 왔다.

(1) 제3공화국 및 유신정부시대(1961~1979)

이 시기는 우리나라의 사회경제 구조가 급격히 발전하는 시기로, 사회보장 부문보다는 경제부문, 즉 경제성장을 위주로 정부정책이 시행됨에 따라 일반국민이나 저소득층을 위한 정부정책 및 지원은 매우 미미한 수준에서 시행되었다.

(2) 제5공화국 시대(1980~1987)

이 시기는 여러 사회보장제도에 관한 입법 및 미미한 수준에서의 사회복지서비스 프로그램들이 국가적 차원에서 복지 마인드를 실현한 구체적 실천시기이다. 즉, 생활보호법과 국민연금법을 개정하고, 건강보험 및 산재보험을 확대하고 사회복지서비스와 관련한 노인복지법안들이 마련되는 시기였다. 그리하여 가족 관련 복지정책의 지원대상은 가족을 통해서 부양을 받을 수 없는 요보호대상자 등 취약계층에 집중되어 왔다.

(3) 제6공화국(1988~1992)

이 시기는 다양한 사회복지 욕구에 따라 여러 계층의 목소리가 정부정책에 반영되는 민주화 결집 역량으로 그동안 시행되지 못하거나 미미한 사회보장제도들이 다소 확충되는 시기라고 할 수 있다. 그러나 과거에 비해 많은 제도들이 마련되었지만 모든 국민적 복지를 충족하는 데에는 역부족으로 다양한 사회계층의 욕구에 부응하는 정책으로 충분한 생계유지 및 저소득층 스스로 자립할 수 있는 프로그램들이 개발·실천되었다고 할 수는 없다.

(4) 문민정부시대(1993~1997)

이 시기는 사회보장제도의 마련 및 확충에 따른 제도적 정착과 많은 노력을 기울인 복지발전 확장기로, 고용보험이 제정되고 기존의 노령수당이 경로연금제도로 확대 개편되고 저소득 장애인 가구에 대한 교육비 확대 및 각종 장애인 감면제도 등이 대폭 확대 시행된 시기라고 할 수 있다.

(5) 국민의 정부시대(1998~2002): 생산적 복지시대

이 시기는 생산적 복지를 강조하면서 경제위기하에서 생계에 어려움을 겪고 있는 저소득층, 실직자를 돕기 위한 각종 제도들이 확대되거나 새로운 제도들이 마련된 시기라고 할 수 있다. 그러나 여전히 사회보장제도에 대한 사각지대가 존재할 수밖에 없는 한국적 입장으로 인한 전 국민적 복지를 실천하고 있지 못한 한계점 때문에 저소득층 및 취약계층에 대한 충분한 지원이 이루어졌다고 할 수 없다.

(6) 참여정부시대 초기(2003~2004): 참여복지시대

이 시기는 참여복지의 슬로건 아래 사회복지의 공급주체로서 국가의 책임을 강조하고 있으며 복지의 대상도 취약계층이 아니라 모든 국민이라는 보편주의를 택함으로써 예방적 복지를 강조하고 있으며 「건강가정기본법」을 입법, 행복한 가정을 만들기 위한 준비로 가정이 해체되는 문제를 미연에 방지하도록 다각적으로 준비하는 가족복지정책을 우선하면서 여성부를 발족하게 된다.

(7) 참여정부시대 후반부(2005~2007): 다원적 복지시대

이 시기는 다원적 복지로 참여복지의 슬로건을 변경하고, 지방분권화 및 자율적으로 다양한 사회복지 주체를 인정하는 시기로, 사회복지의 공급주체가 국가의 책임뿐만 아니라 민간단체의 참여를 강조하고 있다. 따라서 기업 및 특히 종교재단의 적극적 참여를 유도하는 방향으로 복지정책을 선회하는 다원적 복지시대가 열

리게 되었다. 복지의 대상도 행복하고 건강한 가족이라는 보편주의를 택함으로써 예방적 복지를 강조하고 있다.

(8) 2005년~현재

이 시기는 2005년 6월 보건복지부의 일부 가족 관련 업무가 여성부로 이관되면서 여성가족부가 출범하였다. 여성가족부 내에 가족정책국을 신설하면서 가족정책이 하나의 독립된 정책 영역으로 등장하게 되고, 정부 부처 차원에서도 가족정책 담당 부서가 제도화되었다. 여성가족부의 출범은 독자적 정책 아젠다로서 가족정책의 존재를 공식화하는 계기가 되었다.

여성가족부가 2006년 11월 15일 "제1차 건강가정기본계획안(2006~2010)"을 발표하여 가족정책 비전, 목표와 과제의 윤곽이 드러났다.

표 3-9 가족정책 비전, 목표와 과제(제1차 건강가정기본계획)

<table>
<tr><th>정책 비전</th><th>정책 목표</th><th>과제</th><th>하위 과제</th></tr>
<tr><td rowspan="14">가족 모두 평등하고 행복한 사회</td><td rowspan="7">가족과 사회에서의 남녀간·세대 간 조화 실현</td><td rowspan="2">가족 돌봄의 사회화</td><td>가족의 자녀 양육 부담 경감</td></tr>
<tr><td>가족 돌봄에 대한 사회적 지원 강화</td></tr>
<tr><td rowspan="2">직장·가정 양립</td><td>남성의 가족생활 참여 지원</td></tr>
<tr><td>여성의 경제활동 참여 기반 구축</td></tr>
<tr><td rowspan="3">다양한 가족 지원</td><td>한부모가족 대상 포괄적 지원 체계 구축</td></tr>
<tr><td>다문화가족 사회통합 지원</td></tr>
<tr><td>다양한 소외 가족 대상 맞춤형 서비스 제공</td></tr>
<tr><td rowspan="7">가족 및 가족 구성원의 삶의 질 증진</td><td rowspan="3">가족친화적 사회환경 조성</td><td>가족친화적 직장 환경 조성</td></tr>
<tr><td>가족친화적 지역사회 조성</td></tr>
<tr><td>안전한 가족생활 환경 조성</td></tr>
<tr><td rowspan="2">새로운 가족관계 및 문화 조성</td><td>가족관계 증진 및 가족문제 예방</td></tr>
<tr><td>건강한 가족문화 조성</td></tr>
<tr><td rowspan="2">가족정책 인프라 확충</td><td>가족정책의 총괄·조정 체계 정비</td></tr>
<tr><td>가족정책 추진 인프라 확충 및 내실화</td></tr>
</table>

출처: 여성가족부(2006)를 토대로 재구성.

표 3-10 가족정책 비전, 목표와 과제(제2차 건강가정기본계획)

정책 비전	정책 목표	과제	하위 과제
함께 만드는 행복한 가정, 함께 성장하는 건강한 사회	개인과 가정의 전 생애에 걸친 삶의 질 만족도 제고	가족 가치의 확산	건강한 가족문화 확산
			남성의 가족생활 참여 지원
		자녀 돌봄 지원 강화	자녀 돌봄 지원의 다양화
			부모 역할 지원
		다양한 가족의 역량 강화	한부모가족 지원정책 확대 및 맞춤형 지원 서비스 제공
			다문화가족 지원 서비스 활성화
			가족돌봄자 및 취약가정을 위한 지원체계 구축
	가족을 위한 가족을 통한 사회적 자본 확충	가족친화적인 사회환경 조성	가족친화적인 직장환경 조성
			가족친화적인 지역환경 조성
		가족정책 인프라 강화와 전문성 제고	가족정책 기반 강화 및 효율화
			가족지원서비스 전달체계 전문화와 특성화

출처: 관계부처합동(2010). 제2차 건강가정기본계획. p. 37.

2008년 2월 가족업무가 여성가족부에서 보건복지부로 이관되면서 보건복지가족부 체제가 되었으며, 저출산 고령화, 가족 구조 변동 현상에 대한 대응책으로 가족정책의 기능이 강조되었다. 2010년 3월 가족업무가 보건복지가족부 체제에서 여성가족부와 보건복지부로 분류되었다.

표 3-11 가족정책 담당 부서 변화

부 명칭	담당 부서			
사회부·보건부 (1948–1955)	사회부 부녀국	생활개선과		
보건사회부 (1955–1994)	부녀국	아동과 신설(1957.9)		
	부녀아동국 (1963.12)	모자보건과 신설 부녀과 신설(1970.2)		
	가정복지국 (1981.11)	아동과 → 아동복지과	부녀과 → 부녀복지과	가정복지과 신설
	사회복지정책실 (1990.11)	사회국과 가정복지국을 통합 (사회국장 → 사회복지심의관, 가정복지국장 → 가정복지심의관)		

보건복지부 (1994–2005)	사회복지정책실	아동복지과 → 보육아동과, 부녀복지과 → 여성복지과(1997.5.22.)
		보육과, 가정아동복지과 신설(2002.5.6.)
		가정복지심의관 → 인구가정심의관으로 변경(2003.12.18.)
		가정·아동복지과 → 인구·가정정책과, 보육과 → 보육·아동정책과로 변경(2003.12.27.)
		보육·아동정책과 → 아동정책과로 변경(2004.5.24.)
	사회복지정책본부 (2005.10.21.)	사회복지정책실 → 사회복지정책본부로 변경
여성가족부 (2005.6.23.–2008.2.28.)	가족정책국	가족정책과, 가족지원과(2005.6.23.)
		가족통합팀(2007.11.30.)
보건복지가족부 (2008.2.29.–2010.1.18.)	저출산고령사회 정책국	가족정책관, 가족정책과, 가족지원과, 다문화가족과
	아동청소년정책실	아동청소년정책과, 보육정책과 등
여성가족부 (2010.3.19.–현재)	청소년가족정책실	가족정책관, 가족정책과, 가족지원과, 다문화가족과
		청소년정책관, 청소년정책과 등
보건복지부 (2010.3.19.–현재)	저출산고령사회 정책실	인구아동정책관, 고령사회정책과, 저출산정책과, 아동복지정책과 등
		보육정책관, 보육정책과 등

출처: 정재훈·이소영(2011). 2011년 사회복지사 보수교육자료, 발표 2 한국과 독일의 가족복지정책 비교.

CHAPTER 04

한국과 외국의 가족복지정책

1. 한국 가족복지정책[1]

1) 가족을 일차대상으로 하는 복지정책

(1) 요보호 가족복지정책

이 유형에 속하는 가장 전형적인 정책은 한부모가족에 대한 서비스이다. 우리나라는 1989년에 제정된 「모자복지법」에 의해 모자가족에 대한 지원이 이루어지다가, 그 후 부자가족문제의 심각성이 대두되어 「모자복지법」하에서 부자가족에 대한 보호도 이루어졌었다. 2002년에 와서는 「모·부자복지법」으로 개정되어 한부모가정에 대한 급여 및 서비스를 실시하였고, 2007년 「한부모가족지원법」으로 개정되었다.

참고 한부모가족지원법

1989년 「모자복지법」 제정, 2002년 「모·부자복지법」 개정, 2007년 「한부모가족지원법」으로 명칭이 변경되었다.
'한부모가족'이란 모자가족 또는 부자가족을 말하며, '아동'이란 18세 미만의 자를 말한다(제4조). 보호대상자 또는 그 친족이나 그 밖의 이해관계인은 복지 급여를 관할 특별자치도지사·시장·군수·구청장에게 신청할 수 있으며(제11조), 국가나 지방자치단체는 생계비·아동교육지원비·아동양육비 등의 복지급여를 실시해야 한다(제12조). 이 법에 따라 지급된 복지급여와 이를 받을 권리는 다른 사람에게 양도하거나 담보로 제공할 수 없다(제27조).

1) 한국여성복지연구회, 가족복지론, 청목출판사, pp. 70-75.

(2) '가정-일'양립지원 가족복지정책

이 유형에 속하는 정책에는 「근로기준법」상 산전·후 휴가, 육아휴직 제도로 근로여성의 모성을 보호하기 위한 제도이다. 2000년부더 산전·후 휴가는 90일로 확대되었고, 산후 최소한 45일 이상 휴가기간을 확보되도록 규정하고 있다. 한편, 2000년부터 1개월 연장된 산전·후 휴가급여에 대해서는 고용보험기금에 의해 지급된다(단, 산전·후 휴가 종료일 이전에 고용보험의 피보험 단위기간이 통산하여 180일 이상이어야 고용보험기금의 휴가급여를 수급할 수 있다). 육아휴직은 근로자가 일정 연령 이하의 자녀를 양육하기 위하여 신청·사용하는 휴직으로, 근로자가 고용된 상태를 유지하면서 일정기간 동안 휴직을 할 수 있기 때문에 근로자는 육아부담 해소와 함께 생활 안정을 도모할 수 있고, 기업은 숙련인력을 확보할 수 있다. 「남녀고용평등과 일·가정 양립 지원에 관한 법률(남녀고용평등법)」 제19조에 근거하고 있다.

참고 육아휴직

만8세 이하 또는 초등학교 2학년 이하의 자녀를 둔 남녀근로자는 육아휴직을 사용할 수 있다. 자녀가 만8세 이하 또는 초등학교 2학년 이하인 기간 내에 육아휴직을 시작하면 이후에는 자녀가 나이나 학년 기준을 넘어서도 무관하다. 육아 휴직기간은 최대 1년이며, 자녀 1명당 1년 휴직을 쓸 수 있기 때문에 자녀가 2명이면 각각 1년씩 2년 사용할 수 있다. 부모가 모두 근로자이면 한 자녀에 대해 아빠도 1년, 엄마도 1년 사용할 수 있다. 최대 1년 기간을 1회에 한해 분할하여 두 번으로 나누어 사용할 수도 있다.

(3) 일반가족 가족복지정책

전체 가족을 일차대상으로 가족복지를 향상하기 위한 대표적인 정책은 소득공제제도를 들 수 있다. 다양한 소득공제제도 중에서 가족 지원적 성격의 공제항목은 근로소득공제, 인적공제와 특별공제 항목이 있다. 근로소득공제는 근로소득을 얻기 위해 소요되는 필요경비를 급여에서 공제해 주는 것으로서, 넓게 보면 가족의 최저생계비적 비용을 지원하는 것으로 볼 수 있다. 기본공제는 소득자에게 의존해서 부양받고 있는 피부양자에 대해 공제해 줌으로써 가족규모가 큰 가족의 부양부담을 덜어주는 가족복지적 성격을 지니고 있다. 추가공제제도는 노인, 장애인, 여성 등 특정 인구학적 집단에 속하는 가족 구성원에 대해 추가적인 공제를 해 줌으로써 역시 가족복지적 성격을 지니고 있다. 한편, 특별공제는 의료비, 교육비, 주택마련비용 등 가족의 필수적인 기본욕구에 대응한 소비 지출액에 대해 일정 부분 비용을 지원하는 효과를 가진다.

2) 가족을 '돌봄' 측면에서 보는 가족복지정책

(1) 요보호 가족복지정책

장애아동 부양지원은 「장애인복지법」에 근거하여, 국민기초생활보장제도 수급자로서 중증장애로 다른 사람의 돌봄 없이는 일상생활을 영위하기 어려운 18세 미만의 장애아동을 보호-양육하는 자에게 장애아동부양수당이 지급된다.

(2) '가정-일'양립지원 가족복지정책

육아휴직 및 직장보육시설을 지원제도로 「남녀고용평등법」에 의하면, 상시 근로자 300인 이상인 사업장은 직장보육시설을 설치하도록 규정하고 있다. 이는 직장 내 보육시설의 설치를 통해 근로자, 특히 취업모의 '일과 육아'를 병행할 수 있도록 하는 제도이나 벌칙규정이 미비하여 직장보육시설 설치를 기피하는 사업장이 많은 실정이다.

(3) 일반가족 가족복지정책

① 영유아보육제도

영유아보육제도는 근로여성뿐만 아니라 육아에 어려움을 겪고 있는 모든 아동양육자가 대상이다. 보육기관(어린이집, 유치원)을 이용하면 보육서비스가 제공되며, 보육기관을 이용하지 않고 가정에서 자녀를 양육하면 양육수당을 지원하고 있다.

② 재가노인 서비스

노인장기요양보험제도를 통해 거동이 불편한 재가노인을 대상으로 가족의 돌봄부담을 덜어 주기 위한 재가복지서비스로 주간보호 및 단기보호서비스가 실시되고 있다.

③ 기타 사회보험

산재보험의 간병급여는 산재로 인한 장애 때문에 지속적으로 간병서비스가 필요한 경우 간병비용을 지급함으로써 가족의 돌봄부담을 덜어주고 있다.

3) 가족에게 영향을 주는 기타 사회복지정책

(1) 요보호 가족복지정책

이 유형에 속하는 가장 대표적인 사회복지정책은 국민기초생활보장제도를 들 수 있다. 국민기초생활보장제도는 1961년 제정된 생활보호제도의 인구학적인 측면과 연령제한을 폐지하고, 저소득층에 대한 생계급여, 의료급여, 교육급여, 자활급여, 해산급여, 주거급여 등을 제공하고 있다.

(2) '가정-일'양립지원 가족복지정책

출산, 보육 등의 서비스를 통해 가족에게 영향을 주는 사회복지정책이 실시된다.

(3) 일반가족 가족복지정책

이 유형에 속하는 대표적인 제도는 국민연금, 국민건강보험, 산재보험, 고용보험 등 사회보험을 들 수 있다. 국민연금의 경우 가입자의 기여(보험금)에 기초한 기본연금 이외에 피부양자에 대한 추가적 가급연금이 지급되는데, 이는 수급자에 의해 부양되는 가족을 지원하는 특성을 보인다. 또한 분할연금제도는 가족 내 자산형성에 대해 부부간 평등 배분원칙을 적용한 것으로, 이혼 시 가족소득(특히 미취업 상태였던 부인)의 경제적 불안전성을 어느 정도 완화하는 효과가 있다. 유족연금은 소득원의 사망으로 인해 경제적 곤란에 직면하는 가족을 보호하는 목적을 지니는 급여제도라고 할 수 있다. 국민건강보험의 경우 직장가입자는 소득자의 근로소득에 의존하는 가족 구성원에게 피부양자의 자격으로 건강보험급여를 제공하고 있다. 산재보험의 유족급여는 피부양자의 생계를 지원하는 효과가 있다.

표 4-1 한국 가족복지정책의 영역 구분

<table>
<tr><th>대상</th><th colspan="2">제공주체</th><th>정책, 서비스, 프로그램</th></tr>
<tr><td rowspan="3">전체로서의 가족</td><td colspan="2">국가부문</td><td>사회보험(연금, 건강, 고용, 산재), 가정폭력방지, 기초생활보장제도, 장애연금, 주택정책, 한부모 및 건강가정육성대책</td></tr>
<tr><td rowspan="2">민간</td><td>시장부문</td><td>퇴직금, 근로저축장려제도, 경조사비지원, 가족상담과 치료, 가정생활교육 등</td></tr>
<tr><td>비시장부문</td><td>가족상담과 치료, 가정생활교육, 저소득층 소득지원 등</td></tr>
<tr><td rowspan="3">가족 내 아동</td><td colspan="2">국가부문</td><td>공제제도, 보육사업, 학교사회사업, 성교육사업, 아동보호사업, 입양-위탁-시설보호사업, 장애인자녀 교육비 지원, 저소득층 자녀지원</td></tr>
<tr><td rowspan="2">민간</td><td>시장부문</td><td>직장보육제도, 보육료지원, 자녀학비지원 등</td></tr>
<tr><td>비시장부문</td><td>아동상담, 성교육사업, 아동보호사업, 아동여가활동 지원, 입양-위탁-시설보호사업, 지역사회결연사업, 상담과 치료 등</td></tr>
<tr><td rowspan="3">가족 내 노인</td><td colspan="2">국가부문</td><td>공제제도, 기초연금, 노인고용서비스, 재가노인복지서비스, 경로우대제도 등</td></tr>
<tr><td rowspan="2">민간</td><td>시장부문</td><td>시설보호, 주·단기보호, 치매노인, 재가노인복지서비스</td></tr>
<tr><td>비시장부문</td><td>노인복지시설, 주·단기보호, 치매노인, 재가노인복지서비스, 상담과 치료</td></tr>
<tr><td rowspan="3">가족 내 여성</td><td colspan="2">국가부문</td><td>공제제도, 고용관련서비스(남녀고용평등법, 남녀차별금지법), 국민연금, 모자복지-보건사업, 요보호여성 발생 예방책, 생업자금융자, 공공임대주택 지원, 보육, 여성사회교육사업</td></tr>
<tr><td rowspan="2">민간</td><td>시장부문</td><td>산전후휴가, 육아휴직, 직업훈련, 보육사업, 자녀학비, 양육비지원</td></tr>
<tr><td>비시장부문</td><td>여성사회교육사업, 저소득층, 장애인 여성지원 서비스, 상담과 치료</td></tr>
</table>

출처: 최경석 외(2006). p. 120.

2. 외국 가족복지정책[2)]

1) 일본 가족복지정책

일본의 가족정책은 첫째, 혼인, 친자, 이혼, 미성년자의 보호, 아동부양, 상속 등 가족에 관한 법제를 포함하는 정책, 둘째, 아동수당, 세제의 부양공제, 육아휴업급부, 이혼 후의 양육비 지급 등 가계소득을 지원하기 위한 정책, 셋째, 보육서비스, 요보호아동에 대한 서비스, 아동학대에 대한 대응, 모·부자가정의 지원서비스, 모자보건 등 직접적인 서비스 제공을 포함하는 정책이다.

(1) 가족에 관한 법제

일본은 1985년 남녀고용기회균등법을 제정하여 남녀평등에 관한 법률·제도를 정비하였다. 자녀양육을 위한 육아휴직을 제도화함으로써 출산친화적인 정책도입의 계기를 마련하기 위해 1991년 5월 육아휴업법을 제정하고, 1992년 4월 시행하였다. 통상근로자와의 균등대우를 목표로 한 1993년 파트타임노동법 제정과 1994년 자녀양육지원을 위하여 사회보장뿐만 아니라 교육, 고용, 주택 등의 분야가 포함된 엔젤플랜이 시행되었다. 그리고 1995년에는 기존의 육아휴업법을 발전시킨 육아·개호휴업법을 시행하였다.

(2) 양육 및 가계소득 지원정책

① 자녀양육지원정책

일본의 자녀양육지원정책은 1994년의 엔젤플랜(1995년~1999년), 1999년 신엔젤플랜(2000년~2004년), 2003년 미래세대 육성지원 대책 추진법(2005년~2015년) 및 저출산

2) 최영진·전일주(2012), 일본의 가족정책 관련 법제 연구 - 지녀양육지원을 중심으로 - 논문을 중심으로 정리하였다.

사회대책 기본법, 2004년의 아동·양육 응원플랜(신신엔젤플랜, 2005년~2009년), 2007년의 아이와 가족을 응원하는 일본 중점전략, 2010년의 대기아동제로 특명팀 및 아이·양육의 비전(2010년~2014년), 2011년의 대기아동제로계획을 들 수 있다.

- 엔젤플랜: 일과 자녀양육의 양립지원, 가정에서의 자녀양육지원, 자녀양육 관련 주택 등 생활환경의 실현, 여유 있는 교육의 실현과 건전한 자녀육성의 추진, 자녀양육비용의 경감을 위한 정책이다.
- 신엔젤플랜: 기존의 보육서비스 지원 중심 정책에서 벗어나 보육상담, 모자보건, 교육, 주택 등 자녀양육을 위한 포괄적인 분야로 정책의 범위를 확대하였다는 특징이 있다. 또 자녀양육과 일의 양립지원을 위한 직장문화 조성을 저출산 정책에 포함했다는 특징이 있다.
- 미래세대 육성지원 대책 추진법: 미래사회를 이끌어 나갈 아이들이 건강하게 태어나 자랄 수 있는 환경을 정비할 목적으로 미래세대 육성지원 대책 추진법을 제정하였다. 자녀양육지원센터를 중심으로 자녀양육에 관한 종합지원 정책을 모든 기초 및 광역자치단체와 사업주(근로자 300인 이상 사용하는 사업주)가 행동계획을 수립하고, 향후 10년간 집중적·계획적인 대책을 실시하도록 의무를 부과하였다.
- 저출산 사회대책 기본법: 2003년 7월에 제정되어 9월부터 시행, 저출산 대책을 종합적으로 추진하는 것을 목표로 한 기본법으로 사회 전체가 아이를 가진 가정을 지원하고, 일과 자녀양육을 양립할 수 있게 하는 환경을 마련해야 한다고 강조하였다.
- 아동·양육 응원플랜: 엔젤플랜과 신엔젤플랜 정책의 범위를 확대하여 청년의 자립과 일, 노동에 관한 의식개혁까지 포함하여 한층 폭넓은 분야에서 다양한 목표를 제시한 정책이다.
- 아이와 가족을 응원하는 일본 중점전략: 취업과 출산, 자녀양육의 양자택일 구조를 해결하기 위해 포괄적인 미래세대 육성지원 구조 구축과 근로방법 개선에 따른 일과 자녀양육의 양립 실현의 병행이 필요하다고 하였다. 2008년 2월에 일본정부는 모든 사람이 안심하고 아이를 맡기고 일할 수 있는 환경을 조성하기 위해 보육시책의 강화, 즉 보육원 등의 신대기아동제로작전(① 보육서비스를 양적으로 확충하는 것과 동시에 가정보육 등 보호자나 지역의 사정에 따른 보육제공수단의 다양화를 도모할 것, ② 초등학교 취학 후에도 계속해서 방과후 등에 필요한 생활의 장소를 확보하기 위하여 방과후 아동의 건전육성사업(방과후 아동클럽) 시책 대상을 확대할 것, ③ 여성의 취업률이 높아짐에 따라 보육서비스 및 방과후 아동클럽에 대하여 필요한 서비스의 중장기적인 수요를 감안해 그 절대량을 계획적으로 확대할 것, ④ 아동의 건전한 육성과 맡기는 보호자의 안심을 확보하기 위하여 일정한 질이 확보된 서비스의 제공을 보장할 것 등)을 발표하였다.
- 대기아동제로 특명팀: 국가·지방자치단체의 보육시설 대기아동해소를 위해 종합적인 계획, 즉 보육서비스를 확충하기 위해 지역의 학교, 공영주택, 공민관 등의 여유 공간을 활용하는 방안을 추진하였다.
- 아이·양육의 비전: 아이수당 신설, 고교무상화, 부자가정에 아동부양수당의 확대지급 등

의 시책강구, 인가보육원·비인가보육원 등 탁아와 관련된 다양한 서비스 확충, 유치원과 보육원의 통합을 지향한 유치원·보육원의 일체화를 제시하였다.

② 아동수당

일본에 아동수당제도가 도입된 1972년에는 이미 세계 62개국에서 아동수당이 실시되고 있었다. 아동을 양육하고 있는 사람에게 수당을 지급함으로써 가정생활의 안정에 기여함과 동시에 다음 세대의 사회를 짊어질 아동의 건전한 육성 및 자질의 향상에 이바지할 것을 목적으로 도입되었다. 시행 당시 지급대상 아동은 셋째아이부터 5세 미만으로 하고 지급요건에 있어서 일정한 소득제한을 두었다.

③ 아동부양수당

부모의 이혼·별거와 사망 등으로 부 또는 모와 생계를 같이하지 않는 부자가정 또는 모자가정의 생활안정 및 자립의 촉진과 아동복지의 증진을 도모하기 위해 부자세대 또는 모자세대 등에게 수당을 지급하는 것을 말한다. 아동복지권의 실현과 자녀양육가정에 대한 소득지원을 위해서 1962년 1월에 도입되었다. 1985년에는 부의 소득이 일정액 이상일 경우에는 수당의 지급을 제한하였고, 2002년에는 모자가정에 대한 취업지원을 강화하고, 2010년 6월에는 지급대상 범위를 모자가정에서 부자가정까지로 확대하여 한부모가정의 자녀양육 및 생활지원과 취업지원 등을 강화하였다.

④ 특별아동부양수당

1964년에 중도지적장애아를 부양하는 저소득 가정에 국고부담을 재원으로 수당을 지급하는 것을 목적으로 한 중도지적장애아 부양수당법으로서 제정된 것으로, 1966년에는 법률의 명칭을 특별아동부양수당법으로 변경하였다. 정신 또는 신체에 장애가 있는 20세 미만의 아동을 가정에서 감호 및 양육하고 있는 부 또는 모와 양육자에게 지급하는 제도이다. 1989년부터 물가연동에 따라 급여가 변동되고, 수급자격자가 전년도 소득이 일정 이상일 경우에는 수당지급에 제한이 있다.

⑤ 육아휴직

1976년 시행된 육아휴직(일명 육아휴업)은 교원 및 간호사와 보모를 대상으로 한정하였으며, 일반근로자는 남녀고용기회균등법에 의해 육아휴직을 부여받을 수 있었지만, 이는 사용자의 노력의무에 지나지 않았다. 하지만 일본은 출산율 저하의 문제에 대처하기 위해 근로자(30인 이하의 사업장은 3년간 유예)가 일과 자녀양육을 양립할 수 있는 생활환경을 만들기 위한 일환으로 1991년 5월에 육아휴업 등에 관한 법률을 제정하고, 1992년 4월부터 시행하였다.

2) 주요국의 가족복지정책

자녀양육지원과 관련한 가족정책은 각국의 사회적·경제적·문화적·정치적 여건에 따라 다르다. 자녀양육을 위한 주요 국가의 가족정책은 일과 가정의 병행을 지원하기 위한 보편적인 보육서비스와 양육비 부담의 완화를 위한 보편적인 수당제도(가족수당·아동수당)를 갖추고 있다. 프랑스는 수당제도를 강화해 온 반면, 스웨덴은 육아휴직제도의 실효성을 높이고자 노력해 왔다. 주요국의 자녀양육지원과 관련한 가족정책을 간략하게 살펴보고자 한다.

(1) 스웨덴

스웨덴의 자녀양육지원정책은 아동·가정급부, 양친보험, 보육서비스의 세 가지 축으로 구축되어 있다. 아동급부는 소득수준에 상관없이 16세 미만의 모든 아동에게 일정금액이 지급되며, 수당제도에는 기본아동수당, 연장아동수당, 다가족수당, 아동보호수당, 아동연금, 주택수당 등이 있다. 보육시스템에서는 출산 및 육아휴직제가 보장되고 있어 여성의 취업률이 높다. 남성의 가사·육아 분담률이 높은 이유는 파트타임근로자의 신분보장, 육아휴직의 경우 자녀가 8세까지 480일 사용가능하며, 이때 두 달(60일)은 아버지의 사용을 의무화하였다는 점이다.

(2) 프랑스

프랑스의 가족정책은 가족급부와 보육·교육서비스를 들 수 있다. 가족급부는 소득수준에 상관없이 20세 미만의 두 자녀 이상을 가진 가족에게 지급되며, 다른 수당들과 중복하여 지급된다. 특히 수당액은 자녀 1명당 추가 가산되며, 자녀의 연령이 증가할수록 증가한다. 이외에도 자녀교육수당 등 아동 연령별 수당제도와 직업활동에 대한 자유로운 선택 보조금 등 부모의 직업상황(직업 중단 및 실업 등)에 따른 수당제도 등 다양한 수당제도(한부모가족수당, 특수교육수당, 자녀의 입양수당, 자녀간병수당, 신생아 환영수당 등)를 마련하고 있다. 산전후 출산휴가는 자녀의 수에 따라 세세하게 규정되어 있고, 육아휴직은 최장 3년간 사용이 가능하며, 둘째 자녀부터 정액급여가 지급된다.

(3) 미국

미국의 가족정책은 일과 자녀양육에 대한 정부의 체계적인 지원정책보다는 NPO(Non-Profit Org: 비영리조직)단체와 기업이 중심이 되어 자녀양육을 지원하고 있다. 즉, 미국의 양육 관련 정책은 시장우선성을 강조하여 개별 보육서비스 이용을 장려하고 정부의 적극적인 지원서비스는 매우 낮다. 따라서 미국의 보육서비스는 일반 가족을 대상으로 하는 보육시장과 빈곤가족을 대상으로 하는 공공보육서비스의 이중구조로 이루어져 있다.

CHAPTER 05

가족복지 관련 법

1. 건강가족기본법

「건강가정기본법」은 2001년 9월 가정학계에서 국회에 발의한 「가정복지기본법(안)」을 바탕으로 가정학계 주관의 「건강가정육성기본법(안)」이 2003년 7월 21일 보건복지부 안으로서 발의되었으며, 이후 2003년 8월 22일 사회복지학계가 주도적으로 제안한 「가족지원기본법안」이 대표 발의되어 결과적으로 두 가지 안이 국회에서 발의되었다.

양자는 그 내용면에서는 거의 90%의 유사성을 보였으나, 주로 업무담당 전문인력에 대해서 양쪽의 의견이 첨예하게 대립하여 국회 보건복지위원회 법안심사소위원회는 세 차례에 걸쳐 가정학계와 사회복지학계 간의 조정을 시도하였으나 타협점을 찾지 못하고, 결국 12월 9일 제4차 법안심사소위원회 회의에서 사회복지학계의 요구를 수용하여 법안 내 건강가정사의 자격규정에 사회복지학, 가정학, 여성학 등을 관련전공으로 포함했으며, 건강가정기본법 등의 명칭을 그대로 유지하는 안을 최종안으로 소위원회를 통과하였으며, 보건복지부 상임위에 상정하였다. 이어 22일 국회 법사위 법안심사소위원회 및 법제사법위원회에서 통과되었고, 29일 「건강가정기본법」이 국회 본회의를 통과하여 2005년 1월 1일부터 시행되었다.

1) 법의 이념과 목적

「건강가정기본법」은 최근 이혼증가·출산감소, 가족의 부양기능 약화 등으로 부모와 자녀로 이뤄진 '건강한 가족관계'가 해체되어 간다고 보고 가정을 단위로 한 통합적이고 예방적인 복지서비스 제공을 통해 '건강한 가정'을 형성·유지하도록 돕는다는 취지로 제정됐다.

「건강가정기본법」의 이념은 가정은 개인의 기본적인 욕구를 충족시키고 사회통합을 위하여 기능할 수 있도록 유지·발전되어야 한다는 이념을 가진다(동법 제2조).

입법목적은 건강한 가정생활의 영위와 가족의 유지 및 발전을 위한 국민의 권리·의무와 국가 및 지방자치단체 등의 책임을 명백히 하고, 가정문제의 적절한 해결방안을 강구하며 가족 구성원의 복지증진에 이바지할 수 있는 지원정책을 강화함으로써 건강가정 구현에 기여하는 것을 목적으로 한다(동법 제1조).

2) 주요 내용

(1) 가족, 가정, 건강가정에 대한 정의

법안의 내용을 보면 '가족'이라 함은 혼인·혈연·입양으로 이루어진 사회의 기본단위로, '가정'이라 함은 가족 구성원이 생계 또는 주거를 함께하는 생활공동체로서 구성원의 일상적인 부양·양육·보호·교육 등이 이루어지는 생활단위를 말한다. 또 '건강가정'이라 함은 가족 구성원의 욕구가 충족되고 인간다운 삶이 보장되는 가정을 말하고 있으며, '건강가정사업'이라 함은 건강가정을 저해하는 문제(이하 '가정문제'라 한다)의 발생을 예방하고 해결하기 위한 여러 가지 조치와 가족의 부양·양육·보호·교육 등의 가정기능을 강화하기 위한 사업을 말한다(동법 제3조).

(2) 책임주체

「건강가정기본법」은 국민의 권리와 의무를 규정하고 있다. 첫째, 모든 국민은 가정의 구성원으로서 안정되고 인간다운 삶을 유지할 수 있는 가정생활을 영위할 권리를 가지고, 둘째, 모든 국민은 가정의 중요성을 인식하고 그 복지의 향상을 위하여 노력하여야 한다(동법 제4조).

「건강가정기본법」은 국가 및 지방자치단체의 책임을 규정한다. 첫째, 국가 및 지방자치단체는 건강가정을 위하여 필요한 제도와 여건을 조성하고 이를 위한 시책을 강구하여 추진하여야 한다. 둘째, 국가 및 지방자치단체는 제1항의 시책을 강구함에 있어 가족 구성원의 특성과 가정유형을 고려하여야 한다. 셋째, 국가 및 지방자치단체는 민주적인 가정형성, 가정친화적 환경조성, 양성평등한 가족가치 실현 및 가사노동의 정당한 가치평가를 위하여 노력하여야 한다(동법 제5조).

이런 개념규정을 기초로 국가 및 지방자치단체가 각종 사회보장제도 운용 과정에서 가족을 지지하는 시책을 개발·추진하고, 각 분야의 제도·정책·사업 추진에서도 가족을 우대하는 방안을 강구하도록 하는 등 복지혜택을 지원한다는 내용을 담고 있으며 정부가 가족 관련 기본계획을 세워 체계적인 가족정책을 시행하고 평가하도록 규정한다.

(3) 건강가정사업

국가 및 지방자치단체를 통하여 원활한 가정의 기능을 수행하도록 추진하는 건강가정사업으로는 첫째, 가정에 대한 지원(제21조), 둘째, 가족단위 복지증진(제23조), 셋째, 가족의 건강증진(제24조), 넷째, 가족부양의 지원(제25조), 다섯째, 이혼예방 및 이혼가정지원(제31조), 건강가정교육(제32조) 등이다.

(4) 건강가정지원센터

국가 및 지방자치단체는 가정문제의 예방·상담 및 치료, 건강가정의 유지를 위한 프로그램의 개발, 가족문화운동의 전개, 가정 관련 정보 및 자료제공 등을 위하여 건강가정지원센터를 설치·운영하여야 하며, 센터에는 건강가정사업을 수행하기 위하여 관련 분야에 대한 학식과 경험을 가진 전문가(건강가정사)를 두어야 한다.

건강가정사는 대학 또는 이와 동등 이상의 학교에서 사회복지학·가정학·여성학 등 여성가족부령이 정하는 관련 교과목을 이수하고 졸업한 자여야 하며, 센터의 조직·운영 및 건강가정사의 자격·직무에 관하여 필요한 사항은 대통령령으로 정한다. 센터의 운영은 여성가족부령이 정하는 바에 의하여 민간에 위탁할 수 있다(동법 제35조).

2. 한부모가족지원법

「한부모가족지원법」의 모태가 되는「모자복지법」이 1989년 제정되었고, 1998년 개정을 통하여 개인도 모자복지시설을 설치·운영할 수 있도록 하였다. 2002년에는 부자가정도 지원할 수 있도록 제명을 「모·부자복지법」으로 변경하였으며, 국제결혼의 증가로 다문화가족이 형성되자 2006년 개정을 통해 국내체류외국인 중 대한민국 국민과 혼인하여 대한민국 국적의 아동을 양육하고 있는 자도 법의 보호대상자로 포함하였다. 또한 미혼모시설을 미혼모자시설로 변경하여 그 아동에 대한 보호·양육이 이루어질 수 있도록 하며, 독립적인 생활이 어려운 가정을 위하여 공동생활가정을 설치하였다. 2007년에는 법의 명칭을 「한부모가족지원법」으로 변경하고 자녀가 취학 중인 경우 22세 미만까지로 지원대상을 확대하였으며, 조손가족도 보호대상자에 포함하였다. 위와 같이 두 차례에 걸친 법률명의 변경과 여러 차례의 개정을 통하여 「한부모가족지원법」의 적용대상과 복지혜택, 수용시설을 확대하여 왔다.

1) 법의 의의와 목적

「한부모가족지원법」의 입법목적은 한부모가족이 건강하고 문화적인 생활을 영위할 수 있도록 함으로써 한부모가족의 생활안정과 복지증진에 이바지함을 목적으로 한다(동법 제1조).

우리나라의 가족복지정책은 대부분이 가족·친족책임주의형으로 '가족에 의한 복지'를 전제로 하고 있으며, 대상범위에 있어서도 가족 전체를 대상으로 하기보다는 사회취약계층에 속하는 개인으로 한정하여 저소득층, 장애인, 노인, 아동, 요보호여성 등 문제가 발생할 개인을 위주로 이루어졌다. 또한 '선가정보호, 후국가개입'의 이념 아래에서 복지욕구의 충족이 원칙적으로 개별가족이나 개인 자신에 의해 이루어진다는 '가족에 의한 복지'의 차원에 속해 왔기 때문에 한국의 가족복지정책은 국가의 개입시기 및 내용도 예방적이기보다는 사후치료적이라고 할 수 있다. 이러한 상황에서 가족과 친족책임주의적 성격이 강하고, 요보호가족에 대한 최소한의 사후적 치료에 초점을 맞추고 있는 한국복지정책의 접근방식은 증가하는 가족문제의 예방과 치료에 있어 적절히 대응하기가 어렵고 가족과 친족에 대한 과중한 책임부담으로 인한 가족해체를 증가시킬 수 있다. 또한 요보호가족의 범주에 들어가지 않으나 정책적 개입이 필요한 일반가족들이 복지의 대상에서 제외될 수 있다.

세계적인 가족복지정책의 방향은 가족에 대한 국가의 역할은 요보호대상자들을 대상으로 하는 협의의 복지정책뿐만 아니라 가족 구성원의 '삶의 질'을 향상하고 가족문제를 예방하고 그들을 사회 내에 통합시킬 수 있는 광의의 가족복지정책에 관심을 기울이고 있다. 가족복지정책이 가족 구성원과 가족이라는 하나의 단위에서 표출되는 욕구를 지원하고, 대체하는 기능을 함에 있어 그 성과가 가족에게 긍정적으로 영향을 미치게 하는 국가의 개입이라고 볼 때, 과거의 「모·부자복지법」은 기존의 빈곤가족의 지원에 대한 보완적 기능에 머물렀다. 이에 따라 다양한 형태의 한부모가족의 심리적, 사회적 자립을 지원하는 적극적이고 보편성을 띤 가족친화적인 법이 필요하게 되었고 「한부모가족지원법」이 제정되었다.

2) 주요 내용

(1) 한부모가족의 정의

'한부모가족'이란 모자가족 또는 부자가족을 의미하고, 모자가족이란 모가 세대주(세대주가 아니더라도 세대원을 사실상 부양하는 자를 포함한다)인 가족을 의미하며, 부자가족이란 부가 세대주(세대주가 아니더라도 세대원을 사실상 부양하는 자를 포함한다)인 가족을 의미한다.

모 또는 부란 다음의 하나에 해당하는 자로서 아동인 자녀를 양육하는 자를 말한다. 첫째, 배우자와 사별 또는 이혼하거나 배우자로부터 유기(遺棄)된 자, 둘째, 정신이나 신체의 장애로 장기간 노동능력을 상실한 배우자를 가진 자, 셋째, 교정시설·치료감호시설에 입소한 배우자 또는 병역복무 중인 배우자를 가진 사람, 넷째, 미혼자(사실혼 관계에 있는 자는 제외), 넷째, 여성가족부령으로 정하는 자(동법 제4조)이다.

(2) 책임주체 및 적용대상자

「한부모가족지원법」에 따르면 국가와 지방자치단체는 한부모가족의 복지를 증진할 책임을 지고, 모든 국민은 한부모가족의 복지증진에 협력하여야 하며(동법 제2조), 한부모가족의 모 또는 부와 아동은 그가 가지고 있는 자산과 노동능력 등을 최대한으로 활용하여 자립과 생활 향상을 위하여 노력하여야 한다(동법 제3조)고 규정하고 있다.

보호대상자의 범위는 특례규정을 두고 있는데, 국내에 체류하고 있는 외국인 중 대한민국 국민과 혼인하여 대한민국 국적의 아동을 양육하고 있는 사람도 대상이다. 또한 출산 후 해당 아동을 양육하지 아니하는 미혼모도 공동생활가정을 이용할 때에는 이 법에 따른 보호대상자가 된다(동법 제5조).

(3) 복지지원

「한부모가족지원법」에 따른 복지지원의 내용은 다음과 같다.

첫째, 생계비, 아동교육지원비, 아동양육비, 그 밖에 대통령령으로 정하는 비용으로 구성된 복지급여(제12조)가 있다. 국가나 지방자치단체는 이 법에 따른 지원대상자가 「국민기초생활 보장법」 등 다른 법령에 따라 지원을 받고 있는 경우에는 그 범위에서 이 법에 따른 급여를 하지 아니한다.

둘째, 국가나 지방자치단체는 한부모가족의 생활안정과 자립을 촉진하기 위하여 사업에 필요한 자금, 아동교육비, 의료비, 주택자금, 그 밖에 대통령령으로 정하는 한부모가족의 복지를 위하여 필요한 자금을 지원하는 복지자금의 대여(제13조)가 있다.

셋째, 한부모가족에 대한 가족지원서비스를 제공한다(동법 제17조). 한부모가족에 대한 가족지원서비스는 아동의 양육 및 교육 서비스, 장애인·노인·만성질환자 등의 부양서비스, 취사·청소·세탁 등 가사서비스, 교육·상담 등 가족관계 증진 서비스, 인지 청구 및 자녀양육비 청구 등을 위한 법률상담, 소송대리 등 법률구조서비스, 그 밖에 대통령령으로 정하는 한부모가족에 대한 가족지원서비스 등이 있다. 가족지원서비스 등의 현물급여와 전문서비스를 포함하고 있으며, 또한 한부모가족의 주거안정을 위하여 국가 및 지방자치단체는 국민주택을 분양하거나 임대할 때에는 한부모가족에게 일정 비율이 우선 분양될 수 있도록 규정하고 있다(동법 제12조, 제13조, 제17조, 제18조). 또한 청소년 한부모에 대한 교육 지원을 실시할 수 있다(동법 제17조의2).

(4) 한부모가족복지시설

한부모가족복지시설의 종류로는 모자가족복지시설, 부자가족복지시설, 미혼모자가족복지시설, 일시지원복지시설, 한부모가족복지상담소 등이 있으며, 시설의 입소 기간 및 그 기간의 연장 등에 필요한 사항은 여성가족부령으로 정한다(동법 제19조).

국가나 지방자치단체는 한부모가족복지시설을 설치할 수 있으며, 국가나 지방자치단체 외의 자가 한부모가족복지시설을 설치·운영하려면 특별자치시장·특별자치도지사·시장·군수·구청장에게 신고하여야 한다(동법 제20조).

3. 영유아보육법

현대사회는 산업화에 따른 여성의 사회참여 증가 및 가족구조의 핵가족화 등에 의한 탁아수요의 급증, 아동보호와 교육문제는 개인적인 차원을 넘어 사회적·국가적 차원에서 해결이 불가피하게 되었다. 그러나 기존의 「아동복지법」에 의한 탁아사업은 시설 설립주체의 제한으로 인한 보육사업 확대 곤란, 관장부처의 다원화로 체계적이고 효율적인 보육사업 추진 등에 문제점이 발생하였고 이에 따라 영유아의 보호와 교육에 관한 별도의 입법이 필요하게 되었고, 「영유아보육법」은 보육시설의 조속한 확대 및 체계화, 아동의 건전한 보호·교육 및 보육자의 경제적·사회적 활동의 지원을 통하여 가정복지의 증진을 도모하려는 목적에서 제정되었다.

1) 법의 의의와 목적

「영유아보육법」은 1991년 1월에 제정되고 그 후 8차례에 걸쳐 개정되었으며, 최근 2024년 3월에 개정되어 9월부터 시행되고 있다.

입법목적은 영유아의 심신을 보호하고 건전하게 교육하여 건강한 사회 구성원으로 육성함과 아울러 보호자의 경제적·사회적 활동이 원활하게 이루어지도록 함으로써 가정복지 증진에 이바지함을 목적으로 한다(동법 제1조).

이러한 「영유아보육법」의 보육 이념은 영유아의 이익을 최우선적으로 고려하여 제공되어야 하고, 영유아가 안전하고 쾌적한 환경에서 건강하게 성장할 수 있도록 하여야 하며, 영유아는 자신이나 보호자의 성, 나이, 종교, 사회적 신분, 재산, 장애 및 출생지역 등에 따른 어떠한 종류의 차별도 받지 아니하고 보육되어야 한다고 규정하고 있다(동법 제3조).

2) 주요 내용

(1) 영유아 보육 등에 대한 용어의 정의

「영유아보육법」에서 영유아란 7세 미만의 취학 전 아동을 의미하고, 보육이란 영유아를 건강하고 안전하게 보호·양육하고 영유아의 발달 특성에 맞는 교육을 제공하는 어린이집 및 가정양육 지원에 관한 사회복지서비스를 말한다. 어린이집이란 보호자의 위탁을 받아 영유아를 보육하는 기관을 의미하며, 보호자란 친권자·후견인, 그 밖의 자로서 영유아를 사실상 보호하고 있는 자를 말한다. 보육교직원이란 어린이집 영유아의 보육, 건강관리 및 보호자와의 상담, 그 밖에 어린이집의 관리·운영 등의 업무를 담당하는 자로서 어린이집의 원장 및 보육교사와 그 밖의 직원을 말한다(동법 제2조).

(2) 책임주체 및 적용대상

「영유아보육법」에서 보육의 책임을 모든 국민으로 규정하고 있다. 특히 국가와 지방자치단체는 보호자와 더불어 영유아를 건전하게 보육할 책임을 지며, 이에 필요한 재원을 안정적으로 확보하도록 노력하여야 하고 특별자치도지사·시장·군수·구청장은 영유아의 보육을 위한 적절한 어린이집을 확보하여야 하며, 국가와 지방자치단체는 보육교직원의 양성 및 근로여건 개선을 위하여 노력하여야 한다고 규정하고 있다(동법 제4조).

(3) 보육정책위원회

보육정책위원회는 보육에 관한 각종 정책·사업·보육지도 및 어린이집 평가인증

사항 등을 심의하기 위하여 보건복지부에 중앙보육정책위원회를, 특별시·광역시·도·특별자치도 및 시·군·구에 지방보육정책위원회를 둔다. 다만, 지방보육정책위원회는 그 기능을 담당하기에 적합한 다른 위원회가 있고 그 위원회의 위원이 제2항에 따른 자격을 갖춘 경우에는 시·도 또는 시·군·구의 조례로 정하는 바에 따라 그 위원회가 지방보육정책위원회의 기능을 대신할 수 있다. 보육정책위원회의 구성·기능 및 운영 등에 필요한 사항은 대통령령으로 정한다(동법 제6조).

(4) 육아종합지원센터, 보육개발원

육아종합지원센터는 영유아에게 일시보육서비스를 제공하거나 보육에 관한 정보의 수집·제공 및 상담을 위하여 보건복지부장관은 중앙육아종합지원센터를, 특별시장·광역시장·특별자치시장·도지사·특별자치도지사 및 시장·군수·구청장은 지방육아종합지원센터를 설치·운영하여야 한다고 규정한다. 이 경우 필요하다고 인정하는 경우에는 영아·장애아 보육 등에 관한 육아종합지원센터를 별도로 설치·운영할 수 있다. 중앙육아종합지원센터와 지방육아종합지원센터에는 육아종합지원센터의 장과 보육에 관한 정보를 제공하는 보육전문요원 및 보육교직원의 정서적·심리적 상담 등의 업무를 하는 상담전문요원 등을 두며, 육아종합지원센터의 설치·운영 및 기능, 육아종합지원센터의 장과 보육전문요원 및 상담전문요원의 자격 및 직무 등에 필요한 사항은 대통령령으로 정한다(동법 제7조).

보건복지부장관은 보육에 관한 연구와 정보 제공, 프로그램 및 교재 개발, 평가척도 개발 및 보육교직원 연수 등의 업무를 위하여 보육개발원을 설치하거나 그 업무를 관련 연구기관 등에 위탁할 수 있다. 보육개발원의 설치·운영 및 위탁 등에 필요한 사항은 대통령령으로 정한다(동법 제8조).

(5) 보육시설

어린이집의 종류는 첫째, 국가나 지방자치단체가 설치·운영하는 어린이집으로 국공립어린이집, 둘째, 「사회복지사업법」에 따른 사회복지법인이 설치·운영하는 어린이집, 셋째, 각종 법인(사회복지법인을 제외한 비영리법인)이나 단체 등이 설치·운영하는 어린이집으로서 대통령령으로 정하는 법인·단체 등 어린이집, 넷째, 사업주가 사업장의 근로자를 위하여 설치·운영하는 직장어린이집(국가나 지방자치단체의 장이 소속 공무원 및 국가나 지방자치단체의 장과 근로계약을 체결한 자로서 공무원이 아닌 자를 위하여 설치·운영하는 어린이집을 포함), 여섯째, 개인이 가정이나 그에 준하는 곳에 설치·운영하는 가정어린이집, 보호자 또는 보호자와 보육교직원이 조합(영리를 목적으로 하지 아니하는 조합에 한정한다)을 결성하여 설치·운영하는 어린이집, 개인이 설립·운영하는 민간어린이집으로 구분할 수 있다(동법 제10조).

4. 저출산·고령사회기본법

「저출산·고령사회기본법」은 제253회 국회 제1차 법안심사소위원회에 제출된 '저출산사회대책기본법안', '고령사회기본법안', '고령화 및 인구대책 기본법안', '고령사회기본법안' 등 4건의 법률안을 근거로 보건복지위원회에서 제안한 '저출산·고령사회기본법안'이 4월 26일 국회 본회의를 통과하여, 2005년 5월 18일 제정되고 2005년 9월 1일 시행되었다.

「저출산·고령사회기본법」의 제정 이유는 자녀의 출산 및 양육이 원활하게 이루어지고 노인이 중요한 사회적 행위자로서 건강하고 활력 있는 사회생활을 할 수 있도록 국가의 책임을 정하고, 저출산·고령사회정책의 기본방향과 그 수립 및 추진체계에 관한 사항 등을 규정함으로써 국민의 '삶의 질' 향상과 국가의 지속적인 발전에 이바지하려는 것에 있다.

「저출산·고령사회기본법」의 주용 내용으로는 첫째, 국가 및 지방자치단체의 책무를 규정하고 있으며, 둘째, 저출산 대책과 고령사회정책을 위한 국가 및 지방자치단체의 시책을 강구하도록 하고 있다. 셋째, 저출산·고령사회기본계획 및 시행계획을 매 5년마다 세우도록 규정하고 있고 이를 위하여 대통령 소속하에 저출산·고령사회위원회를 구성하도록 하고 있다.

1) 법의 의의와 목적

「저출산·고령사회기본법」의 의의는 세 가지로 정리될 수 있다. 첫째, 저출산과 인구고령화에 체계적으로 대응하기 위한 법적 기반을 마련했다는 점이다. 즉, 인구정책의 우선주체를 국가로 표명함으로써 저출산·고령사회 문제에 대한 공적 책임을 강조하고 있다. 둘째, 임신·출산·양육·교육 등 육아의 사회화에 대한 공식적 선언이라는 점에서 의의를 갖는다. 즉, 자녀의 임신·출산·양육·교육과 직장생활을 병행할 수 있는 사회적 환경의 조성 및 지원, 경제적 부담의 경감 등의 문제를 사회적 영역으로 확대하였다. 셋째, 고령자를 사회의 생산적 주체로 재조명한다는 점에서 의미가 있다. 고령자를 위한 대부분 사회정책은 고령자의 보호욕구를 초점으로 구조되었으며 고령자를 의존적이고 수동적인 사회 구성원으로 이해한다. 그러나 「저출산·고령사회기본법」은 고령자를 위한 근로환경 조성, 사회활동 참여의 촉진, 교육기회 제공, 고령친화적 산업육성을 위한 시책을 강구하도록 규정함으로써 고령자를 노동·사회·교육·소비의 생산적 주체로 정의하고 있다.

「저출산·고령사회기본법」의 이념과 입법목적은 국가의 지속적인 발전을 위한 인구 구성의 균형과 질적 향상을 실현하고, 국민이 건강하고 안정된 노후생활을 할 수 있도록 하는 것을 기본이념으로 하고 있으며(동법 제2조), 저출산 및 인구의 고령화에 따른 변화에 대응하는 저출산·고령사회정책의 기본방향과 그 수립 및 추진체계에 관한 사항을 규정함으로써 국가의 경쟁력을 높이고 국민의 삶의 질 향상과 국가의 지속적인 발전에 이바지함을 목적으로 하고 있다(동법 제1조).

2) 주요 내용

(1) 용어의 정의

「저출산·고령사회기본법」에서 '인구의 고령화'는 전체인구에서 노인의 인구비율이 증가하는 현상을 의미하며, '저출산·고령사회정책'은 저출산 및 인구의 고령화에 따른 변화에 대응하기 위하여 수립·시행하는 정책을 말한다(동법 제3조).

(2) 책임주체 및 적용대상자

「저출산·고령사회기본법」은 원활한 사업 수행을 위해 국가 및 지방자치단체의 책무와 국민의 책무를 규정하고 있다.

국가 및 지방자치단체의 책무로서 국가는 종합적인 저출산·고령사회정책을 수립·시행하고, 지방자치단체는 국가의 저출산·고령사회정책에 맞추어 지역의 사회·경제적 실정에 부합하는 저출산·고령사회정책을 수립·시행하여야 한다. 또한 국가 및 지방자치단체는 다른 법률의 규정에 의하여 중·장기계획 및 연도별 시행계획 등 주요 정책을 수립하는 경우 저출산·고령사회기본계획을 고려하여야 한다(동법 제4조).

국민은 출산 및 육아의 사회적 중요성과 인구의 고령화에 따른 변화를 인식하고 국가 및 지방자치단체가 시행하는 저출산·고령사회정책에 적극 참여하고 협력하여야 한다. 국민은 가정 및 지역사회의 일원으로 상호연대를 강화하고 각자의 노후생활을 건강하고 충실하게 영위할 수 있도록 노력하여야 한다(동법 제5조).

(3) 저출산·고령사회정책의 기본방향

「저출산·고령사회기본법」은 저출산·고령사회정책의 기본방향을 두 가지로 제시하고 있는데, 저출산 대책과 고령사회정책으로 구분할 수 있다.

저출산대책으로 첫째, 인구정책(동법 제7조)과 인구교육(동법 제7조의2), 자녀의 출산과 보육 등(동법 제8조), 모자보건의 증진 등(동법 제9조), 경제적 부담의 경감(동법 제10조) 등이다.

고령사회정책으로 첫째, 고용과 소득보장(동법 제11조), 둘째, 건강증진과 의료제공(동법 제12조), 셋째, 생활환경과 안전보장(동법 제13조), 넷째, 여가·문화 및 사회활동의 장려(동법 제14조), 다섯째, 평생교육과 정보화(동법 제15조), 이에 따른 노후설계(동법 제15조의2), 여섯째, 취약계층노인 등에 대한 지원(동법 제16조), 일곱째, 가족관계와 세대 간 이해증진(동법 제17조), 여덟째, 경제와 산업 등의 발전을 위한 시책(동법 제18조), 아홉째, 고령친화적 산업의 육성(동법 제19조) 등을 위해 국가 및 지방자치단체가 필요한 시책을 강구하여야 한다고 규정하고 있다.

(4) 저출산·고령사회정책의 수립 및 추진체계

「저출산·고령사회기본법」은 저출산·고령사회기본계획을 수립하도록 규정하고 있다(동법 제20조). 정부는 저출산·고령사회 중·장기 정책목표 및 방향을 설정하고, 이에 따른 저출산·고령사회기본계획을 수립·추진하며, 보건복지부장관은 관계 중앙행정기관의 장과 협의하여 5년마다 기본계획안을 작성하고, 저출산·고령사회위원회 및 국무회의의 심의를 거친 후 대통령의 승인을 얻어 이를 확정한다. 기본계획에는 저출산·고령사회정책의 기본목표와 추진방향, 기간별 주요 추진과제와 그 추진방법, 필요한 재원의 규모와 조달방안, 그 밖에 저출산·고령사회정책으로 필요하다고 인정되는 사항 등이 포함되어야 한다.

「저출산·고령사회기본법」은 연도별 시행계획을 수립해야 한다(동법 제21조). 중앙행정기관의 장은 기본계획에 따라 소관별로 연도별 시행계획(이하 '시행계획'이라 한다)을 수립·시행하고, 지방자치단체의 장은 기본계획 및 중앙행정기관의 시행계획에 따라 당해 지방자치단체의 시행계획을 수립·시행하여야 한다. 시행계획의 수립·시행 및 평가 그 밖의 필요한 사항은 대통령령으로 정한다.

「저출산·고령사회기본법」은 저출산·고령사회위원회를 두도록 규정한다(동법 제

23조). 저출산·고령사회정책에 관한 중요사항을 심의하기 위하여 대통령 소속하에 저출산·고령사회위원회를 두며 위원회는 저출산 및 인구의 고령화에 대비한 중·장기 인구구조의 분석과 사회경제적 변화전망에 관한 사항, 저출산·고령사회정책의 중·장기 정책목표와 추진방향에 관한 사항, 기본계획에 관한 사항, 시행계획에 관한 사항, 저출산·고령사회정책의 조정 및 평가에 관한 사항, 그 밖에 저출산·고령사회정책에 관한 중요사항을 심의한다. 위원회는 위원장 1인을 포함한 25인 이내의 위원으로 구성하며 위원장은 대통령이 된다.

5. 다문화가족지원법

「다문화가족지원법」은 다문화가족 구성원이 안정적인 가족생활을 영위할 수 있도록 함으로써 이들의 삶의 질 향상과 사회통합에 이바지함을 목적으로 2008년 3월 21일 제정되었으며, 2008년 9월 22일부터 시행되고 있다.

「다문화가족지원법」의 주요 내용은 첫째, 평등한 가족관계의 유지, 둘째, 가정폭력 피해자 보호·지원, 셋째, 다국어에 의한 서비스 제공, 넷째, 다문화가족지원센터의 지정 등을 들 수 있다. 최근 국제결혼의 증가 등으로 우리 사회가 다문화사회로 급속히 변화하고 있음에 따라 다문화가족의 구성원이 안정적인 가족생활을 영위할 수 있도록 각종 지원정책의 틀을 마련하였다는 점에서 큰 의미를 가지는 법이라고 할 수 있다.

1) 법의 의의와 목적

「다문화가족지원법」은 결혼이민자 및 그 자녀 등으로 구성되는 다문화가족이 언어 및 문화적 차이로 인하여 사회부적응과 가족 구성원 간 갈등 및 자녀교육에 어려움을 겪고 있음에 따라, 다문화가족의 구성원이 우리 사회의 구성원으로 순조

롭게 통합되어 안정적인 가족생활을 영위할 수 있도록 하기 위한 가족상담·부부교육·부모교육 및 가족생활교육 등을 추진하고, 문화의 차이 등을 고려한 언어통역, 법률상담 및 행정지원 등의 전문적인 서비스를 제공하도록 하는 등 다문화가족에 대한 지원정책의 제도적인 틀을 마련하려는 데 있다.

「다문화가족지원법」의 입법목적은 다문화가족 구성원이 안정적인 가족생활을 영위하고 사회 구성원으로서의 역할과 책임을 다할 수 있도록 함으로써 이들의 삶의 질 향상과 사회통합에 이바지함을 목적으로 한다(동법 제1조).

2) 주요 내용

(1) 다문화가족의 범위

다문화가족이란 「재한외국인 처우 기본법」의 결혼이민자와 「국적법」의 규정에 따라 대한민국 국적을 취득한 자로 이루어진 가족, 대한민국 국적을 취득한 자, 대한민국 국적을 취득한 자로 이루어진 가족을 의미한다. '결혼이민자 등'이란 「재한외국인 처우 기본법」에 의한 결혼이민자, 「국적법」에 따른 귀화허가를 받은 자를 의미한다(동법 제2조).

(2) 책임주체 및 적용대상자

국가와 지방자치단체는 다문화가족 구성원이 안정적인 가족생활을 영위하고 경제·사회·문화 등 각 분야에서 사회 구성원으로서의 역할과 책임을 다할 수 있도록 필요한 제도와 여건을 조성하고 이를 위한 시책을 수립·시행하여야 한다. 특별시·광역시·특별자치시·도·특별자치도 및 시·군·구에는 다문화가족 지원을 담당할 기구와 공무원을 두어야 한다(동법 제3조).

여성가족부장관은 다문화가족 지원을 위하여 5년마다 다문화가족정책에 관한 기본계획을 수립하여야 하며(제3조의2), 여성가족부장관, 관계 중앙행정기관의 장과 시·도지사는 매년 기본계획에 따라 다문화가족정책에 관한 시행계획을 수립·시행하여야 한다(제3조의3). 또한 다문화가족의 '삶의 질' 향상과 사회통합에 관한 중요사항을 심의·조정하기 위하여 국무총리 소속으로 다문화가족정책위원회를 둔다(제3조의4).

(3) 생활정보 제공 및 교육지원

국가와 지방자치단체는 결혼이민자 등이 대한민국에서 생활하는 데 필요한 기본적 정보(아동·청소년에 대한 학습 및 생활지도 관련 정보를 포함)를 제공하고, 사회적응교육과 직업교육·훈련 및 언어소통 능력 향상을 위한 한국어교육 등을 받을 수 있도록 필요한 지원을 할 수 있다. 또한 국가와 지방자치단체는 결혼이민자 등의 배우자 및 가족 구성원이 결혼이민자 등의 출신 국가 및 문화 등을 이해하는 데 필요한 기본적 정보를 제공하고 관련 교육을 지원할 수 있다.

국가와 지방자치단체는 교육을 실시함에 있어 거주지 및 가정환경 등으로 인하여 서비스에서 소외되는 결혼이민자 등과 배우자 및 그 가족 구성원이 없도록 방문교육이나 원격교육 등 다양한 방법으로 교육을 지원하고, 교재와 강사 등의 전문성을 강화하기 위한 시책을 수립·시행하여야 하며, 국가와 지방자치단체는 방문교육의 비용을 결혼이민자 등의 가구 소득수준, 교육의 종류 등 여성가족부장관이 정하여 고시하는 기준에 따라 차등하여 지원할 수 있다(동법 제6조).

(4) 평등한 가족관계 유지 및 가족폭력에 대한 보호지원

국가와 지방자치단체는 다문화가족이 민주적이고 양성평등한 가족관계를 누릴 수 있도록 가족상담, 부부교육, 부모교육, 가족생활교육 등을 추진하여야 한다. 이 경우 문화의 차이 등을 고려한 전문적인 서비스가 제공될 수 있도록 노력하여야 한다(동법 제7조).

국가와 지방자치단체는 「가정폭력방지 및 피해자보호 등에 관한 법률」에 따라 다문화가족 내 가정폭력을 예방하기 위하여 노력하여야 한다. 또한 가정폭력으로 피해를 입은 결혼이민자 등을 보호·지원할 수 있다. 국가와 지방자치단체는 이러한 가정폭력의 피해를 입은 결혼이민자 등에 대한 보호 및 지원을 위하여 외국어 통역 서비스를 갖춘 가정폭력 상담소 및 보호시설의 설치를 확대하도록 노력하여야 하며, 결혼이민자 등이 가정폭력으로 혼인관계를 종료하는 경우 의사소통의 어려움과 법률체계 등에 관한 정보의 부족 등으로 불리한 입장에 놓이지 아니하도록 의견진술 및 사실확인 등에 있어서 언어통역, 법률상담 및 행정지원 등 필요한 서비스를 제공할 수 있다(동법 제8조).

(5) 다문화가족지원센터 및 민간단체 등의 지원

국가와 지방자치단체는 다문화가족지원센터를 설치·운영할 수 있으며, 국가 또는 지방자치단체는 지원센터의 설치·운영을 대통령령으로 정하는 법인이나 단체에 위탁할 수 있다. 국가 또는 지방자치단체 아닌 자가 지원센터를 설치·운영하고자 할 때에는 미리 시·도지사 또는 시장·군수·구청장의 지정을 받아야 한다.

다문화가족지원센터는 첫째, 다문화가족을 위한 교육·상담 등 지원사업의 실시, 둘째, 결혼이민자 등에 대한 한국어교육, 셋째, 다문화가족 지원서비스 정보제공 및 홍보, 넷째, 다문화가족 지원 관련 기관·단체와의 서비스 연계, 다섯째, 일자리에 관한 정보제공 및 일자리 알선, 여섯째, 다문화가족을 위한 통역·번역 지원사업, 일곱째, 그 밖에 다문화가족 지원을 위하여 필요한 사업 등의 업무를 수행한다.

다문화가족지원센터에는 다문화가족에 대한 교육·상담 등의 업무를 수행하기 위하여 관련분야에 대한 학식과 경험을 가진 전문인력을 두어야 하며, 국가와 지방자치단체는 지정한 지원센터에 대하여 예산의 범위에서 업무를 수행하는 데에 필요한 비용 및 지원센터의 운영에 드는 비용의 전부 또는 일부를 보조할 수 있다. 지원센터의 설치·운영 기준, 위탁·지정 기간 및 절차 등에 필요한 사항은 대통령령으로 정하고, 전문인력의 기준 등에 필요한 사항은 여성가족부령으로 정한다.

PART 03

가족복지 실천과정*

* Ⅲ. 가족복지 실천과정에서는 사회복지 현장 실천의 "초기 - 중간 - 종결 단계"를 바탕으로 서울복지재단 2005년/2009년 사회복지프로그램매뉴얼 개발연구 "가족복지 실천연구(가족기능강화사업)" 자료와 나눔의집출판사의 1급 사회복지사 기본서 "사회복지 실천론, 사회복지 실천기술론"을 참고하여 사회복지사의 역할과 인식을 증대시키기 위한 내용을 중심으로 요약 정리하였다.

가족복지 실천과정

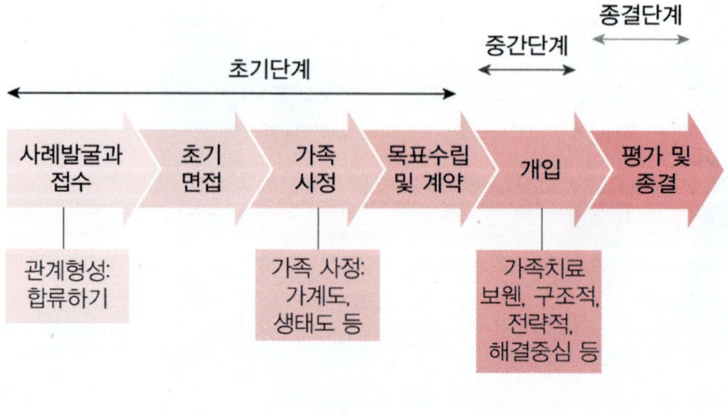

CHAPTER 06 초기단계

1. 사례발굴과 접수면접

사회복지기관에서의 가족복지 실천은 대개 가족 중 한 사람이 기관에 전화를 하거나 방문 또는 기관에 의뢰[1]됨으로써 이루어진다. 초기단계에서 인테이크를 하는 사회복지사는 클라이언트가 제기하는 문제가 과연 가족복지 실천의 대상인가를 판단하는 것이 가장 중요하다.

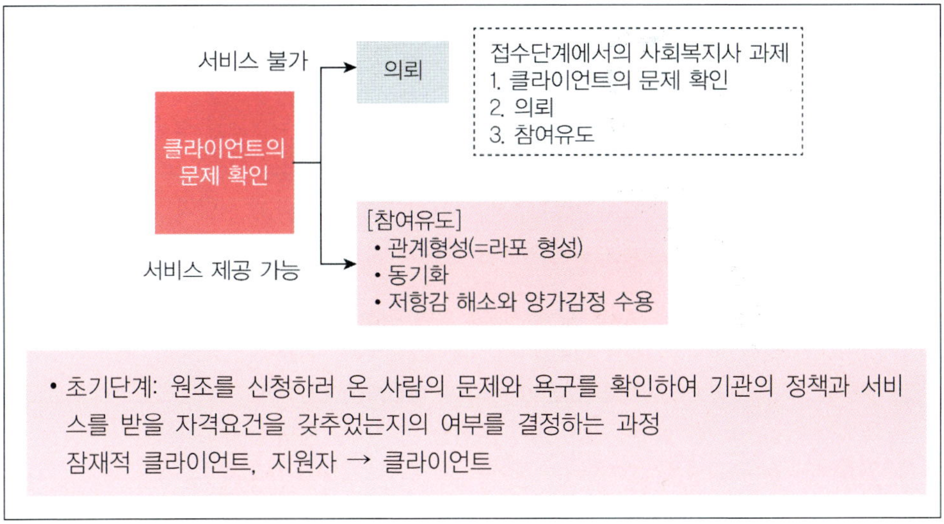

그림 6-1 사회복지실천 초기단계의 사회복지사 역할

1) 의뢰란 잠재적 클라이언트의 문제를 확인하여 클라이언트 욕구가 기관의 서비스 방향이나 내용과 맞지 않거나, 더 적합한 기관이 있을 때 클라이언트에게 그 기관을 소개하여 연결해 주는 일이다.

1) 사례발굴

클라이언트가 호소하는 문제들이 가족 구성원 모두에게 영향을 미치고 있고 가족 구성원들이 그 문제의 발생과 유지에 영향을 주고 있다고 판단되면 가족단위의 가족복지 실천이 필요하다고 고려될 수 있고 클라이언트가 가족단위의 개입을 추천하여 가족단위 개입가능성 여부를 판단할 필요가 있다. 사례발굴은 다양한 방법으로 이루어지며, 직접 내방, 의뢰, 가정방문을 통한 방법으로 진행할 수 있다.

사례발굴을 위한 다양한 방법의 예

- 주민센터 담당직원에게 가족서비스에 대한 홍보협조를 요청함
- 적극적인 가정방문활동을 통하여 지역사회 내 가족의 특성을 파악함
- 타 사회복지기관과의 네트워크를 유기적으로 운영하고, 위기사례에 대한 공동 대처에 대한 공감대를 형성함
- 가족이 쉽게 접근할 수 있도록 홍보, 접수시스템, 서비스 자원 등의 홍보 중요

참고 직접 내방

- 자발적인 방문 클라이언트의 특징
  ① 자녀양육, 부부관계, 대화기법, 부양부담, 가정폭력문제, 알코올문제 등의 어려움을 주로 호소한다.
  ② 환경적 요인이나 가족 내의 특정인에게 문제의 원인을 돌리는 경향이 있다.
  ③ 문제의 해결방법을 동원함에 있어서 자발적인 의지가 있는 동시에 사회복지사에게 의존적인 성향도 보인다.
- 자발적인 방문 클라이언트 상담 시 사회복지사의 역할
  ① 가족의 참여와 변화에 대한 의지를 적극 지지한다.
  ② 변화의 초점을 클라이언트의 내적인 부분을 포함하여 상담한다.
  ③ 특정인의 문제로 한정하지 않고 가족 구성원 간 상호작용의 문제로 본다.
  ④ 구체적인 상담 과정을 안내하여 서비스의 모호성을 최소화해야 한다.
  ⑤ 폭력, 알코올 문제 등의 심각한 경우에는 위기개입을 진행할 수도 있다.
  ⑥ 차기 상담의 일시와 참여대상을 안내한다.

참고 의뢰

• 타기관 의뢰 클라이언트의 특징

① 동사무소, 학교, 의료기관, 법원, 사회복지기관 등으로부터 의뢰된다.
② 강제조치에 의하여 참여동기가 미약하고 소극적인 경향을 보일 수 있다.
③ 가족서비스에 대한 경험이 있거나 사전소개를 받았을 수도 있다.

• 타기관 의뢰 클라이언트 담당 사회복지사의 역할

① 클라이언트가 안심하고 참여할 수 있도록 지지한다.
② 가족이 원하는 목표를 파악하는 것이 중요하다.
③ 필요시 의뢰기관과 협력관계를 유지하여 공동으로 대처한다.

• 지역주민 의뢰 클라이언트의 특징

① 가족 갈등이 심각하여 이웃에게도 영향을 미쳤을 수 있다.
② 가족서비스에 대한 필요성이나 참여의지가 미약하다.
③ 자포자기·우울·공격적·수동적인 성향을 보일 수도 있다.
④ 개입에 대한 저항을 나타낼 수도 있다.

• 지역주민 의뢰 담당 사회복지사의 역할

① 이웃이나 다른 가족들을 인테이크의 범위에 포함하여 문제를 확인한다.
② 비자발적 클라이언트인 경우에는 직접적인 서비스 안내보다는 가족의 참여의지를 향상하는 데 노력해야 한다.
③ 학대, 폭력 등의 심각한 경우에는 관련전문가·경찰 등의 협조를 요청하거나 전문기관과 협력체계를 형성한다.

참고 가정방문

• 가정방문 대상 클라이언트의 특징

① 가족서비스에 대한 정보가 없거나 문제해결능력이 미약할 수 있다.
② 사회복지서비스에 대한 부정적인 스티그마도 있을 수 있다.
③ 아동학대, 알코올중독 등의 위기문제가 있을 가능성이 높다.

• 가정방문 담당 사회복지사의 역할

① 적극적인 가정방문활동으로 클라이언트 가족을 발굴하여야 한다.
② 가족서비스에 관한 정보를 충분히 이해하고 안내한다.
③ 위기개입에 관한 방법을 숙지하여야 한다.

2) 접수[2]면접

접수면접에서는 클라이언트 가족이 가족서비스에 대하여 최초로 관심을 표현하는 단계로서, 신속하게 접수여부를 결정한다. 인테이크를 담당하는 사회복지사는 클라이언트 가족의 방문목적과 기대욕구를 확인하고, 접수양식에 기록한다. 슈퍼바이저에게 보고하고, 필요시 사례회의를 통하여 초기면접 여부를 결정한다.

접수 양식 주요 내용

- 클라이언트 정보 : 성명, 연령, 성별, 연락처, 주소, 가족 구성원
- 신청 (의뢰) 경위 : 자발적 / 비자발적 상황 확인
- 주호소문제[3] 및 기대욕구
- 서비스 계획 : 주서비스 내용, 담당직원
- 타 기관 의뢰 : 의뢰기관, 의뢰사유

사례회의에서 검토해야 할 사항들은 서비스 적합성에 대한 판단, 가족서비스 또는 개별서비스의 판단, 가족서비스인 경우에는 참여가족의 범위 협의, 담당 초기면접자를 지정하게 된다. 이 시기 사회복지사의 과제는 일반적으로 가족들이 함께 서비스를 받는 것에 대한 저항[4]이 있을 수 있기 때문에 저항에 대한 실천기술과 비자발적인 클라이언트에게 동기부여를 하는 기술이 요구된다.

(1) 저항

클라이언트가 개입목표와 반대되는 행동을 보이는 것을 의미한다.

---

2) 접수(intake)란 문제에 직면한 사람이 문제해결에 필요한 도움을 받기 위해 기관에 방문하는 최초의 면접행위로 대상자의 요구와 욕구를 명백히 하여 문제의 개요를 파악하고 기관의 기능을 설명하여 그 기관에서 돕는 것이 적절한가를 결정하는 단계이다. 따라서 접수과정은 대상자를 클라이언트로 할 수 있는지의 여부를 판단하는 첫 단계로서 앞으로 진행될 전문적 관계의 과정을 결정하는 중요한 만남이다.

3) 주요문제는 사회복지사의 도움을 청하게 된 문제가 무엇이며, 문제가 언제부터 어떤 과정 속에서 지속되었는지에 대한 내용과 신청자가 자기 문제를 보고 느끼는 방식에 대한 것을 말한다.

4) 저항이란 클라이언트가 개입목표와 반대되는 행동을 보이는 것을 의미한다.

① 원인

인간은 변화를 원하여 도움을 청하면서도 동시에 익숙한 것을 버리고 새로운 행동을 해야 하는 것에 대한 두려움으로 변화에 대한 저항을 하게 된다.

② 저항의 유형

㉠ 침묵

- 초심자의 입장에서 가장 다루기 어려운 저항의 한 형태
- 갑자기 말을 하지 않거나, 할 말이 생각나지 않는다거나, 말하고 싶지 않다고 하는 경우

㉡ 핵심에서 벗어난 주제 말하기

- 쓸데없는 이야기를 장황하게 하다가 막상 핵심적 주제는 그냥 뛰어넘음
- 중요하나 고통스러운 이야기를 꺼내면 마치 못 들은 것처럼 행동 또는 더 중요한 이야기가 생각났다는 듯이 행동하면서 또다시 주변 이야기를 늘어놓는 행동

㉢ 무력함을 표현

- "잘될 리가 없다", "난 해봤자 뻔하다", "그것도 해봤는데 소용없다"라는 식으로 계속 잘 안 될 거라는 무력함을 나타냄
- 변화를 원하지 않는 반응은 사회복지사를 무력하게 만들기도 함

㉣ 문제를 축소하거나 마술적 해법을 기대하는 것

- "별로 심각한 이야기는 아니다", "원래 이런 일은 시간이 지나면 해결된다", "어떻게 되겠죠" 하는 식의 반응
- 문제에 직면하지 않음으로써 변화에 대한 노력을 기울이지 않으려고 함

㉤ 저항의 심리를 행동으로 나타내는 것

- 지각하거나 결석하는 것
- 면담 중 안절부절못하며 몸을 움직이거나 지루해하며 하품하는 행동 역시 변화를 거부하는 것

③ 저항 다루기(변화를 방해하는 관계 다루기)

- 저항이 변화로의 진전을 심각하게 방해할 경우에만 사용
- 저항의 저변에 있는 현재의 감정에 초점
- 저항 다루기를 통해 클라이언트는 부정적인 감정을 표현함으로써 대인관계에서의 부정적인 감정을 효과적으로 다룰 수 있는 경험을 하게 됨

(2) 클라이언트의 유형에 따른 대처방법

사회복지사가 방문 약속이나 자료준비를 하였음에도 예기치 못한 상황을 접하거나 다양한 유형의 클라이언트를 만날 수 있다.

① 방문 거부형

사회복지사는 자기소개를 분명히 하고, 안정되고 편안한 모습을 취함으로써 클라이언트의 거부감을 감소시킨다. 방문목적을 구체적으로 다루기보다는 일반적인 목적을 설명하여 첫 대면의 부담을 감소시키는 데 집중하고, 다음 방문 약속을 검토한다.

② 탐색·경계형

사회복지사를 살피거나 자기를 표현하는 데 방어가 있고, 솔직하지 않으며 수동적인 태도를 보인다. 이때 사회복지사는 방문목적을 중심으로 클라이언트를 지나치게 끌어들이기보다는 사회복지사도 가벼운 측면으로 라포를 형성하는 데 관심을 갖는다. 필요한 경우에는 유사한 사례를 인용하여 사회복지서비스의 참여가 자연스러운 것임을 설명할 수도 있다.

③ 호의적 응대형

클라이언트의 호흡·기분에 맞추어 기대욕구에 적절히 반응하여 방문목적으로 참여시키고, 기관서비스에 참여할 때 클라이언트가 얻을 수 있는 이점을 제시하여 자발적인 참여를 독려한다. 가급적이면, 구체적인 약속을 통하여 클라이언트의 적극성을 실천으로 구체화한다.

2. 초기면접

초기면접에서는 클라이언트의 욕구와 문제를 확인하고, 효과적인 가족복지서비스 실천을 위한 기초자료를 탐색하고 수집하는 목표를 가진다. 초기면접에서는 준비, 면접시작, 탐색, 종료의 단계를 통해 진행된다.

1) 준비단계

사회복지사는 의뢰된 클라이언트 가족의 서비스 경험, 기타 검사자료 등이 있는지를 조사하여 면접을 준비하는 단계이며, 자세한 사항은 <표 6-1>과 같다.

표 6-1 초기면접 준비단계의 역할

구분	역할
사전검토	의뢰된(잠재된) 클라이언트 가족이 이전에 서비스를 받은 경험이 있다면, 클라이언트의 반복되는 수고를 덜기 위하여 사전자료를 검토한다. 그러나 고정관념이나 선입견을 배제하고 열린 마음으로 자료를 검토하며, 기록내용이 불완전하고 착오가 있을 수도 있음을 감안한다.
사전탐색	사전에 접수(의뢰)한 사회복지사 또는 의뢰인에게 클라이언트가 처한 상황에 대해 질문한다. 단, 클라이언트의 사생활과 비밀보장에 대한 권리를 침해하지 않는 범위 내에서 이루어지도록 한다.
사전협의	가족과의 면접을 슈퍼바이저나 동료들에게 면접목표 또는 관련사항에 대하여 조언을 구한다.
사전정리	첫 면접의 약속을 잡고, 적절한 시간과 사생활을 보장하며 물리적 환경을 구조화한다. **면접의 물리적 환경 준비** • 사회복지사 : 면접지 양식, 리플렛, 기초지식 및 준비(사전준비기술과 면접기술 이해) • 참여 가족 : 가족 수에 따른 환경조성, 아동 참여여부 결정 • 소요 시간 : 소요 시간을 안내하여 외부환경에 영향을 받지 않도록 한다. • 면접 장소 : 상담실(원탁, 정리정돈, 방음, 상담안내표시 등) • 면접 기록 : 사전에 기록의 중요성을 설명(기록 방법: 녹음, 녹화, 필기 등)
사전공감	클라이언트의 감정과 관심사에 대해 이해하도록 노력하고, 클라이언트에게 있을 수 있는 느낌, 생각, 현재의 문제 등의 역동성을 공감해 본다. 즉, '클라이언트의 눈으로 세상을 보는 것'으로서 클라이언트를 개방되고 다양성을 가진 존재로서 이해하기 위해 노력하는 것이다.

사전적 자기 탐색	사회복지사의 특징, 욕구, 편견, 정서적 약점, 행동패턴 등이 클라이언트에게 미칠 수 있는 영향을 탐색한다. 클라이언트에게 제공되는 서비스의 특성에 사회복지사의 개인적 자아가 영향을 미칠 수 있다는 점을 의식적으로 집중한다.
집중적 자기관리	클라이언트에게 영향을 미치는 요인에 대해 확인하면, 면접의 상황에 개인적 상황이 방해가 되지 않도록 개인의 사고, 느낌, 신체적 감각 등을 관리해야 한다. 일반적으로 긍정적 자기독백, 근육이완, 간단한 명상 등을 활용할 수 있다.
사전계획과 기록	면접을 시작하기 전에 면접의 목적, 사회복지사의 역할, 질문내용, 서비스 내용, 종결 시점 등에 대한 사전계획을 한다. 또한 클라이언트의 특징, 의뢰(신청)이유, 의뢰(신청)내용, 문제 및 상황, 앞으로의 계획 등을 요약한다.

2) 면접 시작

초기면접은 일반적으로 1~2회의 면접으로 이루어지나 가족서비스의 지속여부가 결정되는 것인 만큼 클라이언트와 사회복지사[5)]의 관계형성[6)]은 매우 중요하다. 사회복지사의 면접유형에 따라 클라이언트와의 라포[7)]를 형성하게 되며, 수용과 공감적 이해, 그리고 진실성을 바탕으로 면접을 하게 된다. 반면에 클라이언트와의 협조관계를 형성하기 위하여 자존심과 체면을 손상하지 않도록 유의하며, 초기저항에 대해서도 긍정적으로 다룰 수 있어야 한다(이영분 외, 2000: 151-154).

(1) 일상적인 대화에서 시작하기

일상적인 이야기(날씨 · 환경 · 기분 · 옷차림 등)나 클라이언트가 처음 시작하는 언어에서 상담을 시작한다. 사회복지사는 첫 이야기에서부터 귀 기울이고, 정성 어린 반응

5) 초기단계에서 효과적인 원조를 방해하는 사회복지사의 역기능적인 행동들(Collins, 2004).
① 가족 구성원 개개인의 편을 들어주는 것, ② 부적절한 동의 또는 거짓으로 보장하는 것, ③ '객관적'인 자료는 제외하고, 반면 문제에 대한 가족의 주관적인 경험에 관한 단서를 무시하는 것, ④ 판단하는 것같이 반응하는 것, ⑤ 토론을 방해하거나 신뢰를 손상할 수 있는 유머나 다른 반응들을 부적절하게 활용하는 것, ⑥ 미성숙한 문제해결, ⑦ 가족 구성원을 비난하거나 무시하고 거짓된 겸손함을 보이는 것, ⑧ 지나치게 "잡담"하는 것, ⑨ 명백한 정보를 무시하고 가족 구성원을 지나치게 보호하는 것

6) 관계형성이란 기관을 찾는 클라이언트들이 일반적으로 보이는 두려움과 불안 등을 해소하기 위해 사회복지사와 상호 긍정적인 친화관계, 즉 라포를 형성하는 것이다.

7) 라포란 사회복지사와 클라이언트가 의사소통을 효과적으로 함으로써 신뢰감을 형성할 수 있는 긍정적인 관계를 말한다.

을 보인다.

예 : "최근에 가족 간에 있었던 일은 어떤 것이 있었나요?"
"무엇이 당신을 여기에 오게 했나요?"

(2) 사회복지사 및 기관의 역할 설명하기

사회복지사의 역할과 기관에서 클라이언트에게 제공할 수 있는 서비스의 내용을 설명함으로써 클라이언트의 참여의지와 관심을 이끌어 낼 수 있다.

예 : 사회복지사) 따뜻하고 안정된 모습을 가지고 클라이언트를 맞이하며, 자신의 자격과 역할 소개
기관) 기관의 성격, 기관의 특징, 서비스의 내용(가족상담, 가족서비스, 가족치료), 기간(서비스의 기간을 구체적으로 명시), 종결사유(상담 목표의 달성, 클라이언트의 요구)

(3) 클라이언트의 역할과 규칙 설명하기

클라이언트는 자신들의 기대와 관련하여 상당한 불확실감과 불안을 경험하게 되고, 동시에 문제해결과 상황개선에 필요한 것을 자신들이 할 수 있을지를 걱정한다. 따라서 사회복지사는 클라이언트가 가족서비스의 실천과정에서 가족들이 이행해야 할 시간, 과제, 가족참여 등의 규칙들에 대하여 동의하고 약속하도록 한다.

예 : 가족서비스 과정에서 자신의 생각과 감정을 가능한 한 자유롭고 충분하게 나눔으로써 최상의 도움을 받을 수 있습니다. 과정이 진행되는 동안 더 나은 방안이 있으면 제안해 주시고, 도움이 되었던 것과 그렇지 않은 것에 대해 피드백을 주세요. 문제해결과 목표 달성을 위해 우리가 함께 구상한 단계들을 밟아 나가도록 노력할 때, 도움을 받을 수 있습니다.

(4) 기관의 정책과 윤리적 요인에 대해 논의하기

가족복지 실천을 진행하기 위해서는 법적, 정책적, 윤리적 차원의 요인에 대해 논의하는 것이 매우 중요하며, 행동의 원칙을 이해하는 것은 진실하고 정직하며, 신뢰성 있는 관계를 발전시키는 데 매우 중요하다. 구체적인 내용으로는 가정폭력 관련법, 아동학대 관련법, 클라이언트의 자기결정, 비밀보장 등과 관련된 사항이다.

> 예 : "이번 서비스 과정에서 부득이 약속을 취소하게 될 때는 사전에 전화를 주셔야 합니다. 저와 나눈 어떤 이야기도 비밀을 보장해 주는 것이 일반적인 원칙입니다. 부득이 비밀을 유지하지 않게 될 때는 사전에 동의를 받는 절차를 취하겠습니다. 다만, 아동학대나 가정폭력의 경우와 같이 법에 명시되어 있는 경우에는 비밀보장을 유지할 수 없습니다. 이것은 인간 개개인의 존엄성이 비밀보장의 가치보다 우선하기 때문입니다. 그리고 저희 기관의 서비스를 이용하면서 불만족스러운 사항이 있을 때는 언제든 의논해 주세요."

(5) 피드백 나누기

초기면접의 목적과 역할을 설명하고 클라이언트가 어떻게 이해하였는지에 대해서 피드백을 요청하는 것은 클라이언트의 동의와 참여 적극성을 갖도록 하는 데 유용하다.

> 예 : 어떻게 생각하십니까? 지금까지 우리가 얘기한 것에 대해 어떻게 생각하십니까? 질문이나 의견은 없습니까? 우리가 행동규칙과 역할에 대해 나누었는데 어떤 생각이 드십니까? 등

참고 **가족과 라포(신뢰관계) 형성 방법**

- 내담자의 행동에 맞추어 반응한다. 만약, 가족 전원을 만나게 되는 경우에는 차례대로 가족 구성원의 행동에 반응한다.
- 만나고 있는 가족이 사용하는 단어나 말투를 주의 깊게 살핀다. 가족이 자주 사용하는 단어나 표현을 찾아낸다.
- 가족과 만나는 초기에는 가족의 시각에 반론을 제기하지 않고 그것을 받아들이는 것과 사회복지사가 '모른다 자세(not knowing posture)'를 가지면서 가족과 공유할 수 있는 경험이나 관심을 이야기한다.

- 클라이언트의 메시지에 관심을 집중[8]한다.

  - 클라이언트를 향해 앉는다.
  - 개방적인 몸자세를 취한다.
  - 때때로 상대방을 향해 몸을 기울여 앉는다.
  - 밝고 부드러운 시선으로 대한다.
  - '아, 예, 그렇군요' 등의 음성반응으로 집중표현
  - 적절히 고개를 끄덕인다.

- 가족과의 치료적 관계형성을 위해 상담자가 가족에 합류하여 체계형성을 위한 재구조화를 이룰 수도 있다. 사회복지사는 가족과의 합류를 위하여 ① 클라이언트 가족유형을 받아들이고, ② 가족의 상호교류 유형과 장점을 경험하고, ③ 문제 가족 구성원의 고통을 느낄 수 있어야 하고, ④ 가족 구성원이 가장 중요시하는 문제를 알아야 하고, ⑤ 문제파악을 위해 가족 구성원과 함께 탐색과정에 참여하고, ⑥ 가족고유의 의사소통 방법을 알고 따라야 하며, 상담의 초기과정을 단축하고, ⑦ 치료를 촉진하기 위한 방법에는 유지, 추적, 모방의 기술이 있다(송성자, 2000: 273).

  - 유지하기
    가족구조(하위체계)를 확인하고 지지하며, 가족 내에서 가족 구성원의 위치를 강화하는 것이다. 약한 부분을 지지하고 유지하면 강한 부분이 재구조화를 하게 된다.
  - 추적하기
    반복, 질문, 관심을 표현하는 말을 통하여 내담자의 이야기를 계속하도록 권장하고, 초점을 확대해 나가는 기법이다(가족의사소통 유형, 생활근거, 생활역사, 가족의 가치, 가족 구성원의 속성 등을 파악하는 데 유용).
    예 : "아, 그렇군요. 네, 그러세요."
  - 모방하기
    가족의 의사소통 방법이나 내용을 모방함으로써 가족에 합류하는 것이다. 가족이 의사소통하는 속도, 행동적인 방법, 말하는 태도, 몸짓에 적응함으로써 가족 구성원들과 비슷하게 될 수 있다.
    예 : "나도 성격이 급해요. 우리 집에도 그와 비슷한 일이 있어요."

8) 이를 통해 사회복지사는 클라이언트와 좋은 관계형성을 위하여 가족에게 따뜻하고 다정한 사람으로 인식되어야 한다. 또한 가족의 삶에 깊이 관여할 자세가 되어 있어야 하며, 동시에 유능한 사람으로 인정받을 수 있어야 한다.

3) 초기면접 탐색

(1) 가족의 문제와 욕구의 탐색

탐색과정에서는 클라이언트 가족의 '문제~욕구~상황'에 대하여 좀 더 정확하고 현실적인 정보를 확인한다. 탐색내용으로는 가족이 이야기하는 문제의 근원, 문제의 과정, 그리고 문제를 유지하는 요인들뿐만 아니라 문제해결에 유용하게 사용될 수 있는 장점, 속성, 자원을 이해하기 위하여 초기면접을 진행한다(Barry Cournoyer, 1995: 168-187).

① 현재적 탐색내용

- 가족이 도움을 요청하는 문제
- 가족이 기관에 오게 된 경위
- 문제발생 빈도와 지속기간
- 가족이 상담하는 문제의 심각성
- 각 가족 구성원의 문제에 대한 인식
- 신체적, 정신적으로 위험에 처한 가족 구성원 유무 및 상황
- 사회복지사의 개입에 대한 가족의 태도와 기대

현재적 질문 예
"지금 겪고 있는 어려움에 대해서 말씀해 주세요."
"지금 어떤 도움이 필요하신가요? 어떻게 도와드리면 좋겠나요?"
"우리 기관에 도움을 요청한 이유가 있나요? 또는 당신이 왜 이곳에 오셨다고 생각하시나요?"
"가족에 어떤 문제들이 있었나요?"
"그 문제들은 얼마나 심각한가요? 위급한가요?"
"지금 가족 중에서 신체적, 정신적으로 위험한 가족 구성원이 있나요?"
"사회복지사를 만나는 것에 대해 가족들은 어떻게 생각하나요?"
"가족 구성원들은 문제를 해결하기를 원하시나요? 원한다면 어느 정도 참석하실 수 있나요?"
"가족들은 저에게(사회복지사) 무엇을 기대하나요?"

② 과거의 탐색내용

- 문제 발생 초기부터 현재까지의 발달과정을 추적
- 문제를 해결하기 위한 (성공적이지 못했던)가족 구성원의 시도와 정보
- 문제를 해결하기 위해 사용했던 강점과 자원
- 클라이언트의 약점이나 결점의 정보
- 클라이언트가 문제와 관련 있는 감정, 사고, 행동 등을 공유
- 문제와 관련 있다면, 사회·경제·문화적 요소에 대한 정보수집

과거적 질문 예
"이 문제는 어떻게 시작이 되었나요?(역사적 배경)"
"이 문제를 해결하기 위해 어떤 시도가 있었나요?"

③ 미래의 탐색내용

- 문제, 사람, 상황이 미래에 어떠할 것인지를 탐색
- 가능한 '최악의 상황'의 시나리오는 무엇인지 탐색
- 문제, 사람, 상황에 미치는 부정적인 영향이 완전히 해결되면 '나타날 수 있는 가능한 최고의 상황'

미래적 질문의 예
"가족들은 이 문제가 지속되면 어떻게 될 것이라고 생각하세요?"
"이 문제가 해결되면, 어떻게 될 거라고 생각하세요?"

(2) 탐색과정의 상담기술

① 일상적 대화에서 상담으로의 전환

가족의 불안을 완화하기 위하여 일상적인 이야기나 잡담은 가능하나, 적절한 시점에서 잡담을 종료하고, 상담의 목적 중심으로 환기하는 것이 바람직하다.

예 : 무엇을 도와드릴 수 있을까요?
지난 한 주에는 가족에게 어떤 일이 있었나요?

② 가족이 동시에 말하는 경우에 발언권 조절하기

가족의 의견차이나 서로 다른 느낌에 대해 저마다 자신의 견해를 알리고자 하는 경우가 있다.

> 예 : 특정 가족을 지목해서 질문하기, 사회복지사가 가족을 대변해서 이야기하기, 소도구를 이용하여 발언할 사람을 정하는 규칙

③ 침묵하는 클라이언트에게 상담 참여시키기

클라이언트가 침묵하는 원인을 이해하고 대처해 나가야 한다. 일반적으로 침묵하는 원인은 적절한 대인관계의 기술이 부족하거나 무엇을 말해야 할지 모르는 경우, 무기력하거나 상담목표가 없는 경우 등에 해당될 수 있다. 이때, 사회복지사는 클라이언트의 추정되는 생각과 감정을 공개적으로 표현하여 침묵이라는 가족규칙을 깨뜨릴 수 있다.

> **침묵을 다루는 예**
> "여기서는 자신이 느끼고 있는 어떠한 감정도 자연스럽게 이야기할 수 있습니다."
> "제가 보기에는 남편께서 아무 말도 하지 않는다는 것은 부인의 의견에 동의하지 않으신다는 의미로 보입니다."

④ 두서없이 떠드는 클라이언트에게 발언권 조절하기

두서없이 떠드는 가족을 방치하기보다는 발언권을 얻어내는 것이 필요하며, 요약 또는 질문하기 방법이 있다.

> • 요약하기는 비언어적, 언어적으로 가족의 주의를 끌어내어 그의 생각이나 감정을 요약하는 방법이다.
> • 질문하기는 사회복지사가 화제를 이끌어 가는 방법으로서 혼자만 이야기하는 사람에게 대답하도록 질문하거나, 다른 가족에게로 질문하여 주제를 바꾸는 방법이다.

⑤ 다른 가족을 대신해서 말하는 경우 실제 주인공의 생각 듣기

다른 사람의 생각을 자신이 잘 알고 있다고 느끼기 때문인데, 실제 당사자는 무시당한다던가 억압당한다고 느낄 수도 있으므로 상담자는 "어느 누구도 다른 사람을 대신해서 이야기해서는 안 된다."는 규칙을 만들어 놓는 것이 효과적이며, 그동안의 익숙해져 있는 안정성을 흔들어 놓는 전략을 사용한다.

> 예 : "내가 부탁하지 않는 한 어느 누구도 다른 사람을 대신해서 이야기하면 안 된다는 규칙에 동의했으면 좋겠는데....", "나는 ○○이가 자신의 생각이 무엇인지를 말했으면 좋겠는데요.", "아드님이 충분히 자기 얘기를 할 수 있다고 생각되는데요." 등

⑥ 가족이 사회복지사에게만 말을 하는 경우 상호작용 촉진하기

사회복지사가 청취자의 역할을 계속하기보다는 가족 간의 상호작용을 촉진하는 것이 바람직하다.

> 예 : "당신이 그것에 대해 어떻게 반응했는지 직접 말해 보세요.", "남편에게 직접 이야기하는 것이 가족관계에서 도움이 될 수 있습니다." 등

⑦ 다른 가족을 비난하는 경우에 조절하기

가족들이 평소에 익숙한 '비난, 직면, 공격, 방어' 등의 패턴에 대해서는 상담의 초기단계에 조치를 취하여야 한다. 그렇지 않으면, 상담과정에 계속 행동을 해도 괜찮다고 생각할 수 있으므로 새로운 표현방식(행동)을 사용하도록 조정하여야 한다.

> 예 : 제지하는 표정이나 손, 팔을 흔들거나 일어서는 등의 행동을 통하여 상호작용을 멈추게 할 만한 행동을 취하거나 건설적인 방법으로 자신의 감정과 생각을 다시 이야기하도록 일관성 있게 설명한다.

⑧ 불명확한 문제를 명료하게 정의하고자 할 때

클라이언트 가족들은 때로 이해하기 힘든 이야기를 하기도 하고, 간접적이고, 포괄적이며 명확하지 않은 메시지를 표현하여 관계, 개입의 방향, 원조결과에 중

요한 영향을 미치기도 한다. '명확히 하기'는 언급된 단어나 행동의 의미에 대해 더욱 정확한 표현을 이끌어 내기 위한 시도를 말한다.

명료화의 예

클라이언트) 우리 가족이 지금보다 재미있고 화합할 수 있으면 좋겠어요.
사회복지사) '재미있고, 화합한다'는 말은 구체적으로 어떠한 상황을 의미하는 것인가요?
클라이언트) 저는 최소한 일주일에 한 번은 가족 모두가 식사를 하면서 대화의 시간을 가졌으면 좋겠어요.

⑨ 복잡한 이야기를 세분화하기

클라이언트가 어떠한 문제나 주제 또는 근심 등의 복잡한 현상을 쉽게 다루기 위해 문제를 한 번에 하나씩 탐색하면서 전체를 부분으로 정리하는 데 도움이 된다. 초기과정에서 많은 문제를 한 번에 다루다 보면 상당히 혼란스러울 수 있다.

예 : "한꺼번에 많은 일들이 일어나고 있군요. 누구나 가족들의 문제로부터 영향을 받습니다. 살펴보아야 할 어려움(남편과의 관계, 시부모문제, 아들양육문제 등)들이 너무나 많기 때문에 한 번에 한 가지씩 살펴보는 게 좋겠습니다. 괜찮으시겠어요? 어떠한 부분의 문제가 가장 걱정스럽게 합니까? 그것으로부터 시작합시다."

⑩ 클라이언트의 메시지를 반영하기

사회복지사는 클라이언트가 경험한 사실과 정보 그리고 감정에 대해 적극적 경청을 하고, 이해한 내용을 반영하는 것이다. 클라이언트가 표현한 감정을 이해하고, 간단하게 반응하는 감정이입[9] 적이고, 적극적인 경청기술을 사용한다. 반영하기에는 내용반영하기, 감정반영하기, 그리고 내용과 감정을 동시에 반영하는 방법이 있다(김유숙, 2002: 315-322; Barry Cournoyer, 1995: 168-187).

---

9) 클라이언트의 내면의 감정을 들여다보고, 현재의 경험이 의미하는 바와 중요성을 전달하는 것이다. 이는 클라이언트의 현재 상황의 곤경, 그리고 외양과 행동에 관계없이 클라이언트를 한 인간으로서의 가치를 지닌 개인으로 존중하는 긍정적 관심(positive regard)이 기반이 된다. 사회복지사는 현재의 역기능과 병리문제를 강점으로 재해석하여 피드백하는 능력을 가지고 있어야 한다(예 자녀체벌-애정과 깊은 관심).

• **내용반영 예**

클라이언트) "제 아내는 조그만 부업을 하고 있습니다. 저는 실직했고요. 직장동료들도 모두 실직하고, 일하던 회사는 부도가 났습니다. 지금까지 월세도 못 내고 있습니다."

사회복지사) "오랫동안 고정적인 수입이 없었고, 집도 잃게 될지 모르는군요."

• **감정반영 예**

"지금 무척 좌절하고 있군요. 거절당한 느낌으로 너무나 실망하고 있군요."

• **내용과 감정반영 예**

"당신은 ○○○ 때문에 ○○○을 느끼고 계시군요. 당신은 ○○○을 느끼지만, ○○○을 생각하시는군요"

4) 초기면접의 종료

초기면접 종료 시에는 '의뢰, 서비스 종료, 가족사정, 가족개입'으로 이루어지는데, 1~2회의 상담과정을 통해서 얻어진 결과들을 바탕으로 초기면접을 종료한다. 이는 추후의 가족서비스에 대한 결정과 클라이언트의 참여동기를 이해하는 것으로 종료되는데, 사회복지기관에서는 기관의 소견을 결정하기 위하여 사례회의를 실시할 수 있다.

(1) 초기면접의 종결 시 고려사항

① 면접에 대한 반응을 알아본다.

예 : "처음 만난 사람 앞에서 집안 이야기를 나누는 것이 쉽지 않으셨을 텐데, 지금 심정이 어떠세요?"

② 사회복지사는 가족이 상담실을 떠날 때는 기분이 나은 상태로 돌아가도록 해야 한다. 이 목적을 위해 사회복지사는 이 가족의 긍정적이고 잠재력이 보이는 면들을 지적함으로써 문제가 해결될 수 있으리라는 희망을 주어야 한다. 그러나 한편 가족 구성원들을 너무 안심시키고 편안하게 만들어서는 안 된다. 어떤 사회복지사는 가족의 불안감을 오히려 자신이 떠맡아버려 가족 구성원들은

별로 그들의 문제해결을 위해 노력하지 않고 사회복지사 혼자서 열심히 애쓰는 경우가 있다. 위기상황이 아님에도 불구하고 정해진 면접시간을 초과하여 면접하고 있는 경우는 혹시 이런 현상이 일어나고 있지 않나 생각해 볼만하다.

③ 상담시간이 끝나갈 때에 사회복지사가 보는 이 가족의 주요 문제점들을 간략하게 요약하되 직접적인 표현은 삼간다. 또 단정적인 표현을 피하고 잠정적인 표현을 쓰고 정신의학적인 용어를 피한다.

④ 가족에게서 어느 정도의 동기가 보일 경우 첫 상담에서부터 과제를 줄 수 있다. 과제는 가족이 치료자와 떨어져 있는 동안 그들을 치료에 계속 연결하는 역할을 하게 된다.

⑤ 가족이 상담에 대한 동기가 미약하거나 불안감이 클 때는 상담의 처음과 끝에 사교적인 대화를 의식적으로 더욱 많이 한다.

⑥ 앞으로의 상담과정에 대해 질문이나 부탁이 있으면 하도록 한다.

⑦ 마지막으로 지금까지 이야기되지 않은 내용 중 사회복지사가 알고 있으면 상담에 도움이 될 수 있다고 생각하는 점이 있냐고 묻는다.

⑧ 첫 상담에서 관계형성이 잘 안 된 것 같은 경우에는 다음 상담 전에 전화해서 간단히 그 가족에 대한 관심을 표현한다. 그러나 전화로 상담하는 것은 바람직하지 않다.

⑨ 만일 가족 구성원들이 사회복지사의 사생활을 물어온다면(결혼 여부, 자녀 등등) 간략하게 동시에 자연스럽게 대답하고, 화제는 다시 클라이언트에게로 전환한다.

(2) 차기면접의 약속

본 기관에서 계속적인 가족서비스에 참여하게 된다면, 구체적인 사정과 개입을 위하여 막연한 면접종료는 클라이언트에게 혼란을 야기할 수 있으므로 주의하여야 한다.

> 차기면접 약속 시 "상담일시, 참석대상, 다음 상담참석을 위한 과제제시, 다음 상담에서 다루어지는 내용, 상담참여에 따른 희망 등"을 포함하여 설명한다.

(3) 초기면접의 점검

① 가족사정을 위한 유용한 자료들을 수집했는가?
아직도 불분명한 부분이 남아 있는가?

② 기관의 수혜적격 기준에 합당한가?
클라이언트 가족의 기대욕구는 기관의 서비스 및 역할에 부합되는가?

③ 클라이언트 가족에게 서비스를 지원함에 있어서 환경적인 문제와 장애물은 무엇이 있는가?

④ 가족개입 과정에 포함될 수 있는 클라이언트 가족의 자원과 힘(강점)은 무엇이 있는가?

⑤ 클라이언트 가족을 위한 최상의 서비스를 제공해 줄 수 있는가?
아니면 타기관에 의뢰하는 것이 더욱 현명한 일인가?

⑥ 클라이언트 가족은 정확한 정보를 주었는가?
아니면 다른 자료에 비추어 볼 때, 일치되지 않는 부분이 있는가?

⑦ 가족개입에 도움이 될 만한 정보 수집을 위해 지역사회의 어떤 자원을 활용할 수 있는가?

3. 자료수집

1) 자료수집의 개념

자료수집은 개입 가능성을 판단하고 개입에 도움이 될 수 있는 자료를 마련하는 것이다. 자료수집은 지속적으로 이루어지지만 사정하기 전에 주로 이루어진다. 이는 자료수집은 클라이언트의 문제를 파악하는 데 주목적이 있고, 사정은 문제의 규정을 통한 개입방향 설정에 주목적이 있다는 차이가 있다.

2) 자료의 출처

(1) 클라이언트에게서 얻는 자료

클라이언트의 이야기와 작성한 자료, 태도 등 비언어적인 행동으로 일차적인 정보제공자로서 가장 중요하다. 클라이언트의 진술을 통해 얻을 수 있는 정보는 클라이언트가 이야기하는 문제, 감정, 문제해결을 위해 가지고 있는 자원, 지금까지의 문제해결 노력, 문제의 원인과 지금까지의 전개과정 등이다. 클라이언트의 진술은 주관적인 경향이 있어 본인의 편견이나 감정에 의한 왜곡 등에 주의해야 한다.

(2) 클라이언트 가족에게서 얻는 자료

가족 구성원과의 면접자료, 가정방문을 통한 관찰 등이다.

(3) 객관적인 자료

객관적인 자료의 출처는 의사, 사회복지사, 심리학자, 교사 및 사회(행정)기관 등에서 얻는 자료로 의학적 자료와 심리검사 결과, 면담 기록지 등이다.

(4) 클라이언트의 개인적 관계에서 얻는 자료

클라이언트의 개인적 관계에서 얻는 자료는 고용주, 연고자, 친구 등과 면접 등을 통해 얻은 자료이다.

(5) 클라이언트에 대한 사회복지사의 개인적 경험

클라이언트와 이야기를 나누는 등 상호작용을 하면서 느끼는 사회복지사의 주관적 경험을 통해 얻은 자료이다.

(6) 기타

기타 자료는 사례와 관련된 신문 및 연구자료, 투서 또는 소문 등을 통해 얻은 자료이다.

■ 참고) 1. 가족서비스 신청서

가족서비스 신청서

접 수 일 : 20 년 월 일

담 당 자 : (인)

담당	과장	부장	관장

성 명		성 별	남 / 녀	생년월일	
주 소				전화번호	☏) H.P)
직 업		학 력		종 교	
참여경로					
건강상태					

가 족 사 항

관 계	성명	연령	동거여부	특이사항 (건강, 장애, 성격, 특징 등)

생활상태		
	보호구분	□ 수급자 □ 조건부 수급자 □ 저소득 □ 일반
	경제상황	◦월 수입금액 (원), ◦주 수입원 ( ) (정부보조금 : ______ 원) ◦기타 ( )
	주거상황	□ 자가 □ 전세(만원) □ 월세(/) □ 기타( ) ◦(방(개), 화장실(실내/실외), 특이사항 :)

도움 받고 싶은 내용		
사회복지사	의견	
	향후 계획	

동문종합사회복지관

■ **참고) 2. 인테이크 기록지**

인테이크 기록지

접 수 일 : 20 년 월 일

담 당 자 : (인)

담당	과장	부장	관장

1. 가족 및 구성원

<table>
<tr><td>대상자명</td><td colspan="2"></td><td>종 교</td><td colspan="2"></td><td>생년월일</td><td colspan="2"></td></tr>
<tr><td rowspan="7">생활
상황</td><td>가족특성</td><td colspan="7"></td></tr>
<tr><td>보호구분</td><td colspan="7">□ 수급자 □ 조건부 수급자 □ 저소득 □ 일반</td></tr>
<tr><td>의료구분</td><td colspan="7">의료보호 1종( ), 2종( ), 건강보험 (직장 / 지역)</td></tr>
<tr><td>경제상황</td><td colspan="7">◦월 수입금액 (원), ◦주 수입원 ( )
(정부보조금 : ________ 원) ◦기타 ( )</td></tr>
<tr><td>주거상황</td><td colspan="7">□ 자가 □ 전세(만원) □ 월세(/) □ 기타( )
◦(방(개), 화장실(실내/실외), 특이사항 :)</td></tr>
<tr><td>건강상황</td><td colspan="7"></td></tr>
<tr><td colspan="8"></td></tr>
<tr><td>주 소</td><td colspan="8"></td></tr>
<tr><td>전화번호</td><td colspan="4"></td><td>의뢰경위</td><td colspan="3"></td></tr>
<tr><td rowspan="7">가
족
사
항</td><td>관계</td><td>성명</td><td>생년월일</td><td>직업</td><td>종교</td><td>동거 여부</td><td colspan="2">비고</td></tr>
<tr><td></td><td></td><td></td><td></td><td></td><td></td><td colspan="2"></td></tr>
<tr><td></td><td></td><td></td><td></td><td></td><td></td><td colspan="2"></td></tr>
<tr><td></td><td></td><td></td><td></td><td></td><td></td><td colspan="2"></td></tr>
<tr><td></td><td></td><td></td><td></td><td></td><td></td><td colspan="2"></td></tr>
<tr><td></td><td></td><td></td><td></td><td></td><td></td><td colspan="2"></td></tr>
<tr><td></td><td></td><td></td><td></td><td></td><td></td><td colspan="2"></td></tr>
</table>

2. 가계도 / 생태도

가 계 도	생 태 도

3. 개인력 / 가족력

개 인 력	가 족 력

4. 가족 및 사회적 관계

5. 사회적 상황

경제상황	(수입/생활비/저축/부채 등)
건강상황	(장애/병력/진단 및 치료여부 등)
주거상황	(주거형태/방/화장실/난방종류/채광/환기 등)
사회심리적 상황	(생활상태/사회적관계망/심리·정서적인 상태 등)

6. 일상생활수행능력(ADL, IADL)

7. 대상자 욕구

8. 자원 활용 상황

공식적 자원	비공식적 자원

9. 사회복지사 의견

클라이언트 태도와 반응	사회복지사 의견

10. 스크리닝 판정 및 사유

판정결과	( ) 잠재적 대상, ( ) 의뢰 대상, ( ) 정보제공 대상, ( ) 서비스 거부, ( ) 종결
판정사유	

11. 서비스 계획

문제 및 욕구	서비스 계획

동문종합사회복지관

CHAPTER 07

사정과 개입계획

1. 사정

1) 사정의 개념

사정[1]은 1970년대 이후 사회사업 실천에서 의료모델에 대한 비판이 강해지면서 '진단'이라는 용어 대신 '사정'이라는 용어가 일반화되기 시작했다. 클라이언트와 관계형성이 이루어진 후에 클라이언트의 문제를 이해하고 분석하고 해결하는 데에 필요한 자료를 수집하고 관찰하여 이를 기초로 클라이언트의 문제를 해석하고 추론하는 활동을 말한다.

사정은 클라이언트의 문제와 상황을 이해하여 개입을 위한 계획을 연결하는 것으로, 클라이언트의 문제가 무엇인지 이해하고 문제의 원인을 규명하며 이것을 해결하거나 감소시킬 수 있는 방법에 대해 전문적인 판단을 하는 것이다. 가족사정이란 가족을 하나의 단위로 보고 가족 내부 및 외부 요인 그리고 이들 양자 간의 상호작용 등을 파악하기 위해 자료를 수집 및 분석하고 종합하는 과정이다.

1) 사정(assessment)은 자료를 수집하여 분석·종합하는 과정, 또는 사실적 자료를 해석하고 의미를 부여함으로써 최종적으로 문제를 규정하여 실천/개입의 방향을 결정하는 일이다.

2) 사정의 특성

(1) 지속과정

사정은 접수와 자료수집이 끝난 후에 수행되는 활동이 아니라 실천과정 동안 계속되는 활동으로 새로운 정보가 드러남에 따라 자료를 수집하고 분석하며 종합적으로 판단하는 유동적이고 역동적인 과정이다.

(2) 이중초점

모든 인간은 인간을 둘러싸고 있는 작은 체계와 좀 더 큰 체계에 속해 있다는 개념을 반영한 것으로, '상황 속의 클라이언트'를 이해하는 것이다. 클라이언트를 사회, 환경적인 맥락에서 이해하고 계획과 행동의 토대를 준비한다.

(3) 상호작용

사정은 클라이언트와 사회복지사의 상호작용으로 이루어진다. 즉, 사회복지사의 일방적인 판단이 아니라 클라이언트의 반응을 이해하고 반영시키는 것이다.

(4) 사고 전개 과정

사정은 사회복지 실천과정 전체를 통해 필요한 정보를 수집하고, 그 정보를 중심으로 클라이언트의 상황을 이해하며, 이것을 전체적인 과정에서 통합하여 사고하는 과정이다. 사정은 부분적인 정보들을 전체적인 맥락 속에서 통합해서 사고를 전개하는 과정이다.

(5) 수평·수직 탐색

초기단계에서는 수평적인 정보(현재 인간관계, 능력, 기능 등)를 중심으로 클라이언트의 욕구를 발견하고, 시간이 경과하면서 수직적인 정보(과거력, 개인력, 문제 등)를 수집하여 사회복지사는 필요에 따라 수평·수직 탐색을 적절하게 사용할 수 있어야 한다.

(6) 지식 근거

인간행동, 가족관계, 집단과 지역사회, 정책, 행정, 특정 관련분야에 대한 지식(정신의학, 심리학, 아동 등)이 필요하며, 이를 통해 클라이언트의 상황을 이해하는 수단으로 전문적인 지식을 이용해야 한다.

(7) 생활상황 이해

사정은 병리적이거나 독특한 상황에서만이 아니라 자연스럽고 일반적인 생활상황 가운데서 욕구를 발견하고 규명하며, 그 의미와 패턴을 설명하는 것이다.

(8) 개별화

인간의 상황은 모두 다르므로 개별화되어야 하며, 클라이언트마다 독특한 상황에 처해 있는 개별적인 사례이다.

(9) 판단

어떤 지식을 적용할 것인지, 클라이언트와 어떻게 연결할 것인지 등을 판단하는 과정이 필요하며 중요하다.

(10) 한계 인식

클라이언트를 완전히 이해하는 데는 언제나 한계가 있기 마련이며, 사정은 클라이언트를 이해하는 보조적인 수단 또는 방법이다.

2. 가족사정[2)]

1) 가족기능 사정

(1) 가족체계 사정

가족의 구조와 기능과 관련하여 가족 내 하위체계가 적절한 기능을 수행하고 있는지, 부적절한 기능을 수행하고 있는지 평가한다.

① 가족체계의 종류

가족 구성원들이 어떻게, 언제, 누구와 상호작용하는지, 가족 구성원들 사이의 상호 교류 유형과 관련된 가족규범은 어떤지를 나타낸다.

㉠ 부부하위체계

부부의 성장과 발달에 필요한 정서적 환경을 제공하고, 서로 상대방의 욕구에 부응하여 상호 만족을 제공한다. 서로 배우자 역할을 잘 수행하는 관계를 가진 부부하위체계는 두 사람에게 친밀감, 지지, 서로의 성장 및 개인적 발달기회의 경험을 제공한다.

㉡ 부모하위체계

적절한 아동양육, 지도, 한계설정 및 훈육에 대해 중요한 책임감을 가진다. 부모와의 상호작용을 통하여 아동이 자신의 의사결정 능력과 자기지향을 증가시키는 동안에, 아동은 더 큰 권력을 가진 사람들과 함께 권위를 다루는 것에 대해 배운다.

㉢ 형제자매하위체계

아동의 첫 번째 또래집단으로 이러한 하위체계에 참여함으로써 아동은 협상, 협동, 경쟁, 상호지지, 그리고 이후의 친구에 대한 애착유형들을 발

2) 가족사정이란 가족을 하나의 단위로 보고 가족 내부 및 외부 요인 그리고 이들 양자 간의 상호작용 등을 파악하기 위해 자료를 수집 및 분석하고 종합하는 과정이다.

전시킨다.

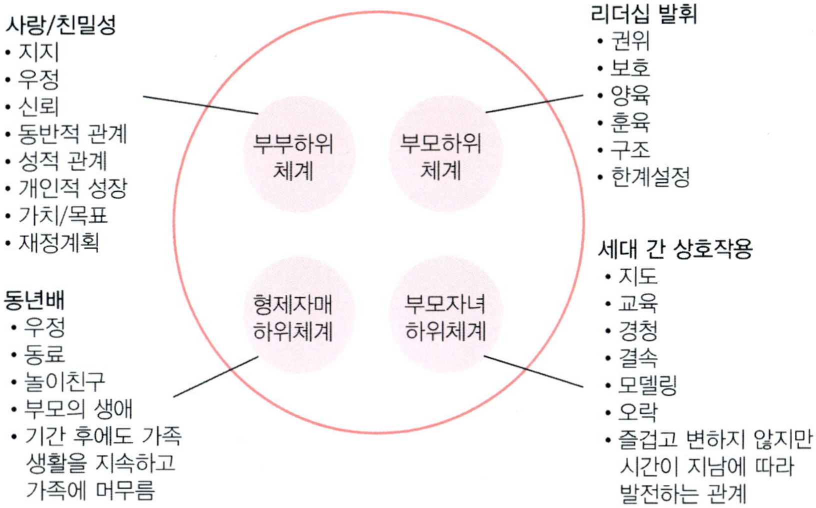

출처: Jordan & Franklin(1995), Clinical Assessment for Social Workers, Chicago: Lyceum. 김유숙 외(2003), 가족평가 핸드북(재인용).

그림 7-1 가족 내 주요 하위체계와 규범적 역할

참고 상담 시 가족체계 사정을 위한 질문법 예

- 부부의 관계는 어떤지 설명해 주세요.
- 자녀를 양육하는 데 어떤 어려움이 있나요?
- 부모와 자녀의 관계는 어떤가요? 부모 중 한 부모와만 밀접한가요?
- 형제들과의 관계는 지지적인가요, 갈등관계에 있나요?
- 부부가 갈등관계인 경우 자녀에게 서로의 편을 들라고 한 적이 있나요?
- 자녀의 일에 간섭이 심한 편인가요?
- 부모와 자녀 간의 의사소통은 활발한가요?
- 사이가 불편한 가족 구성원이 있나요?
- 가족 속에서 누가 누구와 친한가요? 요즘 이 문제는 가족의 누구와 관계되어 있나요?

② 가족하위체계의 사정

㉠ 가족하위체계의 건강한 기능

- 부부하위체계 : 부부가 서로에게 도움이 되는 만족스러운 관계를 가지는지, 서로에게 적응하는 동시에 자율성을 가지고 있는지를 평가한다.
- 부모하위체계 : 부모가 적절한 부모기술을 가지고 있는지, 부모역할을 위해 필요한 사회 지지를 가지고 있는지, 자녀를 통제하고 지도하는 권위를 가지고 있는지 등을 사정한다.
- 형제자매하위체계 : 형제자매간의 관계가 갈등적, 경쟁적 또는 지지적 인지, 형제자매간 감정적 유대관계를 형성하고 있는지 등을 탐색한다.

㉡ 가족하위체계의 역기능

- 하위체계 경계가 느슨한 경우
  - 자녀들이 지속적으로 부모를 돌보고 정서적으로 지지하며 부모역할을 수행한다.
  - 부모가 자녀들의 사생활에 지나치게 간섭한다.
- 하위체계 경계가 경직된 경우
  - 부모가 자녀들과 상호작용하거나 협의하기를 거절한다.
  - 자녀들이 부모의 지도와 상호작용 관계를 거절한다.
  - 부모가 자신들을 배제하는 자녀들을 배제한다.
- 삼각관계
  - 자녀가 한쪽 부모를 배제하고 다른 한쪽 부모와 편을 이룬다.
  - 부모가 부부간 다툼에서 자신의 편을 들도록 자녀들에게 요청한다.
- 연합
  - 세대의 구성원이 특정 구성원들을 배제하고 다른 세대의 구성원과 연합한다. (예를 들어, 한쪽 부모가 조부모와 연합하거나 부모를 배제하고 조부모가 손자와 연합한다.)

참고 **삼각관계 용어 정의**

미누친(Minuchin)은 부모와 한 명의 자녀 사이에서 일어나는 경직된 삼자관계를 삼각관계로 정의하였다. 즉, 서로 대립하고 있는 부모가 자녀에게 서로 자신의 편이 되라고 요구하면 자녀는 어떻게 반응하더라도 한쪽 부모를 공격하게 되는 것처럼 느껴 자녀는 부모 사이에서 움직일 수 없게 되어 버린다. 그러나 최근에는 미누친의 부모자녀관계에 관한 정의로 국한하지 않고 두 사람의 대립에 제삼자가 휘말려 충성심의 갈등 속에서 경직되는 것을 의미한다.

참고 연합 용어 정의

헤일리(Haley)는 삼자관계 속에서의 두 사람이 남은 한 사람에 대항하기 위하여 제휴하는 것을 연합이라고 하였다. 그는 이러한 연합은 체계 내의 균형 있는 세력분배를 위해 작용한다고 보았다. 자녀에 대하여 부모가 연합하는 가족은 건강하지만, 한쪽 부모와 자녀가 연합을 형성하는 것은 가족병리의 특징이라고 본다.

(2) 가족규칙 사정

가족 구성원들 간의 상호작용은 어떤 지속적인 규칙을 따르는데, 그 규칙은 가족이 하나의 단위로 잘 기능하도록 특성을 이루고 조절하며 안정되도록 돕는다. 가족에서 기능적인 규칙은 필요하나 역기능적인 규칙은 가족문제를 양산하게 되므로 가족규칙을 사정해야 한다.

① 기능적인 가족규칙

잘 기능하는 가족에서 규칙은 변화하는 상황에 따른 변화를 고려하며, 모든 가족 구성원이 자신의 의견을 자유롭게 말할 수 있다.

- 우리 가족에서는 모든 사람의 생각과 아이디어가 중요하다.
- 가족들이 무조건적으로 동의하고 똑같은 것을 좋아해야 할 필요는 없다.
- 가족들은 느끼는 감정(상처, 분노, 비판, 기쁨)에 대해 솔직하게 이야기하는 것이 좋다.
- 다른 가족 구성원과 의견 차이가 생기면 이를 해결하는 것이 중요하다.
- 실수를 인정하고 사과하는 것이 좋다. 다른 가족 구성원들이 이해하고 지지해 줄 것이다.

② 역기능적인 가족규칙

역기능적인 가족은 역기능적인 규칙을 따르는데, 역기능적 규칙이란 대부분 내밀한 규칙들로서 그것들은 대부분 감정의 교환이 관계되어 있어서 가족에게 고통을 야기한다(Satir, 1967).

- 우리 집에서는 아버지만 결정할 수 있으며 다른 가족 구성원은 아버지의 의견과 일치하지 않는 한 이를 표현할 수 없다.

- 어머니와 함께 있을 때는 입조심을 해야 한다. 화를 내실 수 있으니까.
- 논쟁에서는 반드시 이겨야 한다.
- 결혼생활 15년 – 남편 허락 없이 머리 스타일 바꾸거나 옷을 사지 못한다.
- 가정의 화목을 위해 부정적인 감정이나 갈등은 표현되면 안 된다.
- 만일 네가 친절하게 말할 수 없다면, 어떤 것도 말하지 말아라.
- 어머니나 아버지 외에는 아무도 믿지 마라.
- 어떤 주제에 대한 대화 금지(어머니의 음주, 아버지의 외도, 오빠의 비행 등)(이원숙, 2004)

참고 **상담 시 가족규칙 사정을 위한 질문법 예**

- 가족 구성원들이 지켜야 하는 규칙이 있나요?
- 이 규칙은 어떤 좋은 점이 있나요?
- 이 규칙들 중에서 버려야 한다고 생각하는 규칙은 어떤 것인가요?
  또 새롭게 만들어지거나 변해야 하는 규칙은 어떤 것인가요?
- 아버지가 말하는 것은 다른 가족 구성원들이 다 동의하고 복종해야 하나요?
- 가족들이 의견차이나 갈등이 발생하면 어떻게 해결하나요?
- 가족들은 자신의 감정표현을 잘 하나요?

(3) 가족 의사소통 사정

사회복지사는 가족 구성원들이 서로 의사소통하는 방식을 주의 깊게 경청함으로써 가족관계에 대한 중요한 실마리를 얻을 수 있는데, 가족의 의사소통 메시지의 언어적·비언어적 요소가 일치하는지 사정해야 한다.

① 의사소통의 종류

㉠ 언어적 의사소통

언어를 통해 의사소통하는 것으로 모순된 의사소통은 두 개 또는 그 이상의 서로 상반되는 메시지가 언어적 경로를 통해서 연속적으로 보내질 때 발생한다.

예 : “너는 내 충고를 따라야 한다... 너는 네 스스로 결정을 내려야 한다.”

ⓛ 비언어적 의사소통

비언어적 메시지는 몸동작, 얼굴 표정, 목소리의 톤, 자세, 시선 등을 포함하는 여러 비언어적 형태를 통해서 의미가 규정된다.

② 의사소통의 사정

㉠ 기능적인 의사소통(일치된 의사소통)

- 언어적 메시지와 비언어적 메시지가 일치한다.
- 의사소통하는 관계가 편안하고 정직하고, 자존심에 대한 위협은 거의 없다.
- 사람을 비난하지 않고 행위를 평가하고 방향제시를 한다.
- 메시지는 하나이고 직접적이다.
- 음성은 따스하고 상대방의 눈을 바로 볼 수 있다.
- 내면적으로 진실하고, 원만함, 충만함, 생동감, 공개성 그리고 활력이 있다.

ⓛ 역기능적 의사소통

- 이중구속 의사소통: 말하는 내용과 말하는 사람의 표정, 행동, 억양 등이 서로 모순된다.

  예: 부모가 아이에게 "○○야, 엄마는 ○○를 세상에서 제일 사랑해."라고 말하면서 전혀 얼굴엔 따뜻한 표정이 없고 아이가 가까이 올 경우 아이를 밀어내고 아이가 뒤로 물러서면 "너는 엄마를 사랑하지 않는구나."라고 말함으로써 아이가 가까이 갈 수도 물러날 수도 없게 만드는 경우이다.

- 종속적, 대립적 의사소통: 회유형, 비난형, 비평형, 산만형

표 7-1 사티어(Satir)의 역기능적인 의사소통 유형

범주	풍자	전형적인 언어적 표현	몸의 자세(질병)	내적 감정
회유형	봉사	"당신이 원하는 것은 무엇이든지 좋습니다. 당신을 행복하게 하려고 여기 있습니다."	고마워하고, 아첨하고, 빌고, 자책하는 자세(우울증, 위장병)	"나는 아무것도 아니다. 나는 가치 없는 존재다."
비난형	권력	"당신은 제대로 하는 일이 없소. 무슨 문제가 있는 사람이 아니오?"	손가락질, 소리치고, 폭군적임(편집증, 고혈압)	"나는 고독하며 실패자다."

초이성형	지성	"자세히 관찰하면 여기 있는 어떤 사람의 일에 닳아빠진 손에 주목하게 될 것이오."	단조로운 목소리, 뻣뻣하고 컴퓨터 같음(강박증, 암)	"나는 상처받기 쉽다. 감정을 보일 수 없다."
산만형	자발성	다른 사람이 하는 말과 무관한 말을 한다. 예를 들어 가족들이 언쟁을 벌이면 "오늘 식사는 무엇이지?"라고 묻는다.	부단한 움직임과 지껄임, 산만함(정신병, 편두통)	"아무도 나를 돌보지 않는다. 내가 설자리가 없다."

출처: 최경석 외(2006).

참고 상담 시 가족 의사소통 사정을 위한 질문법 예

- 부부간, 부모-자녀간의 의사소통은 원활한가요?
- 서로 이야기하고 싶은 부분을 직접적이고 솔직하게 표현하나요?
- 가족을 의식해서 본인의 생각이나 감정을 표현하지 못한 경우가 있나요?
- 가족 간의 갈등이 발생하였을 때 가장 의견을 주장하는 사람은 누구인가요? 또한 잘못을 시시비비 따지는 편인 사람은 누구인가요?
- 가족 간에 대화를 할 때 말의 내용과 표정, 말투가 맞지 않게 하는 가족 구성원이 있나요?
- 가족의 역기능적 의사소통을 체크리스트를 활용하여 알아본다.

(4) 가족역할 사정

각 가족과 가족 구성원은 독특하기 때문에 어느 역할이 이상적이라고 규정하기 어려우므로 가족역할은 전체적 관점에서 보았을 때 가족에게 유익하게 작용하는지, 아니면 불이익을 가져오는지에 따라 평가되어야 한다(이원숙, 2004).

① 적절한 가족역할

- 명확히 구분된 부모와 자녀의 역할
- 상황에 따른 역할의 융통성
- 가족의 상황에 알맞게 실행된 역할들
- 역할이 상호보완적이고 보조적

표 7-2 전통적인 부부역할과 융통성 있는 부부역할

전통적인 부부역할	융통성 있는 부부역할
남편은 지배, 부인은 종속	인생의 평등한 동반자
부인은 가사노동, 남편은 생계 책임자 역할, 엄격한 역할 구분	부인은 선택적으로 취업, 남편도 가사에 관여, 역할 구분 모호
극히 소수의 부인이 취업하나 남성보다 보수가 낮음	능력에 따른 동등한 보수
남성·여성에 대한 고정관념이 지배적	남성·여성 모두 재능, 취미 개발
딸은 결혼, 아들은 성공이 주로 관심사	딸, 아들은 모든 방면 개발하는 데 관심사
자녀는 신의 뜻에 의해 출산	부모의 책임감 있는 계획하에 자녀 출산
자녀 돌보기는 부인, 양육비는 남편의 책임	자녀 양육은 부모 모두의 책임
이혼은 실패로 간주	죄책감 없이 이혼 가능
성차별, 남성 우위	성차별은 남·녀 모두의 권리, 기회를 빼앗는 것임

출처: 가족·환경연구회(1994). p. 173.

가족 내 공식적 역할도 있지만, 비공식적 역할도 있을 수 있다. 예를 들어, 문제아, 억눌린 자, 유명한 스타, 희생양, 완벽주의자, 투사 또는 말썽꾼 등이 해당된다. 이 비공식적인 역할로 인해 가족 구성원의 역할이 고착되는 것은 바람직하지 못하다.

참고 상담 시 가족역할 사정을 위한 질문법 예

- 가족 구성원은 각각 어떤 역할을 맡고 있나요?
- 가사와 자녀양육은 어떻게 분담해서 하고 있나요?
- 부인이 집을 비우거나 아파서 집안일을 하지 못할 경우 누가 대신하나요?
- 남편이 없을 경우 누가 그 역할을 대신하나요? 큰아들(딸)이 하나요?
- 가족에서 가장 문제를 일으키는 사람은 누군가요?
- 자녀의 진로는 누구의 결정이었나요?
- 부부간에 싸움을 한 경우 자녀가 이 싸움에 대해 이야기하고 충고를 하는 경우가 있나요?

② 가정 내에서 바람직하지 못한 역할을 이행하는 자녀의 예

㉠ 부모역할을 하는 아이

부모가 역할 이행을 하지 못할 때 아이 중 하나가 그 역할을 담당하는데, 주로 맏이가 담당하게 된다. 이것은 일시적으로 필요하나 역할이 고착되

면 자기 성장이 멈추어지고 모든 에너지가 타인에게로 향하여 무거운 가정의 짐을 지고 살게 된다. 따라서 우울증의 증세를 보이게 되며 결혼해서도 부부관계가 아니라 부모 자녀와 같은 부부관계를 유지하게 된다.

㉡ 애완동물 같은 역할을 하는 아이

겉으로 나타나는 문제 없고, 흔히 집에서 '모범생', '귀염둥이' 등으로 불린다. 가족 중 어느 누구도 이런 아이의 말에 깊은 관심을 두지 않고 그저 스쳐 지나간다. 형제가 많은 집의 막내, 가운데 아이 등이 이 역할을 하며, 이들은 가정의 분위기를 부드럽게 하는 역할을 하나 가족 구성원으로부터 소홀한 취급을 받아 낮은 자아존중감을 지니고 있으며 생에 대한 허무함, 우울증에 자주 시달린다.

㉢ 희생양[3] 역할을 하는 아이

불화가 많은 가정에서 한 아이를 희생양으로 만들고, 문제아로 낙인찍는 과정을 통하여, 나머지 가족 구성원은 하나로 통일될 수 있다. 이러한 가정의 불화는 문제아를 필요로 하며, 가정의 근본적인 문제가 해결되기까지, 문제아는 항상 문제를 일으키는 역할을 하게 된다. 이 경우에 문제아가 치료되면 다른 희생양이 필요하게 된다.

㉣ 부모에게서 특정 역할을 위임받은 아이

많은 부모는 자신이 이루지 못한 포부나 꿈을 자식에게 '위임'하는 경향이 높다. "나는 이렇게 살았지만 내 자식만은 의사를 만들겠다", "내 딸만은 부잣집에 시집을 보내겠다". 이혼 직전에 부부관계를 개선하기 위해 입양, 출산함으로써 역할을 위임하는 부모도 있다.

㉤ 부모의 상담자 역할을 하는 아이

아이에게 개인적인 문제와 부부갈등을 털어놓고 아이가 충고해 주는 역할을 하는 부모와 밀착된 관계를 갖는 아이를 의미한다.

3) 희생양이란 가족 내에서 가족 구성원 중 한 명을 골라내어 특이하고 일탈적이라고 여겨지는 사람을 말한다(예 나쁘다, 미쳤다, 아프다, 게으르다 등의 낙인). 희생양은 가족의 문제를 위해 부당하게 비난을 받는다. 이들은 가족의 문제를 책임지고, 가출이나 약물 사용, 비행 등과 같은 자기 파괴적인 행동을 하기도 한다.

(5) 가족의 권력구조와 의사결정

① 권력구조

권력[4)]은 명백하게 구체화하기 어려운 모호한 개념이지만, 모든 가족은 권력구조를 발달시킨다. 예를 들어, 부모하위체계는 그들의 역할에 부여된 권력을 자녀를 사회화시키는 데 사용한다. 권력의 또 다른 차원은 지배적 가족 구성원이 다른 구성원들에게 자신의 선호하는 해석 또는 관점을 강요하는 능력과 관련된다(이원숙, 2007).

② 의사결정

의사결정은 가족의 발달주기와 연관되어 있다. 어린 자녀의 시기에는 가족의 의사결정에 수동적인 입장이지만, 청소년이나 성인이 되면서 점차 의사결정의 범위가 확대된다.

2) 가족 외부환경 사정

가족은 주변 사회환경과 끊임없이 상호작용하며, 사회환경과의 상호작용을 통해 가족의 기본욕구를 충족하기 위한 필수 자원과 지지를 확보한다. 대부분의 가족은 주변 환경과 상호작용하며 사회적 지지망을 구성하는 가운데 적응적 균형을 이루지만, 적응적 균형을 이루지 못하는 가족은 결핍되거나 또는 고립되거나 지나친 환경적 스트레스로 인해 지치게 되므로 가족의 사회적 지지망이 가지고 있는 도움 제공 능력에 대한 사정과 가족이 기능을 수행하는 데 환경이 어떻게 장애가 되는지 사정해야 한다.

4) 권력은 한 가족 구성원이 다른 가족 구성원의 행동을 변화시키는 능력이다.

참고 상담 시 가족 외부환경 사정을 위한 질문법 예

- 가족이 관계하는 외부환경(예 학교, 직장, 종교, 이웃, 지역사회기관, 의료기관, 친척 등)에는 어떤 것들이 있나요?
- 그 외부환경과 가족과의 관계는 어떠한가요?
- 가족이 그 기관들에 어떻게 영향을 받나요?
- 외부환경들은 당신의 가족들을 지지하나요? 아니면 갈등관계인가요?
- 외부환경과 어느 정도 만나거나, 방문하거나, 의사소통하나요?
- 가족의 기초 욕구(예 의식주)를 어떻게 충족시키나요?
  어떤 욕구는 충족되고 어떤 욕구는 충족되지 않나요?
- 욕구가 발생할 때 가족은 누구에게 의존하나요?
- 가족은 친구, 친척, 선생님, 동료, 교회사람 그리고 의료인들을 포함하여 중요한 사람들과 어떻게 관계하나요?
- 가족의 종교적 믿음 그리고 가치의 영향은 무엇이고 어떻게 영향을 주나요?
- 가족은 어떤 어려움이나 스트레스를 받고 있나요?

(1) 경계

사회복지사는 모든 가족은 일련의 중복되는 체계 속에 묻혀 있는 체계이며, 따라서 가족은 어느 주어진 시간에 직장, 학교, 그리고 더 큰 체계와 상호 작용함으로써 영향을 받는다는 것을 인식하여 가족이 환경체계들과 건강한 경계를 가졌는지 검토한다. 건강한 경계는 환경체계[5]와 분명히 구분되는 동시에 개방적이고 융통적이며 적응적인 경계를 가진다.

(2) 자원

사회복지사는 가족이 사회환경 자원(사회적 지원, 물질, 금전적인 지원 포함)을 적절하게 활용하고 있는지 검토한다. 가족의 스트레스 원인에 대응하기 위해서 자원이 요구됨으로써, 가족의 스트레스를 점검하고 이를 해결하기 위해 자원을 적절하게 활용하고 있는지와 가족의 기초욕구의 충족방법과 충족되지 않은 욕구가 있는지 검토한다.

5) 가족 외부환경 영역 : 가족의 자연적 지지망(친척, 이웃, 종교 등),
전문적 지지망(지역사회복지관, 상담센터, 병원, 학교 등)

(3) 강점

가족이 하나의 단위로서 가족기능의 긍정적 양상, 개개 가족 구성원의 독특한 강점과 기여도 그리고 다른 체계와의 상호작용[6]에 있어서 가족의 강점을 탐구한다.

가족 강점 예

- 가족들이 서로 신뢰하고, 존경하며 서로 즐거워한다.
- 심지어 동의하지 않을 때조차 서로의 의견을 듣고, 존중하며, 의사소통은 명백하고, 긍정적이며 생산적으로 한다.
- 가족은 상호작용을 지배하는 명백하고 합리적인 규칙을 갖는다.
- 각 구성원의 생각, 선호, 욕구는 가족에게 영향을 미치는 결정을 내리기 전에 고려된다.
- 가족은 역사의식, 소속감과 정체성을 제공할 전통, 의식, 그리고 이야기를 갖고 있다.
- 가족 구성원은 서로를 돕기 위해 자신이 갖고 있는 것을 공유하고 개인적 희생을 치른다. 가족 구성원은 역경의 시기에 함께 있고 서로를 지지한다.
- 갈등이 인정되고 해결된다.

참고 **상담 시 강점사정을 위한 질문법 예**

- 당신과 가족이 지금 직면한 문제와 비슷한 문제를 성공적으로 다루었던 때에 관해 말해 줄 수 있나요?
- 이런 문제에 대처하기 위해 당신은 어떻게 관리하나요?
- 가족을 지속/유지하는 요인들은 무엇인가요?
- 현재의 문제에도 불구하고 가족의 어떤 부분들은 꽤 잘 되어 가고 있나요?
- 다른 사람들이 당신의 어떤 부분을 좋아하나요?
- 당신과 가족의 강점은 무엇인가요?
- 다른 사람들이 당신 가족의 강점으로 보는 것은 무엇인가요?
- 당신과 상황 그리고 가족 안에서 변화하지 않는 것은 무엇인가요?

6) • 가족 상호작용 영역 : 가족 구성원 상호 간의 지지, 헌신, 상호 인정, 가족 구성원으로서의 정체성, 적응성과 융통성, 가족의 관여도, 가족의 자부심 등
• 가족과 다른 사람과의 상호작용 영역 : 가족이 다른 사람에게 도움을 요청하는 것, 가족 구성원을 옹호하는 것, 가족 구성원을 위한 자원을 찾는 것, 필요한 보호를 획득하는 것, 가족을 위해 자원을 사용하는 것 등

3) 가족발달주기 사정

가족주기는 부부가 혼인해서 사망할 때까지 가족이 겪게 되는 주요한 경험을 단계적으로 설정한 것으로, 가족발달주기의 각 단계에서 가족은 고유한 발달 이슈, 과업, 해결할 잠재적인 위기에 직면하게 된다. 새로운 단계로의 전환에는 일종의 위기가 수반되어 가족체계는 이 위기에 적응해야 하는데, 가족의 어떤 발달주기 위치에 있으며 위기에 적응을 잘했는지를 사정한다.

표 7-3 가족발달주기 단계 및 주요 과업

단계	가족과업
1. 결혼	• 관계에 헌신하기 • 역할과 규칙을 형성하기 • 원가족에서 분리하면서 부부로서 차별화하기 • 개인적인 욕구와 관련하여 타협하고 협상하기
2. 학령전 자녀 가족	• 부부단위를 삼각형으로 재안정시키기 • 자녀를 수용하고 가족에 통합시키기 • 서로에 대한 그리고 일에 대한 관계를 재고하기
3. 학령기 자녀 가족	• 보다 많은 독립을 허용하기 • 새로운 사회적 제도를 수용할 수 있도록 가족 경계 열기 • 역할 변화를 이해하고 수용하기
4. 십대 자녀 가족	• 경계를 조정하여 십대의 독립에 대처하기 • 개인의 자율성에 대한 새로운 개념에 적응하기 • 규칙 변화, 한계 설정 및 역할 타협
5. 자립하는 자녀를 둔 가족	• 십대에게 학업과 직업훈련을 통하여 독립된 생활을 준비시켜 주기 • 청년의 독립을 수용하기
6. 중년기 부모	• "빈둥우리"에 적응하기 *빈둥우리: 부모는 일상생활의 중심이 되었던 자녀를 떠나보냄
7. 노년 가족 구성원	• 손자녀와 자녀의 배우자들과의 관여 • 노화문제에 대처하기

출처: 이화여자대학교 사회복지연구회(1999). p. 113.

참고 **상담 시 가족발달주기 사정을 위한 질문법 예**

- 지금 당신의 가족은 몇 명이고 이들의 나이는 어떻게 되나요?
  함께 사는 가족은 누구인가요?
- 남편과 아내의 원가족은 현재 어떻게 살고 있으며 잘 지내고 있나요?
- 가족 구성원들은 각자 잘 지내고 있나요?
  아이들은 학교에 잘 다니나요?
  남편은 직장에 잘 다니나요?
  십대 자녀와 어떤 갈등이 있나요?
- 가족이 어려움을 겪을 때 어떻게 해결하나요?
- 발달주기에서 위기를 해결하는 이 가족만의 독특한 방법은 무엇인가?

4) 가족사정의 유의사항

① 첫 상담에서는 깊은 질문은 피한다.

② 가족이 어떤 면의 문제를 특히 조심스럽게 다루거나 피하는지를 관찰한다.

③ 문제가 무엇인지 물어볼 때 사건이나 상황을 재현시키도록 구체적으로 묻는다.

④ 순환적인 질문을 한다. 즉, 예를 들면 A에게 B와 C 사이의 관계성을 묻는다.

⑤ 가족이 위기에 직면하여 상담을 구할 경우에는 위기에 먼저 초점을 두어야 하나 그렇지 않다면 현재의 문제에서 시작하여 광범위하게 질문한다.

⑥ 사회복지사는 먼저 체계적 관점에서 문제를 이해하고 세 사람 이상이나 또는 두 사람과 제삼의 대상(예 술, 학교, 직장)이 문제에 개입되어 있을 것이라고 가정한다.

⑦ 증상적인 행동은 일차적으로 가족체계 내의 규칙과 가족체계의 상호관계성의 특성에 비추어 이해해야 하나 때로는 관계성의 차원에서 벗어나 개인의 병리 차원에서 이해해야 하는 경우도 있고, 때로는 두 가지 차원에서 동시에 사정해야 하는 경우도 있다(엄예선, 1994).

3. 가족 사정도구

1) 가계도

가계도는 3세대 이상에 걸친 가족 구성원에 관한 정보와 가족 구성원들 간의 관계를 도표화한 가족 사정도구이다. 보웬(Bowen)의 가족치료모델에서 많이 사용하지만, 일반적인 가족 대상 사회복지 실천에서도 사용한다. 가족 내 역동을 이해하거나 가족이 여러 세대에 발전시켜 온 가족역할, 유형, 관계 등을 가족과 함께 비위협적이고 상호적인 방법으로 살펴보기 위한 도구이다.

(1) 가계도를 통해 알 수 있는 정보

① 가족 구성원에 대한 상세정보
(성별, 나이, 출생 및 사망 시기, 직업, 교육수준, 결혼관계, 동거, 병력, 종교 등)
② 인종, 사회계층, 종교와 같은 사회적 정보
③ 각 구성원과의 관계(단절, 융합, 밀착)
④ 가족관계(혈연 또는 인위적 관계)
⑤ 가족의 역할 및 유형

(2) 가계도 작성법

보통 남성은 □, 여성은 ○으로 표시하며, 이중테두리는 클라이언트를 표시한다. 동일세대의 가족 구성원은 수평선(결혼이나 관습법적 관계 표시)으로 그리며, 결혼하여 생긴 자녀는 부모의 수평선 바로 밑에 수직선으로 연결한다. 자녀는 연장자부터 연소자로 나이 순서에 따라 왼쪽에서 오른쪽으로 나열하며, 이름과 연령은 네모나 원 안에 표기한다. 사망하였다면 사망 연도, 연령, 원인을 기록한다.

① 가족구조를 나타내는 상징

혈연이 아니라도 가족과 동거하거나, 가족을 돌보고 있는 사람도 포함한다. 가계도의 오른쪽에 이름과 관계에 대하여 기재하여 쉽게 분석할 수 있도록 한다.

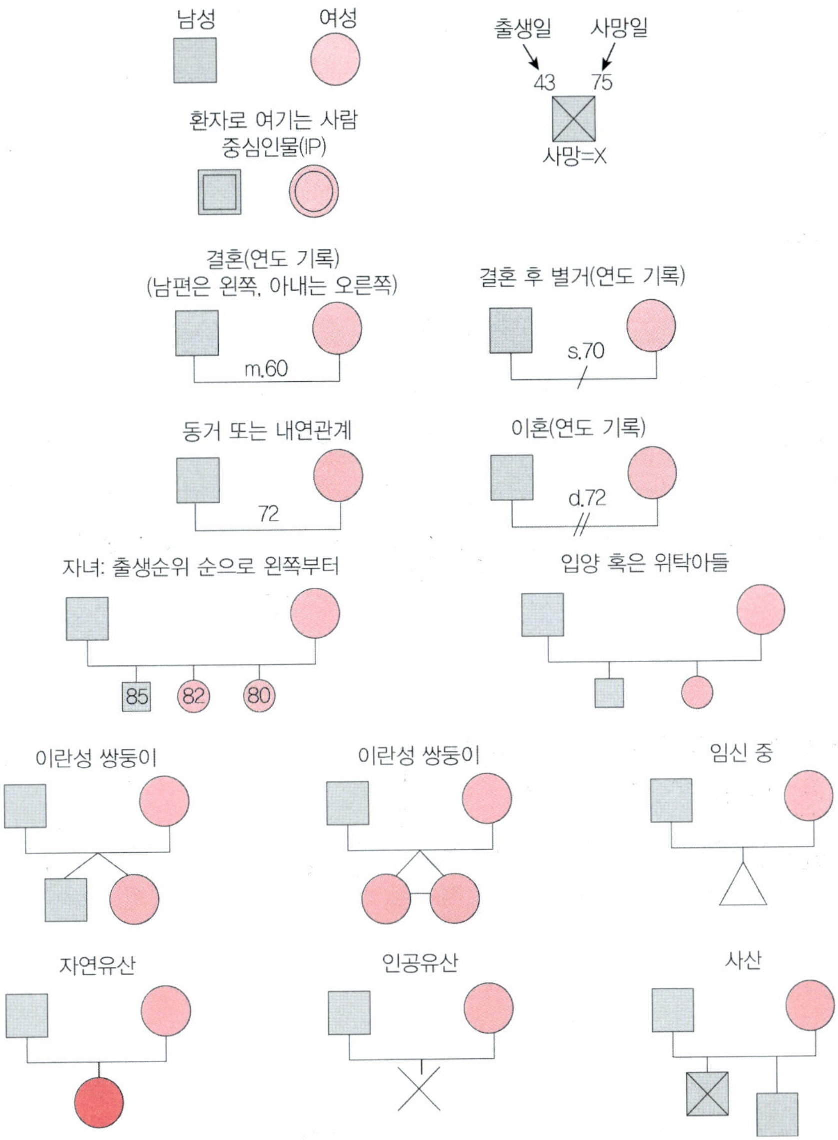

그림 7-2 가계도 작성 예시

② 가족 상호작용의 유형

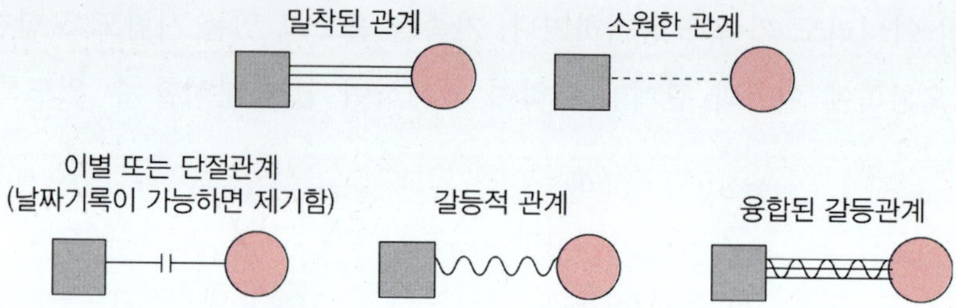

출처: McGoldrick, Gerson(이영분, 김유숙 역, 1999). 가족분석가계도.

2) 생태도[7)]

가족과 환경체계들과의 관계를 이해하기 위한 도구로서 가족과 체계들 간의 자원 교환, 에너지의 흐름, 스트레스와 관련된 자료, 중재되어야 할 갈등, 메워야 할 간극, 활성화되어야 할 자원 등을 시각적으로 나타낸다. 즉, 가족이나 클라이언트의 삶에 영향을 미치는 조직이나 요인을 원을 사용하여 나타냄으로써 그들을 사회적 맥락 내에 놓는다. 개입 초기에 가족을 사정하는 도구로 활용할 뿐 아니라 변화를 확인하는 도구로 반복해서 사용할 수 있는데, 이를 연속생태지도라고 한다.

(1) 생태도를 통해 알 수 있는 정보

① 클라이언트가 상호작용하는 외부환경들을 명료하게 알 수 있으며, 그 환경들 간의 상호작용의 성격과 질, 지지와 자원의 흐름까지 파악할 수 있다.

② 클라이언트의 가족에게 유용한 자원과 스트레스가 되는 자원, 부족한 자원과 보충해야 할 자원, 연계의 성격 등에 대한 정보를 제공해 준다.

7) 생태도는 앤 하트만(Ann Hartman)에 의해 고안된 것으로서, 클라이언트 및 클라이언트와 관련된 사람, 직접적으로 관련된 사회체계와의 상호작용 상태를 그림으로 나타내는 도구이다.

(2) 생태도 작성법

가족을 표현하는 원을 중앙에 그려 클라이언트와 그 가족을 표시한다. 가족과 상호작용하는 다른 체계들은 중심원 외부에 놓여 있는 보다 작은 원으로 표시하며, 표기되는 내용에는 '확대가족, 친구, 학교, 사법기관, 사회복지기관, 교회, 직장, 의료기관 등'을 포함한다. 가족이 상호작용하고 있는 의미 있는 체계들을 설정하고 난 후 이들과의 관계를 선으로 표시한다.

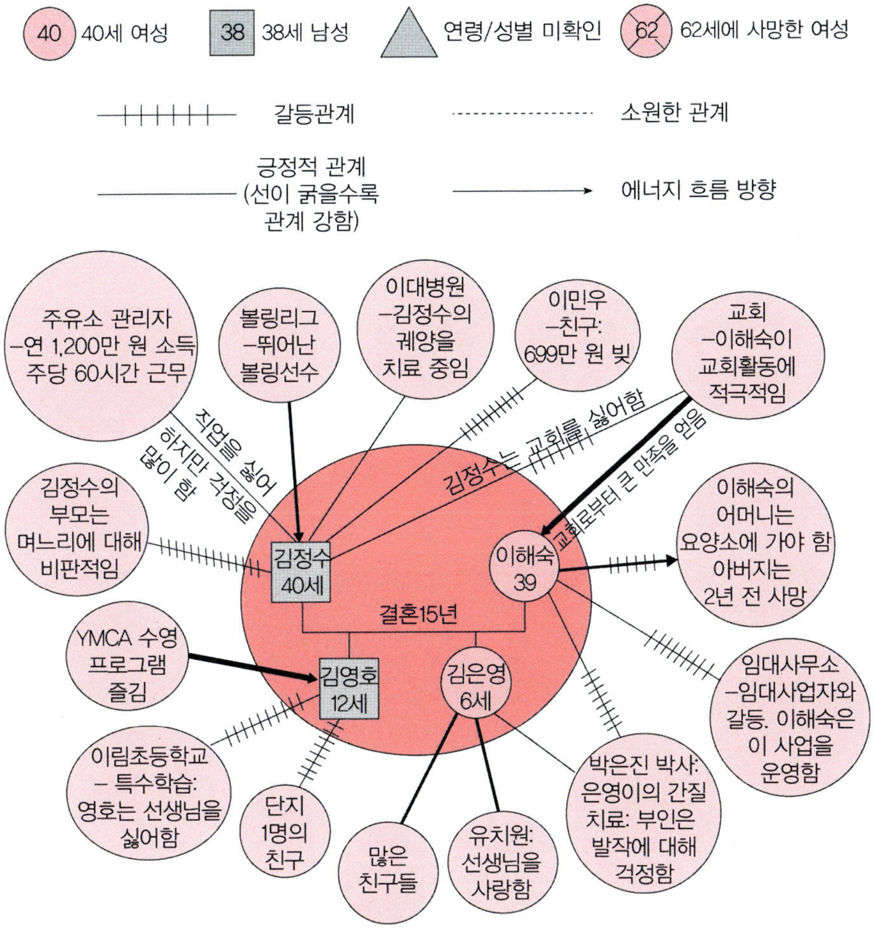

그림 7-3 생태도 작성 예시

출처: 서울시복지재단(2009). 2009 사회복지관 프로그램 매뉴얼 가족복지사업 - 가족중심 사회복지 실천 매뉴얼 -.

3) 사회적 지지망(=사회적 관계망)

사회적 지지망은 클라이언트가 적절하고 효과적인 사회적 지지를 사용하도록 돕기 위해서, 클라이언트를 잠재적인 사회적 지지를 확인하고 사정하는 도구이다. 이는 클라이언트의 사회적 그리고 환경적 자원에 관한 정보를 체계적으로 수집하는 데 유용하다.

(1) 사회적 지지망을 통해 알 수 있는 정보

① 가족의 사회적 지지망에서 중요한 인물
② 가족이 지지를 받는 생활영역
③ 사회적 지지망에서 지지를 제공하는 각각의 지지의 특정유형과 제공되는 지지 정도의 중요도
④ 지지의 방향(상호적인가 또는 일방적인가)
⑤ 개인적 친밀감 정도

(2) 사회적 지지망 작성법

클라이언트가 중요하다고 생각되는 사람, 즉 사회적 지지망 구성원(가족, 친척, 직장동료나 친구, 자신이 속한 단체나 동아리, 이웃, 전문가 등이 포함)을 선택하게 한다. 사회적 지지망 구성원의 이름을 표의 맨 왼쪽에 한 사람씩 쓴다. 각각의 사람들의 삶의 어떤 영역에서 접촉하게 되는지에 따라 생활영역에서 해당번호를 기입한다. 그 사람이 제공한 물질적, 정서적, 정보적, 친밀감, 만남 빈도, 알고 지낸 기간 등을 적는다. 표를 다 작성하면 사회복지사는 클라이언트가 활용 가능한 중요한 지지망을 문제해결이나 대처자원으로 활용할 수 있도록 도와준다.

표 7-4 사회적 지지망 양식 예시

번호: 응답자: 이름		생활 영역 1.동거가족 2.다른 가족 3.직장/학교 4.조직들 5.다른 친구 6.이웃 7.전문가 8.기타	구체적 지원 1.거의 없음 2.간혹 있음 3.거의 항상 있음	정서적 지원 1.거의 없음 2.간혹 있음 3.거의 항상 있음	정보/충고 1.거의 없음 2.간혹 있음 3.거의 항상 있음	비판 1.거의 없음 2.간혹 있음 3.거의 항상 있음	원조의 방향 1.양방향 2.당신이 그들에게 향함 3.그들이 당신에게 향함	친밀성 1.친밀성이 없음 2.친밀한 정도 3.매우 친밀	얼마나 자주 보는가 0.보지 않음 1.몇 회/년 2.매달 3.주별 4.매일	얼마나 오래 알았는가 1.1년 미만 2.1–5년 3.5년 이상
	1									
	2									
	3									
	4									
	5									
	6									

출처: 서울시복지재단(2009). 2009 사회복지관 프로그램 매뉴얼 가족복지사업 - 가족중심 사회복지 실천 매뉴얼 -.

4) 생활력 도표

클라이언트의 생애 동안 발생한 사건이나 문제를 시기별로 전개해 표로 나타낸 사정도구이다.

(1) 생활력 도표 작성법

생활력 도표는 아동과 청소년 대상의 활동에서 유용하며, 주요 사건의 순서에 따라 표에 주요사건과 문제를 기록한다. 클라이언트나 개인이 겪고 있는 문제의 발생시점과 촉발사건 등을 파악할 수 있으며, 사건 간에 보이는 양상이나 관계를 파악할 수 있다.

표 7-5 생활력 도표의 예

연도	나이	장소	가족	주요사건	문제
1977	1	서울	본인	미숙아로 태어남	황달이 심함
1988	11	서울	본인	엄마 가출	초등학교 중퇴

(2) 생활력 도표를 통해 알 수 있는 정보

① 특정 발달단계의 생활경험을 이해할 수 있다.

② 출생부터 개입시점까지 클라이언트 삶의 다양한 시기에 관련된 여러 특징을 조사하여 다른 자료들과 종합함으로써 클라이언트의 현재를 이해하는 데 도움이 된다.

5) 가족조각

가족 구성원들의 몸을 이용해 가족의 상호작용 양상을 표현함으로써 가족에 대한 이해를 돕는 기법이다. 가족 구성원들은 가족에 대한 개인의 위치, 입장, 감정, 생각 등을 표현하고 다른 가족 구성원들의 조각을 보는 과정에서 통찰력, 이해, 공감, 동정, 후회, 사과 등의 감정을 경험하게 된다.

(1) 가족조각을 통해 표현될 수 있는 요소

① 하위체계 내에 누가 포함되고 배제되는가?

② 누가 서로 융합되고 얽힌 관계인가?

③ 누구와 누구 사이가 가장 소원한가?

④ 누가 지배하고 누가 복종하는가?

⑤ 가족 내에 존재하는 가족규칙을 포함한 상호작용 양상 등

(2) 가족조각 방법

가족 구성원 중에 한 사람이 조각자가 되어 각 가족 구성원에게 자신이 지각하고 있는 것을 나타내는 위치와 신체적 표현을 하도록 하며, 나머지 구성원들은 조각자가 표현하고 싶은 것이 모두 표현될 때까지 자세를 유지한다. 가족조각을 하는 동안 서로 이야기하거나 웃지 않아야 한다. 모든 가족 구성원이 조각을 해보도록 한 후, 가족 구성원 모두는 조각 이후에 경험한 것을 이야기한다. 이때 이성적 피드백보다는 감정적 피드백이 더 중요하다.

4. 개입계획

자료수집과 클라이언트의 문제와 상황에 대한 일차적인 사정이 끝난 후 실질적인 문제해결 과정이 시작된다. 개입목표를 설정하고 계약을 통해 클라이언트와 사회복지사가 서로의 의무와 과업, 구체적인 실천 활동을 상호 간에 약속하는 것이다. 계약서에 포함될 사항은 '목표달성전략, 사회복지사와 클라이언트의 역할, 개입방법, 평가방법 등'을 기술한 내용에 대해 사회복지사와 클라이언트가 동의하는 것이다. 이를 통해 상호계약의 공식화, 원조과정과 클라이언트가 실제로 무엇을 기대하고 받을 수 있는지 명확하게 한다.

참고 목표설정을 위한 사회복지사의 과업

- 가족 구성원은 위기상황에서 더 변화하기 쉽다는 것을 인식해야 한다.
- 전체적이고 추상적인 목표로부터 구체적이고 실질적으로 옮겨야 한다.
- 분명하고, 구체적이며 측정 가능한 목표를 정한다.
- 가족들이 우선적으로 달성하고 싶은 목표를 확인하도록 돕는다.
- 행동변화에 관해 가족이 서로 협상할 수 있도록 돕는다.
- 가족의 기술과 강점을 확인한다.
- 가족으로부터 다짐을 받는다.

참고 **목표수립 지침**

- 행동을 나타내는 동사인 …하기(한다)로 서술한다.
- 달성되어야 하는 주요한 결과 한 가지를 명확히 한다.
- 달성할 수 있는 표적 일자를 설정하도록 한다.
- 측정하고 검증할 수 있도록 구체적이고 양적인 것으로 서술하도록 한다.
- 가족이 쉽게 이해할 수 있어야 한다.
- 현실적이고 달성 가능하지만 여전히 의미 있는 도전이 되도록 한다.
- 압력이나 위협 없이 참여하는 가족 모두가 동의하여야 한다.
- 기관 정책과 절차, 그리고 사회복지의 윤리강령과 일치하도록 한다.

참고 **계약 지침**

- 가족 구성원 모두와 계약을 맺어야 한다.
- 문제를 정의할 때에는 가족 구성원 모두가 그 문제에 대해서 어떻게 지각하고 있는지를 고려해야 하며, 계약은 참여한 모든 가족 구성원들에게 이해되어야 한다.
- 계약에 대한 구두 또는 서면상의 약속이 확보되어야 한다.
- 계약은 작업의 과정으로 간주되어야 한다. 따라서 필요시 계약은 개정되어야 한다.

1) 개입목표

(1) 표적문제 선정

사정과정에서 드러난 복잡한 여러 가지 문제 중에서 가장 중요하고 시급히 해결해야 할 문제를 표적문제라 한다. 표적문제 선정 지침은 ① 사회복지사와 클라이언트 양자 모두 문제라고 인식한 것, ② 클라이언트가 시급히 해결되기를 원하며, ③ 문제 상황을 대표하며, ④ 해결 가능성이 비교적 뚜렷한 문제로 2~3가지 정도만 선정한다.

(2) 개입목표 설정

개입목표란 클라이언트가 현 상황에서 벗어나기 위한 바람직한 변화의 방향이다.

① 개입목표 설정 지침

클라이언트가 원하는 결과와 관련이 있어야 하며, 명시적이고 측정 가능한 형태여야 한다. 기관의 기능과 일치해야 하며 현실적으로 달성 가능한 것이어야 한다. 사회복지사는 자신의 가치나 권리에 맞지 않는 목표에는 동의하지 말아야 한다.

참고 SMART 형식에 따른 개입목표 설정

- 구체성(Specific)
- 측정가능성(Measurable)
- 성취가능성(Achievable)
- 현실성(Realistic)
- 시기적절성(Time frame)

② 개입목표 설정의 중요성

목표설정에 클라이언트가 참여함으로써 변화의 의지가 커지며, 진행과정에 효과적으로 참여하게 된다. 클라이언트의 변화가 필요한 부분과 변화를 일으키기 위한 방향을 명확히 제시함으로써 개입단계 동안 방황하지 않고 진행할 수 있도록 해준다.

2) 계약

계약은 목표설정과 그것을 달성하기 위한 전략, 클라이언트와 사회복지사의 역할, 시간, 장소, 비용, 개입기법 및 평가방법 등에 대해 사회복지사와 클라이언트가 동의하는 것이다.

(1) 계약에 포함될 내용

① 시간적 조건(개입기간, 빈도와 시간, 시작일 등)

② 역할(사회복지사, 클라이언트)

③ 합의된 목표와 클라이언트의 기대

④ 계약 변경조건(약속 취소와 변경의 조건)

⑤ 개입형태 및 기법, 평가기법

⑥ 비용 등

(2) 계약의 형식

① 서면계약

개입목표와 누가, 무엇을, 언제 할 것인가를 클라이언트와의 합의에 따라 작성하고 서명하는 가장 공식적인 계약형태이다. 클라이언트의 참여의지 및 책임성을 부여하는 자극제가 될 수 있고, 언제라도 계약내용을 검토할 수 있다.

② 구두계약

서면계약과 유사하지만 별도의 서면으로 된 계약서가 준비되지 않아 합의한 내용을 상세히 기억하기 어렵다. 저항감이 큰 클라이언트에게 유용하다.

③ 암묵적 계약

별도의 절차 없이 암묵적으로 합의한 계약을 말하며, 오해의 소지가 많다.

■ 참고) 가족사정 기록지

가족사정 기록지

사 정 일 : 20 년 월 일

담 당 자 : (인)

담당	과장	부장	관장

<table>
<tr><td rowspan="2">성명</td><td>세 대 주</td><td></td><td rowspan="2">판정결과</td><td rowspan="2"></td></tr>
<tr><td>클라이언트</td><td></td></tr>
<tr><td colspan="2">개인사
및
가족사</td><td colspan="3"></td></tr>
<tr><td colspan="2" rowspan="4">가족
기능
사정</td><td colspan="3">■ 가계도</td></tr>
<tr><td colspan="3">■ 개인 및 가족 강점 측면
■ 환경 강점 측면</td></tr>
<tr><td colspan="3">■ 가족역할
■ 가족하위체계사정
■ 가족의사소통
■ 가족역할</td></tr>
<tr><td colspan="3">■ 가족발달단계</td></tr>
</table>

<table>
<tr><td rowspan="3">가족
환경
사정</td><td>■ 생태도</td></tr>
<tr><td>■ 개인 및 가족 측면

■ 환경 측면</td></tr>
<tr><td>■ 사회적 지지망 분석〈사회적 지지망은 별지 작성〉</td></tr>
<tr><td>욕구
사정</td><td>심리·정서 :
신체건강·장애 :
부부관계 :
부모–자녀관계 :
자녀문제 :
안전·보호 :
경제문제 :
주거문제 :
이웃·친척관계 :
사회자원·서비스 부족 :
기타 :</td></tr>
<tr><td>관찰내용</td><td></td></tr>
</table>

<table>
<tr><td>표적
문제</td><td colspan="1"></td></tr>
<tr><td>개입
목표</td><td></td></tr>
<tr><td>개입
계획</td><td></td></tr>
<tr><td>서비스
기간</td><td></td></tr>
<tr><td rowspan="2">과제</td><td>클라이언트 / 가족)</td></tr>
<tr><td>사회복지사)</td></tr>
<tr><td>기타</td><td></td></tr>
</table>

동문종합사회복지관

CHAPTER 08 개입과 종결

1. 개입

개입은 사회복지사와 클라이언트가 합의하여 결정한 문제(표적문제)를 해결하기 위한 계획(목표와 계약)을 실천하는 단계이다. 구체적인 행동을 통해 의도적인 변화가 일어날 수 있도록 지원하는 단계로서 사회복지 실천과정에서 가장 핵심적인 부분이다.

1) 직접적인 개입

직접적인 개입은 개인이나 집단, 가족 등 미시체계 수준의 클라이언트에게 직접적으로 개입하는 것이다. 클라이언트를 직접 변화시켜서 클라이언트의 문제를 해결하는 기술로서 정서, 인지에 개입하는 기술과 행동변화기술, 정보제공과 교육 및 상담 등의 방법이 사용된다. 가족대상의 실천에서는 인간 문제의 원인을 개인적 요인에서 찾는 것이 아니라 가족 구성원들 간의 관계의 문제로 보고 해결하고자 하는 것이다.

이에, 본 8장에서는 가족 세대 간 또는 가족 내부를 변화하기 위하여 사회복지사에게 필요한 개입기술과 기법[1]을 중심으로 살펴보며, 자세한 모델은 제10장에서 가족치료모델을 중심으로 살펴보게 된다.

1) 본 내용은 서울시복지재단, 2005/2009 사회복지관 프로그램 매뉴얼 가족복지사업 - 가족중심 사회복지 실천 매뉴얼-를 참고하였다.

(1) 탈삼각화

탈삼각화(detriangulation)는 두 구성원들의 감정 영역에서 제3성원을 분리하는 과정으로, 구성원들의 분화가 이루어지지 않는 가족일수록 두 구성원들 간 불안 수준이 높아지면 다른 구성원을 끌어들여 삼각관계를 형성한다. 예를 들어, 자신에게서 멀어지는 남편을 대신하여 아내는 한 자녀에게 지나치게 관여함으로써 삼각관계를 형성한다. 삼각관계에 있는 이 자녀는 부모의 갈등을 중재하기 위한 행동을 하거나 또는 문제행동을 나타냄으로써 부모가 다시 뭉칠 수 있도록 행동한다.

(2) 가족조각

가족조각(family sculpture)은 구성원들이 가족에 대해 어떻게 인식하고 있는지를 시각적으로 표현함으로써 가족에 대한 이해를 돕기 위한 기법으로, 가족조각을 통해 가족은 이전에 미처 깨닫지 못하던 부분을 새롭게 이해할 수 있다.

A. 예를 들어 치료자는 부부에게 "자, 이제 두 분의 관계가 어떤지를 한번 몸으로 보여주는 조각을 해봅시다. 두 사람이 서로 안전하고 편안하다고 느끼는 거리는 얼마입니까?" 부부가 말을 하게 되면 부부는 처음으로 서로가 원하는 공간과 친밀감이 어떤 것인지, 또는 이것이 서로에게 어떤 의미가 있는지를 생각하는 기회를 갖게 된다.

B. 예를 들어, 네 명의 가족이 조각한 모습을 보면 아버지는 비난형으로 힘을 과시하기 위하여 의자 위에서 어머니를 향해 손가락으로 비난하는 모습이고 어머니는 회유형으로 바닥에서 무릎을 꿇고 있으며 아래만 쳐다본다. 큰 아이는 어머니 곁에 서서 아버지를 비난하고, 작은 아이는 가족들과 동떨어져서 불안감을 안은 채 산만하게 여기저기를 걸어 다닌다. 각자가 보고 지각하는 가족의 모습을 번갈아 가며 조각하게 한다.

(3) 가족그림

가족그림(family drawing)이란 가족 구성원들에게 자신이 느끼는 대로 자유롭게 가족에 대해 그림을 그리도록 하는 기법이다. 그림을 통해 구성원들 자신이 가족에 대해 어떻게 느끼는지 이해할 수 있을 뿐 아니라 다른 구성원들이 서로에 대해 어떻게 느끼는지, 가족관계에 어떤 문제가 있는지 등을 이해할 수 있다.

(4) 경계 만들기

경계 만들기(boundary making)는 가족 내 하위체계들 간의 경계가 지나치게 유리되거나 밀착된 경우에 유리된 경계는 보다 가깝게 하며, 밀착된 경계는 어느 정도 거리를 두도록 만드는 것이다. 예를 들어, 부모가 청소년 자녀의 사생활에 지나치게 간섭하는 경우, 자녀가 부모의 방해를 받지 않고 자신의 느낌과 주장을 이야기하도록, 부모는 자녀의 이야기를 경청하도록 요청함으로써 부모와 자녀 사이에 경계를 만들고 자녀가 자율성을 확보하도록 지원한다.

(5) 균형 깨트리기

균형 깨트리기(unbalancing)는 가족 내 하위체계들 간의 역기능적 균형을 깨트리기 위한 기법이다. 예를 들어, 권위적이고 지배적인 남편과 자기주장을 하기 시작한 아내 사이에서 사회복지사는 의도적으로 부인의 편을 들어줌으로써 역기능적 균형을 깨트린다.

(6) 역설적 지시

역설적 지시(pardoxical directives)는 문제를 유지하는 연쇄를 변화하기 위해 가족이 역설적이라고 생각하는 행동, 즉 문제행동을 유지하거나 또는 강화하는 행동을 오히려 수행하도록 지시하는 기법이다. 가족이 역설적 지시에 따르게 되면, 문제를 통제한다는 것을 인정하는 것이 되며, 따르지 않으면 문제를 포기하는 것이 된다.

A. 우울한 구성원에게 일정한 시간을 정해 놓고 우울해하도록 지시한다.
B. 부모가 결혼한 자녀의 생활에 지나치게 간섭하는 경우, 오히려 부모에게 전적으로 의존하도록 지시함으로써 부모가 자녀의 의존에 부담을 느끼고 더 이상 간섭하지 않는 결과를 가져올 수 있다.

(7) 순환적 질문하기

순환적 질문하기(circular questioning)는 가족 구성원들이 제한적이고 단선적인 시각에서 벗어나 문제의 순환성을 깨닫도록 돕기 위한 질문을 연속적으로 하는 기법이다. 순환적 질문의 목적은 가족관계에 관하여 혼돈된 생각을 집어내어 명확하게 하며, 새로운 질문을 하여 가족들이 갖고 있는 견해의 차이점을 인식하도록 돕는 것이다.

A. "아내가 당신에게 화가 났다고 말했을 때 당신은 어떻게 반응했나요?"
B. "남편이 아이들에게 고함을 지르면 당신은 어떤 기분이 드나요?

(8) 재구성

재구성(reframing)은 가족 구성원들이 문제 또는 이슈를 다른 시각에서 보도록 또는 다른 방법으로 이해하도록 돕는 것을 의미한다. 재구성은 재명명(relabeling) 또는 재규정(redefining), 재정의라고도 한다. 가족개입에서는 주로 한 구성원의 다른 구성원에 대한 부정적인 생각이 보다 새롭고 긍정적인 시각으로 변화하도록 돕는 것을 의미한다.

A. 산만하고 부주의한 영수 → 적극적이고 도전적인 영수
B. 자녀에 대한 엄마의 간섭 → 자녀에 대한 엄마의 관심과 배려

(9) 긍정적 의미부여

긍정적 의미부여(positive connotation)는 가족의 응집을 향상하고 치료에 대한 저항을 줄이기 위한 목적으로 가족의 문제나 행동을 긍정적으로 재해석하는 기법이다. 증상 행동 자체에 대해 긍정적 동기를 부여하는 것이 아니라 증상 이면에 존재하는 클라이언트의 의도와 동기를 긍정적으로 재해석한다.

A. 자녀의 출산 이후 소원해진 부부관계를 가족의 생애주기에 따른 정상적인 변화로 재해석
B. 부모에게 반항하는 자녀의 행동을 부모 사이의 갈등을 우회하기 위한 행동으로 재해석

(10) 문제의 외현화

문제의 외현화(externalization)는 가족문제를 개별 구성원 또는 가족이 아닌 문제 자체로 보고, 가족을 괴롭히는 하나의 별개 존재로서 문제를 이야기하는 것이다. 처음부터 문제는 사람들과 분리된 것으로 보고, 문제가 이들에게 영향력을 주는 것으로 가정하고, 내담자에게 문제에 대한 자신의 견해를 말하도록 질문한다. 문제를 외현화함으로써 부부는 문제로부터 벗어난 건강한 모습을 볼 수 있으며, 문제와 대항하기 위한 방법을 모색할 수 있다.

남편이 자기중심성으로 인해 괴로워하는 아내에게 "자기중심성이 남편을 당신이 괴로워하도록 행동하게 하는군요"라고 말하는 것

(11) 기적 질문

기적 질문(miracle question)은 기적이 일어나서 문제가 해결되었다고 상상하게 함으로써 문제와 별개로 해결책을 생각해 보게 하여 기적이 일어났을 때 달라질 수 있는 일들을 실제 행동으로 해보게 하는 것이다.

오늘 집으로 돌아가 잠을 잤는데, 밤새 기적이 일어나서 문제가 해결되었다고 가정해 봅시다. 아침에 일어났을 때 무얼 보고 기적이 일어났다고 알 수 있을까요? 이 기적이 앞으로 더 자주 일어나려면 어떻게 해야 할까요?

(12) 예외 질문

예외 질문(exception question)은 성공했던 경험과 현재 잘하고 있는 것을 발견하는 질문이다. 예외적인 것은 문제가 있고 스트레스를 받는 상황에서 사람들이 일반적으로 정상적인 것을 예외적인 것으로 본다는 개념이다. 문제에 관한 부정적인 생각과 문제를 제거하고 감소시키는 것에 몰두하는 사고방식으로부터 해결방안을 모색하는 것에 관심을 집중하도록 하는 질문을 한다.

A. 영수가 엄마에게 지나치게 짜증을 내고 소리 지르지 않을 때는 언제인가요?
B. 어떤 상황에서 영수는 핸드폰 게임에 빠지지 않고 숙제를 잘 하나요?
C. 최근에 문제가 일어나지 않은 때는 언제였나요?

(13) 척도 질문

척도 질문(scaling question)은 내담자에게 문제의 우선순위, 문제해결 가능성에 대한 확신, 변화를 위해 투자할 수 있는 노력, 진행에 관한 평가 등의 수준을 수치로 표현하도록 하는 질문이다. 척도 질문은 매우 단순해서 어린애들로부터 노인에 이르기까지 쉽게 사용할 수 있다. 사용할 때에 주의할 것은 '오늘', '지난주', '지난달'과 같이 시간을 제한하여 주어야 한다. 시간을 제한하여 두지 않으면 내담자는 혼돈하기 쉽다.

A. 1부터 10까지 있는 척도에서 10은 문제가 해결되었다고 확신하는 것을 말하고, 1은 문제가 가장 심각할 때를 말한다. 오늘은 몇 점에 해당하는가?
B. 이 문제를 해결하기 위해 어느 정도 / 몇 점까지 노력할 수 있는가? 또는 1점 향상하기 위해 당신은 무엇을 다르게 행동해야 할까?
C. 남편이 결혼생활을 지속하고 싶은 정도에 관하여 몇 점이라고 말할까?

(14) 대처/극복 질문

대처/극복 질문(coping question)은 내담자가 힘든 상황 속에서 어떻게 대처해 왔는지에 관하여 이야기할 수 있는 질문을 치료자가 하는 것이다. 내담자는 어려운 상황 속에서 간신히 지탱해 온 방법, 가까스로 대처해 온 방법, 어쩔 수 없이 한 것 등에 관하여 이야기하는 과정에서 성공적인 것을 발견하고, 자신의 능력을 확인하게 되고, 지속해야 하는 해결방안을 형성하게 된다. 어떤 내담자는 대처 질문에 대하여 생각하고 응답하는 과정에서 열등감과 실패감이 감소되고, 자신의 잠재력을 재평가하고, 희망을 가질 수 있는 계기가 된다.

A. 그렇게 힘든 상황에서도 모든 것을 포기하지 않고 어떻게 오늘까지 지탱해 왔나요?
B. 지금까지 해 온 것을 유지하기 위해 무엇을 해야 하나요?

(15) 역할 연습

가족개입에서 역할 연습(role-play)은 두 가지 방법으로 활용된다. ① 사회복지사가 한 가족 구성원에게 다른 가족 구성원의 역할을 수행해 보도록 요청함으로써 다른 성원의 느낌과 행동을 다른 구성원의 시각에서 경험하도록 돕는다. 두 구성원들이 서로의 역할을 바꾸는 경우에는 역할 반전(role reversal)이라 한다. ② 사회복지사가 구성원에게 자신의 역할을 수행하지만 이전과는 다르게 행동해 보도록 요청함으로써 실제 생활에서 겪을 수 있는 위험에 대한 부담이 없는 상황에서 새로운 행동을 학습하도록 돕는다.

A. 아버지와 십 대 딸이 서로 역할을 바꾸어 연기함으로써 서로에 대해 공감하고, 문제 상황에 대해 이해하며, 이전에는 생각하지 못했던 대안들을 생각할 수 있다.
B. 아내의 말을 듣지 않거나 무시하는 남편에 대해 아내는 수동적인 태도와는 달리 자신의 의견을 주장하는 연습을 할 수 있다.

2) 간접적인 개입

클라이언트를 돕기 위해 클라이언트 외의 개인, 소집단, 조직 또는 지역사회에 개입하여 변화시킨다. 간접적인 개입은 옹호, 자원개발, 의뢰, 클라이언트의 환경 변화 등을 포함하며, 이에 따라 사회복지사는 중개자, 중재자, 옹호자 등의 역할을 수행하게 된다.

• 옹호란 클라이언트에게 제공되지 않은 자원과 서비스를 얻을 수 있도록 하고 클라이언트에게 불리한 영향을 미치는 실천이나 절차, 정책들을 수정하며 필요한 서비스나 자원을 제공 받을 수 있는 정책이나 절차를 만들기 위해 클라이언트와 함께 또는 클라이언트를 대표해서 일하는 것이다.

• 중개자는 클라이언트 차원에서의 직접적인 개입이나 의뢰를 통해서 클라이언트가 필요로 하는 자원과 서비스를 연결하는 역할을 한다(예 거동이 불편한 노인에게 병원에 동행할 자원봉사자를 연결해 주는 경우).
• 중재자는 견해가 다른 개인이나 집단 사이의 의사소통을 향상하고 타협하도록 돕는다. 중재자는 중립을 유지하며 논쟁에서 어느 한쪽 편도 들지 않으며, 양측이 서로의 입장을 이해하고 있는지 확인해야 한다(예 학교폭력 피해아동의 부모와 학교 또는 가해아동의 부모처럼 이해관계가 다르거나 갈등을 빚는 체계가 타협할 수 있도록 중간에서 중재).
• 옹호자 예: 차별받는 장애인의 권리를 확보하기 위한 법적 대응 활동, 도심 재개발사업으로 철거를 당하게 된 철거민 세입자들의 권리 확보를 위한 활동

2. 종결

클라이언트가 상실과 이별에 직면하면서 다양하고 복잡한 감정과 태도를 보이기 때문에 사회복지사는 이에 민감하게 반응하고 기술적으로 접근하는 것이 필요하다. 종결 시의 주요과업은 ① 적절한 종결시기의 결정, ② 클라이언트와 사회복지사의 정서적 반응의 처리, ③ 개입을 통해 획득한 효과의 유지와 강화, ④ 필요한 경우 클라이언트를 다른 자원으로 의뢰하는 것이라고 할 수 있다.

참고 **종결 시 가족사회복지사의 과업**

• 가족사회사업의 기능과 한계를 인식한다.
• 가족사회사업과 가족치료의 차이를 인식한다.
• 가족이 가족사회사업 종결 이후에 달성해야 할 목표를 규명하도록 돕고, 사회복지사의 역할과 다른 원조자의 역할에 대해 비교 설명한다.
• 종결 이후에 가족을 지원할 수 있는 지역사회자원을 규명하고, 가족이 이러한 자원과 연결될 수 있도록 돕는다.
• 종결과 관련된 느낌을 나누도록 격려한다.
• 가족과 그 가족 구성원들의 강점을 규명한다(Collins · Jordan · Coleman, 1999: 314).

참고 종결 시 피해야 할 역기능 행동

- 가족과 종결을 토의하는 것에 대해 주저하는 것
- 종결을 미루는 것이 정당화되지 않았음에도 종결을 연기하는 것
- 작업 중단에 대한 가족 구성원의 느낌에 대해 토론하기를 피하는 것
- 문제해결 노력에 대한 가족의 공로를 인정하기 싫어하는 것

1) 종결시기의 결정

초기에 개입한 개입목표가 달성되어 계획된 기간 안에 문제해결이 거의 이루어졌다고 생각되고, 사회복지사와 클라이언트가 더 이상의 만남이 큰 도움이 되지 않으리라는 것에 합의하게 되면 종결을 시작할 때라 할 수 있다. 또한 사회복지사와 기관이 클라이언트에 대한 서비스를 할 수 있는 만큼 다 제공하였다고 판단되며, 더 이상의 개입 연장이 클라이언트의 의존심을 자극할 뿐, 큰 도움이 되지 못한다고 생각되는 경우도 종결이 필요한 때이다.

종결의 유형에는 ① 클라이언트의 일방적인 조기종결(계획되지 않은 종결), ② 기관의 기능과 관련된 시간의 제약에 의해 결정된 종결(계획된 종결), ③ 시간제한적인 개입모델에 따른 종결(계획된 종결), ④ 시간제한이 없는 개방형 모델에 따른 종결(계획을 세워나가는 종결), ⑤ 사회복지사의 사정으로 인한 종결이 있다.

2) 정서적 반응 다루기

클라이언트와 사회복지사의 정서적 반응 다루기는 종결단계의 가장 중요한 과업이다. 분리과정 동안 경험하는 정서적 반응은 서로 해결해야 한다. 클라이언트에게 종결은 중요한 감정적인 욕구를 만족시켜 온 관계가 사라진다는 고통스러운 과정을 의미하므로 심리적인 스트레스를 최소화하면서 효과적으로 종결하기 위해서는 클라이언트의 정서적인 반응을 다루어 주어야 한다.

(1) 목적이 달성되지 않은 경우

클라이언트는 실망과 사회복지사에 대한 분노, 버림받는다는 느낌 등을 경험하게 됨으로써 감정을 수용하면서 부정적 감정을 표현할 수 있게 해야 한다.

(2) 사회복지사가 떠날 때의 정서적 반응 다루기

사회복지사는 클라이언트의 부정적·긍정적인 모든 감정표현을 허용하고 다른 사회복지사에게 의뢰하는 것을 수용하도록 도와야 한다. 이전에 거부당한 경험이 있는 클라이언트는 상처받기 쉽고 자존심이 약해진다. 사회복지사는 떠나도 변화를 위한 노력을 계속해 나가기를 바란다는 언급을 하고 지지와 격려를 제공한다.

3) 사후관리

개입을 통해 획득한 효과의 유지와 강화를 위해서는 사후관리가 필요하다. 사후관리는 종결이 이루어진 후 일정 기간이 지나서 클라이언트가 잘 적응하고 있는지를 점검하는 과정이다. 대개 1개월에서 6개월 사이에 진행하는데 전화와 면접을 실시하기도 한다.

종결 시에 사후관리를 언급하는 것은 클라이언트에게 종결의 충격을 완화해 주는 이득도 있다. 사후관리를 통해 클라이언트는 자기의 노력에 대한 확인과 격려를 받을 수 있어 강화를 경험하게 되고 사회복지사는 필요한 경우에는 추가적인 원조를 제공할 수도 있는 것이다.

4) 의뢰[2]하기

목표가 달성되지 않았거나 또는 달성되었더라도 클라이언트에 대한 새로운 서비스의 필요성 여부를 확인하여 새로운 서비스가 필요한 경우 의뢰한다.

2) 경우에 따라서는 종결이 지금과는 다른 새로운 서비스가 더 적합하리라고 생각해서 의뢰로 이어지기도 한다. 따라서 종결단계에서의 의뢰는 또 하나의 중요한 종결과업인 것이다.

표 8-1 종결을 위한 체크리스트

가족사회사업을 종결하기 위한 체크리스트		
문제	예	아니요
• 제시된 문제가 제거되었다.		
• 가족이 다룰 수 있거나 참을 수 있게 되었다.		
• 달성된 변화를 효과적으로 측정할 수 있다.		
• 심리 사회적 기능 수행 면에서 긍정적인 변화가 이루어졌다.		
• 가족 구성원이 더 효과적으로 의사소통하고 있다.		
• 가족 구성원이 학대로부터 안전하다.		
• 공식적인 지지망이 유용하고 가족이 이용 방법을 알고 있다.		
• 가족은 필요할 때 전화할 수 있는 적절한 비공식 망을 가지고 있다.		
• 가족 혹은 개인 성원이 지역사회 내 전문 서비스에 의뢰되었다.		
• 가족이 전문 서비스로 의뢰하는 데 동의한다.		
• 가족은 매일의 일상생활에서 기능하는 기술을 배웠다.		
• 모든 가족 구성원들의 기본적인 신체적 욕구가 충족되고 있다.		
• 사회복지사와 가족은 가족의 현재까지의 진전을 평가해 오고 있다.		
• 가족은 주어진 서비스에 만족한다.		
• 모든 가족 구성원은 개입의 결과로 한층 더 나아졌다.		
• 가족은 그들이 이룬 변화에 대한 리사이틀을 경험할 수 있다.		
• 가족 구성원들은 변화를 이루는 데 그들이 기여한 역할을 알고 있다.		

출처: Collins · Jordan · Coleman(1999). pp. 302-307.

3. 평가

원조과정의 결과를 평가하고, 개입의 효과성과 효율성을 측정한다. 무엇이 클라이언트에게 도움이 되었고, 어떤 것들이 달리 진행되었어야 했는지를 알 수 있다.

1) 의의

사회복지 실천평가란 사회복지사의 개입 노력을 사정하는 것으로 개인이나 가족, 집단, 지역사회를 대상으로 실시한 개입이 변화를 일으켰는지, 어느 정도의 변화가 생겼는지를 사정하는 것이다.

사회복지 실천평가의 의의는 ① 사회복지 실천의 효과성 측정, ② 효율성 측정, ③ 자원의 사용에 대한 책임성 입증, ④ 클라이언트에 대한 책임성 이행, ⑤ 실천과정에 대한 모니터, ⑥ 사회복지사의 능력 향상이 있다.

2) 유형

(1) 성과평가

결과평가라고도 하며, 설정했던 목표(양적, 질적)들이 얼마나 달성되었는가를 평가하는 것이다. 이는 원하는 변화가 사회복지 실천활동, 즉 개입을 통해 일어났다는 것을 검증해야 한다. 평가방법에는 단일집단 사전-사후 비교방법[3)]이 있으며, 사회복지 실천평가에서 많이 사용한다. 통제집단과 실험집단 비교방법[4)] 등이 있다.

(2) 과정평가

사회복지 실천과정을 분석하기 위한 것으로 성과평가에서 간과하기 쉬운 프로그램의 준비, 진행, 종결 과정에서 환경적인 요인과의 관련성을 프로그램의 과정에 따라 분석하는 기법이다. 개입이 클라이언트에게 도움이 되었는지, 클라이언트가 원조과정을 어떻게 인지했는지를 평가하는 것이다.

---

3) 개입하기 전 문제 수준을 측정하고 개입 후 다시 같은 방법으로 문제의 정도를 측정하여 개입 전후 문제의 수준이 변화하였는지 측정하여 변화를 개입의 결과로 보는 것이다.

4) 개입을 한 집단(실험집단)과 개입을 하지 않은 집단(통제집단)을 비교하여 그 차이를 개입의 결과로 추정하는 것이다.

(3) 형성평가

활동의 진행과정에서 개입을 부분적으로 수정·개선·보완하는 데 필요한 정보를 얻기 위하여 주기적으로 진전 상황을 평가하는 활동으로 실천과정의 점검이라고 할 수 있다.

(4) 총괄평가

활동이 종결되었을 때, 그 활동의 결과로서 산출된 성과와 효율성에 대하여 종합적인 가치판단을 하는 평가로 형성평가와 대조된다. 개입이 목표로 하는 바를 얼마나 잘 성취했는지를 평가하는 것으로 개입방법의 성과나 효과, 즉 효율성과 효과성을 평가한다.

(5) 사회복지사 평가

개입과정 동안 사회복지사의 행동이나 태도 등이 개입에 어떠한 영향을 주었는지 알아보기 위해 클라이언트로부터 피드백을 받는 것이다. 긍정적인 피드백은 사회복지사가 자기 강점을 더 잘 알게 하고 그것을 미래에 자주 활용하게 하며, 부정적인 피드백은 사회복지사에게 때로는 고통을 줄 수 있다.

(6) 클라이언트 만족도 평가

개입기간 동안 클라이언트가 받은 서비스 또는 프로그램에 대해 클라이언트의 의견을 구하는 평가방법이다. 프로그램이나 서비스 등 개입에 적극적으로 참여했거나 좋은 인상을 받은 클라이언트는 높게 점수를 주는 경향이 있고 서비스에 만족하지 못했거나 소극적으로 참여한 클라이언트는 조사에 응하지 않았을 가능성이 크기 때문에 만족도 결과가 긍정적인 방향으로 치우칠 가능성이 있다는 점을 유의해야 한다.

3) 기법

평가기법에는 단일사례설계, 목표달성척도, 과제성취척도 등이 있다.

(1) 단일사례설계

클라이언트체계의 특정 문제나 표적의 변화를 관찰하기 위하여 개입 전, 개입과정, 개입 후에 걸쳐 반복적으로 측정하여 사회복지 실천, 즉 개입의 효과성을 평가하는 기법이다.

(2) 목표달성척도

클라이언트가 개별화된 목표에 도달한 정도를 측정하는 평가도구이다. 목표를 설정한 후, 그 목표를 얼마나 달성했는지 목표달성척도를 측정하는 데 사용된다. 표준화된 척도와는 달리 측정을 위한 내용이 미리 정해져 있지 않고 클라이언트 개인 목표에 따라 자유롭게 정할 수 있는 장점이 있는데, 이는 개별화의 원리에 부합된다. 클라이언트와 사회복지사의 목표가 의미하는 바를 명확히 이해할 수 있게 하며, 목표달성 정도를 수치로 표시할 수 있는 장점이 있다.

(3) 과제성취척도

사회복지사와 클라이언트가 합의한 과제의 성취 정도를 평가하는 기법이다. 클라이언트의 문제를 해결하여 개입의 목표를 달성하기 위해 과제를 설정하고 이를 수행하게 되는데, 사회복지사와 클라이언트가 합의한 과제가 실제로 달성되었는지를 측정한다.

■ 참고) 1. 서비스 의뢰서

서비스 의뢰서

<table>
<tr><td>성명</td><td></td><td>성별</td><td>남 / 여</td><td>생년월일</td><td></td></tr>
<tr><td>학력</td><td></td><td>직업</td><td></td><td>종교</td><td></td></tr>
<tr><td>주소</td><td colspan="5"></td></tr>
<tr><td>연락처</td><td colspan="5">집) 핸드폰)
기타 연락처)</td></tr>
<tr><td>보호 구분</td><td colspan="5">☐ 수급자 ☐ 조건부 수급자 ☐ 저소득 ☐ 일반</td></tr>
<tr><td>건강 상태</td><td colspan="5"></td></tr>
<tr><td>참여 의지</td><td colspan="5"></td></tr>
<tr><td>의뢰 서비스</td><td colspan="5">☐ 개별상담 ☐ 가족상담 ☐ 집단상담 ☐ 기타 ( )</td></tr>
<tr><td>의뢰 소견</td><td colspan="5">클라이언트의 문제 및 특이사항 기록</td></tr>
<tr><td>타 기관
서비스
연계 내용</td><td colspan="5"></td></tr>
<tr><td colspan="6">귀 기관에 서비스 의뢰하오니 협조를 부탁드립니다.

년 월 일

담당자 : (인)
연락처 :</td></tr>
</table>

동문종합사회복지관

■ 참고) 2. 종결 보고서

종결 보고서

작 성 일 : 20 년 월 일

담 당 자 : (인)

담당	과장	부장	관장

<table>
<tr><td>성 명</td><td></td><td>성 별</td><td></td><td>생년월일</td><td></td></tr>
<tr><td>주 소</td><td colspan="3"></td><td>연 락 처</td><td></td></tr>
<tr><td>등 록 일</td><td colspan="2"></td><td>종 결 일</td><td colspan="2"></td></tr>
<tr><td rowspan="4">종 결
유 형
및
사 유</td><td>유 형</td><td colspan="4">사 유</td></tr>
<tr><td>( ) 클라이언트에 의한 종결</td><td colspan="4">사망( ), 시설입소( ), 이주( ), 연락두절( ),
목표달성( ), 상황호전( ), 타 기관 이용( ),
거절이나 포기( ), 약속불이행( ), 기 타( ),</td></tr>
<tr><td>( ) 사회복지사에 의한 종결</td><td colspan="4">사직( ), 본인과 부적합( ), 기 타( )</td></tr>
<tr><td>( ) 기타 사유에 의한 종결</td><td colspan="4">기관의 업무 조정( ), 기관의 사례기한 제한( ),
기관·법인의 교체( ), 원칙변경( )
기관의 자원·능력의 한계( )</td></tr>
<tr><td>서 비 스
제공현황</td><td colspan="5"></td></tr>
<tr><td rowspan="2">클라이언트
변화사항</td><td colspan="2">초 기 상 황</td><td colspan="3">종 결 상 황</td></tr>
<tr><td colspan="2"></td><td colspan="3"></td></tr>
<tr><td>사 회
복지사
의 견</td><td colspan="5"></td></tr>
<tr><td>향 후
계 획</td><td colspan="5"></td></tr>
</table>

동문종합사회복지관

PART 04

가족복지 실천현장과 프로그램의 이해

CHAPTER 09

가족복지 실천현장

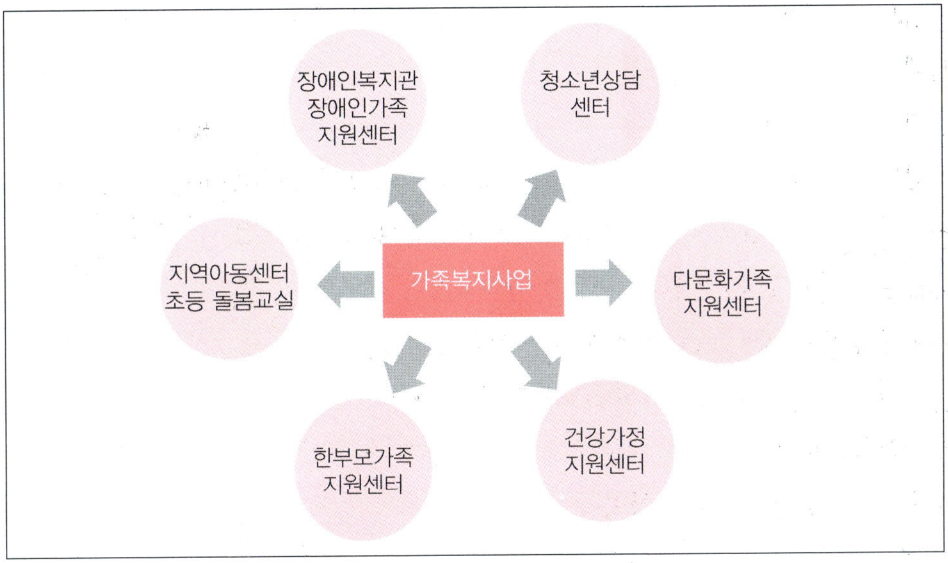

그림 9-1 가족복지사업의 담당기관

1. 복지관

1) 사회복지관

(1) 사회복지관 가족복지사업의 역사

사회복지관의 사업 중 가족복지사업의 역사를 한국사회복지관협회(2015)의 자료에 근거하여 살펴보면, 1921년에 설립된 태화여자관은 정보수집, 사업홍보, 복음 전도를 위한 가정방문을 1961년부터 본격적으로 실시하였는데, 설립이념 중 하나로 '여성교육'을 중요한 목적이자 기능으로 삼았으며 복지관 차원에서 비록 개별적 대상이지만 가족복지 실천이 이루어졌다. 이후 1986년 보건사회부의 사회복지관운영 등 국고보조금지침에서 사회복지관 사업내용 7개 분야는 주로 지역복지사업과 개별적 구성원인 아동, 청소년, 노인, 장애인을 대상으로 했으며, 가족단위의 사업으로 '가정복지사업[1](영세가정자립지원사업)'이 제시되었다. 1992년부터 사회복지관에서 재가복지봉사센터 사업이 실시됨으로써 선별주의에 의한 시설복지가 보편주의 원리에 입각한 재가복지로 패러다임의 전환이 이루어져 사전·예방적 지역중심의 가족단위의 실천으로 변화하는 계기가 되었다. 1995년 보건복지부의 사회복지관건립·운영 국고보조사업지침에서 제시한 6개 사업분야 중 첫 번째 사업분야가 '가정복지사업[2]'이며, 1997년 사회복지관 설치·운영규정의 6대 사업분야에서도 여전히 첫 번째 사업분야가 '가정복지사업'이고 대신 단위사업은 개인 및 가정문제 종합상담 1개 사업으로 축소되었다. 2001년 보건복지부 사회복지관 운영안내에서는 6대 사업으로 분류[3]하였다. 그러나 종합사회복지관의 전통적 역할수행과 새로운 복지환경 변화에 능동적으로 대처하기 위해 종합사회복지관의 기능과 역할에 따라 2004년부터 가족복지사업, 지역사회보호사업, 지역사회조직사업, 교육문화사업, 자활사업의 5대 사업으로 분류[4]되었다(서상범 외, 2017).

1) 가정복지사업의 단위사업으로는 가정문제 종합상담, 직업·부업 기능훈련, 취업·부업알선, 보건치료서비스, 부녀자복지 등이 명시되었다.

2) 가정복지사업의 단위사업으로는 가정문제 종합상담, 직업·부업 기능훈련, 취업·부업안내(무료직업안내소), 보건·의료서비스, 선의봉사실 운영, 생활안정자금 지원, 부녀자 교양교육 및 취미교실, 생활보호대상자의 상담 및 사후관리 등으로 구성되었다.

3) 2001년 가정복지사업의 단위사업으로는 가정문제 종합상담, 직업·부업 기능훈련, 취업안내(무료직업안내소 운영), 보건·의료서비스, 선의봉사실 운영, 생활안정자금 지원, 주민 교양교육 및 취미교실 운영, 국민기초생활보장 수급권자 상담 및 사후관리 등으로 분류되었다.

4) 2004년 가족복지사업의 단위사업 내용

참고 **사회복지관의 정의**

지역사회를 기반으로 일정한 시설과 전문인력을 갖추고 지역주민의 참여와 협력을 통하여 지역사회복지문제를 예방하고 해결하기 위하여 종합적인 복지서비스를 제공하는 시설을 말한다. 여기서 지역사회복지란 주민의 복지증진과 삶의 질 향상을 위하여 지역사회 차원에서 전개하는 사회복지를 말한다.

(1) 사회복지관의 법적 근거
① 사회복지사업법 제34조의5(사회복지관의 설치 등)
② 사회복지사업법 시행규칙 제23조(사회복지관의 설치기준) 및 제23조의2(사회복지관의 운영기준)
③ 임대단지 사회복지관의 법적 근거
– 주택법 제2조제14호 나
– 주택건설기준 등에 관한 규정 제5조제6호

(2) 사회복지관의 역사
① 1906년 원산 인보관운동에서 사회복지관사업 태동
② 1921년 서울에 최초로 태화여자관 설립
③ 1926년 원산에 보혜여자관 설립
④ 1930년 서울에 인보관 설치
⑤ 1976년 한국사회복지관연합회 설립(22개 사회복지관)
⑥ 2004년 전국 370개소 설치 운영
⑦ 2010년 전국 420개소 설치 운영
⑧ 2018년 전국 465개소 설치 운영
⑨ 2024년 전국 483개소 설치 운영 중

출처: 한국사회복지관협회 홈페이지(https://kaswc.or.kr/welfarecenterguide)

사업 분야	단위사업	프로그램
가족 복지 사업	가족관계 증진사업	역할교육 및 관계훈련, 전문교육, 상담(종합, 법률), 심리검사, 기타
	가족기능 보완사업	방과후 보육, 지역아동센터, 공부방 및 도서관, 사회성 적응훈련프로그램, 진로탐색지도, 심성발달프로그램, 동아리활동, 학교사회복지, 청소년자원봉사, 기타
	가정문제 해결·치료사업	특수아동 조기교육, 특수치료프로그램, 장애인사회적응프로그램, 정신보건·정신장애프로그램, 알코올약물치료프로그램, 청소년범죄예방프로그램, 해체위기가정, 한부모가정, 조손가정, 폭력학대프로그램, 다문화가정지원, 새터민가정지원, 기타
	부양가족 지원사업	치매노인가족지원, 장애인가정지원, 만성정신질환자부양가족지원, 장애아동부모상담, 부양가족지원사업, 장애인활동보조, 기타

출처: 서상범 외(2017).

통합적 가족정책 추진의 제도적 기반을 마련하기 위해 「건강가정기본법(2004.02.09.)」과 「가족친화사회환경 조성 촉진에 관한 법률(2007.12.14.)」, 「다문화가족지원법(2008.03.21.)」 등 가족정책 및 사업 추진을 위한 제반 법령을 제정하고 활성화 중이다. '제1차(2005), 제2차(2010) 가족실태조사', '다문화가족 전국 실태조사(2009)' 등 가족이 처한 현실과 정책적 수요를 객관적으로 파악하기 위한 기초조사를 실시하였다. 통합적 가족정책 추진 등의 제도적 마련을 시작한 2004년부터 건강가정지원센터가 가족 중심 실천의 핵심전달체계로 사업이 펼쳐지고, 사회복지관 차원에서는 사례기능 및 지역사회조직 중심의 기능으로 방향성이 변경되었다.

현재 우리나라의 가족복지서비스 전달체계의 양대 산맥이라 할 수 있는 사회복지관과 가족센터 외에 위기에 처했을 때 개입하는 '가정폭력상담소', '성폭력상담소' 등도 정부의 재정에 의해 운영되고 있는 가족복지서비스 전달체계로서 그 역할을 해오고 있지만, 오히려 다양한 전달체계가 가족문제에 대해 즉흥적이고 단편적으로 개입해 왔기 때문에 유사한 서비스 등의 중복문제가 발생하고 있다(서상범 외, 2017).

표 9-1 사회복지관의 가족복지사업이 새롭게 이전된 전달체계

사업 분야	프로그램	목적	새롭게 이전된 전달체계
가족 복지 사업	방과후보육, 공부방	아동들의 방과후 돌봄환경 조성으로 부모의 양육부담 완화	지역아동센터, 초등학교 돌봄교실
	한부모가족지원	한부모가장 및 자녀양육을 위한 가족기능 강화	한부모가족지원센터
	다문화가정 지원, 새터민 지원	다문화가족 구성원의 가족생활 영위 및 사회통합	다문화가족지원센터
	특수아동조기교육, 특수치료, 장애인사회적응, 정신장애, 장애인가정지원, 장애인활동보조, 장애아동부모상담	장애를 겪는 아동 및 성인 대상의 교육, 치료, 사회적응으로 통합화 및 일상생활 영위	장애인복지관, 장애인가족지원센터
	진로탐색 학교사회복지 청소년범죄예방	청소년 문제에 대한 상담, 예방, 진로탐색 등으로 위기청소년에 대한 심리적 안전망 구축	청소년상담복지센터

출처: 서상범 외(2017).

표 9-2 사회복지관의 운영지침에 따른 가족복지사업 실시현황

구분	단위 프로그램	사업내용
가족관계 증진사업	교육·훈련 프로그램	가족교육 또는 부모교육
		가족역할훈련
		의사소통 향상 교육프로그램
		대인관계 훈련프로그램
		문제(감정)해결기술훈련
	상담 및 검사	개별상담
		집단상담
		가족상담
		법률·의료 상담
		심리(상담)검사
가족기능 보완사업	아동대상 프로그램	방과후 프로그램
		멘토링 프로그램
		아동심성발달 프로그램
	청소년대상 프로그램	학교사회복지 프로그램
		방과후 프로그램
		멘토링 프로그램
		청소년심성발달 프로그램

출처: 서상범 외(2017).

(2) 사회복지관의 사업내용[5)]

사회복지관의 역할과 기능은 모든 사회복지관들이 천편일률적인 사업을 시행하는 것이 아니라 사회복지관의 위치, 지역적 특성, 대상별 특성, 복지관의 규모, 담당인력 등에 의거하여 각 사회복지관이 전문성, 효율성, 책임성을 최대한 살릴 수 있는 능력의 범위 내에서 사업을 선택적으로 시행하는 것이다.

5) 출처: 한국사회복지관협회 홈페이지(http://kaswc.or.kr).

표 9-3 2024년 사회복지관 규모별 운영 현황

구분	기관수
가형 (건평 2,000㎡ 이상)	228
나형 (건평 1,000㎡~2,000㎡ 미만)	203
다형 (건평 1,000㎡ 미만)	52
총계	483

출처: 한국사회복지관협회 홈페이지(https://kaswc.or.kr/centerlist2).

표 9-4 2024년 사회복지관 지역별 운영 현황

시도	계	시도	계
서울	100	강원	16
부산	54	충북	13
대구	28	충남, 세종	25
인천	21	전북	18
광주	20	전남	13
대전	21	경북	15
울산	8	경남	31
경기	89	제주	11
총계			483

출처: 한국사회복지관협회 홈페이지(https://kaswc.or.kr/centerlist2).

① 사례관리 기능

현재의 파편화되고 분절화된 지역사회 복지서비스의 제한점을 극복하고 보다 통합적인 서비스 전달체계로 나아가기 위해 지역사회 내 민·관을 아우르는 서비스네트워크 구축 및 다양한 지역주민의 복지욕구를 연결해 맞춤형 서비스 제공

㉠ 사례발굴

지역 내 보호가 필요한 대상자 및 위기개입 대상자를 발굴하여 개입계획 수립

㉡ 사례개입

지역 내 보호가 필요한 대상자 및 위기개입 대상자의 문제와 욕구에 대한 맞춤형 서비스가 제공될 수 있도록 사례개입

㉢ 서비스 연계

사례개입에 필요한 지역 내 민간 및 공공의 가용자원과 서비스에 대한 정보 제공 및 연계, 의뢰

② 서비스 제공기능

클라이언트에게 직접적인 전문서비스가 제공되는 영역

㉠ 가족기능 강화

- 가족관계증진사업 : 가족 구성원 간의 의사소통을 원활히 하고 각자의 역할을 수행함으로써 이상적인 가족관계를 유지함과 동시에 가족의 능력을 개발·강화하는 사업
- 가족기능보완사업 : 사회구조 변화로 부족한 가족기능, 특히 부모의 역할을 보완하기 위하여 주로 아동·청소년을 대상으로 실시되는 사업
- 가정문제해결·치료사업 : 문제가 발생한 가족에 대한 진단·치료·사회복귀 지원사업
- 부양가족지원사업 : 보호대상 가족을 돌보는 가족 구성원의 부양부담을 줄여주고 관련 정보를 공유하는 등 부양가족 대상 지원사업
- 다문화가정, 북한이탈주민 등 지역 내 이용자 특성을 반영한 사업

㉡ 지역사회보호

- 급식서비스 : 지역사회에 거주하는 요보호 노인이나 결식아동 등을 위한 식사제공 서비스
- 보건의료서비스 : 노인, 장애인, 저소득층 등 재가복지사업대상자들을 위한 보건·의료관련 서비스
- 경제적 지원 : 경제적으로 어려운 지역사회 주민들을 대상으로 생활에 필요한 현금 및 물품 등을 지원하는 사업
- 일상생활 지원 : 독립적인 생활능력이 떨어지는 요보호 대상자들이 시설이 아닌 지역사회에 거주하기 위해서 필요한 기초적인 일상생활 지원서비스

- 정서서비스 : 지역사회에 거주하는 독거노인이나 소년소녀가장 등 부양가족이 없는 요보호 대상자들을 위한 비물질적인 지원 서비스
- 일시보호서비스 : 독립적인 생활이 불가능한 노인이나 장애인 또는 일시적인 보호가 필요한 실직자·노숙자 등을 위한 보호서비스
- 재가복지봉사서비스 : 가정에서 보호를 요하는 장애인, 노인, 소년·소녀가정, 한부모가족 등 가족기능이 취약한 저소득 소외계층과 국가유공자, 지역사회 내에서 재가복지봉사서비스를 원하는 사람에게 다양한 서비스 제공

㉢ 교육문화

- 아동·청소년 사회교육 : 주거환경이 열악하여 가정에서 학습하기 곤란하거나 경제적 이유 등으로 학원 등 다른 기관의 활용이 어려운 아동·청소년에게 필요한 경우 학습 내용 등에 대하여 지도하거나 각종 기능 교육
- 성인기능교실 : 기능습득을 목적으로 하는 성인사회교육사업
- 노인 여가·문화 : 노인은 대상으로 제공되는 각종 사회교육 및 취미교실운영사업
- 문화복지사업 : 일반주민을 위한 여가·오락프로그램, 문화 소외집단을 위한 문화프로그램, 그 밖에 각종 지역문화행사사업

㉣ 자활지원 등 기타

- 직업기능훈련 : 저소득층의 자립능력 배양과 가계소득에 기여할 수 있는 기능훈련을 실시하여 창업 또는 취업을 지원하는 사업
- 취업알선 : 직업훈련 이수자 기타 취업희망자들을 대상으로 취업에 관한 정보제공 및 알선사업
- 직업능력개발 : 근로의욕 및 동기가 낮은 주민의 취업욕구 증대와 재취업을 위한 심리·사회적인 지원프로그램 실시사업
- 그 밖의 특화사업

③ 지역조직화 기능

㉠ 복지네트워크 구축

지역 내 복지기관·시설들과 네트워크를 구축함으로써 복지서비스 공급의 효율성을 제고하고, 사회복지관이 지역복지의 중심으로서의 역할을 강화하는 사업

예 지역사회연계사업, 지역욕구조사, 실습지도 등

㉡ 주민조직화

주민이 지역사회 문제에 스스로 참여하고 공동체 의식을 갖도록 주민 조직의 육성을 지원하고, 이러한 주민협력 강화에 필요한 주민의식을 높이기 위한 교육을 실시하는 사업

예 주민복지증진사업, 주민조직화사업, 주민교육 등

㉢ 자원 개발 및 관리

지역주민의 다양한 욕구 충족 및 문제해결을 위해 필요한 인력, 재원 등을 발굴하여 연계 및 지원하는 사업

예 자원봉사자 개발·관리, 후원자 개발·관리 등

2) 노인복지관

(1) 노인복지관 운영 현황

노인복지관은 1981년 「노인복지법」 제정 당시 노인복지시설유형으로 노인복지회관을 규정하고 이후 1997년 '노인복지회관'을 여가시설로 규정한 이후 2024년 기준 전국에 438개소가 설치·운영 중이다(보건복지부, 2024). 2007년 8월 「노인복지법」 개정으로 노인복지관이 종합서비스 제공기관으로 명시됨에 따라 노인복지관은 복지서비스가 필요한 60세 이상의 노인을 대상으로 ① 건강한 노후를 위한 예방, 취약노인 케어 기반 구축 및 확충, ② 활동적인 노후를 위한 사회참여 여건 조성 및 활성화, ③ 안정적 노후를 위한 소득보장의 다양화와 내실화를 통해 성공적 노후를 실현시키는 노인복지서비스 전달기구로서 역할을 수행하고 있다(보건복지부, 2024).

표 9-5 노인복지관 운영 현황

연도	2012	2016	2024
시설 수	300	350	438

출처: 한국노인종합복지관협회 홈페이지(http://www.kaswcs.or.kr).

참고 **노인복지관**

노인복지관이란 노인의 교양·취미생활 및 사회참여활동 등에 대한 각종 정보와 서비스를 제공하고, 건강증진 및 질병예방과 소득보장·재가복지 그 밖에 노인의 복지증진에 필요한 종합적인 노인복지 서비스를 제공하는 시설을 말한다.

- **노인복지관 연혁**
  - 1971년 인천광역시 노인복지회관 설립
  - 1981년 노인복지법 제정(노인복지시설 유형으로 노인복지회관 규정)
  - 1997년 노인복지법에 '노인복지회관'을 여가시설로 규정
  - 2000년 노인복지관 내 경로당활성화사업 실시
  - 2001년 1월 29일 한국노인종합복지관협회 사단법인 설립허가
  - 2005년 노인복지관 운영지원 지방이양
  - 2006년 노인자원봉사 활성화 사업 실시
  - 2007년 노인자원봉사 대축제 사업 실시
  - 2008년 노인자살예방사업 실시
  - 2009년 제1회 신노년문학상 사업 실시
  - 2010년 노인권익증진사업 실시
  - 2011년 신노년문화운동 전개 '시니어코리아 전국대회', 문화예술교육 지원사업 실시
  - 2012년 성문화 정립을 위한 인프라 구축사업 실시
  - 2013년 예방, 보호, 통합 3대 기능 중심의 노인복지관 운영방향 재정립
  - 2014년 노인재능나눔활동 재원사업 운영

출처: 보건복지부(2024 노인복지사업안내).

(2) 노인복지관 운영기준

노인복지관이 실행해야 할 구체적 프로그램은 「노인복지법 시행규칙」 제26조제2항에 의거하여 사업을 실시하되, 이용노인의 여가 욕구사정 및 지역특성을 반영하도록 하고 기본사업과 선택사업으로 구분하고 있다.

표 9-6 노인여가복지시설 운영기준

시설별	시설별 운영기준
노인복지관	가. 노인의 복지증진을 위하여 종합적인 노인복지센터로서의 기능을 수행할 수 있도록 필요한 사업을 선정·수행해야 한다. 나. 다음의 사업을 기본사업으로 수행하되 이용대상 노인의 실정과 지역 여건 등을 감안하여 사업의 종류를 가감하거나 별도의 사업을 개발·추진할 수 있다. 1) 상담·지도 노인의 생활·주택·신상 등에 관한 생활상담 및 노인의 질병예방·치료에 관한 건강상담 및 지도 2) 취업상담 및 알선 노인에 대한 취업알선 및 취업자의 사후관리 3) 기능회복훈련의 실시 노인의 기능회복 또는 기능의 감퇴를 방지하기 위한 훈련을 실시하되, 물리치료장비는 관할 보건소에 종사하는 의사 또는 촉탁의사의 지도를 받아 사용해야 한다. 4) 교양강좌 등의 실시 노인의 교양향상을 위한 프로그램의 제공 및 레크리에이션 활동 등의 지도 다. 거동불편 노인의 생활편의를 위한 서비스 등의 제공을 위하여 재가노인복지시설을 병설·운영하도록 노력해야 한다. 라. 지역 특성에 따라 야간이용이 가능한 체제를 갖추도록 노력해야 한다.
경로당	이용노인들이 건전한 사회봉사활동이나 취미활동 등을 할 수 있도록 해야 한다.
노인교실	주 1회 이상 교육을 실시해야 한다.

출처: 노인복지법 시행규칙 제26조제2항 별표8.

(3) 노인복지관 사업내용

보건복지부의 2024년 노인보건복지사업안내에 따르면 종합복지센터로서의 기능과 역할을 수행하기 위해 기본적으로 제공해야 할 사업으로 평생교육지원사업, 취미여가지원사업, 건강생활지원사업(기능회복지원사업, 치매예방 프로그램), 상담 및 정보제공, 사회참여지원사업, 위기 및 독거노인 지원 사업, 정서 및 사회생활 지원 사업을 제시하고, 기본사업의 수행에 필요한 인력은 최대한 배치될 수 있도록 명시하고 있다. 또한 기본사업 이외의 사업으로 지역 또는 노인복지관의 특성을 반영하여 실행할 수 있는 건강생활지원사업(기능회복지원사업 제외), 주거지원사업, 고용 및 소득지원사업, 가족기능 및 가족통합지원사업, 지역자원개발사업, 지역사회복지사업, 노인권익증진사업 등을 선택사업으로 제시하고 있다.

표 9-7 노인복지관 프로그램 예시

사업 구분		프로그램(예시)
Ⅰ. 상담	1. 일반상담 및 정보제공	노인의 복지 정보 제공 일반상담(이용상담, 접수상담) 외부 전문가 활용 정보 제공 상담(경제, 법률, 주택상담, 연금상담, 건강상담, 세무상담)
	2. 전문상담	우울 및 자살예방프로그램, 죽음준비프로그램, 집단프로그램, 자조모임, 학대 및 인권, 인지 및 행동 심리 상담, 애도, 상실, 관계(부부관계, 또래관계, 자녀관계 등) 등에 대한 개별 또는 집단 개입 등
Ⅱ. 사례관리 및 지역사회돌봄	3. 위기 및 취약노인지원	취약노인의 신체·정서·사회적 자립 지원 프로그램 운영, 노인맞춤돌봄 서비스, 사례관리사업, 읍면동행정복지센터 및 유관기관 등과 연계(취약노인 연계망구축사업)
	4. 지역사회생활 자원연계 및 지원	노인에게 필요한 서비스 조정, 중재, 의뢰, 옹호, 자원연계 강화를 위한 지원활동, 지역사회 읍면동 복지 허브화와 맞춤 돌봄에 관한 지역자원 발굴 연계
	5. 가족기능지원	노인과 관련된 가족상담, 가족관계프로그램, 가족캠프, 세대통합프로 그램 등
Ⅲ. 건강생활 지원	6. 건강증진지원	건강교육, 건강상담, 건강교실(건강체조, 기체조, 요가 등), 독거노인지원 사업(기존 재가사업), 노인건강운동, 치매예방 인지활동서비스, 물리치료 등
	7. 기능회복지원	양·한방진료, 작업요법, 운동요법, ADL훈련 등
	8. 급식지원	경로식당(중식서비스), 밑반찬·도시락배달, 푸드뱅크 등
Ⅳ. 노년 사회화 교육	9. 평생교육지원	노인역량강화교육, 정보화교육, 사회화교육, 시민사회교육, 한글교실, 외국어교실, 교양교실, 인문학교육, 예비노인 은퇴준비 프로그램, 경제교육, 생애말기 준비·설계 교육, 웰다잉교육 등
	10. 취미여가지원	예능활동(음악, 미술, 생활도예, 서예, 댄스), 문화활동(연극, 사진, 영화, 바둑, 장기, 레크리에이션), 취미활동(종이접기, 손뜨개질, 민속놀이), 체육활동(탁구, 당구, 게이트볼), 동아리활동 등
Ⅴ. 지역자원 및 조직화	11. 지역자원개발	자원봉사자 발굴·관리, 후원자 개발, 외부 재정지원기관 사업 수탁 등
	12. 지역복지연계	경로당 프로그램 연계 등의 지역복지기관 연계, 지역협력사업(경로행사, 나들이 등) 등
	13. 주거지원	주택수리사업, 주거환경 개선사업(도배 등) 등
Ⅵ. 사회참여 및 권익증진	14. 사회참여지원	노인자원봉사 활성화 사업, 노인일자리 및 사회활동지원 사업, 지역 봉사활동, 교통안전봉사, 동아리·클럽 활동 지원, 교통편의서비스 등
	15. 노인권익증진	정책건의, 노인인권 옹호, 노인인식개선사업, 편의시설 설치, 노인소비자피해예방교육, 양성평등교육, 성교육 등
	16. 고용 및 소득지원	고령자취업지원 사업, 취업교육, 창업지원(사회적협동조합 등)사업 등
(선택사업) 돌봄	17. 요양서비스	치매환자 프로그램, 주·야간보호 등

* 기타 제시되지 않은 사업은 자체 수행 가능

출처: 보건복지부(2024). 2024 노인보건복지사업안내.

3) 장애인복지관[6)]

장애인복지관의 주요기능을 효과적으로 달성하기 위한 기본조직은 다음과 같으며, 자치단체는 복지관으로부터 기본조직을 포함하여 지역별, 장애유형별, 생애주기별, 복합시설, 지역특성화 등에 따른 기본조직의 변화 필요 요청이 있을 경우 적극적으로 협의에 응하여 유연한 조직이 되도록 지원해야 한다.

관장

사무국장

팀명	아동성장 지원팀	청소년 전환지원팀	가족지원팀	성인능력 개발지원팀	성인사회 참여지원팀	장노년 서비스 지원팀	지역사회 개발팀	기획·운영 지원팀
주요기능	유아초등 발달지원	중고등 발달 및 성인기 전환 지원	가족 역량 강화 및 가족 휴식 지원	직업지원	낮활동 및 중증장애인 행동 지원, 평생교육	문화, 여가, 건강 지원	사례관리, 권익옹호, 지역사회 중심지원	기획, 홍보, 운영

• 사회서비스 지원은 각 복지관의 특성에 따라 사회서비스팀을 별도로 두고 운영하거나 기존팀에 병합하여 운영할 수 있음

• 장애인 복지관 기본조직 모형에서 기획과 총무를 통합하여 기획·운영지원팀으로 제시하였으나 복지관의 규모, 특성에 따라 분리하여 운영할 수 있음

• 현재 서비스를 제공하고 있는 발달장애인과 장애인가족 역량 강화 및 원스톱서비스 지원, 평생교육 지원의 강화가 필요할 경우 기본조직에 부설로 별도의 센터를 설치·운영할 수 있음

※ 정원 40명 이상의 복지관 기준(1국 8팀 2,000㎡ 이상)

출처: 보건복지부(2024). 2024 장애인복지시설 사업안내.

그림 9-2 장애인복지관의 조직 안내

6) 장애인복지법에 의하면 장애인복지관은 장애인에 대한 각종 상담 및 사회·심리·교육·직업·의료 재활 등 장애인의 지역사회생활에 필요한 종합적인 재활서비스를 제공하고 장애에 대한 사회적 인식 개선사업을 수행하는 시설을 말한다.

표 9-8 장애인복지관 주요 업무 안내

구분	팀명	주요 업무
1	아동성장지원팀	아동기 개인별 계획 수립, 중재(치료)와 컨설팅, 아동기 일상적 권익옹호 및 지역사회중심지원서비스 등
2	청소년전환지원팀	청소년기 개인별 계획 수립, 중재(치료)와 컨설팅, 직업지원, 청소년기 일상적 권익옹호 및 지역사회중심지원서비스 등
3	가족지원팀	가족(지원자)역량강화지원, 가족(지원자) 휴식지원 등
4	성인능력개발지원팀	성인기(직업중심) 개인별 계획 수립, 직업(적응)훈련, 적극적 지원고용, 지역사회중심 직업지원, 일자리 창출, 성인기(직업중심) 일상적 권익옹호 및 지역사회중심지원서비스 등
5	성인사회참여지원팀	성인기 개인별 계획 수립, 기관 내 역동적 낮활동, 중증장애인 행동지원, 평생교육, 성인기 일상적 권익옹호 및 지역사회중심지원서비스 등
6	장노년서비스지원팀	장노년기 개인별 계획 수립, 건강지원, 문화여가, 장노년기 권익옹호 및 지역사회중심지원서비스 등
7	지역사회개발팀	사례관리, 권익옹호, 지역사회 생활지원(재가서비스), 주민조직화, 지역사회 통합환경조성 등
8	기획·운영지원팀	총무, 기획, 홍보, 고객만족, 윤리경영, 기타 등

* 정원규모 및 사업의 특수성에 따라 당해 시설장이 자치단체장과 협의하여 직제를 증감할 수 있음

출처: 보건복지부(2024). 2024 장애인복지시설 사업안내.

2. 가족센터

2005년부터 시행된 건강가정기본법 제35조에 따라 가족정책의 전달체계로서 정부의 가족정책 추진방향에 부응하여 건강가정사업을 실시하도록 설립하였다. 국가 및 지방자치단체는 ① 가정문제의 예방, ② 상담 및 치료, ③ 건강가정 유지를 위한 프로그램의 개발, ④ 가족문화운동의 전개, ⑤ 가정 관련 정보 및 자료 제공을 위하여 중앙, 시도 및 시군구에 건강가정지원센터의 설치 및 운영을 의무화(건강가정기본법 제35조) 시켰다. 2016년 건강가정지원센터 및 다문화가족지원센터가 통합

서비스를 실시하며, 2017년 기준 건강가정지원센터가 전국에 152개소가 운영되었다. 2024년 현재는 가족센터로 명칭을 통합하여 212개소를 운영하고 있다.

사업운영 및 영역

전국의 가족센터는 가족문제의 예방과 해결을 위한 가족관계, 가족돌봄, 가족생활, 가족과 함께하는 지역공동체 사업을 추진하고 있다.

- 모든 가족의 안정성 강화 및 가족관계 증진을 위해 다양한 가족에 대한 보편적이고 포괄적인 서비스를 제공하고 있다.
- 다문화가족의 안정적인 정착과 가족생활을 지원하기 위해 사회·경제적 자립지원 및 생애주기에 따른 맞춤형 서비스를 제공하고 있다.

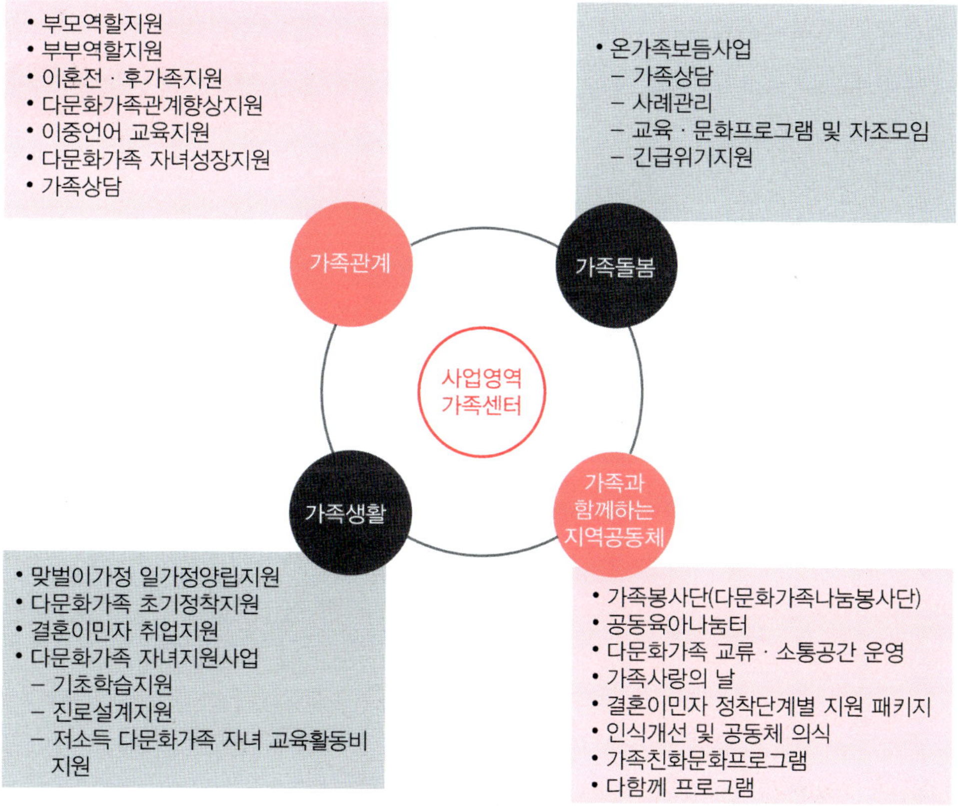

그림 9-3 가족센터 사업영역

출처: 한국건강가정진흥원 https://www.familynet.or.kr/web/lay1/S1T296C339/contents.do.

3. 주민자치센터

주민자치센터란 「지방자치법」 제8조 및 동법 시행령 제8조에 의거 주민편의 및 복리증진을 도모하는 주민자치기능을 강화하여 지역공동체 형성에 기여하도록 하기 위하여 읍·면·동사무소에 설치된 각종 문화·복지·편익시설과 프로그램 등을 총칭하는 개념이다(주민자치센터 설치 및 운영조례 준칙 제1조와 제2조). 지방자치시대를 맞이하여 정부가 효율적인 지방행정체계를 구축하고 작은 정부를 구현하기 위해 1999년부터 읍·면·동사무소의 기능을 전환하여 주민자치센터[7]를 설치하였다. 주민자치센터는 지역주민들에게 사회교육, 보건의료, 복지, 문화 등과 관련된 다양한 프로그램을 제공하고 있으며, 지역주민들의 복지욕구를 충족시키고 삶의 질을 향상하며, 지역사회 문제를 해결하고 사회통합에도 기여하고 있다.

표 9-9 주민자치센터 운영 현황

시도	읍면동				주민자치센터 설치 읍면동 수				명칭사용실태 (단위: 개소)						
	계	읍	면	동	계	읍	면	동	계	주민자치센터	자치회관	주민자치회	자치센터	주민회관	기타
계	3,501	232	1,180	2,089	3,151	186	921	2,044	3,151	2,469	403	225	1	3	50

출처: 행정안전부 홈페이지 http://www.mois.go.kr "2020년 주민자치센터 현황 및 운영 현황" 자료.

1) 기능

주민자치센터는 주민들이 서로 만나 교류하고 공동의 관심사를 함께 논의하며 해결할 수 있는 주민자치활동의 장으로서 다양한 기능을 수행하고 있다. 이러한

7) 주민자치센터는 읍·면·동사무소의 기능전환으로 인한 여유공간을 활용하여 지역주민에게 문화, 여가활동, 복지, 편익시설 등을 제공하고 주민의 자발적인 참여를 통해서 주민자치의식과 지역공동체를 형성하고자 설립되었다.

기능으로는 대개 문화여가기능, 지역복지기능, 정보교류기능, 주민교육기능, 지역경제기능, 주민자치기능 등이 있다(최용환 외, 2002: 18).

- 문화여가기능 : 지역주민들에게 다양한 문화활동, 취미교실, 생활체육 등을 제공하는 기능이다. 이것은 지역주민의 생활수준이 향상되면서 나타나는 문화와 여가활동에 대한 욕구를 충족시키기 위한 것으로 이러한 기능을 통하여 지역주민의 삶의 질을 향상할 수 있다(김주원 외, 2002: 12).
- 지역복지기능 : 지역주민들 중에서 사회적 약자라 할 수 있는 소년소녀가장, 독거노인, 저소득 장애인, 저소득 모자가정, 노숙자 등을 보호하고 그들에게 각종 서비스를 제공하며, 이재민구호, 청소년공부방 제공 등을 전개하는 기능이다. 이것은 지역복지를 증진함은 물론 이웃과 함께 더불어 살아가는 지역공동체의 형성과 사회통합에 기여할 수 있게 한다.
- 정보교류기능 : 지역주민들에게 생활에 필요한 각종 정보를 제공함은 물론 주민들 상호 간에 정보를 교류할 수 있도록 하는 기능이다. 이러한 정보로는 건강, 취업, 부업, 창업, 물가, 부동산, 자녀교육, 평생교육, 민원행정 등과 관련된 것들이 있으며, 소식지, 인터넷, 게시판 등을 통하여 전달하고 교류할 수 있게 한다(박동수 외, 2002: 5-6).
- 주민교육기능 : 주민자치센터가 지역주민의 평생교육의 장으로 활용될 수 있도록 하는 기능이다. 이러한 교육은 아동, 청소년, 주부, 노인 등을 대상으로 할 수 있으며, 교양강좌, 청소년교실, 건강교육, 외국어교육, 컴퓨터교육, 취업기술교육 등을 실시할 수 있다(김일태, 2001: 9).
- 지역경제기능 : 지역주민들이 생활에 필요한 물품을 공동으로 구매하거나, 주민이 생산한 물품을 직접 판매할 수 있게 하거나, 주민들 상호 간에 필요한 물품을 교환할 수 있도록 하는 기능이다. 이것은 농산물 직거래장터, 생필품 공동구매, 중고품교환센터, 소비자협동조합 등을 통하여 지역경제의 활성화에 기여할 수 있다.
- 주민자치기능 : 주민자치센터의 시설을 활용하여 지역주민들이 스스로 범죄예방, 청소년선도, 환경정화 등과 같은 지역사회의 문제에 관하여 토론하거나, 주민들의 의견을 반영하여 활동을 전개하거나, 지방자치단체에 요구사항을 전달하는 기능이다(김종성 외, 2002: 80).

2) 프로그램 운영 현황

행정안전부 2020년 주민자치센터 현황 및 운영 현황 자료에 따르면, 주민자치센터 프로그램 운영 현황은 문화여가 프로그램(63%), 시민교육프로그램(16%) 중심으로 운영되고 있다. 또한 이용자 규모별 프로그램 운영 현황은 <표 9-11>과 같다.

표 9-10 주민자치센터 프로그램 운영 현황

(2020.12.31.기준, 단위: 프로그램 개수)

구분	계	주민자치	문화여가	지역복지	주민편익	시민교육	지역사회 진흥	기타
계	36,994	556	29,042	1,265	377	5,237	375	142

출처: 행정안전부 홈페이지 http://www.mois.go.kr "2020년 주민자치센터 현황 및 운영 현황" 자료.

표 9-11 주민자치센터 이용자 규모별 프로그램 운영 현황

(2020.12.31.기준, 단위: 프로그램 개수)

시군구	계	1일평균 10명 이하	1일평균 11~20명	1일평균 21~30명	1일평균 31명 이상
계	36,994	9,861	16,132	7,076	3,925

출처: 행정안전부 홈페이지 http://www.mois.go.kr "2020년 주민자치센터 현황 및 운영 현황" 자료.

(1) 가족복지

주민자치센터의 가족복지와 관련된 프로그램은 가족 구성원 간의 문제를 예방·해결하기 위한 가족상담, 저소득층의 자립능력을 향상하기 위해서 직업훈련(예 커피바리스타, 취업안내 등), 주민의 보건과 건강의 증진을 위한 보건의료(예 건강강좌) 프로그램이 있다. 가족생활에 필요한 교양을 증진하기 위한 교양교육(자녀와의 대화법, 부모교육, 자녀성교육 등), 가족 구성원 간의 취미를 공유하고 가족기능을 강화할 수 있는 취미교실(예 가족등반대회, 스포츠댄스 등) 등이 있다.

(2) 아동복지

주민자치센터의 아동복지와 관련된 프로그램은 아동문제를 예방·해결하기 위한 아동상담(예 아동상담, 부모상담과 교육 등), 불우한 환경에 처한 아동에 대한 지원(예 한부모가족지원 등), 저소득층 가정의 아동을 보육하기 위한 아동보육(예 유아놀이방 등)이 있다. 아동을 건전한 사회 구성원으로 성장시키기 위한 사회교육(예 어린이환경학교, 어린이풍물교실, 전래동요 배우기 등), 가정에서 학습하기 곤란한 아동의 학업증진을 위한 아

동공부방(예 방과후교실 등), 경제적 이유 등으로 필요한 각종 기능을 익히지 못하는 아동을 위한 아동기능교실(예 논술교실, 미술교실, 영어교실, 한자교실, 종이접기, 바둑교실, 발레교실 등) 등이 있다.

(3) 청소년복지

주민자치센터의 청소년복지와 관련된 프로그램은 청소년 문제를 예방·해결하기 위한 청소년상담, 청소년의 건전한 사회적응과 발전을 위해서 지도하고 교육을 실시하는 청소년사회교육(예 청소년지도, 자연생태탐사, 여름방학특강, 청소년교양강좌, 문화유적탐방, 전통문화체험학습 등), 가정에서 학습하기 곤란한 청소년의 학업증진을 위한 청소년독서실(예 청소년공부방과 도서열람실 등), 경제적 이유 등으로 필요한 각종 기능을 익히지 못하는 청소년을 위한 청소년기능교실(예 인터넷교실, 논술교실, 영어동아리, 탁구동아리, 택견, 바이올린교실, 플루트교실, 한문 등) 등이 있다.

(4) 노인복지

주민자치센터의 노인복지와 관련된 프로그램은 노인의 건강과 신체적 기능을 회복하고 유지하기 위한 서비스를 제공하는 보건의료(예 무료진료, 노인건강교실, 체조, 성인병무료검진, 체력단련실 운영, 요가 등), 가족기능의 강화, 재가복지서비스의 제공 등을 위한 복지후생이 있다. 노인의 교육욕구를 충족시키고 교양과 생활에 필요한 지식을 향상하기 위한 사회교육(예 노인대학, 교양강좌, 한글교실 등) 및 노인의 문화와 여가활동 욕구를 충족시켜 생활의 활력을 갖도록 하기 위한 문화여가(예 실버스포츠댄스, 에어로빅, 게이트볼, 탁구교실, 서예교실, 민요교실, 풍물교실, 바둑교실, 영화감상, 음악감상 등)가 있다.

(5) 여성복지

주민자치센터의 여성복지와 관련된 프로그램은 여성들이 건강을 관리하여 유지할 수 있도록 하는 보건의료(예 생활한방, 체력단련실 운영 등), 사회생활을 영위하는 데 필요한 학문과 교양을 습득할 수 있도록 하는 교양교육(예 생활영어, 일본어회화, 중국어회화, 컴퓨터교실 등), 여성들이 취미생활을 통하여 생활의 활력을 찾을 수 있도록 하는 취미교실(예 스포츠댄스, 가요교실, 종이접기, 한과요리, 풍물교실, 민요교실, 볼링동아리, 테니스교실, 피부관리, 사진교실 등) 등이 있다.

(6) 지역복지

주민자치센터의 지역복지와 관련된 프로그램은 지역주민의 생활에 필요한 각종 정보를 제공하고 생활의 편의를 도모하는 정보안내(예 생활정보제공, 무료법률상담 등), 지역주민들 간의 협동적인 경제활동을 통하여 소득을 보충해 나가는 소득보충(예 알뜰직거래장터, 재활용센터 등) 및 지역사회의 발전을 위한 회의 등을 개최하는 주민편의시설(예 주민회의실 등) 등이 있다.

CHAPTER 10

가족치료[1)]

1. 보웬의 세대 간 가족치료모델

1) 주요 개념

보웬(Bowen)의 세대 간 가족치료(Bowen's family therapy)모델[2)]의 주요 개념으로는 자아분화, 삼각관계, 핵가족 정서과정, 가족투사과정, 다세대 전수과정, 출생순위, 정서적 단절, 사회적 퇴행이며, 대표적인 기법으로는 탈삼각화와 가계도가 있다(이영실, 2016; Bowen, 1978).

---

1) 가족치료를 처음 적용한 사람은 1908년으로 사회사업가 리치몬드(Richmond)이며, 그 후 여러 학자에 의해 임상적으로 발전해 오다가 1960년대는 가족치료가 합법적인 정신치료로 인정되었다. 그리고 고통을 겪었던 정신질환자, 빈곤층 가족들을 대상으로 연구가 활발히 진행되면서 가족치료가 활성화되기 시작하였다. 1970년대는 가족치료가 정립되는 시기였고 1980년대 이후에는 각 가족치료학파의 이론들이 왕성하게 활동하는 전성기를 맞이하게 되었다. 1990년대 이후에 접어들면서 가족치료이론들은 통합기를 맞이하였는데, 이 시기는 포스트모더니즘에 대한 비판과 후기 구성주의이론들이 등장한 시기라고 할 수 있다. 뉴욕을 중심으로 한 애커먼(Ackerman, 1966)의 정신분석학적 가족치료이론, 보웬(Bowen, 1978)의 가족체계이론, 캘리포니아를 중심으로 한 미누친(Minuchin, 1974)의 구조적 가족치료이론, 헤일리(Haley, 1977)의 전략적 가족치료이론 등이 오늘날 대표적인 가족치료 이론이라 할 수 있다. 가족치료의 주요 개념에서는 가족항상성, 가족규칙, 순환적 인과성, 의사소통, 일반체계이론, 가족삼각관계, 가족신화, 경계, 개인화와 가족갈등이 있으며, 이러한 가족치료 개념들은 가족치료 과정에 적용되는 이론이 된다. 가족치료의 실천에서는 가족치료와 개인치료의 차이점, 가족치료의 대상, 가족진단, 가족치료의 가치와 목표, 가족치료자의 역할, 가족치료 과정 등을 살펴보게 된다.

2) 보웬(Bowen)의 세대 간 가족치료(Bowen's family therapy)모델은 다세대적 현상으로 보고 다세대적 분석을 통해 현재 가족문제를 파악하려고 하였다. 보웬에 의하면 가족문제는 '정서적 융합'에서 비롯한다고 보았다. 즉, 대부분의 가족문제는 가족 구성원이 자신의 원가족에서 심리적으로 분리되지 못한 것이 문제라고 보았다. 사람은 부모에 대한 해결되지 않은 정서적 반응을 가지고 있으며 새로운 깊은 관계를 형성할 때 과거의 유형을 반복하게 된다고 본다. 따라서 건강한 인격을 형성하기 위해서는 가족에 대한 해결되지 않은 정서적 애착을 적극적으로 해결해야 함을 강조한다.

(1) 자아분화

자아분화(differentiation of self)는 정신 내적 측면과 외부관계(대인관계)에 관련된 개념이다. 즉, 정신 내적인 부분은 자신의 내면의 감정과 사고를 분리하는 능력이며, 대인관계적인 부분은 자신의 행동과 생각을 독립적으로 할 수 있는지의 부분이다. 따라서 적절히 분화된 사람은 사고와 감정 사이에 균형을 이룰 수 있으며 자제력이 있고 객관적이다. 반면, 분화되지 못한 사람은 자율성이 부족하며, 다른 사람과 융합되려는 경향이 있다. 자아분화 수준이 높은 사람은 어떤 일에 대하여 타인의 행동에 반사적으로 반응하지 않고 객관적인 사고가 가능하며, 사고와 감정의 균형이 잡혀 있으며, 타인의 의견을 존중하지만 압도당하지는 않고, 남의 인정이나 외부의 규준보다는 자신의 내면에서 원하는 소리에 민감하다.

> 정서와 지성 사이의 융합이 클수록 다른 사람의 정서적 반응에 융합되기 쉽다. 정서적 융합은 분리와 반대개념으로, 융합된 사람은 확고한 신념과 확신을 고수하지 못하며, 이성적 사고가 아닌 감성에 바탕을 둔 의사결정을 한다. 자아분화 수준이 낮은 부모는 자신들의 불안을 삼각관계를 통해 회피하려고 한다는 개념이다.

(2) 삼각관계

삼각관계(triangulation)는 두 사람 사이의 스트레스나 긴장관계가 발생했을 때 제삼자를 두 사람의 상호작용체계로 끌어들여 긴장의 수준을 완화하려는 것을 말한다. 이러한 삼각관계는 삼인체계의 역동적인 균형을 말하는 것으로 삼각관계에 가장 중요한 영향을 미치는 것은 불안이다.

> 삼각관계에서 불안이 감소하게 되면 두 사람은 다시 친밀해지고, 제삼자는 다소 불편함을 느끼는 방관자가 된다. 일반적으로 가족의 융합정도가 높을수록, 즉 가족 구성원의 분화의 정도가 낮을수록 삼각관계를 만들려는 노력은 더욱 강렬하다. 반면 가족 구성원의 분화수준이 높을수록 삼각관계를 만들지 않고도 긴장을 다루고 불안을 관리할 수 있다.

(3) 핵가족 정서과정

핵가족의 정서과정(nuclear family emotional process)은 해소되지 못한 불안이 개인에게서 가족으로 투사하는 것이다. 핵가족의 정서과정은 가족 내에서 반복되는 패턴으로 작용하는 정서적 압력에 관한 것이다. 즉, 아버지, 어머니, 자녀 사이의 가장 기본적인 정서적 형태는 과거 세대로부터 반복되고 다음 세대에서도 반복된다. 여러 세대를 거치는 동안에 가족 내에서 전달되는 지식과 정서는 과거와 같은 과정을 통하여 다음 세대에 전달될 것이고, 따라서 다음 세대에 관하여 타당성 있고 정확한 예측을 할 수 있다. 보웬은 이 개념을 설명하기 위해 '미분화된 가족 자아군'이라는 용어를 사용하였는데, 원가족으로부터 미분화된 사람은 부모와 '정서적 단절'을 원하지만 자아분화의 수준이 낮기 때문에 결과적으로 부부관계에서 융합하는 경향이 있다는 것이다.

일반적으로 핵가족의 시작은 결혼이며 두 배우자는 각자의 분화수준을 가지고 시작한다. 사람들은 교제, 약혼, 결혼에 이르는 가정에서 둘의 유사자아(pesudo-self)의 공동자아(commom-self) 융합을 이루게 된다. 이러한 분화가 이루어지지 못한 부모는 자신의 부모와 정서적 단절이 생기면, 현재의 가족생활에서 융합을 이루어 안정을 찾으려 한다. 즉, 자아분화가 낮은 사람의 결합일수록 두 사람의 자아가 융합되어 공동자아를 형성하는데, 문제는 새롭게 형성된 이와 같은 융합은 불안정하며, 때로는 융합이 반대로 부부간의 정서적 거리감을 증가시켜서 자녀에게 문제를 투사하는 등의 여러 가지 부적응을 초래할 위험성이 있다는 것이다.

(4) 가족투사과정

가족의 투사과정(family projection process)은 부모가 자신의 미성숙과 미분화에서 오는 문제를 자녀에게 투사하는 과정을 의미하는데, 미분화된 아버지 - 어머니 - 자녀의 삼각관계에서 한 자녀 이상에게서 증상이 나타나는 것을 설명한 것이다. 이러한 가족투사과정은 부모가 자신의 미분화를 전달함으로써 세대를 걸쳐서 진행되는데, 투사대상이 된 자녀는 최소한의 자아분화만을 한 채, 부모와 밀착관계를 가지게 된다. 자아분화 수준이 낮은 부모는 미분화에서 오는 불안을 삼각관계를 통해 회피하려고 하는데, 공통적 현상은 어머니가 특정 자녀와 공생적 관계를 형성하여 미분화의 산물인 자기문제를 투사시킨다는 점이다.

투사는 어느 가정에서나 일어나는 것인데, 분화수준이 낮을수록 그 경향이 심하고, 심지어 다음 세대를 희생시키면서까지 이전 세대의 미분화에서 발생한 불안을 경감시키려고 한다. 예를 들면, 어머니가 자신의 불안을 자녀에게 집중시키면, 자녀의 기능은 저하되고 이러한 자녀의 미발달은 어머니에게 더욱 통제할 구실을 제공한다. 어머니는 이러한 자녀에게 과도한 관심을 나타냄으로써 자신의 불안에서 벗어나지만, 자녀에게 정서적으로 더욱 문제를 드러낼 소지를 제공하여 자녀는 정서적 문제를 갖게 된다.

(5) 다세대 전수과정

다세대 전수과정(multiple generation transmission process)의 개념은 자녀들의 자기분화가 현재 속해 있는 세대에서만 형성되는 것이 아니고, 과거의 여러 세대를 거치는 동안에 전래되어 온 가족투사과정에서 형성된다는 것을 설명하는 것이다. 즉, 다세대 전수과정은 다세대를 통해 가족의 정서과정이 전수되는 것으로, 자아분화의 수준이 낮은 사람이 자신과 비슷한 분화 수준을 가진 사람과 결혼하면 다음 세대인 자녀에게 그들이 가진 미분화된 특징을 투사하게 되어, 자녀의 자아를 더욱 미분화상태에 놓이게 한다. 따라서 자녀의 문제는 자녀나 부모의 문제라기보다는 여러 세대에 걸쳐 일어나는 행동, 반응의 결과로 볼 수 있으며, 정서적 융합 또는 단절 역시 세대간에 전수된다.

(6) 출생순위

출생순위(sibling-position)의 개념은 자녀의 출생순위에 따라 고정된 성격적 특징을 발달시키는 것으로 보고 이는 부모와 자녀가 맺는 복잡한 삼각관계에 기인한 것으로 본다.

보웬은 출생순위 또는 형제자매 위치가 가족의 정서체계 안에서 특정한 역할과 기능을 한다고 보고 배우자의 상호작용 역시 그들의 원가족에서의 형제자매 위치와 관련이 있다고 보고 가족의 투사과정이나 자기분화의 개념에 응용하였다. 예를 들어 장남(장녀)은 다른 형제보다 권력과 권위를 더 추구하고 부모와 강한 감정적 유대관계를 가지며 삼각관계에 빠질 위험성을 높으며 자기분화수준이 떨어질 가능성이 많다. 반면에 다른 형제들은 집안 내에서 약자로서 자기 지위에 만족하지는 않지만 상대적으로 외부의 경험에 대해서 개방적이고 독립적이며 분화수준도 높다. 이 개념은 특정한 자녀가 어떻게 가족투사과정에서 대상으로 선택되느냐 하는 것을 이해하기 위한 새로운 차원을 제공하고, 개인이 결혼생활에 어떻게 적응하며, 가족치료를 할 경우 어떻게 반응할 것인가를 예측할 수 있는 좋은 자료가 된다.

(7) 정서적 단절

정서적 단절(emotional-cut-off)은 세대 간에 이루어지는 정서적 과정에 관한 개념으로 세대 간의 불안을 처리하는 방법으로 부모와 자녀 간의 융합이 클수록 자녀가 성장한 후 부모와 단절하려는 경향이 커진다는 것이다. 융합이 심한 사람은 가족과의 정서적 접촉을 격리, 위축, 멀리 달아나는 것, 부정, 또는 거부, 회피함 등의 방법으로 문제를 해결하려고 하나, 고립된 소외에서 오는 불안으로 다른 사람과의 관계를 맺으면 또 다른 융합을 초래한다. 즉, 정서적 단절의 두 가지 표시는 가족의 중요성에 대한 부정과 독립성의 과정으로 나타난다.

정서적 단절은 서로 정서적 의존성과 불안이 높은 가족에서 빈번하게 발생한다. 잘 만나지 않던 가족이 추석이나 설과 같은 명절에 가족 간의 다툼으로 인한 사건이 많은 것도 분화수준이 낮은 가족들이 한 자리에 모임으로써 불안수준이 급격하게 높아지기 때문이다. 정서적 단절 역시 세대 간 전수 가능성이 있다. 정서적 단절을 피할 수 있는 방법은 원가족과 접촉하고 분화를 촉진함으로써 원가족과의 미해결된 애착을 해소하는 것이다.

(8) 사회적 퇴행

사회적 퇴행(societal regression)은 가족 구성원이 만성적인 불안에 처해 있을 때, 가족은 이성적으로 부모가족과 접촉하는 것을 피하기 시작하고 불만을 경감시키기 위하여 주로 감정적으로 결정하고 반응하게 된다. 이런 과정의 결과는 증상이 발생하고 결과적으로 사회적 기능이 저하되고 퇴행하게 된다는 개념이다.

사회적 퇴행은 가족에 대한 기본이론을 보다 큰 사회적 영역으로 확장하였다. 사회도 마찬가지여서 같은 과정이 사회에서 발생한다. 즉, 전쟁이나 인구증가, 성차별 등과 같은 만성적 스트레스 상황에 처할수록 사회적 불안은 커지고 그 결과로 분화수준은 감소된다. 그리고 우리는 증가하는 만성적 사회불안에 처해 있고 사회는 불안을 경감시키기 위하여 감정적으로 결정하여 반응한다. 이것은 역기능의 증상을 초래하고, 증상을 경감시키기 위한 노력은 점점 더 감정이 개입된 법을 제정하게 되고, 문제는 심화되어 주기가 반복되는데, 이것은 가족에서 정신적 질병의 상태가 주기적으로 나타나는 것과 비슷하다.

2) 치료 목표

가족치료의 궁극적인 목표는 여러 세대를 통해 반복되고 있는 가족과정과 구조를 파악하여 원가족에게서 자기분화를 높여 가족체계를 변화시키는 것이다. 즉, 보웬(Bowen) 이론의 핵심은 가족결속(togetherness)과 개별화(individuality)로 양극단에 치우치지 않고 적절하게 균형을 유지하는 것을 건강한 상태로 보았다. 따라서 치료목표는 치료자가 다세대 정서체계에 퍼져 있는 만성불안 유형에서 벗어나게 해줌으로써 가족 구성원의 불안을 경감시키고 자기분화를 촉진하여 삼각관계에서 벗어나도록 하는 것이다.

참고 보웬(Bowen)의 치료 목표(Bowen, 1978)

① 불안을 감소시키고 자기분화수준을 높인다.
② 자기분화는 치료목표인 동시에 성장목표이다.
③ 분화되지 않은 가족, 자아 집합체에서 자신을 분리·독립시켜 정체감을 형성하고 자기 충동적, 정서적 사고와 행동에서 자유를 획득해 나갈 수 있도록 돕는 것이다. 즉, 자기분화를 이룬 사람은 감정과 사고를 분리할 줄 알고 핵가족 및 확대가족과의 유대를 끊지 않으면서도 독립성을 발달시킨다.

분화수준이 높을수록, 심각한 스트레스를 겪는다 할지라도 정서적으로 객관화될 수 있는 능력이 있다. 가족체계를 변화시키기 위해서는 폐쇄적인 가족관계를 개방하여 삼각관계에서 벗어나야만 개인의 자주성과 성장이 이루어질 바탕이 마련된다.

3) 치료기법

보웬의 치료기법은 성숙하고 분화가 잘된 한 배우자를 선정하고 일정 기간 그 사람과 치료를 진행하는 것이다. 이 치료기법[3)]을 사용하기 위한 기본가정은 지속된 정서적 삼각관계를 깨뜨릴 수 있는 사람은 바로 가족 내에 있는 가족 구성원이라고도 보았기 때문이다. 그리고 선택된 가족 구성원이 행동상에 변화를 보이게 되면, 다른 구성원들도 똑같이 행동하려는 경향이 있다고 보았다.

보웬의 가족치료에서 가장 많이 사용하는 7개의 기법은 다음과 같다(이영실, 2016: 192; Goldenberg & Goldenberg, 1980: 177; Bowen, 1987).

(1) 가계도

가계도는 가족체계이론의 결과물이다. 가계도에 포함된 정보는 정서적 체계를 지배하는 원리들의 이해 없이는 무의미하다. 도식은 여러 세대에 걸친 정서적 과정의 결과물을 반영하며, 살아 있는 유기체의 변천, 즉 다세대가족을 평가한다. 자료를 수집하는 것은 자료로부터 얻은 정보가 가족의 정서과정에 영향을 미친다고 가정하고 있기 때문이다. 가계도는 가족과 함께 탐색할 수 있는 여러 가지 정보들이 나올 수 있는 유용한 도구로서, 원가족과의 융합문제, 미분화 문제, 핵가족 정서적 체계, 정서적 단절, 삼각관계 등이 가계도를 통해 드러난다.

3) 보웬은 각 가족 구성원 자신이 관계 문제에서 어떤 해결을 하는가에 초점을 두도록 권고한다. 치료과정에서는 두 성인과 치료자와의 삼각관계 상황을 지속시키면서 치료를 계속하는 것이 그의 중요한 치료기법이다.

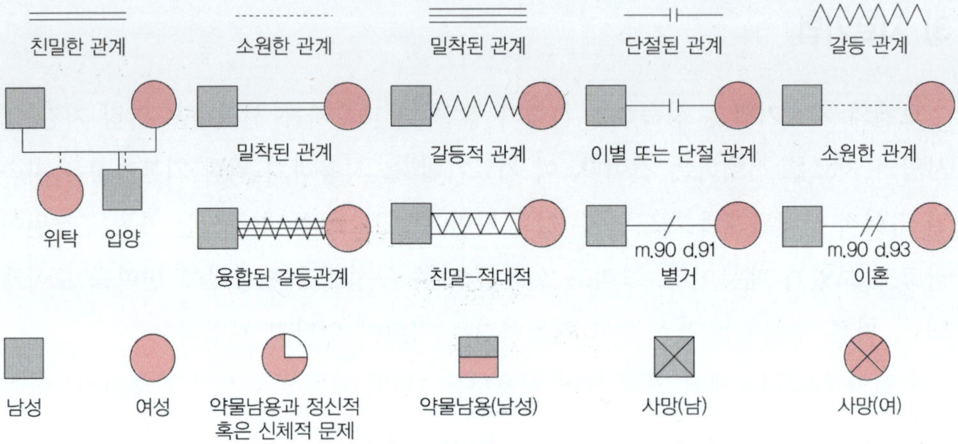

그림 10-1 가계도의 표준 기호

(2) 삼각관계로부터 분화

보웬의 가족치료기법 중 하나는 두 성인과 치료자로 이루어진 삼각관계 체계에서 개입하는 것이다. 가족체계 내의 갈등적인 관계상황은 증상과 관련된 삼각관계를 가지고 있다고 하는 이론적인 가정을 기초로 하고 있다. 즉, 가족은 삼각관계 과정에 치료자를 포함하고 능동적으로 노력을 하게 된다는 것이다. 만일 가족 구성원이 치료자와의 삼각관계 형성에 성공한다면, 가족체계와 가족 구성원들은 점차로 진정하고 자신의 문제를 해결하기 시작하게 될 것이다.

(3) 가족조각

가족조각은 몸짓, 거리, 신체적 행동 등을 통해 의미를 전달하는 것이다. 가족 구성원들에게 그들 가족을 '조각'하여 보라고 요청하고 가족 구성원들에게 그들 관계의 성질을 묘사하는 방식으로 자세를 취한다. 조각하기는 대화가 없이도 다른 사람의 관점을 이해하는 수단을 제공함으로써 특히 대화가 서툰 가족에게 유용하다.

(4) 관계 경험

관계 경험의 궁극적인 목적은 가족 구성원의 체계 과정을 알게 하여 체계 과정에서 자신의 역할을 인식하도록 돕는 것이다. 이를 위하여 핵심적 삼각관계를 구조적으로 바꿈으로써 다른 사람의 요구에 대하여 회피하거나 항복하는 것 등에 대해 변화할 수 있는 방법을 찾도록 하는 것이다.

(5) 코칭

코칭(coaching)을 통해 치료자가 환자의 삼각관계에 끌려 들어가지 않으면서도 가족 스스로 정서과정을 이해하고 개인의 역할을 이해할 수 있도록 돕는 방법이다. 코칭의 목적은 이해를 증가시키며, 자기에게 초점을 두도록 하며, 가족 구성원 간에 좀 더 기능적인 애정관계를 발전시키도록 하는 것이다. 코칭은 중립적이고 객관적인 조언을 통해 가족 구성원 개개인의 분화를 돕는다. 치료는 가족 구성원 개개인이 분명하게 정의된 자기입장을 가지고 분화된 방향으로 가족체계에 영향을 미치게 되면, 코칭해 주는 치료 횟수는 점차 줄여 나간다.

(6) 자기 입장 취하기

다른 사람이 행동하는 것에 대하여 간접적으로 말하지 않고 나의 입장에서 메시지를 전달한다. 이러한 기법은 자신이 느끼는 것을 자기 입장에서 말하는 것으로 정서적인 반응의 악순환을 깨는 데 도움을 준다. 자기 입장 기법은 화가 나고 속상한 상태에서 그 원인을 추적하거나 상대방에게 책임을 추궁하는 것이 아니고, 자신의 현재 감정 상태를 표현하는 것이다. 따라서 상대방이 말하는 것으로 상대방은 말하는 사람의 상태를 이해하게 되며, 반응적이며 악순환적인 대화에서 벗어나서 무엇인가 해결 방법을 찾을 수 있는 생각을 시작할 수 있다.

예 : "당신이 그렇게 행동한 것에 관하여 나는 매우 소외감을 느끼고 섭섭합니다. 나는 당신의 행동으로 인하여 매우 화가 나서 지금은 어떠한 대화도 하고 싶지 않습니다. 앞으로 지금과 같은 행동을 하지 않기를 바랍니다."

(7) 정서 과정 학습

보웬은 부부와 상담할 때 먼저 한 사람에게 관심을 두고 최소한의 상호작용을 하도록 한다. 이것은 다른 사람으로 하여금 관찰하게끔 하고 정서 과정을 학습하도록 하려는 데 목적이 있으며, 감정적으로 관여하는 것을 제지시키려는 의도가 있다.

(8) 자신의 이야기 들려주기

치료자가 환자에게 치료 장면에 대해 녹화한 것이나 녹음한 것을 보여주고 또는 이야기를 들려주는 방법이다. 환자 자신의 이야기를 어떠한 방법이든 보거나 듣게 될 때 가족 구성원들은 상호 간에 방어가 줄어들게 되고, 가족 기능에 관하여 배우게 된다.

2. 구조적 가족치료모델

1) 주요 개념

구조적 가족치료(structural family therapy)모델은 미누친(Minuchin) 등을 중심으로 발달한 가족구조의 중요성을 강조하는 이론이다. 미누친은 가족을 하나의 체계로 보고 개인의 문제를 심리적인 요인보다 사회체계와의 관련성에 두고 있는데, 가족구조의 불균형(경계가 불분명하거나 지나치게 밀착되어 있는 것, 위계질서의 모호함, 체계 간 경직성 등)의 결과로서 가족문제가 발생한다고 보고, 가족구조의 변화, 즉 가족의 재구조화를 목표로 한다. 즉, 가족의 구조를 변화시킴으로써 체계 내 개인의 위치가 변경되고, 그의 경험이 변화되어 결국 개인에게 변화를 초래한다는 것이다. 따라서 치료목표는 구조의 변화이며, 문제해결은 체계적 목표의 부산물이다. 구조적 가족치료자는 가족 구성원이 주조를 변화시키는 데 도움을 주기 위하여 가족체계에 참여한다. 치료자는 경계선을 바꾸거나 하위체계를 재정비하기 위하여 가족 구성원 각각의 행동과 경험을 바꾼다. 이처럼 문제를 해결하는 것은 가족이 해야 할 부분이고, 치료자는 단지 가족의 기능이 변화하도록 도와줄 뿐이다(김유숙, 2002: 165).

참고 구조적 가족치료모델

미누친(Minuchin, 1974)의 구조적 가족치료이론은 인간의 사회성에서부터 출발하고 있다. 사회는 가족을 형성하게 하고 가족은 개인을 형성한다는 명제는 구조적 가족치료(structural family therapy)의 중요한 이론적 기초를 이루고 있다. 기존의 전통적 심리치료 이론들이 개인의 내면세계를 강조하면서 개인의 중요성을 강조한 반면 미누친은 개인들의 상호작용 유형과 가치관에 가족이 미치는 영향을 강조하고 있다. 어떤 방식으로 가족들이 상호작용을 하는가에 따라서 개인의 행동은 많은 영향을 받게 된다고 본다. 미누친이 가족치료현장에 나타났을 때 그의 영향력은 대단하였다. 그의 가장 중요한 공헌은 가족구조의 이론을 정립하고 가족치료기법을 구조화하는 길잡이 역할을 하였다는 것이다. 이 구조적 접근법은 크게 성공하여 1970년대 실천현장을 주도하였다. 미누친은 필라델피아 아동상담소를 설립하였고 이 상담소는 세계적으로 유명해져서 가족치료자들이 구조적 가족치료의 훈련을 받았다(Nichols. & Schwartz, 2005: 127-129). 미누친의 이론이 이처럼 인기가 있었던 이유는 단순하고 포괄적이면서도 실용적인 이론이었다는 점 때문이었다.

구조적 가족치료에서 중요한 개념들로 하위체계, 위계질서, 경계, 제휴, 세력, 가족적응, 가족구조 등이 있다(이영실 외, 2016: 194-197).

- 하위체계 : 미누친(Minuchin, 1974)은 하위체계(subsystem) 주변의 경계를 명백히 하는 것이 새로운 체계를 만드는 것보다 더 중요하다고 하였으며, 가족구조 내에서 불분명한 경계선, 역할, 기대, 세력, 권위 등으로 인하여 발생하는 가족구조상의 문제에 관심을 두고 연구하면서 치료기술을 발전시켰다. 전통적으로 가족하위체계는 성, 세대, 일반적 관

심(지적 능력, 사회적 능력, 책임) 등에 따라서 형성되고 구분된다. 가족 내의 대표적인 하위체계는 남편과 부인에 의해 만들어지는 부부하위체계, 아버지와 어머니에 의해 만들어지는 부모하위체계, 아이들끼리 만들어 내는 자녀체계를 들 수 있다.

- 위계질서 : 위계질서(order of rank)는 하위체계 간의 규칙이며 우선순위를 말한다. 예를 들면, 부모체계는 자녀체계보다 위에 있는데, 상위체계는 전체 가족에 대한 의사결정권을 갖고 전체 가족 구성원들의 행동을 통제하고 지배하는 규칙을 만들고 이를 시행한다. 정상 가족일 경우 부부가 거의 비슷한 정도의 권력을 가지고 있고 아동들이 부모보다 훨씬 낮은 위치를 차지하므로 세대 차이에 따른 위계질서는 분명히 나타난다. 문제가정에서는 아동이 부모 중 한 사람과 결탁관계를 이루어 나머지 가족보다 높은 위치를 차지하게 되기도 한다. 가족이라는 전체체계가 잘 유지하기 위해서는 부부체계와 자녀체계가 서로 위계질서 안에서 하위체계들을 잘 조정하고 조화롭게 질서를 유지해야 한다. 부부체계는 자녀체계보다 더 우위에 있으며, 전체 가족을 책임지는 집행부 같은 역할을 하며, 전체 가족의 방향설정과 행동방식들을 결정하는 곳이다(김혜숙, 2008: 78).
- 경계 : 경계(boundary)는 다른 사람들과 접촉하는 수준을 규제하는 눈에 보이지 않는 장벽으로 위계와 거리를 조정하면서 가족, 개인, 하위체계의 자율성을 보호한다. 즉, 경계는 체계 간의 차이를 보호하는 기능을 수행하는데, 가족의 기능이 원활히 수행되려면 체계 간의 경계선이 명확해야 하며 가족 내 경계의 명확성은 가족의 기능을 평가하는 척도가 된다. 미누친은 가족 구성원의 인간관계를 규정하는 세 가지 개념을 경계선, 제휴, 권력으로 설정하였고 이것이 가족구조의 특성을 이룬다고 하였다. 대개 경계선은 명확한 경계, 혼동된 경계, 경직된 경계 등 3종류로 분류한다. 명확한 경계의 가족은 정상 또는 건전한 가족으로서 가족 구성원 간에 질서가 있고 정확한 상호작용을 한다. 그러나 혼동된 경계를 가진 가족체계는 상호작용 규칙이 애매하여 구성원의 문제에 지나치게 관여한다. 이러한 혼동된 경계를 주로 보이는 가족을 미누친은 망상형 가족이라 하였다. 이와는 대조적으로 경계선이 너무 경직되어서 가족 구성원 간의 상호관계가 잘 성립되지 않은 가족을 분리된 가족, 즉 경직된 경계의 가족이라 하였다.
- 제휴 : 제휴(alignment)란 안정적 결탁(stable coalition), 삼각관계(triangulation), 우회적 결탁(detouring coalition)을 말하며, 이는 다른 사람이 활동하는 데 있어 체계의 한 가족 구성원이 합류되거나 대항하는 것을 의미한다. 즉, 2명의 가족 구성원 또는 하위체계들이 협력적으로 상호작용하는 것이다. 긍정적 제휴는 가족 또는 개인의 복지에 기여하지만 부정적 제휴는 경직되고 배타적인 성격을 지니며 가족의 문제를 야기한다.
- 세력 : 세력(power)은 가족구조를 파악하기 위해서는 누가 누구에게 세력을 행사하며, 무엇을 위해서 세력을 행사하며, 또한 세력 행사에 의하여 누가 적극적으로 또는 수동적으로 행동하는가, 아니면 영향력을 행사하는 사람에게 누가 자발적으로, 강압적으로 대응하는가 등의 가족 역동성을 파악할 수 있어야 한다. 세력과 관련된 기본적이고 구조적인 문제는 체계 내에 기능적인 세력의 부족과 연관이 있다. 세력과 관련된 구조적 문제는 첫째,

체계 내에서 기능적인 세력의 부족으로 세력행사 능력이 부족하거나 가족 구성원이 세력 행사를 허용하지 않는 것을 의미하며, 둘째, 발전할 수 있는 잠재능력을 억제함으로써 연령에 부적절한 방법으로 행동하도록 강요하는 것을 의미한다.

- 가족적응 : 미누친은 가족체계 내에서 발생하는 긴장은 다음과 같은 네 개의 차원에서 발생된다고 보았다. 첫째, 가족 구성원 중 한 명의 구성원이 가족 외부의 세력과 접촉할 때, 둘째, 가족 전체가 가족 외부의 세력과 접촉할 때, 셋째, 가족의 발달단계상의 과도기일 때, 넷째, 한 가족 구성원이 갖고 있는 특정한 문제일 때 긴장이 야기될 수 있고 이에 대한 적절한 적응이 필요하다고 보았다.
- 가족구조 : 반복적이고 체계화되어 있어서 예측할 수 있는 가족의 행동양식이다. 가족구조는 가족이 상호작용을 하는 방식과 관련된 개념으로 이론적 체계와 가족의 행동에서 비롯되는 실제적인 상호작용을 관찰할 때 분명해진다(정은, 2009: 139). 가족 구성원들이 상호작용하는 조직화된 패턴인 가족구조는 결정론적인 개념이기는 하나, 그것이 행동을 규정하거나 합법화하지 않는다. 가족구조는 일반 구속(universal constraints)과 특이 구속(idiosyncratic constraints)이 있다. 일반 구속은 모든 가족의 부모와 자녀들은 서로 다른 양의 권위를 가지고 일련의 계층적 구조를 가지고, 특이 구속은 가족 구성원들이 서로 다른 상호 보완적인 기능을 가진다. 만일 한쪽의 부모가 책임감이 강하고 유능하면 다른 한쪽은 그렇지 못한 경우가 많은데, 이때에 유능한 사람이 아프다거나 어떤 면이 부족하면 다른 한쪽이 그것을 떠맡게 된다.

2) 치료의 목적

구조적 가족치료의 최종 목표는 구조적 과정이 전체 가족에게 이득이 될 것이라는 확신을 얻고자 하는 것이다. 보다 구체적인 목적은 문제해결능력을 향상할 수 있도록 역기능적 구조를 변화시키고 그 체계가 문제를 해결하고 체계의 성장을 도모하며, 가족 구성원 간의 상호지원을 유지하면서 개인의 성장을 가져올 수 있도록 하는 것이다(Nichols & Schwartz, 2001: 247). 이 과정에서 가족구조가 변형되고 하위체계가 재구조화, 재조직화되어 현존하는 문제를 제거함으로써 결과적으로 잘 규정되고 구조화된 체계로 거듭나게 된다.

3) 치료기법

구조적 가족치료는 역기능적인 가족구조를 제도화하는 구조변화에 목적을 두고 그 과정에 치료자가 적극적으로 개입하는 것이다. 따라서 이 모델은 소년비행이 있는 가족, 거식증이 있는 가족, 약물을 남용하는 가족, 사회경제적 수준이 낮은 가족, 알코올중독자가 있는 가족 등에게 주로 활용되고 있다. 구조적 가족치료의 기법에는 합류하기, 실연화 하기, 재구조화, 상호작용에 개입하기, 진단하기, 상호작용을 강조하고 수정하기, 경계 만들기, 균형 깨트리기, 가족의 인지 변화 및 교사 역할 등이 있다.

(1) 합류하기

합류(joining)란 치료자가 가족체계에 진입하는 것을 포함하여 상호작용과 의사소통을 추적하고 그 가족의 양식과 규칙, 행동유형에 적응하는 것이다. 합류는 모방(mimesis)과 관련이 있어, 그 체계가 가진 은유와 주제를 이용하고 조화시키고 인정하는 것을 포함한다. 합류과정에서 치료자는 그 가족의 위계, 문화, 언어 및 규칙을 존중하는 한편, 불안감소를 돕기 위해 공감을 표현하고 감정을 확인하고 인정하게 된다. 한 가족체계에 합류하는 과정은 '공동작업'의 분위기를 만들어 내면서 공감대를 수립하고 이해의 장을 구축하는 것이다.

가족체계는 항상성을 유지하려는 속성이 있으므로 치료자는 먼저 구성원들을 이해하고 수용함으로써 가족에 합류하기를 한다. 특히 가족체계에 합류하기 위해서 치료자는 적응하는 능력을 갖고 있어야 하며, 치료의 초기과정을 단축하고 촉진하는 방법에는 유지, 추적, 모방의 기법이 있다.

(2) 실연화 하기

실연화(enactment) 하기란 치료자가 구상하고 있는 상호작용의 방법을 가족들로

하여금 실제로 행동을 통해서 연기하도록 만드는 방법이다. 치료자는 가족들이 연기하는 동안에 관찰자의 입장에서 가족들의 상호작용 속에서 역기능의 가족구조를 발견할 수 있다. 실연화는 가족이 자신들의 문제에 관여하는 방법을 실제적으로 재현함으로써 그들 스스로가 문제를 가족구조라는 맥락 안에서 관찰하여 이해할 가능성이 높다. 가족들의 실연화 경험은 문제를 가진, 즉 증상을 나타내는 개인 중심의 사고에서 가족이 역기능적인 상황에 있다는 인식의 변화에 도움이 된다. 가족들이 또한 문제에 대해 서로 이야기하는 것이 아니라 문제를 실제로 경험하면서 치료자가 각각 관여해 가기 때문에 오히려 구조개선의 움직임이 일어날 가능성도 크다.

치료자는 가족 구성원들을 조직함으로써 실연을 촉진할 수 있다. 치료자는 부모에게 "자녀가 규칙을 어긴 것에 대하여 어떻게 할 것인지 두 분이 함께 토론해 보는 것이 좋겠습니다."라고 권유함으로써 그들의 부모역할이 일관성 없고 서로 달랐던 것에서 합의점을 이끌어 낼 수 있도록 하는 것이다. 치료자는 가족들의 상호교류를 지지하고, 때로는 저지하기도 하고, 수정하고 변경하기도 하면서 개입하게 된다. 실연화는 바로 치료자가 가족에게 개입할 수 있는 구체적인 기회를 제공한다(김혜숙, 2008: 95-96).

(3) 진단하기

진단하기(diagnosing)에 있어서 가족은 대개 한 구성원에게 문제가 있는 것으로 파악하지만 치료자는 개인의 문제를 가족의 역기능적 상호작용의 결과로 이해하고 가족 전체가 변화함으로써 구성원들 모두에게 도움이 되도록 문제를 진단하여야 한다(최경석 외, 2003: 189-191).

가족들은 보통 문제들이 환자 안에 내재되어 있고 과거의 사건에 의해서 결정된 것이라고 생각한다. 그들은 치료자가 가급적 가족항상성은 덜 깨뜨리면서 환자를 변화시켜 주기를 바란다. 가족치료자는 환자의 증상을 전체 가족에 영향을 미치고 있는 역기능적인 상호관계 유형이 표현된 것이라고 본다. 구조적 진단은 문제를 한 개인의 수준을 뛰어넘어 가족체계까지 확대하고, 과거의 산발적인 사건들로부터 현재 계속되고 있는 상호작용으로 초점을 옮긴다. 가족진단은 가족 구성원 모두를 이롭게 하는 방식으로 가족을 변화시킨다는 목표에 입각해서 이루어진다.

(4) 경계 만들기

경계 만들기(boundary making) 기법은 가족 간의 경계선이 모호하거나 너무 경직된 경우 이를 수정하는 개입이 필요한데, 이는 가족 구성원 각자가 체계 내에서 적절한 위치에 있도록 하위체계 간 경계를 분명히 유지하도록 하는 기법이다.

치료자는 지나치게 유리된 또는 밀착된 하위체계 간의 경계를 근접하게 하거나 또는 경계 간에 어느 정도의 거리를 만든다. 예를 들면 어머니가 청소년 자녀를 지나치게 간섭하고 보호하는 경우에는 어머니와 자녀 간의 방해를 받지 않고 자신의 느낌과 주장을 이야기하도록 하는 경계를 만들어 부모가 자녀의 이야기를 경청하도록 함으로써 자녀가 자율성을 확보하도록 한다.

(5) 균형 깨트리기

균형 깨트리기(unbalancing)는 경계선을 만들어 가면서 치료자는 하위체계 간의 관계를 재조정해 나가려는 목표를 갖는다. 균형 깨트리기 단계에서의 목표는 하위체계 내에 있는 구성원들 간의 관계를 변화시키는 것이다. 갈등관계에 있는 가족들이 평형상태를 이루어서 가족들이 종종 궁지에 몰린 채로 고착화된 경우 치료자는 균형을 무너뜨리기 위해 가족과 합류하여 한 개인이나 하나의 하위체계를 지지한다. 즉, 균형 깨트리기 기법은 하위체계 간의 관계를 재배치함으로써 가족 내 하위체계들 간의 역기능적 균형을 깨트리기 위한 기법이다. 예를 들어, 권위적이고 지배적인 남편과 자기주장을 하기 시작한 아내 사이에서 사회복지사는 의도적으로 부인의 편을 들어줌으로써 역기능적 균형을 깨트린다. 얼핏 편을 들어 중립성이라는 치료의 원칙을 깨트리는 것처럼 보일 수도 있으나 그것은 체계의 균형을 무너뜨려서 체계를 재조정하기 위한 것이다. 치료자는 번갈아 가며 다양한 가족 구성원들의 편을 들기 때문에 균형과 공평함은 지켜진다.

참고 **재구조화하기**

가족의 구조를 변화시키기 위해서 재구조화(restructure)의 기법은 여러 가지 분야에 적용된다. 가족이 당면하고 있는 여러 가지 문제를 재구조화하기 위하여 치료자는 현실과 증상에 도전하기, 경계선을 만들고 바꾸기, 긴장고조, 증상활용, 과제부여 등의 기법을 사용한다.

참고 **가족 상호작용 개입하기(working with interaction)**

치료자는 가족에게 어떤 문제를 어떻게 다루는지 회기 중에 직접 실연하는 것이다. 가족은 있는 그대로보다는 바람직하다고 생각하는 대로 자신들을 기술하는 경향이 있다. 즉, 가족이 갖는 문제행동을 치료자가 치료회기 중에 직접 보여줌으로써 가족 스스로가 관찰하고 변화하도록 하는 기법이다.

3. 경험적 가족치료모델

1) 주요 개념

사티어(Satir, 1983)의 경험적 가족치료(experimental family therapy)모델은 의사소통의 증진을 통한 성장에 초점을 두고 있다. 즉, 의사소통의 방법을 통해 대인관계의 상호작용으로 상호 존중과 신뢰할 수 있는 경험을 클라이언트가 직접 하도록 한다. 경험적 가족치료는 가족 구성원들이 각자 자신의 감정과 욕구에 민감하므로 가족의 기쁨뿐 아니라, 실망, 두려움, 분노 등에 대해서 대화하고 수용할 수 있도록 돕는 데 있다(김정진, 2008). 이는 가족의 결속과 바람직한 의사소통으로서 치료자가 서로 배려하고 수용하는 방법을 가족에게 제시하여 서로 간의 두려움을 극복하고 자신의 마음과 경험을 개방하도록 한다(이영실, 2016: 200-202).

참고 경험적 가족치료모델

경험적 가족치료는 인본주의적 심리학에서 시작되었으며, 즉각적인 지금-여기를 강조하여 1960~1970년대에 전성기를 맞이한다. 경험적 가족치료는 개인의 정서적 경험과 치료자 자신의 적극적 활용을 강조하였는데, 게슈탈트 치료와 참만남집단으로부터 역할놀이와 정서적 직면기법을 도입하여 대집단 가족치료에 접근하였고 조각기법과 가족 그리기 같은 표현적 기법들은 예술과 심리극의 영향을 받았다. 경험을 통하여 개인이 성장하도록 돕는 형태의 가족치료를 발전시킨 주요 인물로는 칼 휘태커(Carl Whitaker, 1946)와 버지니아 사티어(Virginia Satir, 1976) 등을 들 수 있다. 경험적 가족치료자는 대인관계 그 자체가 성장에 주요한 계기가 되며 경험을 통한 개인의 성장을 돕는 치료라고 강조하였다.

(1) 자기존중

자기존중(Self-esteem)이란 사람은 자기존중의 감정 없이 성숙할 수 없다는 개념이다. 따라서 가족체계 내의 의사소통은 가족체계 내에서 개인들의 자기존중 형성에 영향을 미친다. 사티어는 자기존중 개념이 인간의 기본욕구이고, 성(sex)은 기본욕구가 아니라는 것을 발견하였다.

사티어의 성장모델은 개인의 낮은 자기존중을 회복시켜 자신의 가치를 인정하고, 보유하고 있는 장점과 자원을 발견하고 활용하도록 함으로써 문제상황에 잘 대처할 수 있게 한다. 사티어는 자기존중에 대한 개념을 자기, 타인 그리고 상황의 세 요소로 설명하고 있다(정문자 외, 2008: 169).

(2) 의사소통

사티어는 의사소통을 정보를 주고받는 과정으로 보고 언어적·비언어적 의사소통과정을 중요시하였으며, 메시지의 일치성과 불일치성에 많은 관심을 두었다. 그리고 모든 의사소통 기술과 유형은 어려서부터 부모와 가족들의 훈련과정을 통하여 학습된 것으로서 새로운 학습과 필요에 따라 변화할 수 있다는 것을 전제로 하였다. 따라서 사티어는 의사소통 유형을 크게 역기능적 의사소통과 기능적 의사소통으로 나누어 설명하였고, 가족의 문제는 가족 구성원 간 역기능적 의사소통에서 비롯된다고 강조하였다.

분명하고 적절한 의사소통은 욕구를 지나치게 일반화하지 않고 자신의 희망, 생각, 개념을 다른 사람에게 투사하지 않고 다른 사람에게 제삼자의 사적인 이야기를 전하지 않는다. 그러나 역기능적 의사소통은 이중구속 메시지를 통하여 의사소통한다고 보았다.

(3) 가족규칙

사티어는 누가 무엇을 근거로 가족규칙(the family rules)을 만들었으며, 그 규칙들이 어떠한 영향을 행사하며, 규칙을 어길 때 어떻게 반응하는가? 등을 중요시하며 진단과 치료에 활용했다. 가족은 경제, 가사, 개인 욕구와 관련된 계획, 권리침해 등과 같은 집에서 함께 생활하는 데 필요한 규칙을 가지고 있지만, 대부분 처음부터 명확하게 만들어진 것이 아니라 반복적이고 상호작용적인 일상의 경험을 통하여 만들어져 어려움에 대처하거나 극복하는 행동유형의 일부분이 된다. 가족규칙은 명시적이거나 또는 암시적일 수 있지만 힘이 강하고 성장경험과 학습에 지대한 영향력을 미친다.

(4) 가치

가치(value)는 가장 정신적이며 영적인 것이고, 가치는 삶을 존중시하고 신성시한다. 가치감정은 학습되는 것이므로 잊어버릴 수도 있고 새로운 것을 배울 수도 있다. 그리고 일생 중에 언제라도 자존심을 향상할 수 있다.

(5) 성장

성장(growth)은 모든 사람들은 심리적으로 성장하고 발전하고자 하는 욕구를 가지고 있다. 그리고 생존하고 성장하기 위해 적응할 수 있는 능력을 갖고 있으며, 성장하고 변화할 수 있는 자원을 가지고 있다.

2) 치료 목표

경험적 가족치료모델의 치료목표는 가족을 재조직하는 것이 아니라 증상을 없애는 데 있다. 문제의 해결이란 해로운 정적 피드백의 순환을 중단시킬 수 있도록 다른 행동유형을 대체하는 것이다. 다시 말하면 행동주의적 가족치료자의 목표와 마찬가지로 의사소통 가족치료자의 목표는 증상을 자극하고 강화하는 행동을 제지하는 것이다. 사티어는 초기에 성숙, 기능적 의사소통, 자아존중에 초점을 두었으며, 각 개인이 치료를 통하여 성취하기를 원하는 것을 찾아내고 새로운 꿈을 형성해 나가도록 하는 것을 중요시하였다. 치료에 있어서 증상보다는 극복과정과 성장과정을 강조하는 경험적 가족치료자 사티어는 어느 누구보다도 감정, 특히 억압된 감정을 다루는 것에 많은 관심을 두었다. 사티어는 문제가정의 공통된 속성으로는 자기가치, 상호 간의 의미를 주고받는 의사소통, 가족규칙, 외부사람 및 사회제도 등의 문제인데, 이러한 문제들을 해결하는 것이 가족치료의 목표로 삼고 있다.

사티어는 가족치료 목표를 달성하기 위하여 가족체계에 다음과 같은 변화가 일어나도록 시도하였다. 첫째, 각 가족 구성원들은 다른 사람이 있는 데서 자기 자신과 다른 사람에 관하여 보고, 듣고, 느끼고, 생각하는 것에 관해 분명하게 말할 수 있어야 한다. 둘째, 각 개인은 자신이 다른 사람과 다른 점에 관해 말할 수 있으며 그것은 존중되어야 한다. 또한 어떤 것을 결정할 때 강요에 의해서가 아니라 탐색과 협상을 통해서 결정하도록 한다. 셋째, 서로의 차이점을 인식하며, 성장을 위하여 이러한 차이점을 사용하도록 한다(김유숙, 2002: 136-137).

3) 치료기법

의사소통 가족치료는 다음과 같이 여러 가지 기법들을 가족 구성원의 특징에 따라 적용하고 있다(이영실 외, 2016: 202-204).

(1) 가족조각

가족조각(family sculpture)이란 어느 시점을 선택하여 그 시점에서의 인간관계, 타인에 대한 느낌과 감정을 동작과 공간을 사용하여 표현하는 비언어적인 기법을 말하며, 한 가족 구성원이 다른 가족 구성원에 대해 느끼는 정서상태를 자세와 동작 및 소도구를 사용하여 공간적으로 나타내는 것이다.

가족조각의 사용목적은 가족 구성원 각자가 자신의 내면적 감정에 몰입함으로써 실제의 자신을 알고 느끼며 새로운 대처방법을 찾기 위한 것이다. 이러한 과정에서 가족의 의사소통 유형, 권력구조, 경계선, 소속감, 개념화, 규칙, 그리고 가족체계의 융통성 정도를 파악할 수 있다.

(2) 치료 도구로서의 밧줄

치료 도구로서의 밧줄(rope as therapeutic tools)은 '상호작용, 연결 또는 관계'를 상징하며, 내면적 과정을 시각화하며 외현화시키는 방법으로 사용되고 있다. 가족 구성원 수만큼의 밧줄을 준비하여 각자의 허리에 묶는다. 구성원들은 밧줄의 묶임과 엉킴 상태를 보고 경직된 관계 및 연결 상태를 인식하고, 엉킴을 풀기 위한 방법을 말함으로써 가족관계를 개선하는 방법을 알게 된다.

(3) 재정의

재정의(reframing)는 증상을 긍정적으로 규정함으로써 의미와 가치판단을 변화시키는 것으로 부정적인 의미를 긍정적인 것으로 변화하기 위하여 사용하는 기법이다. 즉, 해가 되는 것을 도움이 되는 것으로 바꾸는 것이다. 재구성의 목적은 가족 구성원들이 행동에 대한 지각을 변화시킴으로써 좀 더 바람직하게 상호작용하도록 돕는 것이다. 긍정적인 재정의는 행동을 결정하는 데 영향을 주며, 논리적 사고를 하도록 하며 문제에 대한 개인의 견해뿐만 아니라 가족의 견해도 변화시킨다.

(4) 은유

은유(metaphor)는 어떤 생각을 표현하기 위한 수단으로 어떤 단어를 선정하여 사용할 수 있으며, 이렇게 비유된 단어에 대한 가족 구성원들의 논의를 통해 진행한다. 가족문제에 대한 직접적인 묘사나 해석은 가족 구성원들의 감정을 자극할 수 있다.

(5) 역할극

역할극(roleplaying)은 가족 구성원들이 자기 자신이나 다른 사람의 생활을 단막극으로 표현하는 것이다. 역할극은 실제의 경험을 바탕으로 현재의 느낌을 노출하는 것을 전제하여 과거의 사건이나 바람 또는 미래 사건에 대한 두려움을 치료과정 중에 직접 역할놀이를 해보게 함으로써 치료하고자 한다. 연극의 언어는 무언극, 특별한 관계, 조각 등을 사용하며, 내적인 상태는 단어 또는 비유적으로 표현한다. 또한 배역을 바꿈으로써 타인의 내면생활을 알게 한다. 역할극은 지나간 기억을 회상하고 억압된 감정을 표출하여 정서적 경험을 강화하는 개인치료에 유용하다.

(6) 유머

유머(humor)는 문제를 긍정적 맥락에서 보고 긍정적으로 묘사하게 함으로써 문제를 새로운 관점에서 볼 수 있게 한다. 유머의 사용은 환자와 가족의 고통을 경시하여 다루는 것이 아니라 그 고통의 결과 생길 수 있는 긍정적, 건설적인 면을 재치 있게 다루어 줌으로써 환자에게 희망을 주며, 문제를 긍정적으로 볼 수 있게 한다. 긴장을 풀고 친밀감 있는 분위기를 만들기 위해 유머를 사용한다. 유머는 가족이 자신을 바라보고 방법을 변화시킬 수 있는 강한 치료의 도구이다.

(7) 접촉

접촉(touch)이란 신체적 접촉이 강한 영향을 준다는 믿음으로, 첫 회합에서는 의도적으로 모든 가족이 손을 잡고 악수를 하도록 하고, 관계를 형성시키며 좀 더 자유롭게 신체적 접촉을 하고 비언어적 지지를 표현하기 위하여 여러 형태의 접촉을 시도한다. 가족 구성원과 초기단계에 악수를 한다든가, 격려하기 위한 가벼운 어깨 두드림, 상담실로 안내하기 위한 손 잡음 등 지나치지 않은 접촉은 가족 구성원들의 저항을 감소시키는 비언어적 지지가 된다.

(8) '나'의 표현

구성원 각자 자신의 기분, 느낌, 소망이 초점이 되는 이야기를 할 수 있는 기회를 갖게 함으로써 자기를 표현하고 이해시키는 방법을 알게 한다. "그 상황은 혼란스럽다"로 말하는 것이 아니라 "내가 혼란스럽다"로 말하게 한다.

(9) 의사소통 입장

사티어는 가족 구성원에게 회유형, 비난형, 초이성형, 산만형 중 하나의 입장을 취하도록 한다. 가족 구성원들은 각 입장에 대한 감정을 서로 나누고 서로의 의사소통 입장(communication stances)에 대해 반응한다. 이렇게 하여 가족 구성원들은 효과적인 의사소통방법을 배우고 어떻게 합리적이 되는지를 알게 된다.

(10) 가족생활연대기

STAR[4]를 포함하여 3세대의 생활연대기를 적은 것이다. STAR는 조부모 출생에서 시작하여 일정한 연령에 이를 때까지의 사건을 연대순으로 적는다. 가족의 출생일, 사망일, 중요사건인 이사, 결혼, 이혼, 재결합, 졸업이나 진급 등의 비극적이었거나 기뻤던 일의 발생일과 경제난, 전쟁 등의 중요한 역사적 사건들도 적는다. STAR는 이 연대기를 정리하는 과정에서 가족들이 경험한 개인적, 사회적, 역사적 상황을 이해할 수 있게 된다.

(11) 관계의 해부

가족조각과 역할놀이를 통해 가족관계에서 계약된 것들에 대해 언급한다. 예를 들어, 만약 부인이 남편에게 의지하기 위해 결혼을 했으면 그녀는 남편 뒤에 서서 그의 목을 안고 기대는 자세를 취한다. 두 사람 모두 그들의 느낌을 말로 표현하게 한다. 그 후 부인은 더 강하게 남편의 목을 안고 그에게 기댄다. 다시 그들의 느낌을 표현하도록 한다. 다음에는 역할을 바꾸어 해본다. 이 기법은 사티어가 부부로 하여금 최근의 관계를 어떻게 보고 앞으로 관계가 어떻게 될지를 알 수 있도록 하기 위해 사용한 것이다.

(12) 가족 재구축

이 기법은 사티어의 변화에 대한 이론과 철학을 가장 잘 나타내 준다. 재구축의 중심인물은 인간으로의 부모와 자아로의 분리에 관한 왜곡된 사고가 어디서부터 시작됐는지를 찾게 한다. 사티어는 지도자로서 중심인물에게 각 사건에 대해 묻기 위해 이 연대기를 사용한다. 중심인물은 또한 3대에 걸친 가족들의 이름과 그들의 성격을 5~6개의 형용사로 묘사하여 가족도를 만든다. 중심인물은 미리 지도 아래

4) 사티어(Satir)는 치료의 대상을 내담자(client) 또는 IP(Identified Patient 또는 Index person)라는 용어 대신 STAR로 칭한다.

그들의 영향력의 원을 준비한다. 이것은 중심인물을 가운데 두고 그가 성장하면서 맺었던 관계를 수레바퀴의 살로 나타내는 원이며, 살이 두꺼울수록 그 관계가 더 중요한 것이다. 지도자는 중심인물이 무엇을 준비했는지 이야기를 나눔으로써 서로 간에 믿음을 쌓는다. 가족 재구축에 있어 어떤 장면이 가족에 의해 연기될지는 지도자가 결정하는데 적어도 중심인물의 부모에 대한 가족력, 부모의 만남에서 현재까지의 역사, 자녀의 출생, 특히 중심인물의 출생이 재구축에서 연출된다.

(13) 영향권

STAR의 아동기와 사춘기를 통하여 STAR에게 지적, 정서적, 신체적, 사회적으로 영향을 준 사람이나 사건을 말하는 것으로, 이를 그림으로 만든 것이다. STAR와 주위 인물 및 사건과의 관계를 선의 두께와 모양으로 표시함으로써 관계의 친밀도나 갈등 정도를 보여준다. 이 영향권(wheel of influence) 그림은 가족생활연대기처럼 전지에 그려서 가족 재구성 치료 시 사용한다.

(14) 원가족 삼인군 치료

원가족 삼인군 치료(primary triad therapy)의 궁극적인 목적은 환자가 원가족 삼인군에서 학습한 역기능적 대처방법에 집착하는 것에서 벗어나고, 가족규칙과 부모의 규제에서 벗어나 독자적인 개별성을 갖도록 돕는 데 있다. 원가족 삼인군 치료는 대부분의 역기능적인 학습이 원가족 삼인군에서 온다는 것을 전제로 하고 있으며, 출생 이후 성장과정에서 자아존중감의 발달 측면에서 부모의 영향을 중요시하면서 성장 이후에도 자아존중감의 변화와 새로운 차원에서의 성장이 가능함을 강조하였다. 원가족 삼인군 치료는 원가족 도표를 사용하며, 가족 구성원들이 공동으로 원가족 도표를 작성하는 과정과 완성된 원가족 도표를 설명하고 재구조화하고, 조각 내지는 역할극을 병행하면서 치료과정을 진행하게 된다.

4. 해결중심 단기가족치료

1) 주요 개념

해결중심 단기가족치료의 기본 철학은 첫째, 환자가 문제 삼지 않는 것은 건드리지 않으며, 둘째, 일단 무엇이 효과가 있는지를 안다면 그것을 더 많이 하는 것이며, 셋째, 그것이 효과가 없다면 다시는 그것을 하지 말고 그것과는 다른 어떤 것을 행하는 것 등으로 볼 수 있다. 이러한 해결중심 단기가족치료의 주요 개념은 정신건강에 대한 강조, 활용, 탈이론적, 비규범적, 환자의 견해, 간략화, 변화의 불가피성, 협력, 현재와 미래지향성 등으로 설명할 수 있다(이영실 외, 2016: 205-207).

참고 해결중심 단기가족치료

해결중심 단기가족치료(solution-focused family therapy)는 이론적 발전과 임상실천 그리고 실증연구 기초를 두고 발전해 왔다. 해결중심치료의 특징들, 즉 실용적 미니멀리즘(pragmatic minimalism), 인지에 대한 강조 그리고 쉽게 가르칠 수 있는 기법이라는 점에서 가장 인기 있는 가족치료모델이 되었다. 해결중심 단기가족치료는 문제중심적인 관점에서 벗어나 개입의 초반부터 해결방안을 모색하고 치료자는 가족이 문제해결능력과 자원을 가지고 있음을 전제로 가족의 강점, 긍정적인 것, 이미 성공한 것을 탐색·강화·확대하는 데 주력한다. MRI(Mental Research Institute) 단기치료센터에서 활동했던 de Shazer와 동료들이 MRI를 떠나 1978년 위스콘신 주의 밀워키에 단기가족치료센터를 설립하면서 발전하게 되었다. 해결중심치료는 전략적 치료, 특히 MRI모델에서 출발하였으나 문제에 대한 초점에서 탈피하였다. 전략적 치료자들이 문제에 관련된 상호작용을 탐구하고 문제해결에 비효과적인 방법들에 관심을 두었다면 해결중심 치료자들은 효과적이었던 해결책을 탐색하였다. 이 두 가지 접근법의 진정한 차이는 MRI접근법이 행동에 초점을 두고 있는 반면, 해결중심모델은 인지를 강조한다는 것이다. 해결중심치료에서는 치료를 받으러 오는 사람은 이미 효과적으로 행동할 수 있는 능력을 갖춘 사람이며 단지 부정적 마음자세(negative mind-set)가 그들의 행동을 방해하고 있을 뿐이라고 가정한다. 이에 따라 클라이언트가 문제가 없었던 예외적 상황을 보도록 하면서 이런 예외가 바로 해결책이 된다는 것을 깨닫게 해주는 것이 해결중심치료가 가지고 있는 장점이다.

(1) 정신건강에 대한 강조

정신건강에 있어 중요한 강조점은 환자가 어떤 증상이나 불평을 일으키는 양식에는 항상 예외가 있다는 것이다. 그 예외는 클라이언트가 가지고 있는 긍정적인 측면 및 문제해결의 측면 그리고 자원, 능력, 미래에 초점을 맞추게 되면 클라이언트는 바람직한 방향으로 변화할 수 있다는 것이다. 즉, 해결중심 단기가족치료모델은 환자의 긍정적인 면에 초점을 두어 치료에 활용한다. 그러므로 문제중심의 대화보다 해결중심의 대화가 이루어지며, 이에 따라 치료자와의 관계형성에 도움이 된다.

(2) 탈이론적, 비규범적, 환자의 견해 중시

탈이론적, 비규범적, 환자의 견해 중시 등의 개념은 인간행동에 대한 가설적 이론의 틀에 맞추어 환자를 사정하고 평가하지 않는다는 의미이다. 클라이언트가 호소하는 모든 불평과 해결책을 수용하고, 독특성을 최대로 존중하여 개별화된 해결책에 도움이 되는 모든 방법과 기술을 절충적으로 사용하려고 노력한다. 따라서 환자의 견해는 액면 그대로 수용되어 진정한 환자 중심의 치료 접근이 가능하다.

(3) 간략화

해결중심 단기가족치료는 복잡한 것에서 단순한 것으로 접근하는 것이 아니고, 단순한 것에서부터 복잡한 것으로 치료함으로써 성취한다는 치료방법의 경제성에 기반하고 있다. 즉, 치료목표는 환자가 달성할 수 있는 작은 것으로 세우는 것이 중요하다. 치료는 파급효과를 가져온다고 가정한다. 치료개입은 작은 변화에서 큰 변화를 이끌기 때문에 가장 단순한 것에서부터 시작한다.

(4) 협력

협력은 클라이언트의 강점, 자원, 건강한 특성들을 도출해 냄으로써 제시된 문제를 해결하려는 것이다. 잘못이나 과거의 실패를 고치려고 노력하는 것보다는 과거의 성공이나 장점을 찾아내어 그것을 확대하는 것이 치료목적이 된다. 즉, 환자가 바라는 결과를 성취하기 위해 환자가 이미 갖고 있는 자원, 지식, 믿음, 행동, 증상, 사회관계망, 환경, 개인적 특성 등을 활용하는 것이다. 해결중심 단기가족치료에서는 목표성취를 위해 추진하는 것에 협력하는 것을 중시하면서, 치료자와 환자가 함께 해결방안을 구축하는 과정에서의 협력을 중요시한다. 이를 위해 환자가 치료자에게 협력할 때뿐 아니라 치료자도 환자에게 협력할 때 이루어진다고 믿기 때문에 치료자는 환자가 치료에 협력하도록 의식적으로 노력해야 한다.

참고 활용

활용은 클라이언트의 바람직한 결과를 성취하기 위해 클라이언트가 이미 갖고 있는 자원, 지식, 믿음, 행동, 증상, 사회관계망, 환경, 개인적 특성 등을 치료에 활용하는 것이다.

참고 변화의 불가피성

변화의 불가피성은 해결중심 단기가족치료에서는 이러한 예외적인 상황을 탐색하고 문제상황과의 차이점을 발견함으로써 문제가 발생하지 않는 상황을 증가시키는 것이다. 따라서 치료자의 역할은 긍정적인 변화가 일어나도록 돕고 이를 해결책의 구축으로 이어지게 하는 것이다.

참고 현재와 미래지향성

해결중심 단기가족치료에서는 과거에 관하여 깊이 연구하지 않으며, 현재와 미래에 적응하는 것을 돕는 데 관심을 둔다. 즉, 환자를 과거와 문제로부터 멀리하고, 미래와 해결방안을 구축하는 데 관심을 집중하도록 한다. 그러므로 치료면담과정은 환자로 하여금 과거와 문제로부터 멀어지게 하고 미래와 해결책을 구축하는 데 집중하도록 한다.

2) 치료목표

전통적 가족치료가 과거에 대한 탐색을 통해 현재의 변화에 관심을 기울이는 반면에 해결중심 단기가족치료는 미래에 대한 탐색을 통해 현재의 변화에 초점을 둔다. 희망찬 미래를 상상하게 하는 질문은 문제해결의 분명한 길을 보게끔 하고, 그들이 원하는 것을 좀 더 명확하게 해준다. 단기가족치료에서 환자가 성취할 수 있는 목표설정 과정을 돕는 것을 치료자의 중요한 역할로 간주하고, 치료목표 설정 시 다음과 같은 원칙을 제시한다(이영실, 2016: 206).

① 클라이언트에게 가장 중요한 것을 목표로 한다.

② 클라이언트가 성공 가능한 작은 것을 목표로 한다.

③ 구체적이고 명확하고 행동적인 것을 목표로 한다.

> 목표를 정확하게 설명할 때의 이점은 치료자와 환자가 진행하고 있는 것을 쉽게 평가할 수 있고, 나머지 목표도 알 수 있다.

④ 없는 것보다는 있는 것에 관심을 둔다.

> 문제시되는 것을 없애는 것보다는 있는 것에 관심을 두고, 부정적인 단어를 사용하지 않는 목표들이 좀 더 효과적이고 효율적이다. 목표는 클라이언트가 하지 말아야 하는 것 대신에 해야 하는 것에 관하여 긍정적이고 보호적으로 설명되어야만 한다.

⑤ 목표를 중시하기보다는 시작으로 간주한다.

> 클라이언트는 치료의 시작 시 완전한 것, 절제, 행복한 것 등과 같은 목표를 설명한다.

⑥ 클라이언트의 생활에서 현실적이고 성취 가능한 것을 목표로 한다.

> 예를 들면, 환자가 6개월 전에 가출하였고 연락이 불가능한 아내가 집에 돌아오도록 도와달라고 하는 것은 현실적으로 불가능한 것이다. 환자의 고통을 덜어주고, 경청하고, 동정해 주면서 많은 경우 사실을 인식하게 되고, 치료자에 대한 신뢰가 생기면 좀 더 현실적으로 목표를 협상하게 된다.

⑦ 목표수행은 힘든 일이라고 인식시킨다.

목표수행이 '힘든 일'이 될 것이라고 말하는 것은 환자를 이해하는 것이며, 쉽게 동의할 수 있는 일이다. 만일 목표에 도달하지 못하였다면 그것은 단순히 좀 더 노력해야 할 것이 남아 있다는 신호인 것이며, 목표를 성취하였다면 그것은 인정해 주고 칭찬해 주어야 하는 일이다.

3) 치료기법

해결중심 단기가족치료의 기본적 치료기법들은 경청, 치료자의 비언어적 행동, 환자가 사용하는 핵심용어의 모방, 요약 등이 있다(이영실, 2016: 209-211).

- 경청: 경청이란 치료자가 클라이언트가 말하는 이야기를 주의 깊게 들음으로써 환자가 중요하게 여기는 사람은 누구이며, 문제가 무엇이고 자신이 원하는 것이 무엇인지를 알아내는 기술이다.
- 치료자의 비언어적 행동: 클라이언트는 자신에게 개입하는 치료자의 행동에 민감하다. 자신의 말에 주의 깊게 귀를 기울이고 존중하는 태도를 취하는지 여부에 대해 치료자의 언어적 반응뿐 아니라 비언어적 행동을 파악하고 판단한다.
- 클라이언트가 사용하는 핵심용어의 모방: 클라이언트의 용어에 대한 탐색과 인정은 클라이언트에 대한 존중을 표현하기 위한 가장 중요한 방법 중 하나인데, 클라이언트가 사용한 핵심용어를 치료자가 전문적인 용어로 바꾸는 것은 환자의 자신감을 약화하고 클라이언트에 대한 실례이다.
- 요약: 내담 중 클라이언트의 장황한 이야기에 대한 치료자의 적절한 요약은 치료자가 클라이언트의 이야기를 주의 깊게 경청하고 있었다는 것을 재확인시켜 주고, 치료자 또한 요약을 통해 자신이 환자의 말을 정확하게 듣고 있었다는 것을 확인하게 된다.

참고 **해결중심 단기가족치료 개입 기법**

- 개방형 질문: 클라이언트의 인지영역을 확대시켜 주고, 환자의 준거 틀이 많이 반영된다는 이점을 가지고 있다. 이는 사실에 근거한 답만을 요구하는 것이 아니라 클라이언트의 태도나 사고, 느낌까지 확인할 수 있기 때문이다.
- 쉽고 간략한 설명: 클라이언트가 이야기한 것의 핵심을 짧고 명확하게 하여 클라이언트에게 피드백하는 치료자의 기술이다. 클라이언트에게 자신들의 이야기를 명료화하거나 확장할 수 있는 기회를 제공하는 데 유용하다. 쉽고 간략한 설명의 경우에도 요약할 때와 마찬

가지로 클라이언트가 언급한 핵심용어를 사용하는 것이 바람직하다.

- 침묵의 사용 : 클라이언트의 침묵은 클라이언트 본인 스스로뿐만 아니라 초보 치료자를 대단히 불편하게 한다. 클라이언트의 침묵의 의미는 다양할 수 있다. 예를 들면 클라이언트 본인 스스로 자신의 생각을 정리하고 있을 수도 있고, 자신이 설명한 상황에 대해 혼란스럽거나 화가 나 있을 수도 있고, 현재하고 있는 치료과정 중 짧은 '휴식'을 취하고 있을 수도 있다. 그렇기 때문에 치료자는 환자의 침묵을 존중하는 것이 중요하다.
- 환자의 비언어적 행동에 대한 주목 : 클라이언트 또한 치료자와 마찬가지로 비언어적 행동을 통해 의사소통한다. 따라서 치료자는 클라이언트의 언어적 표현과 동시에 클라이언트의 행동과 그 변화에 주의를 기울여야 한다.
- 자기노출 : 치료자의 자기폭로란 환자에게 자신의 개인적인 관찰, 경험이나 생각들을 이야기하는 것이다. 해결중심적 접근에서는 치료자가 환자에게 자신의 경험을 이야기하는 것을 권장하지 않는다. 해결의 가능성은 가능한 한 환자의 준거 틀과 과거 경험 속에서만 그리고 제일 먼저 찾아져야 한다. 그러나 치료자의 생각을 환자에게 밝히는 것이 중요할 때가 있는데, 이는 환자가 상담을 어떻게 경험하고 있고 그들이 삶에 대해 어떤 인식을 하고 있는지를 명료화하기 위해서 사용한다.
- 칭찬 : 칭찬의 목적은 클라이언트가 가지고 있는 강점과 클라이언트가 과거에 거둔 성공에 대해 찬사와 지지를 통해 클라이언트의 자존감을 향상하는 데 있다. 칭찬은 클라이언트에게 친절하거나 잘해 주기 위해 하는 것이 아니라 환자가 말이나 '과정'을 통해 전달한 것을 근거로 '현실에 기초한' 것이어야 한다.
- 클라이언트가 가진 지각에 대한 확인 : 치료자는 클라이언트가 가지고 있는 문제의 성질, 문제의 원인, 문제를 해결하기 위해 시도한 노력, 자신들의 삶 속에서 변화되기를 원하는 것, 문제해결을 위해 효과가 있었던 것과 없었던 것 등을 포함하는 많은 것들에 대해 그들이 갖고 있는 '지각'에 대해 물어볼 필요가 있다. 환자가 지각하고 있는 것에 대한 표현은 환자의 준거 틀과 경험 사이의 상호작용을 나타낸다.
- 감정이입 : 치료자는 클라이언트와 의사소통 중 클라이언트의 상황과 문제를 인지적으로 이해하는 것에 그치는 것이 아니라 환자의 이야기를 감정과 사고, 치료자의 온 존재를 가슴으로 '이해'하여야 한다. 이를 감정이입 또는 통제된 정서적 관여라고 하며 치료자는 클라이언트의 이야기를 듣고 감동하고 마음이 움직여지는 상태가 요구된다.
- 클라이언트에게 초점을 둔 해결중심적 대화 : 치료자는 클라이언트의 무기력과 좌절감을 해결가능한 방향으로 전환하기 위해 클라이언트가 본인 스스로에게 또는 다른 사람에 대해 갖고 있는 불평으로부터 '이 상황에서 무엇이 달라지기를 원하는지' 그리고 자신은 그 해결책에 어떻게 참여할 것인지를 인식시켜야 한다. 클라이언트는 종종 자신의 문제에 대해 스스로 해결하고자 하지 않고 문제해결 가능성의 여부는 다른 사람에 의하여 좌우된다고 생각하기 때문이다. 이러한 과정을 '문제중심적 대화'로부터 '해결중심적 대화'로의 전환이라고 부른다. 해결중심적 대화란 치료자와 환자가 자신의 생활에서 달라지기 원하는 것과 그러한 일이 일어나게 할 가능성에 역점을 둔다.

5. 이야기 치료

1) 주요 개념

과거의 가족치료는 사이버네틱스[5)]의 이론으로 가족을 어떤 환류주기(feedback cycle)를 가지고 있는 기계와 비슷하게 의사소통과 통제의 체계로 간주하고 해석해 왔다. 그러므로 가족관계 안에서도 이러한 항상성을 가진 주기가 은연중에 작용하고 있으며, 비록 이것이 문제를 포함한 항상성이라 할지라도 끝이 없고 무한정의 주기를 이루고 있다고 보았다. 가족치료자는 이 주기를 혼란시키며 방해함으로써 가족문제의 항상성을 그대로 유지하지 못하도록 개입하는 것이다.

이러한 전체적 성향을 반박하고 나온 사람이 앤더슨과 굴리시안(Anderson & Goolishian), 앤더슨(Anderson), 호프만(Hoffman), 화이트(White) 등이다. 이들은 이전의 가족치료가 이야기 가족치료로 발전하는 데 중요한 역할을 한 사람들로서 공통적으로 언어의 의미, 언어적 배경, 이야기, 언어학적인 삶의 이야기에 보다 많은 관심을 기울이고 있다. PMFT는 시간적 비유를 선호하는 경향을 나타낸다. 즉, 이야기, 개인적 역사 흐름 등 개체들이 어떻게 변화 과정을 거쳐 나아지게 되는지에 더 중점을 둔다(정석환, 2005: 296).

이야기 가족치료(narrative therapy)는 어떤 경험은 다른 위치에 있는 또 다른 자신의 경험과 관계가 있으며, 그것이 어떠한 의미를 가지느냐는 자신의 이야기가 결정하며, 자신의 경험 속에서 어떤 것을 버리고 어떤 것을 선택하는가도 이야기가 결정한다. 즉, 어떤 사건들에 대해 자신이 부여하는 의미들은 자신의 미래 삶에 영향을 미치고 또한 사람을 만들어 간다는 것이다. 그리고 이야기 가족치료는 경험을 어떻게 표현하는가도 이야기가 결정하고 이야기는 삶의 방식이나 인간관계에 영향을 주는 방향을 결정한다고 주장하고 있다. 이야기 가족치료의 주된 개념은 크게 사회

5) 미국의 수학자 노버트 위너가 자신이 창안한 새로운 분야의 학문을 지칭한 것으로 '스스로 의도하는 특정 상태에 도달할 수 있는 시스템을 연구하는 학문'이다.

구성주의, 포스트모더니즘의 철학적 전제인 이야기 모호성, 이야기를 만드는 주체로서의 인간 경험에 대한 해석 등이 있다(이영실 외, 2016: 218-219; White & Epston, 1990).

(1) 사회구성주의

인간은 자신을 둘러싼 사회-문화와의 끊임없는 대화를 통해 자신을 구축해 나가는 존재이기 때문에 한 개인의 현실감각과 도덕성 등의 이야기는 그를 둘러싼 문화적 실체와의 관계적 산물이다. 이야기 가족치료에서는 클라이언트가 현실을 깨닫게 되는 것은 그 클라이언트가 둘러싸고 있는 문화적 힘의 역동에서 나오고 있음을 강조하고 있다. 즉, 인간의 자아는 사회관계 속에서 그리고 이야기 속에서 구성하고 있다는 것이다. 따라서 이야기 가족치료의 목적은 인간 자신의 삶의 주인공이 되는 길을 함께 찾는 데 있다.

(2) 이야기 모호성

시대적 사조와 흐름을 같이하는 포스트모더니즘의 특징은 전통과 단절, 불확실성과 모호성, 중심을 거부하고 주변성 강조, 행위 자체 중요시, 개방성과 가변성 등으로, 이야기 치료의 기본 전제는 이러한 포스트모더니즘의 특징을 기반으로 개인의 경험을 통해 인간의 경험을 통해 나타나는 이야기의 세계는 근본적으로 모호성을 지니고 있다는 것이다.

(3) 인간 경험 해석

인간은 자신의 삶을 문화와 환경의 배경 맥락 안에서 해석하며, 자신의 삶에 의미를 만들어 가는 인간, 역사적 진실에 관심하는 인간이 아니라 이야기 진실에 관심하는 인간에 의미를 둔다. 다시 말하면 이야기를 만드는 주체가 어떤 경험을 했느냐가 중요한 것이 아니라 그 사실을 어떻게 해석하느냐가 중요하다.

(4) 은유

이야기 치료에서 은유를 사용하는 목적은 가족을 정형화하고 가족에게 꼬리표를 붙였던 사회체계와 문제의 압박으로부터 가족을 자유롭게 하기 위함이면 이야기 치료에서 은유는 보는 것, 듣는 것, 느끼는 것이 미치는 영향을 재조명하는 것이다. 예를 들어, 아동기의 두려움은 '괴물 길들이기', 유분증(encopresis)은 '살짝쿵 몰래 오는 대변 때려주기', 부부 갈등은 '악의 순환에서 덕의 순환으로 가기' 등과 같은 문학적 은유를 사용하여 가족문제를 재조명하며, 이렇게 재정의한 것에 근거하여 어떻게 해결해 나갈지에 초점을 둔다.

참고 **이야기 치료**

초기의 가족체계적 접근은 가족관계의 현상을 이해하기 위해 기계공학이나 생물학에서 유래한 '체계'나 '구조'와 같은 은유를 사용하면서 가족이 나타내고 있는 증상의 기저에 존재하는 역기능을 밝히고 치료하는 데 중점을 두었다. 반면에 이야기 치료는 이야기(story), 사건의 묘사(narrative), 여행(journey) 등 포스트모던 인문학적 은유를 사용하고 어떤 예상이나 선입관도 없이 사람이 사물 그 자체를 파악하는 것이 어렵다는 후기 구조주의의 입장을 표방하고 있다. 즉, 어떤 것을 안다는 것은 한계가 있어 그것은 다른 사람의 경험을 자신의 관점에서 나름대로 해석하는 것에 지나지 않으며, 자신의 경험과 상상력을 활용하여 다른 사람이 언어화한 경험을 자신이 해석해 보는 해석과정에 의미를 부여하고 있다. 따라서 문제의 생성에 작용하는 사회문화적 영향을 해체하고 인간 삶의 의미와 정체성이 사회적 관계 속에서 새롭게 구성되어 가도록 돕는 데 역점을 둔다. 이야기 치료에서는 인간이 이야기하는 행위를 통해 삶에서 일어나는 사건을 조직하고 해석하는 존재이기 때문에, 클라이언트 삶의 문제는 전문지식에 따라 이해하고 개입하기보다는 당사자의 지식(local knowledge)으로 해결하는 것이 더욱 바람직하다고 본다.

2) 치료목표

이야기 가족치료의 목표는 문제해결보다는 클라이언트들이 자신들 중심의 목소리에 지나치게 의존하고 있다는 사실을 깨닫게 하여 선택의 폭을 풍부하게 가지도록 돕는 것이다. 즉, 이야기 치료의 목표는 클라이언트가 지역사회에서 문화적 배경, 자신의 지식과 기술을 근거로 대화의 준거틀을 새롭게 만드는 것을 돕는 것이다. 화이트(White, 1990)가 제시한 이야기 치료의 목표는 다음과 같다.

① 클라이언트가 자기 자신에 대한 부정적 사실을 다시 구성하도록 돕는다.
② 클라이언트가 자신의 생활과 정체성에 대하여 갖고 있는 허술하고 빈약한 결론을 깨고 벗어나도록 하고 예외적인 풍성한 자신의 이야기를 하도록 한다.
③ 클라이언트의 생활에서 오는 풍성한 이야기를 클라이언트가 말하도록 지지한다.
④ 클라이언트가 누구였는지보다는 다른 사람이 되도록 선택권을 주도록 한다.
⑤ 클라이언트와 협력하면서 클라이언트와 다른 사람들을 연결하는 데 도움이 되는 방법을 강조한 새로운 이야기를 공동저작하는 것이다.
⑥ 클라이언트가 능력을 가진 사람으로 삶의 이야기를 발전시킬 수 있도록 협력한다.

3) 치료기법

이야기 가족치료의 기법은 잃어버리고 있던 이야기를 끄집어 내고 사람들을 지배하는 문제로부터 그들을 분리하여 힘을 부여하도록 고안되었다. 화이트(White, 1990)는 치료면접 과정에서 어떤 것도 주장하거나 해석하지 않고 단지 질문과 대답을 반복하였다. 이야기 가족치료의 다양한 기법을 통하여 자신과 문제, 관계에 대한 클라이언트의 이야기를 다시 만드는 과정을 촉진한다. 이야기 가족치료 기법의 가장 큰 특징은 질문형식에 있으나 정형화된 범주를 가지고 있는 것은 아니다(이영실, 2016: 218-219 재인용).

(1) 문제의 외재화(표출화)

이야기 치료 과정에서 가장 먼저 시도되는 것은 문제의 정의를 해체하는 작업이다. 화이트(1990)는 이야기 가족치료에서 관심을 두는 치료개입은 클라이언트 안에 존재하였던 문제를 끄집어 내어 클라이언트와 분리해서 다룸으로써 문제를 풀어나가는 작업인데, 이것을 '문제의 외재화(externalizing conversation)'라고 했다. 즉, 클라이언트 문제는 더 이상 클라이언트 안에 존재하는 실체가 아니라 클라이언트의 관계를 통해 이야기 속에만 존재하게 한다. 이야기 가족치료는 비생산적 이야기를 해체하고 새롭게 생산적 이야기를 재구성하여 클라이언트의 머리 안에서 이야기를 그리도록 돕는 것이며, 클라이언트 자신이나 가족을 더 이상 문제의 원인 제공자로 보거나 책임을 돌리지 않게 하며, 문제와 분리된 자신의 입장을 보면서 클라이언트로부터 문제를 외재화하며, 이러한 외재화하기는 이야기 치료 개입에 중대한 영향력을 지닌다. 이야기 치료에서는 외재화를 기법이나 기술이 아니라 대화에서의 태도이며 지향점이라고 주장한다. 예를 들어, "나는 우울증을 가진 사람이다." 대신 치료자는 "우울증이 당신을 밖에 외출하기 어렵게 하고 있다."와 같은 방식으로 이야기함으로써 우울증이라는 문제를 외재화하는 것이다(Morgan, 2000: 1-18).

(2) 문제 이야기와 상반되는 독특한 결과 찾아내기

'독특한 결과(unique outcome)'는 평소에 잘 인식할 수 없었지만 자세히 들여다보면 찾을 수 있는 예외적 경험을 가리킨다. 독특한 결과 역시 이야기가 불완전하다는 점을 포착하는 것인데, 독특한 결과는 현재 클라이언트가 하고 있는 이야기가 불완전하다는 점을 전제로 하는 것이다. 이야기 치료는 삶의 경험이란 그 경험으로부터 만들어 낸 이야기보다 훨씬 더 풍부하고 많은 재료를 가지고 있지만 이야기로 만들어지는 것은 극히 일부분에 지나지 않는다는 가정을 갖고 있다. 즉, 이야기 경험을 조직해 나가는 과정에서 빠뜨린 경험을 찾아내는 것이다. 대부분의 지배적 이야기 구상에서 벗어난 경험들(예외적 경험)은 이야기로 만들어지지 않고 묻혀 버린다. 더군다나 지배적 이야기는 어느 특정 경험, 흔히 문제를 중심으로 하는 경험만을 부각하고 그와 맞지 않는 경험들은 지워버린다. 어떤 지배적 이야기라도 허술한 부분을 가지고 있다. 치료자는 바로 이 독특한 결과에서 지배적 이야기를 해체하는 새로운 이야기를 만드는 소재들을 찾을 수 있다. 독특한 결과는 숨겨져 있는 이야기를 찾아내는 데 유용한 질문양식을 많이 사용하고 있는데, 해체적 질문은 이야기가 만들어지는 과정을 드러나게 하는 질문으로서 숨겨져 있는 이야기를 찾아내는 데 사용하기에 유용한 질문이다. 사람들이 자신의 이야기에서 빠진 부분을 찾아내거나 다른 관점에서 자신의 경험을 볼 수 있도록 돕는 데 사용한다.

(3) 인정예식: 전체 이야기를 다시 쓰기

이야기 가족치료에서 클라이언트 자신의 정체성에 관하여 재정의하는 과정을 '인정예식(definitional ceremony)'이라고 하며, 이 예식은 클라이언트의 생활, 정체성, 인간관계 등에 관하여 좀 더 구체적으로 서술하는 상황으로 치료적인 장을 만드는 것이다. 치료과정에서 대화하고 대화한 것을 다시 이야기하는 과정이 이루어질 때, 인정예식에 들어간다. 인정예식은 그냥 대화가 아니고 자기 자신에 대한 긍정적 정체성에 관한 결론을 이끌어 내는 과정을 거치는 이야기이다.

(4) 재저작[6]: 전체 이야기를 다시 쓰기

이야기 치료는 존경심을 갖고 비난하지 않는 접근을 중요시하며, 사람들을 그들의 삶의 전문가로 간주한다. 이야기 치료는 '다시 쓰는(re-authoring)' 또는 '다시 이야기하는(re-storying)' 대화를 포함한다. 클라이언트들은 외재화를 통해 문제에 찌들었던 삶의 형태에서 활력 있고 자신이 원하는 삶의 방향으로 전환할 힘을 갖기 시작하고, 독특한 결과들이 발견되면 지배적 이야기가 해체된 후에 새로운 이야기를 시작할 기초가 마련된다. 클라이언트의 이야기에서 나온 여러 가지 문제 안에서 그가 문제를 해결할 수 있는 능력이 있다는 것을 발견하게 된다. 그리고 그로 하여금 그의 새로운 이야기를 이끌어 냄으로써 문제에 대한 실마리를 찾아갈 수 있게 된다. 이야기 치료자는 이야기를 '지배적 이야기'와 '대안적 이야기'의 측면에서 본다. 예를 들어, 나는 스스로에게 '훌륭한 운전사'라는 이야기를 쓸 수 있다. 내가 운전을 잘했던 경우가 많고 잘못했던 경우도 있겠지만, 나의 이야기에서는

6) 재저작 대화는 새로 찾아진 독특한 결과들을 가지고 이야기를 만들어 가는 과정으로, 새로운 의미를 형성하는 과정이며, 치료의 후반기에는 이러한 재저작 대화의 과정으로 이루어진다.

잘했던 경우만 선별되고 이들이 우세해지는 것이다. 일단 우세해지면, 이들 사건은 서로 연계되고 시간이 지남에 따라 훌륭한 운전사라는 이야기를 형성하게 된다. 이와 같은 지배적 이야기는 현재 나에게 영향을 줄 뿐 아니라 앞으로 행동이 가지는 의미에 영향을 미친다. 흔히 클라이언트들의 지배적 이야기는 문제로 가득 찬 이야기(problem-saturated story)이다. 이에 따라 이야기 치료자는 대안적 이야기를 추구하는 데 목표를 둔다. 이 대안적 이야기는 문제의 영향력을 감소시키고 새로운 삶의 가능성을 추구하게 만든다(이원숙, 2012: 104).

치료자는 새로운 이야기를 공동 저작할 때, 클라이언트에 대하여 자신들의 특별한 형태의 질문을 통해 무엇인가를 끄집어 낼 수 있다고 생각하기보다는 클라이언트 스스로가 새로운 자기 이야기로 문을 열 수 있는 능력을 가진 사람이라고 보는 점이 중요하다. 때로는 치료자가 새로운 자기 이야기를 뒷받침하기 위한 보다 많은 증거를 찾기 위해 문제들을 사건과 관계된 사건들을 넘어 클라이언트의 역사적 시야로 범위를 확대할 수 있다. 또한 새로운 자기 이야기가 윤곽을 잡아 나감에 따라 초점을 미래로 옮길 수 있으며 새로운 이야기를 채울 수 있는 변화를 계획하도록 돕는다. 희망적인 미래의 이야기를 만들어 내게 함으로써 과거, 현재, 미래의 전체적인 이야기를 포함한 완성된 이야기가 된다.

(5) 클라이언트 자신의 목소리 찾기

클라이언트가 자신과 환경 가운데서 자신의 목소리로 자신의 경험을 이야기한다는 것이 치료과정에 효과적이며 건강한 관계망 형성에 가장 중요한 출발점이다. 클라이언트가 자신의 목소리를 찾기 위해서는 치료자는 먼저 신뢰성을 회복하며, 지배적인 목소리에 저항할 수 있는 힘을 실어준다. 그리고 클라이언트의 이야기에 깊은 관심과 경청해 주며, 사람과 문제를 분리하고, 클라이언트는 자신의 삶에 창조적인 저자가 될 수 있다는 점들을 강화해 주어야 한다.

PART 05

가족복지 실천의 대상과 영역

CHAPTER 11 빈곤가족

1. 빈곤가족의 개념

다음백과사전에 따르면, 빈곤이란 인간의 기본적인 욕구를 충족시키지 못하는 물질적 결핍이 지속되는 상태이다. 개인적 수준의 빈곤은 당사자의 건강과 체력을 손상하고 기력을 잃게 하며, 심리적 위축과 정신적 황폐 및 사회적 소외를 동반하는 경향이 있다. 사회적 수준에서는 사회 해체를 초래하는 심각한 사회 문제 중 하나이다. 빈곤가족이란 생활해 나가는 데 필요한 기본적인 자원이 부족한 상태의 가족을 말한다. 빈곤은 보는 관점에서 따라 개념화되며 시대와 지역적인 정서, 빈곤이 출현하는 사회구조나 경제적 가치구조 등에 의해서 다양하게 설명될 수 있다.

빈곤선 측정방법에는 절대적 빈곤과 상대적 빈곤 개념이 많이 사용된다.

1) 절대적 빈곤

절대적 빈곤이란 기초적인 생활이 가능하지 못한 부족함을 의미하며, 음식이나 물 부족, 옷과 주거시설 및 건강관리 등이 결핍되어 있는 것을 말한다. 절대적 빈곤은 최소한의 생계유지에 필요한 소득을 빈곤선으로 설정한다는 장점이 있다. 우리나라의 경우 빈곤은 절대적 기준으로 적용한다. 즉, 경제적 차원에서 사회복지와 관련하여 공공부조의 대상자를 중심으로 빈곤가족을 파악하는 편이며, 일반적으로 빈곤가족이라 함은 최저생계비 이하인 대상을 의미한다. 우리나라는 「국민기초생활보장법」 제2조에 의하면 건강하고 문화적인 생활을 유지하기 위해서 소요

되는 최소의 비용을 최저생계비라 하며, 매년 9월 1일 중앙생활보장위원회의 심의·의결을 거쳐 보건복지부 장관이 공표하고 있다.

표 11-1 최저생계비

(단위: 원/월)

구분	1인 가구	2인 가구	3인 가구	4인 가구	5인 가구	6인 가구
2007년	435,921	734,412	972,866	1,205,535	1,405,412	1,609,630
2018년	668,842	1,138,835	1,473,260	1,807,681	2,142,101	2,476,523
2024년	1,337,067	2,209,565	2,828,794	3,437,948	4,017,441	4,571,021

출처: 보건복지부(2007, 2018, 2024), 최저생계비 안내.

2) 상대적 빈곤

상대적 빈곤이란 한 사회에서 타인과 비교할 때 부족함을 느끼는 것을 의미하며, 상대와 비교할 때 빈곤을 느끼지만 그것이 곧 건강이나 기초적인 일상생활에 위협이 가해지는 그런 상태는 아닌 것이다. 상대적 빈곤은 개별 국가의 경제발전 수준, 생활관습, 상대적 박탈 등을 반영한다는 장점이 있다. 많은 경우에 상대적 빈곤 개념을 사용하는데, 이는 사회 전체 구성원들의 소득수준을 고려하여 빈곤선을 설정하며, 사회적 박탈, 결핍, 불평등, 사회의 소득분배구조를 잘 반영할 수 있다고 생각하기 때문이다.

세계적으로 빈곤은 상대적으로 규정되는 추세이며 EU의 경우 각 회원국의 평균소득의 50% 미만을 빈곤으로 규정할 만큼 범위가 확대되고 있는 상태이다. UN에서는 지속적으로 생계를 보장할 수 있는 소득 및 생산수단이 부족한 상태를 빈곤으로 보고 있다. 국가별 상대 빈곤율 순위를 보면 우리나라의 빈곤율은 OECD 다른 국가들에 비해 매우 높은 편이다.

표 11-2 국가별 상대 빈곤율 순위

(단위: %)

순위	국가	상대 빈곤율	순위	국가	상대 빈곤율
1	아이슬란드	4.6	18	헝가리	10.1
2	덴마크	5.4	19	영국	10.4
3	체코	6.0	20	폴란드	10.5
4	핀란드	6.8	21	캐나다	12.6
5	노르웨이	7.8	22	호주	12.8
6	프랑스	8.0	23	이탈리아	13.3
7	룩셈부르크	8.4	24	포르투갈	13.6
7	네덜란드	8.4	25	대한민국	14.4
7	슬로바키아	8.4	26	그리스	15.1
10	스위스	8.6	27	스페인	15.9
11	스웨덴	8.8	28	일본	16.1
12	아일랜드	8.9	29	에스토니아	16.3
13	오스트리아	9.0	30	멕시코	16.7
14	독일	9.1	31	칠레	16.8
15	슬로베니아	9.5	32	터키	17.2
16	뉴질랜드	9.9	33	미국	17.5
17	벨기에	10.0	34	이스라엘	18.6

출처: 한국보건사회연구원(2016). OECD 국가의 복지 수준 비교 연구.

2. 빈곤가족 서비스

1) 국민기초생활보장제도

지난 40여 년간의 시혜적 단순보호 차원의 생활보호제도로부터 저소득층에 대한 국가책임을 강화하는 종합적 빈곤대책으로 전환된 「국민기초생활보장법」은 구(舊) 「생활보호법」을 대체한 법률로 1999년 9월 7일 제정되고, 2000년 10월 1일부터 시행되었다.

보건복지부 2023년 국민기초생활수급자 현황자료에 의하면, 국가의 보호를 필요로 하는 최저생계비 이하의 저소득층에 대한 기초생활을 국가가 보장하되 종합적 자립자활서비스 제공으로 생산적 복지구현, 그리고 2015년 7월 1일부터 그간 최저생계비 이하의 가구에 대해 모든 급여를 통합하여 지원하던 방식에서 상대 빈곤선을 도입하고, 급여별 선정기준을 다층화하여 욕구별 지원을 강화하기 위한 '맞춤형 기초생활보장제도'로 개편하였다. 그 후 「제1차 기초생활보장 종합계획('18~'20)」, 「제2차 기초생활보장 종합계획('21~'23)」을 통해 생계급여 부양의무자 기준 폐지('21.10.), 지역구분 개선(3급지→4급지) 등 재산기준 합리화를 추진하여 복지사각지대 해소를 위한 제도의 보장 수준을 지속적으로 확대하였다. 2023년 생계급여 선정 기준의 단계적 상향, 재산기준 완화 등을 포함한 「제3차 기초생활보장 종합계획('24~'26)」을 발표하여 약자복지 강화를 위해 국민의 기초생활을 실질적으로 보장하고자 노력하고 있다. 현재 우리나라의 국민기초생활보장제도의 급여는 생계급여, 주거급여, 의료급여, 교육급여, 해산급여, 장제급여, 자활급여가 있다.

표 11-3 국민기초생활보장급여 종류와 주요 내용

종류	주요 내용
생계급여	• 대상 의료, 교육, 자활급여 특례자, 에이즈쉼터/노숙자쉼터 및 한국갱신보호공단 시설 거주자 등 국가 또는 지방자치단체로부터 생계비를 지원받는 자를 제외한 모든 수급대상자 • 급여 내용 - 의복, 음식물, 연료비, 기타 일상생활에 기본적으로 필요한 금품 지급 - 근로 능력이 있는 수급자에게는 자활에 필요한 사업에 참가할 것을 조건으로 생계급여 지급 - 모든 수급자에게 생계급여는 기본적으로 지급 - 긴급급여: 기초생활보장제도의 급여 여부 결정 전이라도 갑자기 생계유지가 어려워져 생계급여가 필요한 경우를 위하여 긴급급여 지급
의료급여	별도의 「의료급여법」에 의하여 의료 제공
주거급여	주거안정에 필요한 임차료, 유지수선비, 기타 대통령령이 정하는 수급품 지급
교육급여	입학금, 수업료, 학용품비, 기타 수급품 지원

해산급여	조산, 분만 전과 분만 후의 필요한 조치와 보호제공
장제급여	수급자가 사망한 경우, 사체의 검안, 운반, 화장 또는 매장, 기타 장제 조치를 행하는 데 필요한 비용 지급
자활급여	자활에 필요한 금품의 지급, 대여, 자활에 필요한 기능 습득의 지원, 취업알선 등 정보와 제공, 공공근로 등 자활을 위한 근로 기회 제공, 자활에 필요한 시설 및 장비의 대여, 기타 대통령령이 정하는 자활 조성을 위한 각종 지원 제공(자활후견기관 지정, 자활공동체 설립 운영)

(1) 보장단위

가구(세대)단위로 보장하는 것을 원칙으로 하되, 특히 필요하다고 인정하는 경우에는 개인을 단위로 하여 급여를 행할 수 있다(국민기초생활보장법 제4조제3항).

① **가구단위 보장**: 보장가구에 속하는 모든 가구원

② **개인단위 보장**: 특정 가구원(예 입양 아동)

(2) 선정기준

수급자로 선정되기 위해서는 소득인정액 기준과 부양의무자 기준을 동시에 충족시켜야 한다. 소득인정액 제도 도입에 따라 종전의 수급자 선정기준이 소득평가액 기준과 재산기준, 그리고 부양의무자 기준에서 소득인정액 기준과 부양의무자 기준으로 통합되었다. 또한 2015년 7월부터 맞춤형 기초생활보장제도 개편에 따라 교육급여에 있어서 부양의무자 기준을 적용하지 않으며, 2017년 8월 제1차 기초생활보장 종합계획에 따라 2018년 10월부터 주거급여 부양의무자 기준은 폐지하였다. 2019년 1월부터는 부양의무자 가구에 중증장애인(장애인연금 수급자)이 포함된 경우(생계·의료), 부양의무자 가구에 노인(기초연금 수급자)이 포함된 경우(생계 2019년 1월)에 대한 부양의무자 기준이 폐지되었으며, 2021년 10월 생계급여 부양의무자[1] 기준은 전면 폐지하였다. 단, 부양의무자 중 한 명이라도 ① 연소득 1억 원(월 소득 834

1) 부양의무자의 범위 : 수급권자의 1촌의 직계혈족(부모, 아들·딸 등)과 수급권자의 1촌의 직계혈족의 배우자(며느리, 사위, 계부, 계모 등). 단, 수급권자의 사망한 1촌의 직계혈족의 배우자(사위, 며느리)는 부양의무자가 아니다.

만 원) 초과 또는 ② 일반재산 9억 원 초과할 경우 생계급여 수급자에서 선정을 제외한다.

표 11-4 2016, 2024, 2025년도 기준 중위소득

(단위: 원/월)

가구규모	1인가구	2인가구	3인가구	4인가구	5인가구	6인가구
2016년	1,624,831	2,766,603	3,579,019	4,391,434	5,203,849	6,016,265
2024년	2,228,445	3,682,609	4,714,657	5,729,913	6,695,735	7,618,369
2025년	2,392,013	3,932,658	5,025,353	6,097,773	7,108,192	8,064,805

출처: 보건복지부. 2016년, 2024년 국민기초생활보장 수급자 현황 자료와 2024년 발표된 2025년 기준 중위소득 자료.

표 11-5 2016년도 급여별 수급자 선정기준

(단위: 원/월)

가구 규모	1인가구	2인가구	3인가구	4인가구	5인가구	6인가구	7인가구
생계급여 선정기준 (기준 중위소득 29% 이하)	471,201	802,315	1,037,916	1,273,916	1,509,116	1,744,171	1,980,317
의료급여 선정기준 (기준 중위소득 40% 이하)	649,932	1,106,642	1,431,608	1,756,574	2,081,540	2,406,506	2,731,473
주거급여 선정기준 (기준 중위소득 43% 이하)	698,677	1,189,640	1,538,978	1,888,317	2,237,656	2,586,994	2,936,333
교육급여 선정기준 (기준 중위소득 50% 이하)	812,415	1,383,302	1,789,509	2,195,717	2,601,925	3,008,132	3,414,340

* 8인 이상 가구는 7인가구 선정기준에서 6인가구 선정기준의 차액을 7인가구 선정기준에 더하여 산정 - 8인가구 선정기준 = 7인가구 선정기준 + (7인가구 선정기준 - 6인가구 선정기준)

출처: 보건복지부(2016). 2016년 국민기초생활보장 수급자 현황.

표 11-6 2023년도 급여별 수급자 선정기준

(단위: 원/월)

가구규모	1인가구	2인가구	3인가구	4인가구	5인가구	6인가구	7인가구
생계급여 선정기준 (기준 중위소득 30% 이하)	623,368	1,036,846	1,330,445	1,620,289	1,899,206	2,168,394	2,432,255
의료급여 선정기준 (기준 중위소득 40% 이하)	831,157	1,382,462	1,773,927	2,160,386	2,532,275	2,891,193	3,243,006

주거급여 선정기준 (기준 중위소득 47% 이하)	976,609	1,624,393	2,084,364	2,538,453	2,975,423	3,397,151	3,810,532
교육급여 선정기준 (기준 중위소득 50% 이하)	1,038,946	1,728,077	2,217,408	2,700,482	3,165,344	3,613,991	4,053,758

* 8인 이상 가구는 7인가구 선정기준에서 6인가구 선정기준의 차액을 7인가구 선정기준에 더하여 산정 - 8인가구 선정기준 = 7인가구 선정기준 + (7인가구 선정기준 - 6인가구 선정기준)

출처: 보건복지부(2023). 2023년 국민기초생활보장 수급자 현황.

표 11-7 2024·2025년도 급여별 수급자 선정기준

(단위: 원/월)

가구원 수		1인가구	2인가구	3인가구	4인가구	5인가구	6인가구
교육급여 (중위 50%)	2024년	1,114,223	1,841,305	2,357,329	2,864,957	3,347,868	3,809,185
	2025년	1,196,007	1,966,329	2,512,677	3,048,887	3,554,096	4,302,403
주거급여 (중위 48%)	2024년	1,069,654	1,767,652	2,263,035	2,750,358	3,213,953	3,656,817
	2025년	1,148,166	1,887,676	2,412,169	2,926,931	3,411,932	3,871,106
의료급여 (중위 40%)	2024년	891,378	1,473,044	1,885,863	2,291,965	2,678,294	3,047,348
	2025년	956,805	1,573,063	2,010,141	2,439,109	2,843,277	3,225,922
생계급여 (중위 32%)	2024년	713,102	1,178,435	1,508,690	1,833,572	2,142,635	2,437,878
	2025년	765,444	1,258,451	1,608,113	1,951,287	2,274,621	2,580,738

출처: 보건복지부(2024). 2024년 국민기초생활보장 수급자 현황과 2024년 발표된 2025년 기준 중위소득[2] 자료.

(3) 서비스 현황

① 수급자 현황

2023년 12월 말 기준 국민기초생활보장 수급자는 약 255만 명(시설수급자 포함, 178만 8천 가구)으로 수급자의 종류별로 보면 일반수급자가 96.2%(2,458,608)이며, 시설수급자는 3.8%(96,019)이다.

2) 기준 중위소득은 보건복지부 장관이 중앙생활보장위원회의 심의·의결을 거쳐 고시하는 국민 가구의 중간값으로 급여종류별 선정기준과 생계급여 지급액을 정하는 기준이며, 부양의무자의 부양능력을 판단하는 기준이 된다.

표 11-8 국민기초생활보장 수급자 현황

(단위: 가구, 명)

년도	수급자 계(일반, 시설)		일반수급자		시설수급자
	가구	인원	가구	인원	인원
2002년	691,018	1,351,185	691,018	1,275,625	75,560
2005년	809,745	1,513,352	809,745	1,425,684	87,668
2010년	878,799	1,549,820	878,799	1,458,198	91,622
2015년	1,014,177	1,646,363	1,014,177	1,554,484	91,879
2016년	1,035,435	1,630,614	1,035,435	1,539,539	91,075
2023년	1,788,309	2,554,627	1,788,309	2,458,608	96,019

* 가구 총계는 시설수급자를 제외한 일반수급자 가구수임

출처: 보건복지부(2023). 국민기초생활보장 수급자 현황.

표 11-9 수급자 수와 구성비율(2023년)

(단위: 명, 가구, %)

구분	계	일반수급자	시설수급자
수급자 수	2,554,627	2,458,608	96,019
(구성비)	(100)	(96.2)	(3.8)
가구 수	1,884,328*	1,788,309	96,019
(구성비)	(100)	(94.9)	(5.1)

* 총 가구 수는 시설수급자 포함

출처: 보건복지부(2023). 2023년 국민기초생활보장 수급자 현황.

2023년 인구 대비 기초생활보장수급자의 비율인 수급률은 4.9%이며, 17개 광역지방자치단체별 수급률을 보면, 전북 7.5%, 부산 7.1%, 광주 6.8% 순이며, 세종이 가장 낮은 2.2%이다.

표 11-10 지역별 국민기초생활보장 수급률(2023)

(단위: %)

전국	서울	부산	대구	인천	광주	대전	울산	세종	경기	강원	충북	충남	전북	전남	경북	경남	제주
4.9	4.5	7.1	6.5	5.8	6.8	5.3	3.9	2.2	3.4	5.6	5.1	4.3	7.5	5.9	5.9	5.4	5.1

주: 수급률 = (지역의 수급자 수/지역의 주민등록인구통계)×100
* 지역의 수급자 수 : 시설수급자 포함
* 지역의 전체인구 : 통계청, 연령별(시·도) 주민등록인구(51,325,329명)

출처: 보건복지부(2023). 2023년 국민기초생활보장 수급자 현황.

② 급여 현황

맞춤형 기초생활보장제도 개편에 따른 급여별 수급자 현황을 살펴보면, 총 기초생활수급자 255만 명 중 생계급여를 받는 수급자는 161만 명(128만 가구), 의료급여를 받는 수급자는 143만 명(113만 가구), 주거급여를 받는 수급자는 237만 명(172만 가구), 교육급여를 받는 수급자는 30만 명(20만 가구)이다.

표 11-11 급여별 수급자 및 수급가구 현황

(단위: 명, 가구)

구분	계*	생계급여	의료급여	주거급여	교육급여
수급자 수	2,554,627	1,611,361	1,434,807	2,373,251	302,438
가구 수	1,884,328	1,288,044	1,137,203	1,724,271	205,576

* 총 수급자 수 및 가구 수는 시설 수급자 포함, 각 급여별 중복을 제외한 숫자임

출처: 보건복지부(2023). 2023년 국민기초생활보장 수급자 현황.

③ 인구 및 성별 현황

생애주기별 남녀의 총인구 대비 수급자 비율을 보면, 중년기에는 남자가, 학령기, 청소년기, 청년기 및 노년기에는 여자가 높게 나타났으며, 특히 노년기에서 현저한 차이가 있다. 남녀의 수급자 비율을 비교해 보면 남자는 중년기(38.6%)가, 여자는 노년기(47.1%)가 가장 높다.

표 11-12 생애주기별 남녀의 총인구대비 수급자 비율 현황

(단위: %)

구분	계	영유아기	학령기	청소년기	청년기	중년기	노년기
남자	100	1.6	6.6	8.4	10.9	38.6	34.0
여자	100	1.2	5.0	6.4	10.6	29.7	47.1

주: 영유아기(0~5세), 학령기(6~11세), 청소년기(12~19세), 청년기(20~39세), 중년기(40~64세), 노년기(65세 이상)

출처: 보건복지부(2023). 2023년 국민기초생활보장 수급자 현황.

④ 취업 현황

수급자 중 비경제활동인구가 93.1%이며, 경제활동인구는 약 6.9%이다. 경제활동인구의 특성을 보면 고용이 불안정한 임시고용과 일일고용, 실직 및 미취업자가 대부분(전체수급자의 5.95%, 경제활동인구수급자의 85.7%)이다. 한편 임시고용 등에 비해 상대적으로 안정된 상시고용이나 자영업 및 농수축산업은 일부(전체수급자의 1%, 경제활동인구수급자의 14.3%)이다.

⑤ 가구 현황

수급자의 가구원 수별 현황을 보면 과반수 이상이 1인가구(73.5%)이며, 다음으로 2인가구(16.0%), 3인가구(6.2%)의 순이다.

표 11-13 수급자의 가구원 수별 현황

(단위: 가구, %)

구분	계	1인가구	2인가구	3인가구	4인가구	5인가구	6인가구	7인 이상 가구
가구 수	1,788,309	1,314,325	285,616	110,748	51,732	19,198	4,896	1,794
구성비	100.0	73.5	16.0	6.2	2.9	1.1	0.3	0.1

출처: 보건복지부(2023). 2023년 국민기초생활보장 수급자 현황.

수급자의 가구유형은 대부분 노인, 장애인, 모자·부자가구 등 취약계층 가구가 58%이며, 보다 안정된 가구인 일반가구는 24.6%이다.

표 11-14 수급자의 가구유형별 현황

(단위: 가구, %)

구분	계	노인가구	소년소녀 가장가구	모자가구	부자가구	장애인 가구	일반가구	기타*
가구 수	1,788,309	563,540	1,421	188,826	50,594	232,384	440,651	310,893
구성비	100.0	31.5	0.1	10.6	2.8	13.0	24.6	17.4

* 기타 : 미혼부모세대, 조손세대 등

출처: 보건복지부(2023). 2023년 국민기초생활보장 수급자 현황.

수급자의 가구구성을 보면 단독가구 47.7%, 혈연가구 35%이며 비혈연가구는 0.3%에 불과하다.

표 11-15 수급자의 가구구성별 현황

(단위: 가구, %)

구분	계	단독가구	혈연가구				비혈연 가구	기타
			소계	부부가구	자녀동거 가구	그 외 가족 동거		
가구 수	1,788,309	852,786	625,873	154,063	416,821	54,989	5,904	303,746
구성비	100.0	47.7	35.0	8.6	23.3	3.1	0.3	17.0

출처: 보건복지부(2023). 2023년 국민기초생활보장 수급자 현황.

⑥ 보장기간 현황

수급자의 보장기간은 10년 이상이 가장 많은 20.3%이고, 2~3년 미만은 16%로 높은 수준이며, 8~10년 미만은 5.4%로 가장 적다.

표 11-16 수급자의 보장기간별 현황

(단위: 가구, %)

구분	계	1년 미만	1~2년 미만	2~3년 미만	3~4년 미만	4~5년 미만	5~6년 미만	6~8년 미만	8~10년 미만	10년 이상
가구 수	1,788,309	274,526	227,275	285,600	177,767	132,051	119,252	112,459	95,962	363,417
구성비	100.0	15.4	12.7	16.0	9.9	7.4	6.7	6.3	5.4	20.3

출처: 보건복지부(2023). 2023년 국민기초생활보장 수급자 현황.

⑦ 소득 현황

기초생활보장수급 선정 가구의 소득규모를 보면 '20만 원 초과~40만 원 이하'인 가구가 30.9%로 가장 많고, 소득이 전혀 없는 가구는 29.2%, '40만 원 초과~60만 원 이하' 가구가 13.9% 순이다.

표 11-17 수급자의 소득구간별 현황

(단위: 가구, %)

구분	계	소득 없음	0원 초과~ 20만 원 이하	20만 원 초과~ 40만 원 이하	40만 원 초과~ 60만 원 이하	60만 원 초과~ 80만 원 이하	80만 원 초과~ 100만 원 이하	100만 원 초과~ 120만 원 이하	120만 원 초과
가구 수	1,788,309	522,769	120,790	552,123	249,416	135,917	71,854	36,702	98,738
구성비	100	29.2	6.8	30.9	13.9	7.6	4.0	2.1	5.5

* 실제소득에서 가구특성별 지출요인을 반영한 금품 등을 제외한 소득평가액을 의미함.

출처: 보건복지부(2023). 2023년 국민기초생활보장 수급자 현황.

소득구간에 따른 가구 현황을 보면, 소득이 없는 경우는 1인가구가 32.6%, 2인가구 21.4%, 3인가구 19.8%이며, 7인 이상 가구도 12.7%이다.

표 11-18 수급자의 가구·소득구간별 현황

(단위: 가구, %)

구분	계	1인가구	2인가구	3인가구	4인가구	5인가구	6인가구	7인 이상 가구
가구 수	1,788,309	1,314,325	285,616	110,748	51,732	19,198	4,896	1,794
계	100	100	100	100	100	100	100	100
소득 없음	29.2	32.6	21.4	19.8	15.0	12.1	11.6	12.7
0원 초과~ 20만 원 이하	6.8	7.1	5.7	6.5	5.4	4.0	3.3	2.8
20만 원 초과~ 40만 원 이하	30.9	38.2	13.0	7.7	5.4	4.0	3.7	3.6
40만 원 초과~ 60만 원 이하	13.9	13.3	20.2	10.4	7.6	6.0	6.2	7.0

60만 원 초과~ 80만 원 이하	7.6	6.0	13.9	10.3	8.7	7.6	8.0	8.4
80만 원 초과~ 100만 원 이하	4.0	2.2	9.9	8.2	7.0	5.9	5.4	6.2
100만 원 초과	7.6	0.5	15.9	37.1	50.9	60.4	61.7	59.3

출처: 보건복지부(2023). 2023년 국민기초생활보장 수급자 현황.

⑧ 재산규모 현황

수급자의 재산규모를 보면 '0원 초과~1,000만 원 이하' 가구가 41.7%로 가장 많고, '5,000만 원 초과' 가구는 16.7%, '1,000만 원 초과~2,000만 원 이하' 가구는 15.3%의 순이다.

표 11-19 재산규모 현황

(단위: 가구, %)

구분	계	재산 없음	0원 초과~ 1,000만 원 이하	1,000만 원 초과~ 2,000만 원 이하	2,000만 원 초과~ 3,000만 원 이하	3,000만 원 초과~ 4,000만 원 이하	4,000만 원 초과~ 5,000만 원 이하	5,000만 원 초과
가구 수	1,788,309	71,268	745,635	274,137	174,897	127,541	95,965	298,866
구성비	100	4.0	41.7	15.3	9.8	7.1	5.4	16.7

출처: 보건복지부(2023). 2023년 국민기초생활보장 수급자 현황.

재산이 없는 경우는 1인가구 4.9%, 2인가구 1.9%, 7인 이상 가구도 0.8%이다. 1인가구는 1,000만 원 이하의 재산을 보유하는 경우가 가장 많은 비율을 차지하며, 2인가구 이상은 2,000만 원 초과가 가장 많은 비율을 차지하고 있다.

표 11-20 재산규모·가구원 수별 현황

(단위: 가구, %)

구분	계	1인가구	2인가구	3인가구	4인가구	5인가구	6인가구	7인 이상 가구
가구 수	1,788,309	1,314,325	285,616	110,748	51,732	19,198	4,896	1,794
계	100	100	100	100	100	100	100	100
재산 없음	4.0	4.9	1.9	0.8	0.5	0.4	0.6	0.8
0원 초과~ 1,000만 원 이하	41.7	48.5	26.2	19.7	15.5	14.9	16.4	19.7
1,000만 원 초과~ 2,000만 원 이하	15.3	15.0	16.5	16.5	14.6	14.1	14.2	16.3
2,000만 원 초과	39.0	31.6	55.3	63.0	69.4	70.6	68.8	63.2

출처: 보건복지부(2023). 2023년 국민기초생활보장 수급자 현황.

2) 기타 제도

(1) 한부모가족 지원

표 11-21 한부모가족 지원 제도

지원 제도	주요 내용
고등학생 수업료 및 입학금	전액 지급
만6세 미만 아동양육비 지원	1인당 월정액 매월 지급
복지자금 대여	• 저소득 한부모가족으로 자립 및 자활의지가 뚜렷하고 현실성 있는 사업계획을 제시하는 자 • 전세입자 중 무주택 저소득 한부모가족의 세대주 전세보증금 대여
영구임대주택 입주	무주택 저소득 한부모가족에게 지방자치단체가 관리하는 영구임대주택(아파트) 중 지역실정을 감안하여 일정량을 저소득 한부모가족에게 우선 공급
한부모가족복지시설 기능보강사업	모·부자보호시설, 모자자립시설, 일시보호시설, 미혼모자시설, 미혼모자공동생활가정 등에 일정 기간 보호하여 생계지원하고 퇴소 후 자립기반을 조성하도록 지원
한부모가족자녀양육비 이행확보 무료 법률 구조사업	한부모가족 자녀 양육비 청구소송, 미혼부 상대 자녀인지청구소송지원, 자녀양육비 이행확보지원 등의 법률적 지원

(2) 소년소녀가장 세대지원

18세 미만 빈곤아동이 실질적으로 가정을 이끌어 가고 있을 때, 소년소녀가장으로 지정하고 생활보호와 다양한 복지서비스를 제공한다. 지원대상은 국민기초생활보장수급자 중에서 18세 미만 아동으로만 구성된 세대이거나 18세 미만 아동이 부양능력이 없는 부모와 동거하는 세대이다. 소년소녀가장세대는 「국민기초생활보장법」에 의한 생계급여, 교육급여, 의료급여를 지원하고, 추가로 부가급여를 지급한다. 아동만으로 구성된 세대는 후견인제도를 통하여 도움을 받도록 지도하고 있으며, 이웃과의 결연을 권장하고 있다.

(3) 장애인가족 지원

1999년 「장애인복지법」이 개정되면서 저소득 장애가정에는 장애아동의 장애등급 및 기초생활대상 수급등급에 따라 수당이 지급된다. 재활보조기구 대여 및 소득인정액이 일정금액 이하인 가구의 장애 고등학생 교육비가 지원되며, 저소득 가구의 장애인가구주 또는 가구주 자활자립금이 대여된다.

(4) 아동 지원

저소득 맞벌이가족을 대상으로 보육료 지원확대는 물론 아이돌보미 지원을 확충지원하고 있다. 저소득 아동양육가정에게 실질적인 혜택과 수혜자 중심의 혜택을 주기 위하여 I-사랑카드제와 바우처제도 등을 시행하고 있다.

① 드림스타트

민간단체들을 중심으로 시작한 We-start 사업이 드림스타트로 전환하여 진행되고 있다. 이는 저연령에서부터 예방적이고 통합적인 개입을 통하여 빈곤탈피를 목적으로 하고 있는 '빈곤대물림 끊어주기' 사업으로 0~12세 빈곤층 아동들에게 교육, 보건, 주거, 복지서비스를 맞춤형으로 제공하는 것을 목적으로 한다.

② 지역아동센터

지역사회 아동의 보호, 교육, 건전한 놀이와 오락제공, 보호자와 지역사회 연계 등 아동의 건전육성을 위한 아동복지서비스를 지원하는 기관으로 2004년부터 민간 공부방이 지역아동센터로 제도화되어 초·중·고생 및 기타 청소년의 방과후 보호, 학습지원, 급식제공 등의 기능을 담당하고 있다.

③ 교육복지투자 우선 지역사업

지역사회 교육전문가라는 명칭을 가진 전문인력을 학교에 비치하여 빈곤아동들에게 교육, 복지, 문화 서비스를 총괄적으로 제공하고 있다. 이 사업은 지역단위 사업으로 저소득층 지역의 교육, 문화, 복지 수준을 총체적으로 제고하여 지역의 유아 및 학생들에게 실질적 교육기회를 제공하고 지역 간, 학교 간 격차를 해소하고, 저소득 소외계층 학생들의 총체적 복지감 향상을 목적으로 하고 있다.

3. 빈곤가족 예방 및 대책

1) 원인 및 실태 파악

빈곤문제를 해결하기 위해서는 빈곤양상에 대한 동태적, 정태적 파악과 빈곤가정에 대한 심도 있는 이해와 분석이 필요하다. 빈곤의 현상과 유입과정, 빈곤탈출의 노력과 기제에 대한 이해에 대한 종합적이고 심도 있는 조사와 연구를 통하여 빈곤 악순환의 영향을 극복하고 보호요인을 강화할 수 있는 방안을 모색해야 한다.

2) 지원제도의 개선과 보완

국민기초생활보장제도의 부양의무자 판별에 대한 기준이 너무 엄격하고, 단일한 재산기준을 근거로 하고 있으며, 소득기준 설정상의 비합리성 등으로 상당수의 빈곤가족이 보호대상에서 제외되어 있다. 이에 수급권자를 선정할 때 탄력적인 선정기준을 적용할 필요가 있으며, 급여수준도 강화되어야 할 필요가 있다. 예를 들어, 일시적인 소득이 증가하였다고 수급비를 삭감 또는 상실을 통해 자립의지 감소 및 장기적인 자립가정으로의 전환이 불가능해진다.

3) 맞춤형 지원제도 시행

빈곤진입 초기에는 빈곤탈출에 대한 희망과 의지가 높고 빈곤요인이 비교적 단순한 경우가 많으며, 이때 적극적인 직업알선, 심리·정서적 지원 등의 사회적 지원을 집중할 필요가 있다. 또한 빈곤가정 아동들의 학습부진과 또래관계의 어려움 등 학교 부적응이 심하고 정서적 불안정과 심리적 위축 등이 심하고 빈곤이 장기화될수록 그 악영향이 심화되므로 빈곤가정의 아이들을 위한 조기지원이 매우 시급하다.

장기빈곤가정은 수급권자의 자격기준에 대한 현실성 있는 평가제도, 재산과 소득에 대한 합리적인 설정과 판단 등에 대한 지속적인 점검과 홍보를 통해 단계에 맞는 개입이 요구된다.

4) 소득 재분배

노동시장 여건이 악화하는 상황에서 저소득층 근로지원 세액공제제도의 도입과 최저임금 수준의 현실화가 요구되고 있으며, 저소득층을 위한 취업교육과 알선대책이 시행되어 맞춤형 소득 재분배정책이 실행되어 빈곤에서 탈퇴할 수 있는 구조가 마련되어야 한다.

5) 교육 및 보호정책

빈곤가정의 부모 대상 교육 및 지원서비스가 빈약하며, 서비스를 전달하는 행정적 지원체계 및 재정도 넉넉지 못하다. 교육 및 보호서비스는 수혜자 범위를 확대하고, 교육기능과 보호기능을 통합하여 종합서비스 체계를 구축해야 할 것이다. 예를 들어, 지역아동센터 근무자를 위한 빈곤전문인력 양성 및 현장에 배치하여 빈곤지역 아동들에 대한 종합적이고 질적인 보호와 교육 서비스가 제공될 수 있도록 지원을 현실화해야 한다. 빈곤가족의 아동들이 빈번하게 접할 수 있는 학대, 부적응, 가족해체, 비행 및 범죄 등에 대한 예방적 차원의 개입과 상담 프로그램이 확대되어야 한다.

CHAPTER 12

한부모가족

1. 한부모가족의 개념

한부모가족[1]은 일반적으로 부모 중 한쪽의 사망, 이혼, 유기, 별거 및 미혼모(미혼부) 등으로 한부모와 자녀로 이루어지거나 미혼모 또는 미혼부와 자녀로 이루어진 가족을 의미한다. 즉, 부모 중 한쪽이 부재하여 아버지나 어머니 중 한 사람이 단독으로 부모의 역할을 수행하기 때문에 그로 인한 복합적 문제에 처할 가능성이 높아 사회복지의 일차적 관심 대상이 되고 있다. 현재 한부모가족은 한부모가정과 한부모가족, 한부모가구 등 각기 다른 명칭으로 혼용되어 사용되고 있다. 일반적으로 가족복지의 관점에서는 한부모가족으로, 「한부모가족지원법」에 근거한 행정적 관점에서는 한부모가정으로, 인구주택총조사에서는 조사단위를 한부모가구로 쓰고 있다. 가족복지에서의 한부모가족은 과거 모자복지의 한 분야로 인식되어 왔으나 산업화, 도시화로 인한 사회구조 및 가족구조의 변화, 가족해체 등의 문제로 부자가족이 빠른 속도로 등장하면서 한부모가족이 가족복지의 중요한 분야로 등장하였다(이영실, 2016: 250).

1) 「한부모가족지원법」에서는 이혼, 사별, 유기, 미혼모에 의하여 발생하는 가족으로 현재 18세 미만의 자녀와 살면서 자녀를 부양하고 부모 역할을 담당하고 있는 한부모와 자녀의 집단을 의미하며, 청소년한부모란 24세 이하의 모 또는 부를 말한다. 우리나라에서 한부모가족의 정책대상에는 여성 한부모가족과 남성 한부모가족 외에도 소년소녀가장가구, 조손가족 그리고 과거 미혼모·부가족으로 불리던 청소년기 한부모가족이 포함되고 있다. 조손가정은 2007년부터 「모부자복지법」이 「한부모가족지원법」으로 개정되면서 지원대상자 범위에 대한 특례(제5조의2 제2항)로서 지원받을 수 있는 법적 근거를 마련하였다.

한부모가족의 개념을 다양한 유형별로 분류해 보면 다음과 같다.

① 부모집단의 유형에 따른 분류로서 부모가 결혼을 한 사람들인지 아니면 결혼하지 않고 동거상태로 살다가 한부모가 된 사람인지 등으로 분류하는 것이다(예 미혼모가족과 미혼상태의 입양가족 등).

② 가족해체의 발생유형에 따른 분류로서, 해체 유형이 아버지나 어머니의 사망에 기인한 것인지, 부모의 별거나 이혼에 의한 것인지, 배우자의 장기입원이나 장기구속에 의한 것인지 아니면 미혼의 어머니에 의한 것인지 등으로 분류하는 것이다(예 사망, 이혼, 별거, 유기가족, 미혼모가족 등).

③ 가족의 결합상태에 따라 부와 자녀로 이루어진 부자가족과 모와 자녀로 이루어진 모자가족으로 분류한다(예 자녀를 누가 돌보는가 하는 주체에 따른 분류로서 부모역할을 누가 맡느냐에 따라 어머니가 자녀에 대한 보호를 맡고 있는 모자가족과 아버지가 자녀를 보호하고 있는 부자가족).

2. 한부모가족의 발생원인

우리나라에서 한부모가족은 계속적으로 증가 추세에 있다. 과거 한부모가족의 발생원인은 배우자의 사망에 의한 발생이 다수를 차지하였으나, 점차적으로 산업화, 도시화로 인한 대가족제도의 붕괴로 인한 핵가족화, 여성의 직업활동의 증가로 인한 여성의 경제적 자립성의 증가, 가족 중심의 전통적 도덕관의 해이, 이혼과 별거의 증가, 미혼모의 발생, 과거에 발생하지 않았던 비정형적 가족유형의 발생 등으로 증가하고 있다. 한부모가족의 발생원인을 크게 두 가지로 분류하면 가족위기와 가족해체로 분류할 수 있다(최경석 외, 2006; 송정애·정해은, 2007; 조추용 외; 2008; 이영실 외, 2010).

1) 가족위기

(1) 가족위기의 개념

급변하는 현대사회에서 가족은 언제나 자연적, 사회적 환경에서 오는 수많은 위협 아래에서 생활하고 있다. 위기란 위험한 상황을 뜻하는 것으로 보통 가족위기는 가족의 기능장애나 일탈행위, 가족해체에 도달하게 된다. 즉, 가족이 가지는 고유기능이 원활하게 이루어지지 않고 가족이 사회의 규범에서 빗겨 가는 비행, 이혼, 증발 또는 개인적으로는 정신적 안정성을 상실하는 등의 가족문제를 가족위기라고 한다.

(2) 가족위기의 특징

① 위기는 시간적으로 만성이 아니고 급성이다.
② 위기는 일반적으로 효과적이지 못한 행동변화를 가져올 수 있다.
③ 위기는 유기체 전반에 다양한 형태로 체험되고 여러 가지 방법으로 발산된다.
④ 위기를 위협적으로 지각하는 정도는 개인에 따라 다르다.

(3) 가족위기의 원인

가족위기의 원인은 크게 가족 외의 원인과 가족 내의 원인으로 분류할 수 있다. 다시 가족 외의 원인은 자연적인 원인과 사회적인 원인으로 나눌 수 있고, 가족 내의 원인은 생활주기 단계상의 원인과 가족관계의 갈등을 들 수 있다.

① 가족 외의 원인

- 산업화 : 산업화로 인한 일상생활의 변화는 가족들이 함께 모일 수 있는 단란한 시간 또는 가치관이 가족 상호 간에 상이하여 소속 집단에 대한 공동의식이 없어져 가족의 통합을 상실하게 한다.

- 도시화 : 도시적 생활양식, 도시적 가치관을 갖게 되어 이웃에 대해 무관심하고 가족의 유대감도 해이해져서 공동체의식이 약화되었다.
- 정보 : 정보가 많을 경우 사람들은 자기가 판단하려고 하지 않고 매스컴에 의존하려고 한다. 그리하여 육아방법, 식품에 대한 선호 등을 무조건적으로 추종하게 된다.
- 대중 사회화 : 대중 사회화가 되면 공동체, 지연 등이 붕괴되고 개인이 고립화하게 된다. 즉, 인간과 인간관계가 소외되고, 상호 간의 의사소통이 잘 되지 않기 때문에 심리적으로 불안정하게 된다.
- 가치관 변화 : 현대에는 개인주의와 자기중심적·이기적 의식이 강해져 개인의 요구를 희생하여 집단을 위해서 봉사하려는 의식이 약화되었다.
- 경제적 상황의 변화
- 인구학적 변화 : 출생률과 사망률이 감소하고 수명의 증가는 생활주기에 변화를 가져왔다.

② 가족 내의 원인

- 신혼기 갈등 : 서로에 대한 적응, 부부간의 역할 분담, 시부모에 대한 적응, 주택 마련, 친척과의 교류, 직업과의 조화 등으로 위기가 발생될 수 있다.
- 자녀독립기 갈등 : 장래의 목표설정이 가족의 합의 아래 형성되는지의 여부, 자녀와의 심리적 독립(특히 어머니로부터의 독립)이 가능한가의 여부, 자녀의 취직이나 배우자 선택이 가족의 의견과 일치하는가의 여부, 부부 쌍방이 갱년기에 이르게 되는데, 상호 간에 그 점에 대하여 이해하고 위로할 수 있는가의 여부, 노후설계가 가능한가의 여부 등을 들 수 있다.
- 노년기 갈등 : 퇴직 후에도 경제적 수입이 가능한가의 여부, 독립하여 별거하고 있는 기혼자녀와 원만한 관계를 형성하는가의 여부, 노후에 삶의 보람을 느끼고 있는가의 여부, 특히 남편의 경우 역할상실이 문제점이 된다.
- 부부간의 갈등 : 부부는 성장배경, 경험, 사고방식 등이 다르기 때문에 결혼을 해 나가는 데 있어서 어느 정도 불만, 갈등, 충돌이 있기 마련이다. 꾸준히 대화를 통해 문제상황을 발견하고 갈등을 해결해야 할 것이다.
- 부모-자녀 간의 갈등 : 점점 심각하게 대두되고 있는 문제로서 피할 수 없는 사회적·문화적·가치관적 차이가 존재하여 서로 갈등이 발생한다. 사고와 지식의 범위를 동등하게 존중하는 교류관계를 가져야 한다.
- 고부간의 갈등 : 전통사회에서부터 현대사회까지 마치 세습되듯이 내려온 갈등이다. 고부갈등 시 곤란한 위치에 놓인 남편은 고부관계의 조정자로서의 노력이 필요하다.

2) 가족해체

(1) 가족해체의 개념

가족해체란 가족에게는 원래 가족 구성원을 묶어 주는 강력한 유대감과 가족목표가 있는데, 가족이 갖는 사회적 기능 또는 가족 공동의 가족목표, 가족 구성원의 지위와 역할 등이 정상에서 벗어나고, 가족 간의 기능조정이 불가능하게 되며 사회적 단위로서의 가족집단의 통일성이 약화되거나 붕괴되는 경우를 의미한다. 가족해체의 문제는 부부간의 문제와 부모자식 간의 문제로 대별된다. 부부간의 문제란 사회제도적인 면에서 또는 지역문화의 특수성에 비추어 보아 다수의 사람이 정상적이라고 시인하는 부부의 생활형태에서 벗어났을 경우이다. 구체적으로는 이혼, 별거, 유기, 사별, 노인 혼자 사는 것, 모자가족·부자가족 등의 결손가족, 장애자, 사생아 등 사회적 결함을 갖고 있는 사람이나 전과자가 있는 가족, 생활이 곤궁한 가족, 내연의 관계에 있는 가족, 그 외 부부 교환, 그룹 섹스를 행하는 가족 등이 이에 해당된다. 부모와 자녀 간의 문제는 혈연적으로나 사회·문화적으로도 일체감을 느끼고 공동체의식을 느끼게 하는 혈연적 운명공동체가 구조·기능 면에서 파괴되어 제구실을 다하지 못했을 때 발생한다. 구체적으로는 부모 또는 자녀의 결손과 부자관계나 모자관계의 대립·갈등, 부모의 성격특성과 자녀에 대한 양육이나 훈육태도, 부모의 보호, 자녀에 대한 애정거부의 태도, 심신장애아의 출생과 존재, 범죄·비행의 자녀가 존재하는 경우 등이다(이영실 외, 2016: 252).

(2) 가족해체의 형태

① 별거 및 유기

별거의 형태는 여러 가지가 있겠으나 해외 출장, 전출, 출산 등에 의한 친정 체류 등 부부간에 합의가 이루어진 경우를 제외하고, 한집에 동거하면서도 생활의 공동체적인 교류가 없으면 별거로 본다. 「민법」 제840조제2호에서 별거는 소정의 배우자가 악의로 다른 일방을 유기한 때라 함은 배우자가 정당한 이유 없이 서로 동거, 부양, 협조하여야 할 부부로서의 의무를 포기하고 다른 일방을 버린 경우를 뜻한다. 법적인 별거는 혼인계약을 해소하지는 않고 따로 살고 싶어 하는 의사에 비추어 혼인계약에 따르는 배우자 간의 의무를 조정할 뿐이다. 그러나 실제로 별거는 이혼의 전 단계로 행해지는 경우가 많다.

② 사별

사별이란 남편이나 아내 중 한 명이 죽는 것을 의미하는데, 그리하여 남편이나 아내 중 한 명만이 남아 한부모가족을 이루게 된다. 모자가족이나 부자가족이 여기에 해당된다.

③ 이혼

이혼은 혼인의 본래적 목적인 부부의 영속적 공동생활을 파기하고 사회 기초단위인 가족의 해체를 초래하는 현상이다. 즉, 이혼이란 법률적으로나 사회적으로 부부로서 인정받던 생활공동체를 부부간의 갈등이나 기타 결혼생활을 계속 유지할 수 없다는 판단 아래 갈등이나 기타 결혼생활을 계속 유지할 수 없다는 판단 아래 부부관계를 해소하여 남남으로 이별하는 행위이다. 이혼은 개인의 사적인 인간관계의 파국을 의미하는 것만이 아니라 가족집단이 붕괴되고 그 파급이 주변에 장기적으로 미치게 된다. 예를 들어, 사회에 이혼자가 증가하면 결혼 시의 사회적 의의는 쇠퇴하게 되고 결혼의 존엄성이나 가족생활의 규범이 약화되고 결혼, 이혼, 재혼이라는 결합과 분리가 반복되는 생활이 오게 된다. 이렇게 되면 부모-자녀 관계에 있어서 계부모자 관계가 증가하여 부모 자녀는 혈연적 공동 운명체라는 의식과 상호부조해야 하는 의무감도 희박해지고 부모자녀 간이 영속적인 관계가 아니라 일시적인 관계가 되어 상호 간에 관계가 소원해지고 단절되게 된다. 이혼이 부부의 한쪽에게 안정된 새로운 가정생활을 영위하게 하는 긍정적 효과가 있다 하더라도 다른 한쪽의 배우자나 자녀에게도 안정된 가정생활을 영위할 수 있는 선택과정이 된다고는 확신할 수 없다는 문제가 발생한다.

참고 민법에서 규정하는 '이혼'

이혼에 관하여 「민법」은 두 가지로 규정한다. 첫째, 협의상 이혼(민법 제834·836조, 호적법 제79조)으로 남녀에게 평등한 자유로운 이혼제도를 채용하고 있다. 즉, 당사자 쌍방의 협의, 가정법원의 확인, 신고만 있으면 이혼은 성립되고 특별한 원인의 존재를 필요로 하지 않는다. 둘째, 재판상 이혼(가사소송법 제2조제1항 및 제50조, 민법 제840~842조, 호적법 제81조)으로 강제로 이혼을 하기 위해서는 법정의 원인을 이유로 하여 가정법원에 소를 제기하여 심판을 얻어야 하며 이에 관해서는 조정(調停)이 선행된다. 자녀가 있는 경우의 이혼은 결과적으로 부, 모 일방과 자녀로 구성된 한부모가족의 형성을 초래하며, 자녀의 양육권은 법에 의해, 당사자의 협의에 의해 한쪽 부모에게 넘어가게 된다.

④ 미혼모, 미혼부

미혼모는 법적인 결혼 없이 아이를 낳아서 기르는 여자를 의미하는데, 현실적으로 미혼모는 심리, 사회, 문화, 경제, 정치적 요인들에 의한 어려움을 가지고 있다. 예를 들면, 미혼모들은 준비되지 않은 임신으로 인한 정서적 혼란, 임신으로 인한 사회적 낙인, 미혼부의 존재를 배제한 채 미혼모에게만 책임을 묻는 이중적 성규범, 분만 이후의 아기 입양 여부, 그로 인한 죄책감, 그리고 사회 재적응 등의 어려운 문제를 개인이 혼자 책임지고 있는 상황이다. 미혼부는 출생신고만 할 수 있다면 인지의 효력이 생겨 친자로 등재된다. 혼외자는 모가 출생신고를 하도록 하고 있지만, 실무상 부가 단독으로 출생신고를 한 경우에도 인지의 효력이 있으므로 출생신고를 인정해 왔다. 2011년 6월 30일부터 모의 인적 사항 유무는 "출생 사실의 유무뿐만 아니라 인지라는 신분행위의 적부 판단에서도 필요불가결한 사항이다"라는 이유로 모 불상의 출생신고를 수리하지 않게 되었다(모가 혼인 중에 있는 경우 인지를 할 수 없으므로). 2015년에 모를 알 수 없는 혼외자는 부가 가정법원의 친자 확인을 받으면 출생신고를 할 수 있도록 법이 개정됐다. 미혼 부모의 자녀는 임신 중인 태아와 출생한 자녀 모두 포함된다.

3. 한부모가족의 현황과 정부지원서비스

1) 한부모가족의 현황

(1) 한부모가족의 일반적 특성

한부모가족는 일반가구 중 한부(모)와 미혼자녀로만 구성된 가구를 의미하며, 한부모가족 비율은 한부모가족 자녀양육비 중장기 소요예산 추정 시 기초자료로 활용하고 있다.

2024년 한부모가족사업안내(여성가족부, 2024)에 의하면, 한부모가구의 수는 2021년 1,510가구, 2022년 1,495가구로 감소하고 있다.

표 12-1 전국 한부모가구 현황

(단위: 1,000가구, %)

세대 구성	막내자녀 연령 구분	2021년	2022년	증감
계	소계	1,510	1,495	-15
	18세 이하	369	356	-13
	19세 이상	1,141	1,139	-2
부 + 미혼자녀	소계	374	365	-9
	18세 이하	119	113	-6
	19세 이상	255	252	-3
모 + 미혼자녀	소계	1,136	1,130	-6
	18세 이하	250	243	-7
	19세 이상	886	887	1

출처: 통계청(2022). 2022 인구주택총조사.

2021년 한부모가족실태조사[2] 응답자들의 일반적 특성을 살펴보면 다음과 같다.

2) 「한부모가족지원법」 제6조 한부모가족실태조사는 조사주기 3년마다 실시하고 있다. 2021년 조사는 만 18세 이하 자녀를 양육하는 전국 한부모가족(모·부자가족) 가구주 3,300명 ※ 표본 추출 : 이번 조사는 「'19년 통계청 등록센서스」에서 파악된 한부모가구를 조사 모집단으로 하여 표본 추출
• 조사 내용 : 자녀돌봄, 생활세계·사회적 지지망, 경제활동, 건강, 소득 및 지출, 양육비, 주거 등 9개 분야, 20

본 연구의 수집된 표본은 총 3,300가구였다. 가중치를 적용한 후 조사대상자의 연령, 학력, 혼인상태, 가구구성, 가장 어린자녀, 종사상 지위, 정부지원 유형, 소득수준별 응답자 특성은 <표 12-2>와 같다. 응답자들의 연령분포는 40대가 60.7%로 가장 많았고, 30대 이하가 23.7%, 50대 이상이 15.7%의 비율을 차지하고 있었다. 학력의 경우 고졸 이하가 55.4%, 대학 이상이 40.4%, 중졸 이하가 3.9%이었고, 혼인상태는 이혼이 81.6%, 사별이 11.6%, 기타가 6.8% 순으로 나타났다. 가구구성은 모자로 구성된 가구가 53.4%로 가장 많았으며, 그다음이 부자가구(20.7%), 모자+기타 가구(14.0%), 부자+기타 가구(11.9%)로 이루어져 있었다. 응답자의 자녀 중 연령이 가장 낮은 자녀의 연령은 중학생 이상인 경우가 56.3%로 가장 많았고, 초등학생인 경우가 31.7%, 미취학 아동인 경우가 12.1%였다. 또한 전체 응답자 가구 중 기초보장, 저소득한부모지원 등 정부지원을 받는 가구는 54.4%, 지원받지 않는 일반가구는 45.6%로 절반을 넘는 한부모가 정부지원을 받고 있는 것으로 나타나고 있다. 소득수준은 100만 원 미만이 3.3%, 100~200만 원 미만이 34.7%, 200만 원 이상 300만 원 미만이 34.2%, 300만 원 이상이 27.8%였다. 마지막으로 한부모가 된 기간은 5년에서 10년 미만인 응답자가 42.6%로 가장 많았고, 그다음으로 5년 미만인 경우가 22.2%, 10년 이상인 경우가 35.2% 순으로 나타났다.

표 12-2 응답자의 일반적 특성

(단위: 가구, %)

구분		사례 수	모집단 비율
전체		3,300	100.0
한부모 연령	30대 이하	722	23.7
	40대	2,036	60.7
	50대	542	15.7
한부모 학력	중졸 이하	120	3.9
	고졸 이하	1,778	55.4
	대학 이상	1,402	40.7

개 항목(132개 세부항목)
• 조사 방법 : 구조화된 설문지 통한 1:1 가구방문· 면접조사

혼인 상태	이혼	2,684	81.6
	사별	414	11.6
	기타	202	6.8
가구 구성	모자	1,956	53.4
	모자+기타	249	14.0
	부자	881	20.7
	부자+기타	214	11.9
가장 어린 자녀	미취학	337	12.1
	초등학생	1,066	31.7
	중학생 이상	1,897	56.3
종사상 지위	상용근로자	1,367	38.2
	임시/일용근로자	874	26.2
	자영업/무급가족	439	13.3
	비취업	620	22.3
정부지원 유형	기초생활수급	1,533	54.4
	일반가구	1,767	45.6
소득 수준	100만 원 미만	118	3.3
	100~200만 원 미만	1,030	34.7
	200~300만 원 미만	1,252	34.2
	300만 원 이상	900	27.8
한부모가 된 기간	5년 미만	707	22.2
	5~10년 미만	1,421	42.6
	10년 이상	1,172	35.2

출처: 여성가족부(2022). 2021년 한부모가족 실태조사. 재구성.

2) 한부모가족을 위한 정부지원서비스

한부모는 다양한 정책의 대상이 될 수 있다. 저소득층을 대상으로 하는 정책들의 대상자가 될 수 있으며, 또한 여성가족부에서 2010년부터 시행하고 있는 '한부모자립지원사업' 등 특화된 사업의 대상자가 될 수 있다. 한부모가 이용할 수 있는 정책을 자녀돌봄서비스 지원, 현금급여 지원, 양육비이행 지원, 직업훈련·교육 및 고용 지원, 주거 지원, 건강 및 상담서비스 지원으로 분류하여 살펴보면 다음과 같다.

(1) 자녀돌봄서비스 지원

① 보육·유아교육서비스 지원

정부는 아동보육 지원과 관련하여 다양한 차원의 서비스를 제공하고 있다. 최근에는 보육료 및 유아학비 지원에 대한 개편이 이루어졌다. 시설을 이용하는 아동에게 제공되는 보육료의 경우, 지원대상의 확대로 어린이집과 유치원에 다니는 만 0세에서 5세까지의 아동이 있는 가구는 소득수준에 관계없이 보육료를 지급받을 수 있게 되었다. 정규근로시간과 관련된 보육뿐만 아니라 야간과 24시간 보육과 관련하여서도 지원하고 있다. 이외에도 만12세 이하 취학아동의 방과후 보육료를 지원하는 제도를 통해서 한부모는 도움을 받을 수 있다.

② 아이돌봄 지원

정부는 가구평균소득 이하이면서 3개월~만12세 이하 아동이 있는 가정을 위해 아이돌봄서비스를 제공하고 있다. 아이돌봄사업은 가구소득수준에 따라서 정부지원금비율과 본인부담비율에 차이가 있는데, 저소득 한부모가족이나 그 외 한부모가족에게 서비스이용우선권을 제공하고 있다. 시간제돌봄이 중심이지만, 0세아를 대상으로는 종일제돌봄서비스를 실시하고 있다.

③ 양육수당 지원

양육수당은 보육시설, 유치원, 종일제아이돌봄서비스를 이용하지 않는 아동에게 현금으로 지급하는 수당으로, 아동의 개월 수에 따라 차등하여 지급된다. 2012년까지 차상위 이하 36개월 미만 아동에 한하여 지원되었으나 2013년부터는 만5세(취학전)까지 소득수준에 관계없이 전(全) 계층에 지원하고 있다.

④ 초등돌봄지원

㉠ 지역아동센터

지역아동센터는 지역사회아동의 보호, 교육, 건전한 놀이와 오락의 제공, 보호와 지역사회 연계 등 아동의 건전육성을 위하여 종합적인 아동복지서비스를 제공하는 시설이다(아동복지법 제52조제8항).

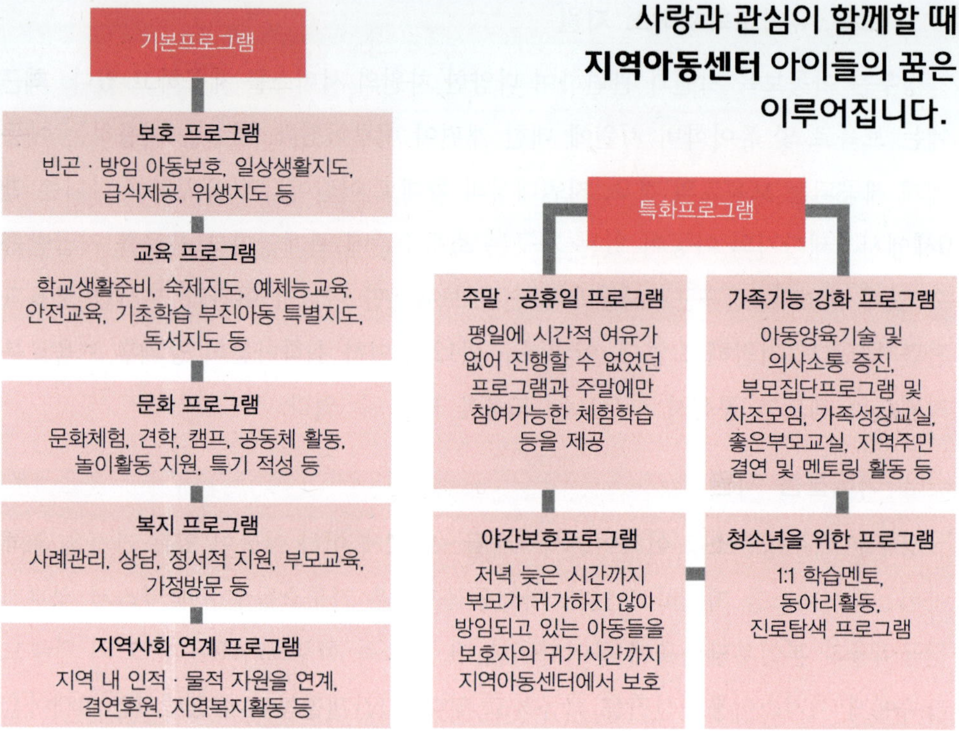

출처: 아동권리보장원(www.icareinfo.go.kr).

㉡ 초등돌봄교실 방과후학교

초등돌봄교실은 방과후보육교육을 통한 학부모의 사교육비를 경감하고, 학생의 전인적 성장발달 도모를 목적으로 한다. 초등돌봄교실은 초등학교 저학년(1~2학년) 학생 위주로 운영하되, 학교실정에 따라 모든 학년으로 확대 가능하고, 저소득층·맞벌이가정자녀, 기타 지원대상자(한부모가족자녀, 다자녀가정자녀, 조손가정자녀 등)를 대상으로 한다. 돌봄교실 수강료는 학교운영위원회의 심의(자문)를 거쳐 결정하고, 저소득층자녀의 경우는 단위학교의 여건을 고려하여 수강료를 적극 지원한다. 운영방법은 학교장이 직영하거나, 외부 보육기관이나 민간기관 위탁운영 중 택일(영리업체 위탁금지)한다.

㉢ 청소년방과후아카데미

초등학교 4학년 이상의 저소득층청소년을 대상으로 청소년방과후아카데미를 운영하고 있다. 청소년방과후아카데미는 여성가족부 및 지자체가 사업주체가 되어 청소년수련관 등 공공시설에 설치, 운영하며 전문체험활동, 학습지원활동, 자기개발활동 등의 서비스를 제공하며 그 외 캠프, 부모교육, 급식 및 상담 등을 지원한다.

(2) 현금급여 지원

① 기초생활보장사업

우리나라에서 저소득층이 받을 수 있는 가장 대표적인 공공부조제도는 기초생활보장제도이다. 법에서 정한 소득기준 이하의 소득인정액과 부양의무자 기준을 만족시켜야 하는데, 소득인정액은 한부모 당사자의 소득과 재산을 모두 고려하며, 부양의무자는 1촌의 직계혈족 및 그 배우자로 규정되어 이들의 부양능력이 심사대상이 된다. 기존의 기초생활보장제도는 '수급자'에게 생계급여, 주거급여, 교육급여, 해산급여, 의료급여 등 각종 급여를 일괄제공하여, '빈곤의 덫'의 문제를 가져온다는 비판이 지속적으로 이루어졌고, 이에 2015년 8월부터는 각 급여가 비교적 독립적으로 운용, 지급되는 '맞춤형 급여' 체계로 전환되었다. 이와 같은 전환에 따라 수급자 선정기준도 '최저생계비'에서 '중위소득' 대비 비율로 변화하였고, 실질적으로 생계급여와 분리되지 않아 현금급여로서의 성격을 가지던 주거급여는 현물급여로서의 성격이 강화되었다.

② 아동양육비 및 청소년한부모자립 지원사업

한부모에 의해 양육되는 만18세 미만의 자녀를 키우는 가족은 「한부모가족지원법」에 기반하여 복지급여를 받을 수 있다. 복지급여를 받을 수 있는 한부모가족 선정기준은 소득인정액이 기준 중위소득 63% 이하인 한부모가족 및 조손가족이 해당된다(여성가족부, 2024).

- 한부모가족 아동양육비: 아동 1인당 월 21만 원 지원(자녀 연령 18세 미만에서 고등학교 이하 재학 중인 경우 22세 미만으로 확대됨)
- 청소년한부모 아동양육비: 아동 1인당 월 35만 원 지원(단, 0~1세 자녀는 40만 원)

표 12-3 2024년도 한부모가족지원법 지원대상 가구 소득인정액 기준

(단위: 원/월)

구분		2인	3인	4인	5인	6인
2024년 기준 중위소득		3,682,609	4,714,657	5,729,913	6,695,735	7,618,369
한부모 및 조손가족	기준 중위소득 63%	2,320,044	2,970,234	3,609,845	4,218,313	4,799,572
청소년 한부모가족	기준 중위소득 65%	2,393,696	3,064,527	3,724,443	4,352,228	4,951,940
	기준 중위소득 72%	2,651,478	3,394,553	4,125,537	4,820,929	5,485,226

출처: 여성가족부(2024). 2024년 한부모가족지원사업안내.

③ 양육비이행 지원

비양육부모들의 양육비이행 책임을 강화하기 위한 제도 개선은 2000년대 후반부터 지속적으로 이루어져 왔다. 우선 2007년, 2009년 두 차례의 「민법」 개정으로 협의이혼 시 자녀양육 사항 합의 의무화와 양육비부담 조서 작성 의무화가 도입되었다. 2009년에는 자녀양육비 직접지급명령과 담보제공명령을 주요 내용으로 「가사소송법」이 개정되었고, 2012년에는 자녀양육비 산정기준표가 제정·공표되었다. 또한, 여성가족부는 「한부모가족지원법」에 근거해 2007년부터 양육아동을 둔 이혼가족·미혼모부자가족 등 한부모가족을 대상으로 자녀양육비청구소송 및 이행확보 무료법률 지원서비스를 시행해 왔으며, 2012년에는 대한법률구조공단 등 유관기관과 협력해 법률구조단을 운영하였다. 이와 같이 법·제도 도입 및 개선으로 자녀양육비이행제도가 점차 강화되고 있으나, 여전히 법원의 이행결정이 제대로 지켜지지 않아, 양육비이행관리를 전담하는 기관의 필요성이 제기되었다. 이에 따

라 2014년 제정된 「양육비 이행확보 및 지원에 관한 법률」이 2015년 3월 25일부로 시행되면서, 여성가족부 산하 양육비이행전담기구인 양육비이행관리원이 신설되어 관련 업무를 총괄하는 업무를 수행하고 있다.

참고 **양육비이행관리원**

양육비이행관리원은 변호사, 법무사, 채권추심전문가 등으로 구성되어 있으며, 대한법률구조공단, 한국가정법률상담소, 대한변협법률구조공단 등과 업무협약을 맺어 한 번 신청으로 자녀가 성인이 될 때까지 양육비상담, 양육비청구와 이행확보를 위한 합의 및 법률지원, 채권추심, 사후 이행모니터링 업무, 한시적 양육비, 긴급지원 등 양육비이행지원을 위한 맞춤형종합서비스를 제공하고 있다. 미성년자녀를 양육하고 있는 이혼·미혼한부모가족이면 누구나 이용가능하며, 신청자 중 저소득가구를 우선으로 지원하고 있다. 또한 신청사건 중 지역에 따라 업무를 위탁하여 처리하고 있다(상담 전화 지역번호 없이 1644-6621, 홈페이지 www.childsupport.or.kr).

(3) 직업훈련·교육 및 고용 지원

① 취업 및 직업훈련

고용노동부 사업으로는 고용디딤돌(청년취업인턴제), 취업성공패키지, 국가기간·전략산업직종훈련, 근로자직업능력개발훈련, 내일배움카드제(직업능력계좌제) 등이 있으며, 여성가족부에서 새일센터를 통하여 실시하는 각종 경력단절여성 대상 직업훈련프로그램 및 고용지원프로그램도 이용할 수 있다.

② 청소년한부모교육비 지원

2010년도 신설된 청소년한부모자립 지원사업의 일환으로 아동양육비 등 현금급여뿐 아니라, 검정고시학습비와 고교생교육비 등 교육비 지원이 이루어지고 있다. 청소년한부모가 검정고시학원을 이용하거나 학교재학 시 일정한 비용을 지원한다. 이는 학업중단의 경험이 많고 학업욕구도 큰 편인 청소년한부모들의 학업지원에 중요한 정책이다.

(4) 주거 지원

① 한부모가족복지시설

「한부모가족지원법」의 법 개정에 따라 2023년 10월부터 현행 시설유형[3]이 적용되고 있다.

표 12-4 한부모가족복지시설 현황

(단위: 개소)

시설 유형	2020년	2021년	2022년	2023년
합계	124	122	121	121
출산지원시설	24	25	25	26
양육지원시설	41	39	38	38
생활지원시설	50	49	49	48
일시지원시설	9	9	9	9

출처: 여성가족부(2024). 2024 한부모가족지원사업안내.

표 12-5 한부모가족복지시설 입소대상 및 기능

시설 유형	시설 수	입소대상 및 기능	입소기간 (연장가능기간)	입소 정원
출산지원시설	24	임신한 한부모와 출산 후(1년 이내) 한부모 및 그 자녀(3세 미만)에게 건강관리, 새로운 변화에 적응할 수 있는 서비스 집중 지원	1년 6월 (6월)	536명
	2	출산 후 해당아동을 양육하지 아니하는 미혼모	2년 (1년)	15명
양육지원시설	38	6세 미만 자녀를 동반한 한부모에게 자녀 양육 관련 서비스 집중 지원	3년 (1년)	314세대
생활지원시설	48	18세 미만* 자녀를 동반한 한부모가족에게 주거와 자립을 지원	5년 (2년)	1,043세대
일시지원시설	9	배우자의 학대로 인하여 아동의 건전 양육과 모 또는 부의 건강에 지장을 초래할 우려가 있는 한부모가족	6월 (1년)	228명
한부모가족 복지상담소	9	한부모가족에 대한 위기·자립상담 및 문제해결 지원	이용시설	

* 취학 중인 경우에는 22세 미만을 말하되, 「병역법」에 따른 병역의무를 이행하고 취학 중인 경우에는 병역의무를 이행한 기간을 가산한 연령 미만을 말한다.

출처: 여성가족부(2024). 2024 한부모가족지원사업안내.

3) 한부모가족복지시설은 2023년 12월 말 기준 총 130개소(생활시설 121개소, 이용시설 9개소)가 운영되고 있다.

② 저소득층한부모를 위한 주택정책

저소득한부모의 경우, 수급자격이 충족될 경우 타부처의 주거지원서비스도 이용할 수 있다. 대표적인 것이 국토교통부의 저소득층 주거지원 정책으로, 저소득 한부모가족에게 영구임대주택, 다가구매입주택 등에 입주우선권을 부여하고 있다. 구체적으로, 정부가 공공기금의 지원을 받아 공급하는 공공주택은 크게 건설임대주택과 매입임대주택으로 구분할 수 있다. 건설임대주택은 영구임대, 50년 공공임대, 국민임대, 장기전세, 5년 공공임대, 10년 공공임대, 행복주택 등이 있으며, 매입임대주택은 기존 주택전세임대와 기존 주택매입임대가 있다.

③ 주거비 지원정책

공급자 지원이 아니라 주택수요자에 대한 주거비 지원정책으로는 주거급여제도와 주택전월세자금지원제도가 있다. 개편 주거급여제도는 임차수급자에게는 임차급여를 지급하고, 자가수급자에게는 주택노후도에 따라 맞춤형주택개보수가 가능하도록 수선유지급여를 지급하는 방식으로 운영되어 현물급여로서의 성격이 한층 강화되었다. 주거급여 외에도 주택전월세자금 지원으로 버팀목대출과 주거안정월세대출 등 대출지원제도가 있다.

(5) 건강 및 상담서비스 지원

① 임신·출산·초기양육기 병원비·건강서비스 지원

한부모가 임신·출산 시 이용할 수 있는 사업으로는 영양플러스사업 및 출산 및 양육 시 위기지원이 대표적이다. 먼저, 영양플러스사업은 대상자에게 영양교육 및 상담, 보충식품 공급, 정기적 영양평가 등을 제공하는 사업이다. 이와 함께, 미혼모·부자지원기관에서는 미혼모·부자가족을 대상으로 출산 및 양육 시 위기지원서비스를 제공하고 있다. 지원내용은 출산비 및 아이의 입원·예방접종비 등 모와 아이의 건강을 위해 필요한 병원비와 생필품 관련비용을 지원한다.

② 심리·정서 지원 및 상담서비스

취약한 부모가족의 경우, 역량강화서비스 및 상담서비스를 이용할 수 있다. 한부모가족복지시설에 입소할 경우, 심리·정서적 상담 및 치료 지원을 받을 수 있다. 그러나 한부모가족복지시설에서 제공하는 심리·정서 지원서비스의 경우 복지시설입소자를 중심으로 제공되기 때문에 시설퇴소 후, 또는 시설을 경유하지 않을 경우 접근이 용이하지 않다는 한계를 가지고 있다. 한편, 여성가족부에서는 청소년사업의 일환으로 인터넷·스마트폰중독 예방·해소사업을 실시하고 있다. 저소득, 취약계층에게 우선적인 지원자격이 주어지며, 인터넷·스마트폰중독의 발굴, 상담, 치료연계서비스가 제공된다.

4. 한부모가족의 문제

한부모가족은 한 부모와 자녀로 구성된 가정으로 이혼, 사별, 미혼모, 별거, 유기 등으로 발생한다. 이러한 한부모가족의 문제는 한부모가족의 양상이 다양하여 한부모가족의 발생원인에 따라 부자가족인지, 모자가족인지에 따라 가족의 경제적 수준, 가사와 육아의 조역자 유무, 홀로된 부 및 모의 취업유무와 그 가능성, 가족의 크기, 자녀의 연령 등에 따라 달라질 수 있다. 한부모가정의 부모들은 심리적, 경제적, 자녀양육, 사회적 편견 등의 문제로 어려움을 겪고 있다. 한부모가족이 겪는 문제를 부자가족과 모자가족의 문제로 나누어 살펴보면 다음과 같다.

1) 모자가족의 문제

가족 안에서 중요한 역할을 수행했던 부의 부재로 인한 가족기능의 부분적 또는 전체적인 수행불능과 이로 인한 가족 구성원의 욕구불만 등이 가정의 경제적, 정서적인 제반문제를 일으키게 하는 것이다(김인숙, 1991; 이규진, 2007; 이영실, 2016).

(1) 경제적 문제

가부장적 가족제도가 아직도 강하게 잔존하고 있는 우리의 문화적 고정관념을 고려할 때, 여성가구주라는 입장은 '결함이 있는 것'으로 인식되며 자녀는 '결손가정'에서 자라게 해야 하는 고통을 감수해야 한다. 여성이기 때문에 현대의 경제사회구조 아래에서 편모는 경제적으로 가장 취약한 인구집단에 속하며, 이것 또한 사회적 열등감과 정서적 무력감을 야기한다. 어머니는 자신을 위한 시간과 가사와 자녀양육을 위한 시간 배려에서 오는 역할갈등과 자신의 장래설계와 자녀의 장래문제와 관련되어 끊임없이 고민할 수밖에 없는 처지이다. 이러한 연유에서 모자세대의 일차적이고도 기본적인 문제는 경제적 자립이라 할 수 있다. 모자가족의 경제적 문제는 단순히 경제적 어려움으로 그치는 것이 아니라 이것이 모자가족 구성원들의 정서적, 사회적 측면은 물론 이들의 가족관계에 영향을 미친다. 따라서 모자가족의 문제를 해결하기 위한 대책을 강구하기 위해서는 경제적 자립을 위한 지원과 이혼 모자가족을 위한 적절한 양육비 지급과 미지급 시 강제징수 방안, 양육비 선급제도 도입 등 양육과 관련된 법적 제도화 같은 지원이 필요하다.

(2) 정서적 문제

배우자가 없음으로 해서 오는 고독감, 역할 수행상의 혼란, 애정결핍, 사회적 위축감, 감정표현 수용의 좌절, 친구관계의 변화 등 많은 정서적인 문제를 수반하고 있다. 즉, 결혼관계가 해체되면서 배우자의 상실뿐만 아니라 배우자와 관련된 사회관계망도 아울러 잃게 된다. 또한 모자가정의 심리, 사회적 측면에서 가장 문제가 되는 것은 부의 부재로 인한 가족 내에서의 역할과 지위의 변화에 적응해야 하는 점이다. 모자가족의 어머니는 아버지의 상실로 인하여 경제주체로서의 가장역할과 함께 자녀양육과 가사에 대한 모든 부담을 안게 된다.

(3) 자녀양육의 문제

아버지의 부재는 아버지가 그동안 자녀에게 행사해 오던 행동에 대한 통제력과 감독권이 갑자기 사라지는데, 이러한 통제와 감독의 상실은 자녀 자신의 통제력 상실로도 이어질 수 있다. 아버지의 상실에 따른 자녀의 심리적 고통은 가정의 경제적 어려움 및 주변사람의 편견과 함께 작용하며 자녀의 부적응이나 비행청소년화를 가져올 수 있다. 또한 어머니가 부담해야 하는 자녀의 교육비 충당 문제도 저소득 모자가족에게는 큰 문제이다.

(4) 역할상실의 문제

역할상실의 문제로 모자가족의 자녀는 표현적 역할을 담당하고 있는 경우가 많으며, 한부모 여성은 협력적 역할을 분담할 배우자의 부재로 인해 부모역할 혼란 및 역할갈등을 겪게 되어 긴장과 스트레스를 받는다. 또한 동일시 대상의 상실로 자녀의 건전한 양육에 지장이 올 수 있다. 남아의 경우, 동성의 동일화 대상의 상실로 남성의 역할을 배우 기회를 잃게 되며 여아는 이성을 정신적, 육체적으로 바르게 이해할 수 있는 기회상실로 인하여 여러 가지 문제가 발생한다(조흥식 외, 2006: 215).

(5) 사회적 편견과 차별로 인한 문제

정상가족은 부모와 자녀로 구성된 가족만을 정상적 가족으로 간주함으로써 그 이외의 가족형태를 비정상적 또는 건강하지 못한 가족으로 낙인찍는다. 한부모가족은 한쪽 부모가 없다는 이유로 온전하지 못한 가족, 무엇인가 문제를 가지고 있는 가족으로 낙인과 차별 속에서 살아가는 문제가 발생한다.

2) 부자가족의 문제

(1) 경제적 문제

경제적 문제는 상대적으로 모자가족보다는 적게 겪는 것이 일반적이다. 그러나 부자가족의 부의 경우, 자녀양육에 많은 시간을 할애해야 하므로 그의 중요한 업무상 활동에 시간을 할애할 수 없게 되어 고용, 승진 등의 불이익을 당할 수 있다. 그러나 모가 담당하였던 가사 및 육아를 유급의 타인이나 기관으로 이전함으로써 새로운 가계지출의 증가, 미숙한 가계관리로 인한 가계생활비 증가 등 간접적 요인에 의해서도 경제적 어려움에 처하게 된다. 또한 저학력, 기술 부족 등의 부는 대부분이 단순노무직이나 일용직에 근무하고 있는 경우가 많아 경제적 어려움이 가중될 수 있다.

(2) 정서적 문제

결손가족이라는 사회적 편견으로 인해 경험하는 어려움으로 부는 심리적으로 위축되고 고독감을 느끼는데, 이러한 정서적 문제는 사별보다 이혼으로 인한 고통이 더 크고 사회적 역할수행에 있어서도 분노, 불안, 고통, 무기력, 무능력, 외로움 등의 심리적 상태를 경험하게 된다. 또한 자녀와 부의 부적응으로 인한 가족관계상의 문제도 나타날 수 있다. 특히 부자가족의 자녀는 어머니의 부재로 감정이나 애정을 표현하는 등의 표현적 경험을 가질 기회가 없어 가족 구성원을 비롯한 타인과의 긴밀한 관계를 형성하는 데 어려움을 가진다. 즉, 모성이 결여된 부자가족의 자녀는 인내심이 부족하고 감정표현이 자유롭지 못하며, 정서적 불안정상태에 빠질 가능성이 높다. 특히 아버지가 딸을 양육하는 경우는 동일시할 수 있는 어머니가 부재함으로써 더 많은 어려움에 처할 수 있다.

(3) 자녀양육의 문제

부자가족이 겪는 1차적인 문제는 자녀양육과 가사문제로 모자가족보다 훨씬 더 많은 문제를 겪는 측면이다. 남성의 경우, 자라오면서 가사나 육아에 대한 훈련이나 교육을 받을 기회가 거의 없었기 때문에 부는 이 역할을 수행함에 있어 많은 어려움을 겪게 된다. 특히 부자가족에서 자녀양육의 가장 큰 문제는 모성으로부터의 따뜻한 정서적 지지부족의 문제를 들 수 있는데, 우리나라에서 어머니는 자녀의 양육과 교육을 전적으로 담당하며 자녀와 밀접하게 상호작용하는 반면 아버지는 어머니와 자녀 사이의 질적 관계에 보조적 기능을 할 뿐이기 때문이다. 아버지의 취업으로 인해 자녀에 대한 보호, 감독 등이 소홀해짐은 물론, 자녀를 유해한 환경에 방치하여 신체적, 정서적 해를 입게 하는 결과를 가져올 수 있다.

(4) 가사 부담 문제

전통적으로 여성의 책임으로 되어 온 가사노동을 갑자기 맡게 된 부자가족 아버지의 경우, 직장에서 많은 시간을 보내면 그만큼 가사를 돌볼 수 있는 시간이 줄어들고, 반대로 직장에서 적게 시간을 보내고 가사에 더 많은 시간을 보내면 직장에 충실할 수 없게 되는 등 어려움을 겪게 된다.

5. 한부모가족 복지대책

1) 경제적 지원강화

(1) 기초생활보장제도 개편에 따른 한부모가족지원사업 확대·연계성 강화

저소득층 한부모가족을 위한 복지대책으로 사회보험, 국민기초생활보장법, 한부모가족지원법, 기타 저소득층을 위한 서비스 지원이 외형상 존재하고 있으나, 실질적인 혜택에 있어서는 매우 제한적이다. 무엇보다도 대부분의 사회적 지원이 절대빈곤층에 초점을 두고 있어서 극빈층을 제외한 저소득층 및 차상위층에 대한 복지적 지원이나 보호는 미흡하다. 이를 보완하기 위해 기초생활보장제도의 개편에 따른 한부모가족지원사업 확대와 연계성을 강화하여 한부모가족의 생활 안정을 위한 주거지원과 가사서비스, 자녀 학업 및 양육 그리고 생계지원에 이르는 생활 전반의 지원과 자립할 수 있는 직업 및 취업 알선 등의 종합적인 서비스 지원프로그램이 활성화되어야 할 것이다.

(2) 한부모가족 아동에 대한 복지수준 제고 및 복지대상자 확대

자녀를 양육하는 한부모가족에 대한 자녀 양육비 및 교육비 지원이 현실화되어야 하며, 대상 아동의 확대가 필요하다. 이를 통해 한부모가족이 아동 양육과 교육이 원활하게 이루어지도록 학용품 및 문화체험 등을 통해 방과 후 양육 및 학습 지원프로그램이 활성화되어야 할 것이다.

(3) 양육비 이행확보 전담기구 홍보 강화 및 접근성 제고

양육비이행관리원의 인지도와 실행력을 제고하기 위한 정책이 필요하며, 꾸준한 홍보와 사례발굴을 통해 필요한 한부모들에게 인지도를 높여갈 필요가 있다. 나아가 양육비이행관리원이 수도권 이외의 지역에 거주하는 한부모들의 접근성이 매우 떨어지고 있으니 지역별 접근성을 적극적으로 강화하기 위한 방안이 마련될 필요가 있다.

(4) 고용취약계층을 위한 제도 접근성 강화

경제적 자립을 위한 직업훈련의 필요성이 역설되고 있지만 여성 한부모 가구주를 둘러싼 제반 여건에 대한 고려가 충분히 되고 있지 않다. 취업교육 및 훈련 중

생계급여가 주어지고 있기는 하나 가족이 기본적인 생활을 영위할 수 없을 만큼의 소액이며 기간도 직업훈련기간도 매우 짧아 기술 습득이나 숙련 정도를 높일 수 없어서 취업으로 연계하는 데 어려움이 많다. 실제로 각종 직업훈련·교육 및 고용지원정책이 사업별로 연계성이 떨어지고 복잡하여 고용취약계층이 접근하기 어렵다는 문제점은 오랫동안 지적되어 왔다. 한부모가족의 고용복지플러스센터 이용현황에 대해서도 지속적인 모니터링이 필요하며, 관련 인력개발센터와의 연계도 고민할 필요가 있다.

2) 심리적 지원

(1) 심리·정서 지원서비스 강화

한부모가 환경에 대한 통제력 및 자존감을 회복하고 가족기능을 강화할 수 있도록 전문적이고 다양한 심리·정서 지원서비스가 개발·제공되어야 할 것이다. 한편, 현재 한부모가족복지시설에서 제공하는 상담서비스 등은 시설 퇴소 후, 또는 시설을 경유하지 않을 경우 접근이 용이하지 않으므로 보다 접근성이 높은 상담서비스 제공체계 구축(예 지역사회 중심 상담서비스 연계체계, 당사자 조직 중심의 상담 및 자조집단 활성화 등)도 필요할 것으로 보인다. 또한 다양한 주체들(사회복지관, 민간단체 등)이 제공하는 상담서비스를 체계화, 효율화하여 한부모에게 직접적으로 도움이 되는 심리·정서적 지원서비스를 제공할 필요성도 제기된다.

한부모가족에 대한 개입을 위한 실천적 차원의 대안으로 사회복지기관, 민간단체 등에서 실시 가능한 상담 서비스로는 부모교육 및 훈련, 가족상담 및 치료, 지지적 관계망 형성, 동년배 지지집단 형성 등을 들 수 있다.

① 부모교육 및 훈련 : 대부분의 한부모가족은 한쪽부모의 부재로 인해 부모역할의 문제를 가진다. 이를 위해 역할연습을 비롯한 다양한 기술을 통해 훈련시킴으로써 부모역할의 능력을 길러주는 서비스이다.

② 가족상담 및 치료 : 한부모가족에 대한 가족상담과 치료는 편모나 편부가 직업에 종사하기 때문에 자녀와 함께 모일 수 있는 시간적 여유가 대단히 부족함은 물론 일부러 복지

관에 가족치료를 받으러 나오기도 어려운 상태이다. 따라서 이들 가족이 집에 있는 상태에서 사회복지사가 직접 방문하여 가족상담이나 가족치료를 하는 방안이 모색되어야 한다.

③ 지지적 관계망 형성: 한부모가족에게 잠재적으로 지지가 될 수 있는 공식적, 비공식적 지지망을 확인하여 이들을 한부모가족에게 연결해 주는 서비스이다.

④ 동년배 지지집단 형성: 동년배 지지집단은 비슷한 처지에 있는 편모(또는 편부)끼리 자신들의 문제와 관심사를 논의함으로써 따뜻하고 지지적인 장을 제공할 수 있다. 한부모가족이 자녀에 미치는 영향은 물론 시간관리기술, 스트레스관리, 재정관리, 부모역할기술 등에 대한 교육을 제공하고 집단 구성원 각자의 삶에서 가장 관심이 되는 이슈를 논의함으로써 개인에게 문제해결의 실마리를 제공한다.

(2) 자녀의 성장단계에 따른 특화된 양육지원 서비스 제공

한부모가족에게 제공되는 자녀양육 지원정책 또한 한부모와 그 자녀의 생애주기와 필요에 따라 보다 세분화되어 제공되어야 한다. 예를 들어, 자녀양육 초기단계(미취학자녀양육 등)에는 양육, 교육관련 정보제공이나 자녀돌봄서비스 지원을, 학령기 단계에는 자녀 진로지도나 부모-자녀관계 지원, 부모역할 지원, 부모상담서비스 등을 보다 강화하는 것 등이다. 이때 한부모가족 내부의 다양성을 고려한 정책설계가 필요할 것이다. 예를 들면, 미취학자녀를 양육하는 부자가족의 경우 경제적 어려움 못지않게 양육시간의 부족과 양육, 교육관련 정보부족 등과 관련된 어려움을 경험하고 있어 가구 특성을 고려한 특화된 서비스를 제공하는 것도 고려해 볼 수 있을 것이다.

(3) 자녀와의 관계 증진 프로그램 확대, 강화

한부모들은 자녀가 성장함에 따라 자녀와 함께하는 시간이나 여가활동 빈도가 크게 감소하였다. 특히 중학생 이상의 자녀를 양육하는 한부모들의 경우, 자녀와 대화의 어려움이나 생활지도의 어려움 등 자녀와의 관계적 측면의 어려움을 경험하는 사례가 상대적으로 많았는데, 이러한 경향은 부자가족에서 더욱 두드러졌다.

따라서 한부모와 자녀 간의 관계를 증진할 수 있는 다양한 여가, 상담 프로그램을 발굴·보급하는 한편, 현재 저소득층을 중심으로 제공되고 있는 문화바우처 등을 청소년기 자녀를 둔 한부모가족에게도 확대·지원하는 등 관련 지원 서비스 확충이 이루어져야 할 것이다.

(4) 자녀의 인터넷 중독 예방 관련 교육 실시

현재 시행 중인 여성가족부의 '인터넷·스마트폰중독 예방·해소사업' 또는 스마트폰의 올바른 사용습관지도를 위한 '부모교육' 등에 대한 홍보를 강화할 필요가 있을 것이다.

3) 복지적 지원강화

보육·교육시설의 이용접근성 제고를 통해 이미 상당히 확장된 영유아보육·지원서비스는 휴일, 야간보육 등 취약보육을 확대하고 점진적인 비용부담 완화를 지속해 나가는 등 접근성을 보다 제고할 필요가 있다. 또한, 돌봄공백을 메우기 위한 아이돌봄서비스 등 틈새돌봄 강화가 될 수 있도록 확대해야 한다. 보육·교육시설과 기관을 통한 돌봄서비스는 상당히 확대되었으나, 장시간 근로나 일시보육 등 긴급한 수요에 대응하는 데에는 한계가 존재한다. 특히 한부모가족은 주변에 인적자원이 충분하지 않아 자녀가 돌봐주는 어른 없이 홀로 있는 비율 및 시간 또한 상당하였다. 따라서 아이돌봄서비스가 한부모가족의 자녀양육을 실질적으로 지원할 수 있도록 제도 홍보채널을 강화하고, 사업의 안정화를 통해 양질의 안정적인 돌봄지원이 이루어질 수 있도록 해야 할 것이다. 또한 모자가구의 경우, 아동의 안전과 관련된 우려가 높은 편이므로 지역사회 비상연락망 등 안전을 강화할 수 있는 방안도 고려될 필요가 있다.

4) 사회적 지원

한부모가족을 위한 사회적 지원으로 '지원기관·민·관 관련 부처별 네트워크 체계'를 마련해야 한다. 한부모가족지원서비스를 진행하고 있는 지방자치단체, 사회복지관, 건강가정지원센터, 자활후견기관 및 인력개발센터, 여성단체 등의 담당자 간 네트워크를 통해 각 영역에서 필요한 자원에 대한 역할분담이 필요하며, 한부모가족을 통합적으로 지원해 주는 정책 마련과 전달체계에서의 활성화가 이루어져야 한다. 또한 정부 각 부처 소관 분야별 한부모가족정책에 관한 협의 및 조정 기능을 강화하고 공공과 민간의 상호 연계시스템을 구축할 필요가 있다(김혜경 외, 2016: 300).

CHAPTER 13 가정폭력가족

1. 가정폭력의 개념

가정폭력은 다른 여타의 폭력[1]보다 그 기간이 지속적이고 반복적으로 발생하는 경향이 강하여 가족 구성원의 신체와 정신을 황폐화하며, 가정을 파괴할 뿐만 아니라 폭력의 대물림현상을 가져와 다음 세대에까지 영향을 끼친다(이영실, 2016: 289). 가정폭력의 개념은 아내학대, 아내구타, 아내폭행, 가정폭력, 배우자 학대, 부부폭력 등의 용어가 혼용되고 있으며 우리나라에서는 아내학대와 가정폭력, 아내구타와 같은 용어들이 큰 차이 없이 사용되고 있다. 아내학대나 아내구타는 여권주의 시각에서 사용되며, 가정폭력 또는 배우자 폭력은 일탈 및 범법 행위의 다른 유형으로 학대를 이해하는 시각에서 사용된다.

우리나라의 「가정폭력범죄의 처벌 등에 관한 특례법」에 의하면 가정폭력을 "가족 구성원 사이의 신체적, 정신적 또는 재산상 피해를 수반하는 행위"라고 정의한다. 이에 가족 구성원이라 함은 ① 배우자(사실상 혼인관계에 있는 사람을 포함) 또는 배우자였던 사람, ② 자기 또는 배우자와 직계존비속관계(사실상의 양친자관계를 포함)에 있거나 있었던 사람, ③ 계부모와 자녀의 관계 또는 적모(嫡母)와 서자(庶子)의 관계에 있거나 있었던 사람, ④ 동거하는 친족관계에 있었던 자 등을 포함한다(동법 제2조제1항). 즉, 가족 구성원의 범위는 현재의 가족관계뿐만 아니라 과거의 관계까지 포함하며, 동거하는 친족까지 확대되고 있다.

1) 폭력이란 다른 사람에게 의도적으로 또는 잠재적 의도를 가지고 완력을 사용하여 신체적 고통이나 상처를 입히는 행위로서, 이 폭력이 가정 내에서 가족 구성원들 사이에서 발생할 때 이것을 가정폭력이라 한다. 가정폭력은 넓게 보면 가정 내에서 발생하는 폭력으로서 배우자에 대한 폭력과 자녀와 부모에 대한 폭력을 모두 포함하지만, 좁게 보면 배우자에 대한 폭력은 남편의 아내에 대한 폭력, 즉 아내폭력을 의미할 수 있다.

2. 가정폭력의 유형

가정폭력의 유형은 보통 신체적·성적·경제적 폭력 등의 유형으로 나누거나 또는 부부 및 자녀 등 대상별로 분류하기도 한다. 또 다른 기준으로 가정폭력의 유형은 크게 유형과 무형으로 구분할 수 있고 이를 좀 더 구체적으로 살펴보면, 신체적·정서적·심리적·경제적 정도에 따라 경증폭력과 중증폭력으로, 폭행의 실태에 따라 우발적·반복 규칙적·습관적·중독적 유형으로, 뿐만 아니라 피해대상, 가해방법 등 여타 다른 기준으로 분류될 수 있다.

1) 가정폭력의 형태에 따른 유형

가정폭력을 가장 일반적인 유형으로 분류하여 설명하면 다음과 같다(박귀영, 2008: 146-147 재인용).

(1) 신체적 폭력

배우자나 보호자에 의해 원하지 않는 신체적 접촉, 공포와 육체적 상해의 원인이 되는 행동, 자유를 억압하는 행위 등을 포함한 가해행위를 말한다. 심한 구타, 밀치기, 발길질, 침 뱉기, 꼬집거나 물기, 목 조르기, 담뱃불로 지지기, 흉기로 찌르기 등의 폭력행위가 여기에 해당한다. 신체적 학대가 굴욕적 폭력의 수준에 이르면 가해자는 폭력을 행사하면서 피해자에게 특정한 요구를 하는데, 예를 들어 때리기 전에 배우자의 옷을 벗김으로써 무력감을 더하게 된다.

(2) 정서적 폭력

피해자의 감정과 의견을 고려하지 않은 언어적 지배, 비난이나 무시하는 언어, 억압적이거나 지시적인 태도, 협박, 거부, 위협적인 모습이나 제스처, 외부로부터 고립시키는 것, 소중히 여기는 사물이나 가재도구와 재산을 손괴하는 행위, 피해자의 의사결정을 침해하는 행위, 적절한 보호를 받지 못하는 위험한 환경에 처하거나 홀로 방치되는 경우까지 다양한 형태가 있다. 정서적 학대는 피해자에게 무력감을 야기하며, 장기간의 정신치료를 요하는 심리적 외상을 남길 수 있다.

(3) 성적 폭력

상대방의 동의 없이 성적인 접촉을 하는 행위를 통하여 강제적으로 성적행동에 응하도록 협박하는 성적인 공격행동이다. 부부간의 성적 확대인 부부강간과 성인 가족과 아동 사이 또는 형제자매 사이에서 일어나는 친족 성학대 등이 포함된다. 성적 학대에는 굴욕감을 주는 성행위, 의도적으로 배우자에게 상해를 입히기 위한 폭력적 성행위, 신체적 학대에 이어지는 성관계 등이 있다. 성적 폭력은 눈에 띄는 신체적 외상은 남기지 않을 수 있지만, 더욱 심각하고 오래 지속되는 정서적 외상을 남긴다. 부부폭력에서 여성들은 자신에게 선택의 여지나 자유의지가 없다고 믿기 때문에 학대자의 요구에 순응한다. 또한 여성들은 성적 행위를 거부하면 폭력이 심해질까 두려워할 수도 있다. 한편, 신체적 학대에 이어지는 성관계는 피학대 배우자에게 가해자가 진심으로 미안해하고 있으며 다시는 폭력을 행사하지 않을 것이라는 거짓희망을 주기도 한다(김연옥 외, 2005: 450-451).

(4) 경제적 폭력

가해자가 모든 경제권을 소유하여 가족 구성원에게 생활비를 지급하지 않으면서 아내와 자녀, 노부모가 경제적 권한을 간청할 때 계략적으로 경제권을 행사하거나, 가족을 부양하기 위한 돈을 벌기 위해 그 어떤 노력도 기울이지 않은 채 태만하거나, 도박중독이나 쇼핑중독과 같이 반복적으로 낭비벽이 있어 돈을 탕진하여 가족의 일상적 영위를 힘들게 하는 것 등이다.

(5) 방임과 유기

방임은 가족부양, 보호감독, 의복, 음식, 난방, 위생, 교육적 자극, 의료보호 등 가족 구성원의 건강과 정상적인 가족생활을 영위하는 데 요구되는 것들을 제공하지 않거나 무관심하여 방치해 두는 것을 말한다. 방임의 극단적인 경우 가족 구성원을 가정의 보호와 영향권 밖으로 내다 버리는 유기가 발생한다.

2) 가정폭력의 행위자와 피해자 간의 관계에 의한 유형

폭력을 행사하는 주체와 객체의 관계에 의해 아내에 대한 폭력, 남편에 대한 폭력 등을 포함한 부부 폭력, 부모가 자녀에 대해 행사하는 자녀 폭력, 자녀가 노부모에게 행사하는 부모 폭력, 형제간의 폭력 등으로 다양하게 구분된다(이영실, 2016: 291).

3. 가정폭력의 이론

가정폭력의 발생원인은 시대와 상황에 따라 상이하여 다양한 관점에서 가정폭력을 설명하고 있다. 즉, 사회학자, 심리학자, 정신분석학자, 여성학자 등 전공영역에 따른 접근방식이 다양한데, 이는 가정폭력이 매우 복합적이고 다양한 측면에서 발생되고 있음을 의미한다.

1) 정신병리학적 이론

가정폭력의 발생원인을 규명하는 가장 전통적인 접근방식인 정신병리학적 이론은 가정폭력의 피해자나 가해자는 개인적 행위자로서 어떤 특성을 갖추고 있다는 관점에서 가정폭력을 이해하려고 하는 개인내적 이론의 한 유형이다. 즉, 가정폭력이 기본적으로 가해자나 피해자의 비정상적 또는 내적 결함에 의해 폭력이 야기된다고 보고 개인의 병리적인 속성에서 비롯된다고 보는 입장으로서, 가정폭력이 선천적인 신체적 불구, 정신적 및 성격적 결함에서 비롯되거나 후천적인 심신장애나 사고 등으로 정신적 질환을 안고 있는 사람, 알코올 및 마약중독 등에 의해 야기되는 가학적 행위로 이해된다(권육상 외, 2011: 213). 정신의학자의 연구결과에 의하면, 가해자는 일정시기가 되면 다시 폭행하고 싶은 충동이 발동해 긴장이 고조되며, 그러한 긴장을 해소하기 위해 폭행을 하고, 그러고 나면 긴장이 풀려 마음의 안정을 되찾는다고 한다. 즉, '긴장 - 긴장해소(폭행) - 평온'의 과정이 되풀이되는데, 이것은 외적 상황과는 별개의 내적 심리현상이라는 것이다. 정신병리학적 이론은 심리상태가 정상적이라고 판명된 남성에 의한 가해행위를 설명해 주지 못하며, 가정폭력이 갖는 상호작용의 맥락, 사회적 맥락은 무시된다는 단점을 지적할 수 있다. 하지만 가정폭력이 일반폭력과는 달리 반복성, 순환성, 습관성 등과 같은 특성을 지니고 있다는 점을 고려할 때, 폭행을 통한 인성의 왜곡이라는 측면을 결코 무시할 수 없다(이영실 외, 2016: 294). 정신병리적 관점은 행위자의 책임을 약화하며, 우리 사회에서 폭력문제를 영속시키는 사회구조의 영향을 간과한다는 한계를 지닌다.

2) 사회심리학적 이론

가정폭력의 발생 원인을 개인내적인 특성에서 찾는 정신의학적 이론과는 달리 사회심리학적 이론에서는 사회환경, 타인, 집단, 그리고 조직과 개인의 상호작용과 같은 개인의 사회적 경험에서 그 원인을 찾는다. 즉, 특정 개인이 대인관계에서의 좌절이나 학습과정, 다른 사람의 태도, 집단 및 조직에 반영되는 자신의 태도 등에서 가정폭력의 원인을 모색하려는 입장이다. 이에 해당하는 이론으로는 사회학습이론, 폭력의 하위문화이론, 교환이론, 갈등이론 등이 대표적이다(박귀영 외, 2008: 148-150).

(1) 사회학습이론

사회학습이론은 반두라(Bandura)의 모델링 개념과 스키너(Skinner)의 조건화 개념을 사용하여, 폭력은 직접적 경험과 관찰을 통해 사회적으로 학습되며 모방을 통해 강화된다고 설명한다. 이 이론은 특히 가정폭력의 세대 간 전달과정을 잘 설명해 주는데, 원가족 내에서 폭력을 경험했거나 목격했던 사람들은 부모역할의 모델링 효과로 인해 폭력이 상대방을 통제하고 원하는 것을 얻기 위한 적절하고 수용적인 방법이라고 학습한다는 것이다. 따라서 폭력행위를 하나의 '학습된 현상'으로 이해한다. 즉, 개인은 타인의 폭력행위를 관찰·모방함으로써 공격행위의 기술을 습득하고 그러한 행위에 대해 양심의 가책이나 죄의식을 느끼지 않게 된다는 것이다. 이러한 경우, 폭력이 폭력을 낳고 세대를 넘어서 폭력은 전이된다고 할 수 있다. 결과적으로 어떤 경우에는 가정이 폭력의 훈련장이 된다.

그러나 아동기에 폭력을 경험했거나 목격했던 모든 사람들이 가정폭력을 행사하는 것은 아니기 때문에 사회학습이론의 설명은 불충분하다는 비판을 받는다. 또한 폭력을 행사하는 사람들 모두가 어릴 때 폭력에 노출된 것도 아니다. 그러나 사회학습이론은 가정폭력에 대한 이론 중 가장 널리 받아들여지는 이론으로 평가받고 있다(김연옥 외, 2005: 453).

(2) 폭력 하위문화이론

폭력 하위문화이론은 폭력이 모든 사회구조에 존재하는 것이 아니라 특정 사회에서 더 많이 존재한다는 전제를 갖는다. 폭력행위가 특정 사회집단 내에서 보다 많이 발생하는데 이는 특정 사회집단 내의 기준과 가치에 따른 반응이라고 설명한다. 이 이론은 주로 저소득층 남성에 비중을 두고 있는데, 저소득층은 주류문화에서 소외되므로 다른 가치를 창출하는 데 폭력을 상습적인 자질로 받아들이게 된다고 본다. 즉, 사회의 주류문화가 요구하는 규범과 가치를 성취하기 어려울 때 그것을 거부하고 도달하기 쉬운 대안문화를 발전시키게 되는데, 남성의 경우 신체적 우월성에 가치를 두고 폭력을 행사할 가능성이 높게 되며, 이것이 가정 내 구성원들에 대한 폭력으로 나타나게 된다고 보는 관점이다(김영만, 2011: 17).

(3) 사회교환이론

사회교환이론은 대인관계에서 보상과 손실에 초점을 두어 폭력이 발생하게 되는 이유를 설명한다. 즉, 사람들은 공평의 원리에 의해 대인관계를 맺으려 하는데, 자신이 투자한 비용에 비해 보상이 적으면 분노가 일어나고 폭력이 발생하게 된다는 것이다.

사회교환이론에서 폭력의 가해자는 자신이 상대방에게 지불한 비용에 대해서 상대방은 응당의 보상을 돌려주어야 한다는 교환법칙의 상호성 규범에 입각하여 자신의 폭력을 정당화시킨다. 즉, 대인관계에서의 상호작용인 '보상의 극대화, 비용의 극소화'에 초점을 둔 것으로, 가족 구성원 간, 특히 부부간과 부모-자녀 간의 폭력에 유용하게 활용될 수 있다(권육상 외, 2011: 215). 또한 지배적인 위치에 있는 사람이 자신의 권위가 위협받는다고 생각할 때 이를 회복하기 위한 방편으로 사용된다. 예를 들어, 가족의 부양을 책임지는 것으로 자신의 할 일을 다했다고 생각하는 남편은 아내의 보상이 자신이 기대에 미치지 않을 때 아내구타를 통하여 응분의 대가를 치르도록 함으로써 폭력을 정당화하게 된다.

(4) 갈등이론

갈등이론은 지배와 복종, 경쟁적 목적에 의해 특징되는 모든 집단과 조직에서 갈등이 불가피하며 집단과 조직의 규모나 구성원 간의 친밀성과는 상관없이 발생한다고 본다. 가족 구성원 간의 갈등을 관리할 만한 다른 방안이 실패했을 때 폭력적인 방법으로 나타나는 것을 가정폭력으로 이해한다. 부부가 서로 권력을 행사하기 위해 주도권 다툼을 벌인다든지 배우자 간의 태도, 가치관, 성격 등이 다른 경우 부부간에 갈등이 생기고 이러한 갈등의 결과물로 폭력이 발생한다고 본다.

슈트라우스(Straus, 2005)는 자원과 권력의 불평등한 분배에서 갈등이 야기되는 것으로 성별이나 세대가 다른 이질적인 집합체인 가족 내에서 구성원들 간의 권력이나 가치관의 차이로 인해 불가피하게 갈등이 발생한다고 말한다. 이러한 가족 구성원 간의 갈등을 관리할 만한 다른 방안이 실패했을 때 폭력적인 방법으로 나타나는 것을 가정폭력으로 이해한다.

(5) 자원이론

폭력을 자원의 한 유형으로 보고 있으며, 자원이 불충분하거나 부족할 때 자신을 충족시키기 위한 자원으로서 폭력을 사용한다는 것이다. 즉, 자원이 많은 사람은 힘을 갖게 되어 폭력을 사용하지 않더라도 의도된 목적을 달성할 수 있지만, 반대로 자원이 적은 사람은 힘이 약하므로 가진 자원에 의해서는 자신의 목적을 달성할 수 없어 폭력을 사용하여 목적을 달성하려고 한다. 개인이 가지는 자원이 많을수록 힘을 사용하는 빈도는 줄어들 것이고, 폭력은 다른 자원이 부족할 때 사용되는 것으로 본다. 예를 들면, 가족관계를 지배하기 원하지만 교육수준도 낮고, 직업적 지위도 낮고, 소득도 낮은 사람들은 영향력을 행사할 다른 수단을 가지고 있지 못하기 때문에 폭력이나 위협 등 강압적인 방법을 사용하게 될 가능성이 높다. 남성들은 대체로 가족 내에서 물질적 자원과 조직적 자원을 지배하고 있어 여성보다 더 많은 의사 결정력을 가지게 되지만 사회경제적 수준이 낮은 남성의 경우, 수업과 같은 물질적 자원과 친족 간의 결속 등과 같은 조직적 자원이 부족함을 인식하게 되며 가족 내에서 주도적인 위치를 차지하기 위한 자원으로서 폭력을 사용하게 될 가능성이 높아진다.

3) 사회구조적·사회문화적 이론

사회구조적 이론은 가정폭력의 발생원인을 가해자나 피해자의 개인적 상황보다는 그들이 속한 사회구조나 문화에서 찾으려는 이론이다. 사회구조적 관점에서 보면 가정폭력의 근본적 원인은 사회의 불평등, 비민주적 사회구조, 계층 간 이동의 경직성, 경제적 빈곤과 불안정한 삶에 있으며, 이러한 사회구조에서 발생된 좌절감과 절망감이 가정생활에 전가되어 폭력이 발생한다고 본다.

또한 사회문화적 요인에서 보면 가정폭력이 긴장이나 좌절의 결과로 발생하거나 갈등을 해소하는 다른 대안이 없기 때문에 나타나기보다는 우리가 폭력을 용인하는 문화 속에서 자랐기 때문에 폭력이 발생한다고 본다. 예를 들어, 폭력이 만연한 도시의 빈민가에 살고 있거나 남성다움을 지나치게 강조하여 남성의 폭력을 묵인하고 조정하는 문화 속에서 자랐다면 아내를 구타할 가능성이 높아진다는 것이다.

4) 페미니즘이론

페미니스트 이론은 성(gender)과 힘(power)에 초점을 두고 가정폭력을 설명한다. 이 이론은 가족 내에서 발생하는 폭력을 단순히 가족 간의 갈등에서 폭력이 사용되는 것만으로 보는 것이 아니라 가부장적 사회구조와 이데올로기 내에서 남성이 여성을 통제하고 지배하기 위한 수단으로 이해한다. 즉, 가정폭력은 가정이라는 범위 내에서 힘 있는 남성의 여성에 대한 지배와 통제의 행사라는 것이다. 페미니스트 이론에 의하면 남성에 의한 여성에 대한 폭력이 결코 개인적이거나 가정적인 문제가 아니며 이것은 역사적, 문화적으로 존재해 온 남성 지배체계의 발현이며 정치적인 문제로 간주한다. 따라서 남성 위주의 사회문화적 특성, 성차별주의, 가부장적 사회구조가 가정폭력의 주요한 요인으로 고려된다.

페미니즘이론에서는 가정폭력이라는 용어보다는 남편에 의한 '아내학대'라는 용어를 사용하면서, 여성을 낮게 평가하고 폭력을 남편의 정당한 행위로 인정하는 사회에서의 남녀 간의 불평등한 권력의 문제로 간주하고 있다. 이렇게 아내폭력을 허용하고 아내에 대한 남편의 소유권을 인정하는 가부장제 문화는 결혼을 통한 가족형성 시작부터 여성을 억압하는 기제로 사용된다. 페미니스트들은 아내의 내재화된 무력감이 회생과정에서 벗어나는 능력에 장애가 된다고 인식하며 아내가 가정폭력의 가해자로부터 생존하는 것은 여성으로서 다양한 권력의 취득에 달려 있다고 본다. 이러한 페미니즘적 시각은 실제로 실시되고 있는 가정폭력 가해자 및 가해자 프로그램에서 수용되고 있음이 사실이다(이영실, 2016: 295). 그러나 페미니즘

이론은 사회 속의 구성원이 모두 가정폭력을 행사하지는 않는다는 점을 고려하여 볼 때 각 개인의 개별적 상황과 환경에 따른 폭력의 원인에 대하여는 설명할 수 없는 한계점이 있다.

4. 가정폭력가족의 현황과 지원서비스

1) 가정폭력가족의 현황

여성가족부는 전국 만19세 이상 일반 국민 9,062명(여성 5,975명, 남성 3,087명)을 대상으로 2022년 8월 29일~11월 14일까지 통계청의 국가통계 승인을 받고 수행한 2022년 가정폭력실태조사[2] 결과를 바탕으로 가정폭력의 실태[3]를 살펴보면 다음과 같다.

(1) 배우자/파트너 폭력

법률혼 또는 사실혼 관계의 배우자가 있거나[4] 비혼동거 파트너가 있는 만19세 이상의 응답자를 대상으로 지난 1년간(2021년 8월~2022년 7월)과 평생 배우자/파트너에 의한 폭력 피해 경험을 조사하였다. 지난 1년간 배우자/파트너에 의한 폭력 피해 경험은 <표 13-1>과 같다. 지난 1년간 배우자/파트너에 의한 신체적/성적 폭력 피해율은 여성 4.6%, 남성 1.8%였으며, 4개 유형 폭력(신체적/성적/경제적/정서적 폭력)

2) 2022년 가정폭력 실태조사에서는 젠더 기반 폭력으로서의 가정폭력에 초점을 두고, 일반 국민을 대상으로 가정폭력 피·가해 경험, 발생 요인, 발생 유형, 폭력 유형 등 발생 실태를 파악하고 과거 실태조사 결과와 비교하여 추이를 분석하며, 가정폭력 허용도 등 태도, 가정폭력방지정책 인지도, 피해자 보호·지원 서비스 이용도 및 수요 등을 조사하여 향후 가정폭력 정책 수립을 위한 실증적 자료를 제공하고자 실시하였다.

3) 가정폭력 실태조사는 가정폭력 실태 등을 파악하여 가정폭력 예방 및 대응 정책 수립의 기초 자료로 활용하기 위하여, 「가정폭력방지 및 피해자보호 등에 관한 법률」에 따라 여성가족부장관이 3년 주기로 실시하는 조사이다.

4) 조사 시점에 별거 중인 경우는 제외하였다. 별거 중인 응답자는 '이혼·별거·동거종료 전후 배우자/파트너에 의한 폭력 피해 경험'에서 집계하였다.

피해율은 여성 9.4%, 남성 5.8%였고, 5개 유형 폭력(신체적/성적/경제적/정서적 폭력 및 통제) 피해율은 여성 28.7%, 남성 26.3%로 나타났다. 이는 여성 응답자의 4.6%, 남성 응답자의 1.8%가 지난 1년 동안 신체적 폭력 또는 성적 폭력 피해 중 하나라도 경험한 적이 있으며, 여성 응답자의 28.7%, 남성 응답자의 26.3%가 지난 1년 동안 신체적 폭력, 성적 폭력, 경제적 폭력, 정서적 폭력, 통제 피해 중 하나라도 경험한 적이 있음을 의미한다. 폭력 유형별로는 남성과 여성 모두 통제 피해 경험률이 가장 높았다. 여성은 25.1%, 남성은 24.3%가 통제 피해를 경험하였다고 답하였다. 두 번째로 정서적 폭력 경험은 여성의 6.6%, 남성의 4.7%가 경험하였다. 그다음으로는 성별에 따라 피해율 순위에 차이가 나타났다. 여성은 성적 폭력 3.7%, 신체적 폭력 1.3%, 경제적 폭력 0.7% 순이었던 데 비해 남성은 신체적 폭력 1.0%, 성적 폭력 0.8%, 경제적 폭력 0.2% 순이었다. 폭력 유형 중 성적 폭력의 성별 차이가 가장 크게 나타났다

표 13-1 지난 1년간 배우자/파트너에 의한 폭력 피해 경험

(단위: 명, %)

구분	응답 인원	5개 유형 폭력							
		4개 유형 폭력						통제	피해율 계
		신체적/성적 폭력			경제적 폭력	정서적 폭력	피해율 소계		
		신체적 폭력	성적 폭력	피해율 소계					
전체	5,622	1.2	2.3	3.2	0.4	5.7	7.6	24.7	27.5
여성	3,768	1.3	3.7	4.6	0.7	6.6	9.4	25.1	28.7
남성	1,854	1.0	0.8	1.8	0.2	4.7	5.8	24.3	26.3

출처: 여성가족부(2022). 2022년 가정폭력실태조사 연구.

① 부부/파트너 폭력 피해 영향

지난 1년간 배우자/파트너에 의한 폭력 피해 경험을 연령대별로 나누어 본 것이다. 만65세 미만 응답자의 3.6%(여성 5.1%, 남성 1.9%), 만65세 이상 응답자의 1.6%(여성 2.2%, 남성 1.2%)가 신체적 폭력 또는 성적 폭력 피해 경험이 있었으며, 4개 유형

폭력 피해율은 만65세 미만 응답자의 8.0%(여성 9.7%, 남성 6.1%), 만65세 이상 응답자의 6.2%(여성 8.3%, 남성 4.7%)였고, 5개 유형 폭력 피해율은 만65세 미만 응답자의 27.9%(여성 29.1%, 남성 26.7%), 만65세 이상 응답자의 25.8%(여성 26.7%, 남성 25.0%)로 나타났다. 만65세 미만보다 만65세 이상 집단에서 피해율이 더 높게 나타난 유형은 여성의 경제적 폭력과 정서적 폭력, 남성의 경제적 폭력 피해경험이었다. 그 외의 유형에서는 만65세 미만의 피해율이 만65세 이상에 비하여 대체로 높았다.

표 13-2 연령/성별 지난 1년간 배우자/파트너에 의한 폭력 피해 경험

(단위: 명, %)

구분		응답 인원	5개 유형 폭력							
			4개 유형 폭력						통제	피해율 계
			신체적/성적 폭력			경제적 폭력	정서적 폭력	피해율 소계		
			신체적 폭력	성적 폭력	피해율 소계					
만65세 미만	전체	5,035	1.3	2.6	3.6	0.4	5.7	8.0	25.2	27.9
	여성	3,455	1.4	4.1	5.1	0.6	6.4	9.7	25.7	29.1
	남성	1,580	1.2	0.9	1.9	0.2	5.0	6.1	24.8	26.7
만65세 이상	전체	587	0.6	1.2	1.6	0.5	5.4	6.2	22.4	25.8
	여성	313	0.7	1.7	2.2	0.7	7.8	8.3	22.3	26.7
	남성	274	0.4	0.8	1.2	0.3	3.5	4.7	22.4	25.0

출처: 여성가족부(2022). 2022년 가정폭력실태조사 연구.

② 폭력 발생 시기, 폭력 이유

부부폭력 발생 시 남성이 주로 또는 항상 먼저 폭력 행동을 시작한 경우가 48.4%, 여성이 먼저 시작한 경우는 15.8%로 나타났는데, 여성의 경우 59.2%, 남성의 경우 26.8%가 주로 또는 항상 배우자가 먼저 폭력 행동을 시작했다고 응답하였다.

표 13-3 폭력 발생 시 주로 그 행동을 시작한 사람

(단위: %)

구분	전체	여성	남성
항상 남편이 먼저	12.0	11.4	12.8
주로 남편이 먼저	36.4	47.8	19.1
서로 비슷하게	35.8	32.1	41.4
주로 아내가 먼저	12.8	5.6	23.7
항상 아내가 먼저	3.0	3.0	3.1
계	100.0	100.0	100.0

주: 백분율은 배우자 폭력 피해를 입은 426명(응답자수)을 기준으로 가중치를 부여하여 추정함

출처: 여성가족부(2017). 2016년도 가정폭력실태조사.

부부폭력 첫 발생 시기 및 폭력 이유로서 여성과 남성 모두 배우자로부터 폭력피해가 시작된 시기는 '결혼 후 5년 미만'이 50%를 상회하였다. 여성의 경우, 배우자로부터 폭력피해가 시작된 시기는 '결혼 후 5년 미만'이 62.3%(결혼 후 1년 미만 18.1% + 결혼 후 1년 이상 - 5년 미만 44.2%)였으며, '결혼 전 교제기간'에 폭력피해가 시작되었다는 응답은 2.0%로 나타났다. 남성의 경우, 배우자로부터 폭력피해가 시작된 시기는 '결혼 후 5년 미만'이 50.4%(결혼 후 1년 미만 13.5% + 결혼 후 1년 이상 - 5년 미만 36.9%)였고, '결혼 전 교제기간'에 폭력피해가 시작되었다는 응답은 없는 것으로 나타났다.

표 13-4 부부폭력 첫 발생 시기

(단위: %)

구분	여성		남성	
	피해	가해	피해	가해
결혼 전 교제 기간	2.0	1.9	-	3.5
결혼 후 1년 미만	18.1	16.7	13.5	13.9
결혼 후 1년 이상 5년 미만	44.2	41.5	36.9	44.4
결혼 후 5년 이후	35.7	39.9	49.6	38.3
계	100.0	100.0	100.0	100.0

주: 백분율은 여성 응답자의 경우 피해와 가해 각각 315명, 238명(응답자수)을 기준으로, 남성 응답자의 경우 피해와 가해 각각 111명, 147명을 기준으로 가중치를 부여하여 추정함

출처: 여성가족부(2017). 2016년도 가정폭력실태조사.

부부폭력이 일어나게 된 이유에 대해 여성과 남성 모두 '성격차이'와 '경제적인 문제'라는 응답이 가장 많은 것으로 조사되었다. 여성 피해자는 성격차이(45.3%), 경제적인 문제(25.7%), 배우자의 음주문제(9.6%), 시가·처가 문제(9.3%) 순으로 꼽았으며 남성피해자는 성격차이(47.5%), 경제적인 문제(22.4%), 본인의 음주문제(7.5%), 이유를 모르겠다(6.3%) 순이었다.

표 13-5 부부폭력이 일어나게 된 이유

(단위: %)

구분	여성		남성	
	피해	가해	피해	가해
경제적인 문제	25.7	22.6	22.4	24.0
성격차이	45.3	45.3	47.5	49.5
시가, 처가 문제	9.3	11.0	4.4	2.3
자녀문제	1.8	3.1	4.5	3.7
배우자의 음주문제	9.6	10.7	5.4	2.9
귀하의 음주문제	4.4	2.0	7.5	9.4
배우자의 이성문제(외도 또는 외도의심)	1.1	1.4	-	0.7
귀하의 이성문제(외도 또는 외도의심)	0.4	0.3	2.1	-
이유를 모르겠다	2.2	2.9	6.3	6.3
기타	0.3	0.8	-	1.3
계	100.0	100.0	100.0	100.0

주: 백분율은 여성 응답자의 경우 피해와 가해 각각 315명, 238명(응답자수)을 기준으로, 남성 응답자의 경우 피해와 가해 각각 111명, 147명을 기준으로 가중치를 부여하여 추정함

출처: 여성가족부(2017). 2016년도 가정폭력실태조사.

③ 부부폭력에 대한 대응

부부폭력이 일어난 당시에 66.6%가 '그냥 있었다'고 응답하였고, '자리를 피하거나 집 밖으로 도망' 24.1%, '함께 폭력행사' 8.1%, '주위에 도움 요청' 1.0% 순으로 나타났다. 그냥 있었던 이유는 여성의 경우, '그 순간만 넘기면 되기 때문' 28.6%, '배우자이기 때문에' 21.9%, '창피하고 자존심이 상해서' 16.1%였으며, 남

성의 경우 '배우자이기 때문에' 26.0%, '그 순간만 넘기면 되기 때문' 23.1% 순으로 나타났다.

표 13-6 배우자 폭력에 대한 대응

(단위: %)

구분	전체	여성	남성
그냥 있었다	66.6	63.9	70.7
자리를 피하거나, 집밖으로 피하였다	24.1	24.7	23.2
함께 폭력을 행사하였다	8.1	10.0	5.2
주위에 도움을 요청하였다	1.0	1.1	0.9
기타	0.1	0.2	-
계	100.0	100.0	100.0

주: 백분율은 배우자 폭력 피해를 입은 426명(응답자수)을 기준으로 가중치를 부여하여 추정함

출처: 여성가족부(2017). 2016년도 가정폭력실태조사.

폭력 발생 이후 가족이나 친척, 이웃이나 친구 등에 도움을 요청한 비율이 경찰이나 여성긴급상담전화 1366 등의 공적지원체계 이용비율보다 더 높은 것으로 나타났다. 부부폭력을 경험한 응답자들이 폭력 발생 이후 도움을 요청한 대상은 '가족이나 친척' 12.1%, '이웃이나 친구' 10.3%, '경찰' 1.7% 순이었으며, 경찰에 도움을 요청하지 않은 이유는 '폭력이 심각하지 않다고 생각해서' 41.2%, '집안일이 알려지는 것이 창피해서' 29.6% 순으로 나타났다. 여성긴급전화 1366이나 상담소 및 보호시설 등 지원기관에 도움을 요청하지 않은 이유는 '부부간에 알아서 해결할 일인 것 같아서' 27.6%, '폭력이 심각하지 않다고 생각해서' 18.6% 순이었다.

표 13-7 폭력 발생 이후 도움 요청 경험

(단위: %)

구분	전체	여성	남성
경찰	1.7	2.8	-
가족이나 친척	12.1	16.3	5.8
이웃이나 친구	10.3	12.9	6.5
종교지도자	1.0	1.6	-

여성긴급전화 1366	0.6	1.0	-
가정폭력상담소 및 보호시설/쉼터(입소시설)	0.6	1.0	-

주: 1) 백분율은 배우자 폭력 피해를 입은 426명(응답자수)을 기준으로 가중치를 부여하여 추정함
2) 각 대상별 도움요청 비율임

출처: 여성가족부(2017). 2016년도 가정폭력실태조사.

2) 가정폭력가족을 위한 관련 정책

(1) 가정폭력 관련 법[5]

① 가정폭력방지 및 피해자보호 등에 관한 법률

㉠ 제1조에서 피해자 보호를 통한 건전한 가정의 육성을 입법목적으로 하고 있으며, 제3조에서는 건전한 가정의 보호와 유지를 선언적으로 규정하고 있다.

㉡ 보호시설의 기능에 대하여 '일시보호'에 초점을 두고 있으므로 보호시설이 피해자의 가정 복귀를 전제로 하고 있어 피해자에게 일시적인 피난처를 제공하는 역할을 수행한다는 의미[6]를 담고 있다.

㉢ 신체적, 정신적으로 황폐해진 피해자가 주체적인 삶을 모색할 수 있도록 효과적인 자원이 이루어지기 위해서는 정부, 경찰, 상담소, 보호시설, 교육기관, 취업지원기관, 의료기관 등이 연계하는 협력적 피해자 지원체계를 마련하여 다각도의 지원책이 종합적이고 유기적으로 제공되도록 하는 것이 필요하다.

5) 가정폭력의 심각성에 대한 공감대가 형성되면서 「가정폭력방지 및 피해자보호 등에 관한 법률」과 「가정폭력범죄의 처벌 등에 관한 특례법」이 1998년 7월부터 시행되었다. 이 법의 제정을 통해 가정폭력이 더 이상 가정 내의 문제가 아니라 가정폭력에 대하여 사회의 적극적인 제도적 개입과 예방이 가능하게 되었다.

6) 가정폭력사건의 대부분은 일회적인 폭력행사보다 장기적이고 지속적인 폭력이 문제되는 상황이므로 가정폭력으로부터 근본적인 해방이 모색되지 않은 상태에서 피해자에게 일시적인 피난처를 제공하는 정도로는 해당 피해자를 가정폭력의 지속적인 위험으로부터 보호하는 데 미흡하다.

② 가정폭력범죄의 처벌 등에 관한 특례법[7)]

㉠ 목적

가정폭력범죄행위자에 대한 보호처분제를 도입하고 가정폭력으로 입은 손해에 대한 민사처리특례를 규정하는 등 궁극적으로 건강한 가정을 육성하고 가정의 평화와 안정을 회복하려는 목적

㉡ 한계점

- 제18조는 피해자에 대한 치료보호에 대하여 그 비용을 가정폭력행위자가 부담하는 것을 원칙으로 규정하고 있다. 이는 가정폭력은 가정 내의 일이고 가정폭력 피해의 치료 역시 가해자와 피해자가 알아서 해야 할 사적인 일이라는 인식을 전제로 한 것이다. 가정폭력이 국가적·사회적으로 대처해야 할 범죄라는 인식에서 출발한다면, 가정폭력 피해자의 치료에 있어서도 국가가 일차적으로 치료비용을 부담함으로써 가정폭력이 사회적 대가를 지불하는 범죄라는 인식과 정책방향을 분명히 할 필요가 있다.
- 보호처분의 도입으로 가해자에 대한 국가개입을 확보하는 데 치중한 나머지 가정폭력범죄사건을 다루는 데 있어서 피해자보호조치가 매우 미흡하다는 결함을 지닌다.

임시조치 중 제1호 퇴거명령과 제2호 접근금지는 피해자의 보호를 위한 조치이고, 제3호부터 제7호까지는 가해자의 교정에 초점을 둔 조치로서 양자의 성격은 근본적으로 구별되어야 함에도 불구하고 성격이 다른 조치들을 임시조치 내지 보호처분이라는 이름으로 통합해 버린 결과, 가정폭력 대응 법체계에서 피해자 보호조치가 독자적인 위상으로 정립되지 못하고 가해자에 대한 형사절차에 종속되어 버리는 결과를 가져온다. 즉, 임시조치 제1호와 제2호는 피해자보호조치로서 그 의미가 매우 큼에도 불구하고 임시조치라는 형식 때문에 그 기간이

7) 가정폭력범죄의 처벌 등에 관한 특례법은 가정폭력의 심각성에도 불구하고 가정 내의 문제로 치부되어 사회적으로 방치되어 왔고, 가정폭력이 다른 사회적 폭력보다 지속적이고 상습적으로 행하여지고 있는 현실에서 가정폭력에 대하여 사회와 국가가 적극 개입하여 해결하여야 문제제기에서 제정되었다.

나 청구절차에서 명백한 한계를 조정하고 있다. 그러나 피해자의 보호는 가해자의 처벌 전까지 행해지는 임시적 일과성 조치에 머물러서는 안 된다. 또한 임시조치가 가해자에 대한 보호사건 절차에 종속되어 버린 결과, 그 청구절차도 경찰의 신청, 검찰의 청구, 법원의 결정이라는 번거로운 절차를 채택하고 있는데 이는 초기단계에서 효과적인 피해자보호조치가 강구되어야 할 필요성에 부응하지 못하고 있다.

- 가정폭력 사건을 형사사건으로 처리하게 되면 임시조치는 효력을 상실하게 되어 피해자 보호조치에 공백이 발생한다는 구조적 문제를 가지고 있다. 이러한 사정은 보호처분 제1호와 제2호의 경우에도 마찬가지이다. 이를 가해자에 대한 제재의 한 유형으로 도입하는 현행법의 방식은 그것이 피해자 보호조치로서 가지는 의미를 퇴색시키는 결과를 낳고 있다.

3) 가정폭력가족 서비스 현황

(1) 긴급전화 운영[8)]

'여성긴급전화 1366'은 폭력피해자 등을 위한 긴급전화 상담서비스로 1998년 1월 1일 개통되어 2001년 144개소가 설치가 되었던 것이, 2001년 여성부 신설 이후 16개 권역으로 정비하였다. 2012년부터 18개 기관을 연중 24시간 운영체계를 확립하고 시·도별로 설치·운용하여 피해자에 대하여 1차 긴급상담, 서비스 연계(의료기관, 상담기관, 법률구조기관, 보호시설), 종합정보 안내 등 위기개입 서비스를 제공하고 있다.

긴급보호 기능의 효과적 수행을 위하여 의료기관, 교육기관, 법률기관 등과 유관기관별 서비스 네트워크를 구축하여 다양한 서비스를 지원하고 있다. 또한 폭력피해여성이 One-stop 상담서비스를 제공받을 수 있도록 가정폭력 상담소, 보호시

8) 노인, 여성, 아동에 대해 가해지는 학대 발생 시의 긴급전화로서, 1366(가정폭력, 성폭력), 1391(아동학대), 1388(청소년보호), 1922(노인학대) 등이 있다. 이 외에 민간단체에 의해 운영되는 노인의 전화, 여성의 전화, 아동학대 예방 전화 등의 상담센터도 있다.

설, 경찰, 검찰, 법률구조기관, 112, 119, 의료기관 및 사회복지기관 등 지역별 유관기관과의 협의체를 구성하여 가정폭력·성폭력 관련 서비스 간의 연계 활동을 강화하였다.

2023 여성긴급전화 1366 초기지원 현황보고서 자료에 의하면, 전국 18개 센터 상담 건수는 총 294,328건으로 전년 대비 1.5%(4,480건) 증가하였고, 월 평균 24,527건으로 하루 평균 806건의 상담이 진행되고 있음을 알 수 있다. 상담 현황으로 보면 전화(243,406건), 내방(22,622건), 사이버(19,864건), 방문(8,436건)으로 진행되고 있다.

표 13-8 2023년 상담 방법별 전국센터 현황

(단위: 건)

구분		상담 방법별 상담 현황				
		상담 총계	전화	내방	방문	사이버
건수	2022	289,848	241,259	19,515	7,194	21,880
	2023	294,328	243,406	22,622	8,436	19,864
점유율(%)		100	82.7	7.7	2.9	6.7
중앙		29,608	22,805	687	29	6,087
서울		31,176	29,338	1,322	457	59
부산		17,565	15,654	750	403	758
대구		15,225	11,184	1,699	594	1,748
인천		14,311	12,589	1,199	349	174
광주		11,522	8,896	2,078	231	317
대전		14,955	13,268	996	475	216
울산		10,245	8,445	1,196	337	267
경기		23,021	20,720	1,054	288	959
경기 북부		11,372	9,259	1,183	268	662
강원		10,014	8,060	970	460	524
충북		12,506	11,163	1,001	296	46
충남		17,168	15,825	638	431	274
전북		11,113	9,522	934	438	219
전남		11,424	9,908	1,021	339	156

경북	21,089	13,399	4,019	2,144	1,527
경남	21,003	15,032	863	515	4,593
제주	11,011	8,339	1,012	382	1,278

출처: 한국여성인권진흥원(2024). 2023 결과보고서 여성폭력 초기지원 현황보고서.

(2) 가정폭력 상담 서비스 및 긴급피난소 운영

① 가정폭력 상담 서비스

여성긴급전화 1366 상담유형은 다음 표와 같으며, 가정폭력이 54.7%(161,041건)로 가장 많다.

표 13-9 1366 2023년 상담 내용별 현황

(단위: 건)

구분	계	폭력 피해 상담						일반상담			기타*
		가정폭력	성폭력	성매매	교제폭력	스토킹	디지털 성범죄	가족 문제	정서 및 정신건강	이주 지원	
건수	294,328	161,041	14,076	3,194	9,187	9,017	8,719	5,927	43,676	225	39,266
점유율(%)	100	54.7	4.8	1.1	3.1	3.1	3.0	2.0	14.8	0.1	13.3
중앙	29,608	11,741	2,685	331	1,218	1,499	2,057	317	3,153	97	6,510
서울	31,176	12,041	2,162	271	906	1,274	593	1,067	8,739	42	4,081
부산	17,565	8,125	864	75	572	618	340	569	2,905	6	3,491
대구	15,225	9,245	369	124	619	298	88	168	3,262	1	1,051
인천	14,311	9,759	693	87	370	299	88	207	1,647	0	1,161
광주	11,522	6,176	524	193	539	160	144	235	1,391	7	2,153
대전	14,955	7,406	840	112	411	559	228	694	2,171	26	2,508
울산	10,245	6,373	217	25	421	347	103	428	1,153	6	1,172
경기	23,021	13,555	1,253	272	695	686	272	414	1,580	0	4,294
경기 북부	11,372	7,485	344	76	212	170	51	97	676	0	2,261
강원	10,014	6,683	245	133	316	307	87	228	609	3	1,403
충북	12,506	8,197	245	128	415	158	69	148	1,904	1	1,241
충남	17,168	6,949	985	273	285	664	656	316	5,602	2	1,436
전북	11,113	5,418	371	121	414	563	56	60	3,104	20	986

전남	11,424	6,401	422	113	240	404	462	213	1,616	3	1,550
경북	21,089	15,216	1,020	546	810	186	600	458	1,376	4	873
경남	21,003	11,632	569	156	475	649	2,776	216	1,924	0	2,606
제주	11,011	8,639	268	158	269	176	49	92	864	7	489

* 기타: 단순문의 등

출처: 한국여성인권진흥원(2024). 2023 결과보고서 여성폭력 초기지원 현황보고서.

② 긴급피난소 운영

긴급피난소 보호 인원은 2023년 총 5,063명으로 인천센터 499명, 경북센터 408명을 보호한 것으로 나타났다.

표 13-10 1366 2023년 긴급피난소 센터별 입소 현황

구분	보호인원 계(명)	피해자(명)		동가족(명)		보호일수(일)
		성인	미성년	성인	미성년	
계	5,063	3,704	275	71	1,013	13,033
점유율(%)	100	73.2	5.4	1.4	20.2	-
중앙	190	162	9	0	19	440
서울	245	190	6	5	44	596
부산	285	222	14	2	47	646
대구	294	238	4	0	52	616
인천	499	358	27	15	99	1,319
광주	278	233	13	1	31	482
대전	265	217	7	2	39	504
울산	250	186	3	5	56	768
경기	287	196	16	3	72	952
경기북부	288	204	28	4	52	703
강원	210	140	20	1	49	429
충북	342	231	22	3	86	802
충남	177	128	5	0	44	492
전북	235	161	18	6	50	601
전남	316	216	23	4	73	913

경북	408	265	34	17	92	1,710
경남	209	154	14	0	41	437
제주	285	203	12	3	67	623

출처: 한국여성인권진흥원(2024). 2023 결과보고서 여성폭력 초기지원 현황보고서.

(3) 가정폭력 피해자 보호시설

가정폭력 피해자 보호시설은 국가 및 지방자치단체, 사회복지법인 및 기타 비영리법인에서 운영하고 있다.

참고 가정폭력 피해자 보호시설 업무

- 숙식의 제공
- 심리적 안정과 사회적응을 위한 상담 및 치료
- 질병치료와 건강관리를 위한 의료기관에의 인도 등 의료지원
- 수사·재판 과정에 필요한 지원 및 서비스 연계
- 법률구조기관 등에 필요한 협조와 지원의 요청
- 퇴소 후 자립을 위하여 시설 외 근로를 희망하는 경우 적극지원
  (직업/취업 훈련 프로그램 지원(지역사회 자원과 연계))
- 입소사실에 대한 비밀보장과 특별보호
- 가정폭력에 따른 아동의 취학지원
- 기타 국가 또는 지방자치단체가 정하는 경비지원
- 다른 법률에 의하여 보호시설에 위탁된 사항
- 그 밖에 피해자 등의 보호를 위하여 필요한 일

표 13-11 가정폭력 피해자 보호시설 유형

종류	기능
단기보호시설	피해자 등을 6개월의 범위에서 보호하는 시설
장기보호시설	피해자 등에 대하여 2년의 범위에서 자립을 위한 주거편의 등을 제공하는 시설
외국인보호시설	외국인 피해자 등을 2년의 범위에서 보호하는 시설
장애인보호시설	장애인복지법의 적용을 받는 장애인인 피해자 등을 2년의 범위에서 보호하는 시설

출처: 한국여성인권진흥원(2023). 여성폭력 피해자 보호시설·주거지원시설 현황 및 개선방안 연구.

표 13-12 가정폭력 피해자 보호시설 현황

(단위: 개소)

구분	합계	서울	부산	대구	인천	광주	대전	울산	경기	강원	충북	충남	전북	전남	경북	경남	제주
전체	65	11	3	3	1	4	1	1	11	5	3	4	4	4	2	6	2
일반	42	8	2	2	1	2	-	1	11	4	1	1	2	2	2	3	-
가족보호	23	3	1	1	-	2	1	-	-	1	2	3	2	2	-	3	2

주1: 장애인시설(입소정원) : 광주(10명), 경기(30명)
주2: 중장기시설(입소정원) : 부산(20명), 인천(16명), 광주(10명/18명), 경기(10명/30명)

출처: 한국여성인권진흥원(2023). 여성폭력 피해자 보호시설·주거지원시설 현황 및 개선방안 연구.

(4) 피해자 의료 지원 체계

가정폭력 피해자에 대한 의료적 서비스로는 「국민건강보험법」에 의무적으로 적용대상이 되며, 진료비는 본인부담능력이 없는 경우에만 국고에서 보조된다. 또한 80병상 이상의 종합병원에서는 사회사업실의 운영이 의무화되어 있다. 의료기관으로서는 국공립병원과 보건소, 민간병원이 있는데 「성폭력방지법」과 「가정폭력방지법」에는 성폭력 피해여성의 경우 지정병원을, 가정폭력 피해여성의 경우는 피해자나 상담소, 피해자 보호시설에서 요청할 때 적절한 치료보호를 제공하도록 명시하고 있다.

「가정폭력방지 및 피해자보호 등에 관한 법률」 제18조에 따라 가정폭력 피해자는 피해자 본인, 가족, 친지 또는 상담소나 보호시설의 장 등의 요청이 있을 경우에 의료기관은 보건에 관한 상담 및 지도, 신체적·정신적 피해에 대한 치료, 임산부의 심리적 안정을 위한 각종 치료프로그램 실시 등 정신치료, 임산부 및 태아보호를 위한 검사 및 치료, 가정폭력 피해자 가정의 신생아에 관한 의료 등의 치료보호를 실시하고 있다. 치료보호에 필요한 일체의 비용은 가정폭력행위자가 부담하며 다만 가정폭력행위자가 비용을 부담할 능력이 없을 때에는 국가 또는 지방자치단체가 이를 부담한 후 가정폭력행위자에 대하여 구상권을 행사하고 있다.

(5) 사회복지기관

가정폭력 서비스와 관련이 있는 사회복지기관으로는 모자보호시설, 미혼모시설, 여성복지상담소, 지역사회복지관, 그리고 직업훈련 및 취업지원기관 등이 있다.

5. 가정폭력의 문제점

1) 피해 여성에게 미치는 문제

가정폭력의 결과로 인한 신체적 상해와 건강상의 문제가 발생할 수 있고, 분노감정을 오랫동안 갖고 있기 때문에 질병이 발생할 수 있다. 가정폭력 생존자들은 정신적 충격의 사건과 분노의 원인에 관하여 생각하고 사건에 대한 충격이나 수치심, 경제적인 이유로 의료적 치료를 회피하기 때문에 점차적으로 건강이 더 나빠질 수 있다. 최악의 경우에는 가해자를 살해하거나 본인이 자살하는 경우도 있다. 심리적 영향으로는 배우자에 대한 두려움과 어떤 일이 일어날지 모르기 때문에 불안하고, 무엇이 폭력을 가져오는지 모르기 때문에 혼란스럽고, 자신이 잘못했기 때문에 때리는 것이라고 배우자가 항상 말하기 때문에 자신에 대한 자신감이 없고, 배우자가 폭력으로 자신을 통제하기 때문에 학습된 무기력(learned helplessness) 증세를 보인다. 즉, 스스로 결정하는 능력을 상실할 수 있다. 또한 가정폭력 피해여성은 사회적으로는 작업수행능력이 떨어지고, 자주 결근하거나 일자리를 잃게 될 수 있으며, 자신이 누구를 만나고 어디를 가는지 배우자가 통제함에 따라 점점 사람들과 고립된다. 아내폭력을 지속적으로 경험하는 어머니는 불안감과 무력감, 자녀에 대한 죄책감이 강화되고 우울수준이 높아지고 자존감과 능률성, 그리고 자기주장능력은 저하된다. 이러한 어머니의 모습은 자녀에게 부정적 영향을 끼쳐 자녀의 폭력에 대한 태도형성에 영향을 주고 나아가 갈등해결방법으로 폭력을 사용하는 것을 인정하기도 한다(이영실, 2016: 297).

2) 자녀에게 미치는 문제

신체적으로는 부모싸움 과정에서 다치거나, 어머니가 자녀를 적절히 돌보지 못하기 때문에 방임될 수가 있으며, 어머니가 임신 중에 폭력을 당하는 경우, 유산하거나 출산에 임박하여 폭력을 당하는 경우 신생아가 상해되어 태어날 수 있다.

2016년 중앙아동보호전문기관으로 신고 접수된 사례 중 피해아동의 성별을 살펴보면, 남아가 9,380건(50.2%), 여아가 9,320건(49.8%)으로 남아가 약 0.4% 많은 것으로 나타났다. 또한 피해아동의 연령별 분포를 살펴보면, 중학생에 해당하는 만 13~15세 아동이 전체의 22.5%로 가장 많은 비중을 차지하였고, 다음으로는 초등학교 고학년에 해당하는 만10~12세가 20.6%, 초등학교 저학년인 만7~9세가 19.2%인 것으로 나타났다. 가장 많은 연령비중을 차지하고 있는 이들은 모두 학령기에 해당하며, 전체 피해아동의 62.3%를 차지하고 있다. 이는 학령기 아동이 학교 및 학원 등 외부환경에 상대적으로 많은 시간 노출되어 학대 사실이 발견될 가능성이 높기 때문인 것으로 보인다. 특히 전기 청소년기(만12세~만15세) 아동학대 발생률이 높은 것을 알 수 있는데, 이를 전기 청소년기의 내부 요인에서 살펴보면 아동학대를 유발할 수 있는 주요 문제행동이 아동의 발달단계상 다양한 신체적·행동적인 변화들로 인해 쉽게 나타날 수 있기 때문이다. 그리고 아동 발달에 있어 결정적 시기인 영유아기에 해당하는 만6세 미만의 아동은 아동학대 사례 전체건수 중 21.5%를 차지했다(중앙아동보호전문기관, 2016). 영유아기에는 부모와 주요한 애착관계를 형성하게 되는데, 학대를 경험한 아동은 그렇지 않은 아동들보다 불안정 애착을 보일 가능성이 높아 부모와의 신뢰관계 미형성 및 향후 대인관계에서도 부정적인 영향을 미칠 수 있다. 학대를 경험한 자녀는 심리적으로는 괴롭고 어떤 일이 일어날지 불안해하며, 아버지에 대한 사랑이 불안, 심지어 증오로 바뀔 수도 있고, 불안이나 우울, 철회와 같은 정서적 부적응이나 비행 및 학교폭력 등의 행동적 부적응, 미성숙한 대인관계 등의 사회적 부적응 등의 문제를 겪는다. 또한 사회적으로는 불행한 집을 일찍 떠나서 문제를 일으키게 될 수도 있으며, 아동기에 부모간 등과 폭력을 관찰함에 따라 심각한 성인범죄를 일으킬 가능성이 높아지고, 추후 결혼해서 폭력적 패턴을 반복할 수 있다.

3) 불완전한 경제상태 및 가해자 방치

구타당한 여성들이 남성과의 폭력 관계를 종결하지 못하는 가장 큰 이유는 바로 경제적 자립문제에 있다. 「가정폭력방지법」이 제정된 후에도 폭력으로 인한 고소를 할 경우 가해자를 구속하지 않고 검사들은 벌금형으로 처리하여 피해자에게 경제적으로 더 어렵게 만들고 있는 실정이다. 구타당한 여성은 오랫동안의 구타경험을 통해 자신에 대한 무기력과 무가치함을 습득하게 된다. 이러한 구타당한 여성들의 개인적, 심리적 상황은 노동시장의 성차별이라는 요인과 상호작용하여 구타당한 여성들로 하여금 더욱더 자신에 대한 무기력을 경험하게 한다. 그 결과 구타당한 여성들은 남성의 폭력을 종결하고 새로운 생활을 시작하겠다는 적극적인 생각을 갖기가 대단히 어렵다. 현재는 그나마 존재하는 서비스 체계가 피해자에게만 초점을 맞추고 있어서 불가피하게 아내의 가정퇴거가 중심이 되고 있다. 아직 가해자에 대한 법률적 대책이 전무하고 치료프로그램도 제대로 실시되고 있지 못하기 때문에 주로 피해자가 집에서 도피하고 그 피해자를 보호하는 서비스 체계만 지속되어 온 것이다. 따라서 가해자는 거의 방치되어 있는 상태라 할 수 있다. 이와 같은 경향은 가정폭력의 피해자에게 또 다른 고통을 주게 되며, 경제적 어려움과 거주의 불편을 가중시킨다.

4) 피해치료의 미흡

가정폭력 문제의 심각성에 비해 현재 서비스를 제공하는 기관은 그 수가 적고 프로그램이 빈약하다. 따라서 가정폭력으로 긴급한 보호 및 전문적 서비스가 필요한 피해여성에게 즉각적이고 충분한 도움을 주기에는 매우 미흡하며 예방 및 치료의 차원에서 가해자에 대해 속수무책인 상황이다. 가정폭력 서비스 제공기관으로는 가정폭력상담기관 및 쉼터, 법률부조기관, 의료기관, 경찰 관련 기관 등 다양한 기관이 있다. 특히 가정폭력 문제를 특별히 다루는 법률부조기관은 거의 전무한 상황이다. 다만 각 지역의 가정법률상담소에서 다른 민사, 형사상의 가정문제와 함께 처리되고 있을 뿐이다. 각 기관 내에 법률 서비스도 미진한 상황이어서 전체적으로 볼 때 법률부조는 매우 미흡하다. 의료기관에서 가정폭력의 문제를 정식으로 다루는 곳 또한 매우 적다. 대부분 의료기관의 개입은 매우 부족하고 미온적이며 병리학적 접근을 벗어나지 못하고 있는 상태이다. 경찰의 경우, 그 역할이 매우 중요함에도 불구하고 관련 기관 중 특히 개입이 부족한 실정이며, 대개는 아내구타를 '부부싸움' 정도로 인식할 뿐이어서 개인의 '사생활 침입'이라는 차원에서 소극적 개입만 하고 있다.

6. 가정폭력가족을 위한 복지대책

1) 사회인식의 전환

가정폭력의 감소를 위한 예방적 차원에서의 사회적 인식변화가 계속되기 위해 지속적이고 실제적인 프로그램이 계속되어야 할 것이다. 이러한 방법으로 가정폭력에 대한 국민의 태도 변화를 도모하고, 피해자가 도움과 조언을 받을 수 있는 곳을 알리기 위한 목적으로 캠페인을 지속적으로 실시하는 등 지역사회 차원의 인식개선 사업을 시행할 필요가 있다. 또한 가정폭력의 날을 지정하여 정부기관 및 기업체[9]를 통하여 가정폭력 예방 관련 홍보물을 배부하는 등 가정폭력의 심각성에 대한 인식을 촉구할 수 있다.

9) 예를 들어, 월급명세서나 물품구입영수증 등에 가정폭력의 심각성 및 대응방안에 대한 간단한 메시지를 명시한다거나 학교를 통해 가정폭력 신고전화번호가 기록된 기념품을 배부하는 등의 이벤트를 개최할 수 있다.

2) 부부간의 의사소통 및 감성훈련 강화

가정의 화목은 가정폭력 범죄의 중요한 사회 예방적인 요소이다. 그러나 현대생활은 여러 가지 요인으로 가족 간, 특히 부부간의 대화 부족은 상대방이 바라는 것이 무엇인지를 이해하지 못하게 되어 가정불화와 가정폭력의 원인이 되기도 한다. 특히 가정폭력 가해자들의 의사소통 방식에 대한 교정이 필요할 것으로 보이는데, 폭력 남편들은 부부간에 대화보다는 강압적이고 폭력적인 방법을 사용하는 경향이 있다. 이를 방지하기 위해서 우선 전통적인 성차별적인 가치관을 고수하는 경향이 있는 가정폭력 가해자에 대한 가치관 및 태도 교정을 위한 교육이 필요하며, 그 후 부부가 서로를 이해할 수 있도록 돕는 의사소통 기술 및 감성훈련 프로그램을 개발하여 함께 교육받도록 하면 가정폭력 방지에 기여할 수 있을 것으로 보인다. 국가와 지방자치단체는 지역 내 유관 사회단체와 연계하여 이러한 프로그램을 개발·교육하도록 하고 국민들을 상대로 이러한 프로그램의 필요성 및 중요성을 홍보하여 적극적인 참여를 유도하는 노력이 필요하다.

3) 음주에 대한 사회 인식의 제고

우리 사회는 음주자의 행동에 대해 온정적이고 관대한 태도를 보여 왔고, 법적 처분에 있어서도 술은 형벌을 감경하는 사유로 인정되어 왔다. 그러나 음주는 가정폭력 가해자의 폭력행위와 밀접히 관련되어 있으며, 따라서 가정폭력 예방과 재발방지를 위해 음주문제에 대한 접근은 중요한 요소 중의 하나이다. 가해자들의 음주는 상습화되고 취할 때까지 마시는 등 바람직하지 않은 음주 습관을 가지고 있는 경우가 많다. 가정폭력은 음주 후 행해지는 경우가 많고, 과음 후 가해행위는 더욱 심해지는 것이 일반적인 경향이라고 할 수 있고, 가정폭력의 발생빈도, 폭력의 만성화 및 심화에 미치는 부정적인 효과는 큰 것으로 알려져 왔다. 따라서 음주로 인하여 치료가 필요한 당사자를 발굴하여 개별적인 치료를 제공하는 동시에 음주문화에 대한 인식개선을 위한 사회운동을 전개해서 술로 인해 발생하는 가정폭력의 감소를 꾀하여야 할 것이다.

4) 가정폭력예방교육 개발

현재 가정폭력예방교육은 별도로 운영되고 있지 않은 실정이다. 가정폭력의 세대 간 전이를 고려한다면 가족 구성원 모두를 대상으로 한 지속적 교육이 필요하다. 가정폭력예방교육은 가정폭력만을 다루기보다 생애주기에 따른 청소년발달상의 인지, 정서, 사회적 영역을 포함함은 물론 폭력에 대한 민감성, 즉 무엇이 허용될 수 없는 행위인지에 대한 구체화된 인식을 갖출 수 있는 등 포괄적 인권향상으로 교육 프로그램이 개발되어야 한다.

5) 가정폭력 관련 기관의 내실화

현재 운영되고 있는 가정폭력상담소 및 여성긴급전화 1366센터 등이 실질적으로 운영될 수 있도록 지원을 대폭 강화하여야 한다. 먼저 가정폭력상담소는 2016년 여성가족부에서 조사한 가정폭력 피해자 및 지원시설 실태조사 결과에 따르면 전체 가정폭력상담소 205개소 중에서 정부지원을 받는 비율은 93개소로 45.3%에 불과하다. 이와 같이 정부지원이 낮은 것은 상담소 설치기준이 허가제에서 신고제로 전환되면서 기하급수적으로 증가한 상담소의 양적인 증가에서 오는 원인이 크다. 운영주체별로도 법인보다 개인이 운영하는 상담소는 정부지원을 받는 비율이 낮아 운영상의 어려움과 함께 질 높은 서비스 제공에 어려움이 짐작된다. 이는 지역 및 운영주체별로 상담소 간 서비스의 질적 편차가 크다는 것을 의미하며, 이용자 측면에서 일정한 수준의 서비스 제공이 확보되지 못함을 나타내 주는 것이므로 상담소 간의 서비스 질의 편차를 줄이려는 정책적 방안이 요구된다.

가정폭력 피해자를 위한 서비스 전달체계의 핵심은 가정폭력상담기관과 피해자

보호시설이다. 상담기관의 경우 전문상담능력을 갖춘 상담위원이 배치되어 있지만, 상담기관 규모의 영세화, 전문인력의 부족, 관련 예산의 부족 등으로 많은 어려움을 겪고 있는 것으로 알려져 있다. 특히 대다수 상담기관 종사자는 1~2명에 불과하며, 이들이 맡는 업무는 기본적 상담뿐만 아니라 각종 통계자료의 수집과 작성, 관할 행정기관 보고서류 작성, 관련 프로그램의 작성과 실행, 정기적 세미나 개최, 일반 시민 상대 캠페인 활동 등 아주 광범위하다. 따라서 효과적 상담이 되기 위해서는 적어도 상담기관별로 전문상담원 외 업무보조요원, 프로그램 개발이나 세미나 등을 기획하고 시행할 수 있는 직원 등을 두어야 한다. 아울러 여성가족부 및 지방자치단체는 인력보강에 필요한 충분한 예산지원도 아끼지 말아야 한다.

6) 가정폭력 피해자 치료 및 보호

가정폭력 피해자는 지속적 폭력 경험으로 무기력한 상태가 되어 폭력에 익숙하고 경미한 수준의 폭력은 용인하는 경향이 있다. 그러므로 가정폭력이 발생하면 우선 피해자의 안전을 보장하고, 폭력에 대한 태도를 개선할 수 있도록 적절한 교육을 실시해야 한다. 또한 직접 학대를 경험했거나 배우자 폭력을 목격한 피해아동은 불안이나 우울과 같은 정서적 부적응, 비행 학교폭력 등의 행동적 부적응, 사회적 부적응 수준이 높아 적응상의 문제를 경험할 수 있다. 피해아동을 원조하기 위하여 내적 통제 및 낙관성 등의 보호요인을 강화할 수 있는 개별접근을 시도하고, 유사한 경험을 한 또래 아동과의 집단상담을 실시할 수 있다(이영실, 2016: 310).

7) 가정폭력 가해자에 대한 프로그램 개발

가정폭력 가해자에 대한 프로그램이나 시설이 절대적으로 필요한 실정이다. 가정폭력에 있어서 여성이 가해자를 피해 잠시 떠나 있어도 근본적으로 가해자를 위한 시설이나 프로그램의 개발이 없이는 여성의 복지가 향상되지 못할 것이다.

가정폭력에 관한 많은 사례에서 대다수의 가해자는 정식 재판에 회부된다고 하더라도 실형을 선고받는 경우는 극히 적어 곧 풀려난다. 가해자에 대한 형사처벌보다는 가정법원에서 보호관찰이나 치료위탁 등의 보호처분을 내릴 수 있도록 규정하고 있기 때문이다. 그러나 이를 뒷받침할 만한 별도 시설이 아직 갖춰지지 않고 있고 상담치료에 드는 비용부담도 문제가 된다(이영실, 2016: 311).

CHAPTER 14

다문화가족

1. 다문화가족의 이해

1) 다문화가족의 개념

「다문화가족지원법」에 의하면 다문화가족이란 「재한외국인 처우 기본법」 제2조 제3호의 결혼이민자[1]와 「국적법」 제2조로부터 제4조까지의 규정에 따라 대한민국 국적을 취득한 자로 이루어진 가족 또는 「국적법」 제3조 및 제4조에 따라 대한민국 국적을 취득한 자와 같은 법 제2조로부터 제4조까지의 규정에 따라 대한민국 국적을 취득한 자로 이루어진 가족을 말한다. 다문화가족이라는 용어는 이제 사회적으로 일반적으로 통용되고 있으며, 학교, 각 기관에서도 사용되고 있다.

참고 다문화가족지원법

제2조(정의) 이 법에서 사용하는 용어의 뜻은 다음과 같다.
1. "다문화가족"이란 다음 각 목의 어느 하나에 해당하는 가족을 말한다.
   가. 「재한외국인 처우 기본법」 제2조제3호의 결혼이민자와 「국적법」 제2조부터 제4조까지의 규정에 따라 대한민국 국적을 취득한 자로 이루어진 가족
   나. 「국적법」 제3조 및 제4조에 따라 대한민국 국적을 취득한 자와 같은 법 제2조부터 제4조까지의 규정에 따라 대한민국 국적을 취득한 자로 이루어진 가족
2. "결혼이민자등"이란 다문화가족의 구성원으로서 다음 각 목의 어느 하나에 해당하는 자를 말한다.
   가. 「재한외국인 처우 기본법」 제2조제3호의 결혼이민자
   나. 「국적법」 제4조에 따라 귀화허가를 받은 자
3. "아동·청소년"이란 24세 이하인 사람을 말한다.

1) 결혼이민자를 '대한민국 국민과 혼인한 적이 있거나 혼인관계에 있는 재한외국인'으로 정의하고 있어 결혼이민자라 함은 외국 국적자로 한정함을 알 수 있다.

2) 다문화가족의 유형

대한민국에 거주할 목적을 가지고 합법적으로 체류하고 있는 자, 대한민국 국민과 혼인한 적이 있거나 혼인관계에 있는 재한외국인, 부모가 대한민국 국적을 가진 자녀, 대한민국에서 출생한 자, 그 외에 「국적법」의 귀화 절차에 따라 귀화 허가를 받은 자를 다문화가족으로 정리할 수 있다.

2. 다문화가족의 현황과 정부지원서비스

1) 다문화가족의 현황

2021년 전국다문화가족실태조사[2)]에서 확인된 다문화 가구 규모는 총 346,017가구이며, 이 중 82.4%는 결혼이민자 가구, 17.6%는 기타 귀화자 가구로 확인된다. 지난 2018년 조사와 비교할 때, 결혼이민자 가구의 비율(85.7%)은 3.3%p 줄고, 기타 귀화자 가구의 비율(14.3%)은 그만큼 늘어난 것을 알 수 있다. 행정안전부가 발표하는 「외국인주민현황조사」에서 2015년 이후 더 이상 기타 귀화자를 추산하지 않아 최신 경향을 확인할 수 없지만, 적어도 본 조사를 통해 확인된 바에 의하면 우리나라 다문화 가구 내에서 기타 귀화자의 비율은 점차 늘어나고 있다는 것을 알 수 있다.

2) 전국다문화가족실태조사는 「다문화가족지원법」 제4조(실태조사 등) 및 「다문화가족 시행규칙」 제2조(다문화가족 실태조사의 대상 및 방법 등)에 의거하여 3년마다 실시하는 법정 조사이자, 국가승인통계(제117079호)이다. 다문화가족의 가구 특성 및 가구원의 삶의 양태와 변화를 파악하는 우리나라 최대 규모의 조사로 2009년 첫 조사를 시작한 이래, 매 3년마다 실시되어 2012년, 2015년과 2018년 총 네 차례 조사가 이루어졌으며, 2021년 조사가 다섯 번째 조사이다.

표 14-1 유형별 다문화 가구 분포

(단위: %, 가구)

구분	결혼이민자	기타 귀화자	전체
2018년	85.7	14.3	100.0
2021년	82.4 (285,006)	17.6 (61,012)	100.0 (346,017)

주: 표본추출 시 결혼이민자 가구와 기타 귀화자 가구를 층화변수를 투입하기 시작한 것은 2018년 조사부터임.

출처: 여성가족부(2022). 2021년 전국다문화가족실태조사.

지역규모별로는 동부가 76.8%, 읍면부가 23.2%로 지난 2015년과 2018년 조사에 비해 동부의 비율이 약간 증가하기는 하였으나, 큰 차이는 없다. 지역별로는 경기와 서울이 각각 30.1%와 19.0%로 절대적으로 높아 전국 다문화 가구의 절반 수준을 차지하며(49.1%), 인천(7.0%)까지 포함하면 전국 다문화 가구의 과반 이상(56.1%)이 수도권에 집중 분포하고 있다. 이들 세 지역을 제외한 나머지 지역들은 모두 6.0% 미만의 비율로 나타난다.

표 14-2 거주지별 다문화 가구 분포

(단위: %, 가구)

구분		2015년	2018년	2021년	
전체		100.0	100.0	100.0	(346,017)
거주지역	동부	76.4	76.7	76.8	(265,886)
	읍면부	23.6	23.3	23.2	(80,131)
시·도	서울	21.6	20.4	19.0	(65,795)
	부산	4.2	4.2	4.1	(14,238)
	대구	2.8	3.0	2.9	(10,006)
	인천	6.1	6.5	7.0	(24,222)
	광주	2.0	2.1	2.1	(7,186)
	대전	2.1	2.0	2.0	(7,017)
	울산	2.0	2.0	1.9	(6,597)
	경기	27.8	28.7	30.1	(104,280)
	강원	2.5	2.4	2.5	(8,527)

충북	3.2	3.2	3.3	(11,318)
충남·세종	5.3	5.4	5.5	(19,065)
전북	3.9	3.7	3.6	(12,424)
전남	4.4	4.1	4.0	(13,784)
경북	4.8	4.8	4.7	(16,113)
경남	6.2	6.2	5.9	(20,344)
제주	1.2	1.4	1.5	(5,102)

출처: 여성가족부(2022). 2021년 전국다문화가족실태조사.

2021년 전국다문화가족실태조사에 나타난 다문화 가구의 가구원 수는 평균 2.82명이며, 2인 가구의 비율이 39.2%로 가장 높고, 3인 가구가 25.7%, 4인 가구가 18.6%이며, 1인 가구의 비율은 8.3%이다. 다문화 가구의 유형에 따라 결혼이민자 가구의 가구원 수는 평균 2.90명으로 기타 귀화자 가구의 평균 2.44명보다 더 많다. 특히 1인 가구 비율에서 두드러진 차이를 보이는데, 기타 귀화자 가구의 1인 가구 비율은 22.2%이며, 결혼이민자 가구(5.3%)와 비교해서도 네 배 수준이다. 지역규모별로는 동부의 평균 가구원 수가 2.69명, 읍면부는 3.27명으로 읍면부의 가구가 0.58명 더 많다. 동부의 1인 가구 비율(9.5%)은 읍면부(4.0%) 보다 두 배 이상이며, 5명 이상 가구의 경우 읍면부의 비율(16.3%)이 동부(5.8%)의 세 배가량이다. 가구소득은 전반적으로 소득이 많을수록 가구원 수 또한 증가하는 경향을 보인다. 가구소득 100만 원 미만의 경우 25.9%가 1인 가구이고, 5인 이상 가구는 2.0%에 불과하는 데 비해 가구소득 600만 원 이상의 경우에는 1인 가구 비율은 1.1%에 불과하며, 5인 이상 가구 비율은 11.6%이다.

표 14-3 다문화 가구의 가구원 수 분포

(단위: %, 가구)

구분	1명	2명	3명	4명	5명 이상	합계	평균
전체(2015)	7.0	26.3	29.1	23.9	13.8	100.0	3.16
전체(2018)	14.5	27.7	25.8	19.7	12.3	100.0	2.92
전체(2021)	8.3 (28,552)	39.2 (135,765)	25.7 (88,787)	18.6 (64,432)	8.2 (28,482)	100.0 (346,017)	2.82
다문화 가구 유형 - 결혼이민자	5.3	40.3	25.3	20.1	9.0	100.0	2.90
다문화 가구 유형 - 기타귀화자	22.2	34.1	27.5	11.7	4.6	100.0	2.44
거주지역 - 동부	9.5	41.5	26.8	16.3	5.8	100.0	2.69
거주지역 - 읍면부	4.0	31.6	21.8	26.3	16.3	100.0	3.27
가구소득 - 100만 원 미만	25.9	54.8	9.8	7.5	2.0	100.0	2.05
가구소득 - 100~200만 원 미만	19.6	42.4	22.2	11.2	4.6	100.0	2.40
가구소득 - 200~300만 원 미만	8.5	35.8	29.0	18.6	8.2	100.0	2.85
가구소득 - 300~400만 원 미만	2.1	34.1	31.6	22.5	9.7	100.0	3.07
가구소득 - 400~500만 원 미만	0.7	40.4	24.8	23.0	11.2	100.0	3.07
가구소득 - 500~600만 원 미만	0.8	38.4	26.5	23.1	11.1	100.0	3.09
가구소득 - 600만 원 이상	1.1	37.1	25.8	24.6	11.6	100.0	3.13

출처: 여성가족부(2022). 2021년 전국다문화가족실태조사.

2) 다문화가족 지원을 위한 정부지원서비스

(1) 다문화가족지원센터 설치 현황

다문화가족지원센터는 「다문화가족지원법」 제12조의 시행에 따라 지역의 결혼이민자가족지원센터가 개편된 기관으로 다문화가족의 안정적인 정착과 가족생활을 지원하기 위해 한국어 문화교육, 가족교육 상담, 자녀지원, 직업교육 및 다문화 인식개선 등 다양한 프로그램을 통합적으로 제공 및 연계하는 원스톱 서비스 기관이다. 다문화가족지원센터는 다문화가족을 대상으로 한국어교육, 다문화사회 이해교육, 가족교육, 자조집단 육성 및 다문화가족 역량 강화 등의 종합서비스를 지원하여 다문화가족의 조기 적응 및 사회경제적 자립지원을 도모하는 것을 목적으로 하고 있다.

다문화가족지원센터의 시도별 설치현황을 보면, 17개 광역 시도별 총 231개 센터가 국비지원으로 설치·운영되었으며, 경기도가 31개 센터로 가장 많은 센터를 운영함을 알 수 있다.

표 11-4 다문화가족지원센터 설치 현황

(단위: 개소)

구분	합계	서울	부산	대구	인천	광주	대전	울산	세종	경기	강원	충북	충남	전북	전남	경북	경남	제주
센터 수	231	26	14	9	10	5	5	5	1	31	18	12	15	14	22	23	19	2

출처: 여성가족부(2024). 2024년 가족복지사업안내.

(2) 중앙정부의 다문화 지원서비스

현재 우리나라에서 시행하고 있는 다문화가족 지원정책을 가족생활주기적 접근을 통해 조사·연구한 김유경(2013)의 결과를 통하여 살펴보면 다음과 같다(김유경 외, 2013: 25-43).

① 결혼 준비 및 적응기

국제결혼이 최근 급격하게 증가하면서 이와 비례적으로 결혼생활 부적응으로 인한 이혼이나 가족해체현상이 발생하고 있다. 따라서 결혼 전 또는 여성 결혼이민자의 입국 초기에 결혼적응도를 높이고 결혼 이후에 야기될 수 있는 부적응 문제를 예방하기 위해 법무부에서 결혼이민자와 그 배우자를 대상으로 각각 결혼과 한국생활의 초기 적응에 요구되는 '국제결혼안내프로그램'과 '해피스타트 프로그램'을 실시하고 있다.

표 14-5 결혼 준비 및 적응기 지원

지원명	대상	지원내용	소관 부처
국제결혼 안내 프로그램	장관이 고시한 국가의 국민과 국제결혼을 하려하거나 이미 국제결혼을 한 상태에서 외국인 배우자를 초청하려는 사람	• 3시간 과정으로 국제결혼 관련 현지 국가의 제도, 문화, 예절정보 등 소개 • 결혼사증 발급절차 및 심사기준 등 정부정책 소개 • 전국 15개 출입국관리사무소 내 이민통합지원센터가 지정한 장소	출입국 외국인정책본부 2011년 3월 7일부터 국제결혼안내프로그램 이수 의무화
해피스타트 프로그램	신규 결혼이민자 대상 최초 입국 후 외국인 등록(3개월) 이전	• 한국사회 적응에 필요한 기초생활정보 제공 • 선배 결혼자와 만남 • 최초 체류기간 연장 시 2년 부여	법무부 출입국 외국인정책본부

② 가족 형성기

다문화가족은 결혼으로 인한 이주와 첫 자녀의 임신과 출산이 행해지는 시기로 새로운 언어와 문화에 대한 이해, 이주생활에 따른 적응, 그리고 적응을 위한 자원과의 연계 등이 가족 형성기의 주된 과업이 될 수 있다. 따라서 결혼 초기 가족 형성기[3)]에는 한국사회 적응에 중요할 수 있는 한국어교육을 지원하는 것에 여성가족부와 법무부에서 비중을 두고 있다.

㉠ 임신·출산 지원정책은 다문화가정을 포함하여 건강보험 피부양자와 소득수준 이하의 가정 등 가정에 대한 지원으로 다문화가정 또한 일반가정과 동일한 혜택을 받을 수 있는 지원정책(진료비, 산모신생아도우미, 미숙아 의료비 지원, 선천성이상아 의료비 지원)이다.

㉡ 초기 한국 생활 적응지원으로 초기 한국 생활을 지원함에 있어 한국어지원 외에 다양한 정보제공을 위한 콜센터 운영과 결혼이민자 네트워크를 통해 연계망을 형성하고 있다(한국어교육서비스, 사회통합프로그램(한국어과정), 결혼이민자네트워크, 다누리 콜센터).

3) 가족 형성기에는 크게 임신·출산지원 정책과 초기 한국 생활 적응지원 등으로 구분할 수 있다.

③ 자녀 양육 및 교육기

가족 형성 후 자녀 출산 이후의 가족의 주된 과업은 자녀의 건전한 양육(영유아 보육료 지원)이다. 다문화가족의 경우 부모와 자녀의 이중문화와 이중언어가 양육 과정에서 강점으로 작용해야 함에도 이중언어의 발달이 원활하지 않은 것으로 보고되고 있다(인지능력 향상 독서도우미, 언어영재교실). 학교생활 초기적응지원으로 초등학교 입학 전에 입학 후 학교생활의 안정적인 적응을 지원하기 위해 여성가족부, 교육부에서 학령 전 다문화가정 아동에 대한 입학 전 프로그램 및 예비학교를 운영하고 있다.

다문화가정 자녀의 학령기 주요 과업은 학교와 지역사회 적응이다. 학령기의 다문화가정 자녀의 언어능력 향상과 학업성취도 증진 그리고 인종과 문화차이로 인한 따돌림 예방을 위해 학교생활 적응을 위한 자녀의 지원뿐만 아니라 자녀의 건전 양육을 도모할 수 있도록 부모를 대상으로 하는 양육지원과 학교와 지역사회의 인식개선을 위한 지원이 요구된다(취약계층아동 지원, 다문화가정아동의 언어발달 및 학습지원). 부모교육 서비스로서 학령전기 및 학령기 자녀를 위한 부모교육서비스의 경우 만3세~12세 이하의 자녀를 양육하는 결혼이민자를 대상으로 부모자녀관계, 가정생활 전반, 건강 및 영양관리와 관련된 교육을 제공하고 있다.

④ 자녀 청소년기

다문화가족 자녀를 대상으로 한 청소년기 지원정책은 진학 및 진로지도와 더불어 고등학교 학생을 대상으로 하는 직업교육프로그램이 운영되고 있다. 최근에는 중도입국자녀들의 학교생활 부적응 문제가 대두되면서 이들만을 대상으로 하는 별도의 교육지원체계를 구비하고 적응을 지원하고 있다.

표 14-6 중도입국자녀 적응 지원

지원명	대상	지원내용	소관 부처
중도입국 청소년 Rainbow	중도입국 청소년 (9~24세)	멘토링, 기초생활한국어, 교우관계 및 정체성, 진로, 학과 지도 등	여성가족부

표 14-7 진학 및 진로지도 지원

지원명	대상	지원내용	소관 부처
진로진학지도	다문화가정의 초·중·고생	수학·과학, 언어, 예체능 우수학생 육성 프로그램을 운영하고, 고등학생을 위한 직업교육 프로그램 운영	교육부

⑤ 가족역량 강화기: 결혼이민자의 사회경제 진출 확대기

결혼을 위한 이주과정을 통해 한국사회의 초기 적응과정과 출산 및 자녀 양육과정을 거치면서 가정생활의 적응과 안정을 경험하기도 하며, 가정생활의 해체와 부적응을 경험하기도 한다. 가족관계에서 갈등, 개인적인 심리·사회적인 적응상의 문제, 자녀 양육부담, 사회·경제적인 활동 및 참여의 욕구 등 다양한 욕구와 문제를 통해 다문화가족의 역량이 강화되며, 가족과 개인의 탄력성이 증진되도록 지원함이 요구된다.

표 14-8 결혼이민자의 사회경제 진출

지원명	대상	지원내용	소관 부처
결혼이민자 취업지원	결혼이민자	구인구직 등록 후 상담 통해 취업 알선	고용노동부
내일배움카드제 (직업능력개발 계좌제)	결혼이민자	고용센터에서 훈련상담을 거쳐 내일배움카드를 발급받은 후 고용노동부장관이 인정한 훈련과정 수강(연중 수시)	고용노동부
취업성공패키지	결혼이민자	결혼이민자, 저소득층 등 취업취약계층 대상으로 직업훈련 등 취업지원	고용노동부
이중언어강사 양성 사업	이중언어 구사능력 갖춘 다문화가정 학부모	이중언어강사 양성교육	교육부
결혼이민여성 인턴 운영	다문화가족, 여성결혼이민자와 자녀, 한부모가족, 조손가족 등 취약가족의 자녀와 그 보호자	여성결혼이민자 채용기관에 지원금을 지원하여 인턴으로 연결되도록 함	여성가족부
결혼이민 여성 직업교육 훈련	여성새로일하기센터에 등록된 구직희망 여성결혼이민자	여성새로일하기센터에서 운영 중인 직업훈련 과정 제공	여성가족부

여성새로일하기센터 결혼이민여성 인턴	여성새로일하기센터에 구직등록한 여성결혼이민자	여성새로일하기센터를 통하여 여성결혼이민자인턴으로 근무	여성가족부
여성새로일하기센터 직업교육훈련	취업을 희망 여성결혼이민자 중 여성새로일하기센터에 구직 등록한 자	여성새로일하기센터(100개소)에서 운영 중인 경력단절여성 대상	여성가족부
여성결혼이민자 지도자 양성교육	여성결혼이민자 및 다문화가족	여성결혼이민자와 새마을부녀회원 간의 멘토 결연 추진 및 지도자 양성교육	행정안전부
다문화 IT방문 지도	여성결혼이민자 및 다문화가족 8개 권역(서울, 경기, 인천, 부산, 경북, 경남, 충남, 전남)	한국어와 IT 능력을 갖춘 결혼이민자를 다문화 IT방문지도사로 양성, 동일 출신 국가 다문화가정에 방문하여 IT교육 및 국내 조기 정착 지원	행정안전부
국내 거주 외국의료인 진료코디네이터 양성사업	국내거주 외국인 의료 관련 인력으로 한국어 구사가 가능한 자(중국·몽골·베트남 등)	외국인 환자 유치 및 응대에 필요한 진료코디네이터 양성교육(중국·몽골·베트남 등)	보건복지부
결혼이민여성 기초 농업교육	농촌지역 거주 여성결혼이민자	농촌지역 여성결혼이민자 대상 농업이론 및 현장체험교육 실시	농림축산식품부
1:1 맞춤농업교육	거주기간 1년 이상 실제 영농활동에 종사하는 농촌지역 여성결혼이민자	농촌지역 여성결혼이민자에게 전문여성농업인(멘토)을 연계하여 1:1 맞춤 농업교육	농림축산식품부
농촌정착지원과정	가족단위(결혼이민자와 그 배우자, 시부모, 자녀 등)로 참여(2~4인)	가족단위로 참여하는 농촌정착 지원교육	농림축산식품부

㉠ 결혼이주여성의 사회참여 확대

결혼이주여성의 직업 관련 역량 개발 이외에 사회참여를 확대하기 위해서 다문화가족의 자조모임 활성화, 결혼이민자 재능기부 등 사회참여 기회의 확대, 정부의 정책결정과정 참여 확대를 지향하고 있다.

㉡ 다문화가족 위기 및 긴급지원

다문화가족의 위기 상황에 대한 지원을 통해 가족의 안전과 역량을 강화하기 위해 여성가족부에서 이주여성긴급지원센터와 이주여성보호시설을 운영하고 있다.

표 14-9 다문화가족 위기지원

지원명	대상	지원내용	소관 부처
이주여성긴급지원센터	결혼이민자 가정폭력, 성폭력, 성매매 등 피해 여성	긴급지원 및 보호시설, 경찰, 병원 등 유관기관 연계	여성가족부
이주여성보호시설	가정폭력, 성폭력, 성매매 등 피해 이주여성 및 동반 아동	일시 보호, 상담, 의료, 법률, 출국 지원	여성가족부
정부합동고충상담 실시	재한외국인	고충상담, 무료법률지원, 무료 건강검진	법무부

㉢ 긴급지원

긴급지원은 위기 상황에 처한 대한민국 모든 가구에 해당되는 것이기 때문에 다문화가족의 경우에도 예외 없이 자격 여건에 부합되면 지원받을 수 있다.

표 14-10 긴급지원

지원명	대상	지원내용	소관 부처
긴급복지지원	갑작스러운 위기상황으로 생계유지가 곤란한 저소득 가구	소득·재산기준 • 소득: 기준중위소득 75%(1인 기준 1,671,334원, 4인 기준 4,297,434원) 이하 • 재산: 대도시(2억4천1백만 원), 중소도시(1억 5천 2백만 원), 농어촌(1억3천만 원) • 금융재산: 500만 원 이하(주거지원은 200만 원 이하)	보건복지부

3. 다문화가족의 문제점과 해결방안

1) 중앙정부 차원의 다문화정책 네트워크 문제점과 해결방안

다문화가족의 지원을 위한 중앙부처 차원 다문화가족 지원정책은 일부 사업들이 여전히 중복 시행[4]되고, 단편적으로 집행되고 있다. 특히, 다문화가족 지원을 위한 서비스 전달체계가 아직 분산적이고 격차가 심해 지역별, 서비스별 사각지대가 상존하고 있는 것으로 분석되고 있다.

(1) 문제점

① 다문화정책은 인간으로서의 동등한 권리를 확보한다는 전제조건을 가지고 있어야 하는데, 정부의 정책들을 살펴보면 저소득층에 대한 시혜적 복지정책과 크게 차이가 나지 않는다.

② 다문화정책을 지속성 있게 추진해 나갈 정책추진 주체나 이를 조정하고 통합할 수 있는 관리주체가 없는 상태에서 정책의 실효성을 확보할 수 있는 수단이 없다는 점을 지적할 수 있다.

③ 결혼 이주민들의 출신 지역, 학력 등 대상자들의 다양성을 고려한 정책이 없다는 문제점이 있다.

(2) 해결방안

① 다문화정책이 최근 우리 사회의 주요한 해결 과제임을 인식하고 분산된 다문화정책을 총괄하고 조정할 수 있는 기능을 수행할 수 있도록 대통령 직속 또는 국무총리실 소관 업무로 이관하여 관리해야 한다.

② 현재 안산이주민센터, 국경 없는 마을 등의 민간단체가 운영하고 있으며, 이러

---

4) ① 한국어교육 사업에 있어 여성가족부의 다문화가족지원센터의 한국어교육과 교육부의 다문화가족자녀사업 중 한국어교육 사업 실시로 유사한 사업 중복
② 결혼이민자 일자리사업에 여성가족부의 결혼이민자 지역일자리 취업연계사업과 고용노동부의 결혼이민자 취업지원 민간위탁사업 중복 시행
③ 다문화 인식개선에 여성가족부의 다문화가족 대국민 인식개선 사업과 문화체육관광부의 다문화사회 문화환경 조성사업이 유사한 사업으로 중복 시행
④ 다문화가족 자녀교육의 경우 여성가족부의 다문화가족 자녀 언어발달 지원사업과 교육부의 이중언어교육이 중복 시행
⑤ 다문화 관련 정보제공 잡지 발간으로 여성가족부의 Rainbow+프로그램과 행정안전부의 외국인주민 책자 발간 사업, 법무부의 결혼이민자 정보제공 프로그램 사업이 중복 시행
⑥ 한국어 교재 사업에 교육부의 다문화가정 자녀 교재발간사업과 문화체육관광부의 한국어방문학습교재 개발 사업이 중복 시행

한 민간단체들은 주로 다문화가족이 많이 거주하는 지역을 중심으로 설립되어 있다. 내국인 모두에게 다문화사회에 대한 인식을 긍정적으로 제고시키기 위해서는 더욱 다양한 관계자들이 모여 창의적으로 다문화정책을 기획하고 협력해야 할 것이다. 그러기 위해서는 주민 및 시민단체에서 적극적으로 목소리를 내어 사회적 공론화를 활성화하는 것도 필요하다(윤지은, 2017: 34-35).

2) 지방자치단체의 다문화가족 지원정책 집행 과정의 문제점과 해결방안

(1) 문제점

각 지방자치단체는 다문화가족 지원정책의 일선기관으로 다문화가족과 직접 연계된 생활형 서비스를 담당하는 곳이다. 그러나 지방자치단체의 능동적이고 실효성 있는 정책의 수립과 집행보다는 중앙정부의 시책을 하달받고 관리하는 수준에 그치고 있다는 평가를 면할 수 없다. 또한 다문화가족 지원을 위한 전담조직이 설치되지 않거나 담당인력의 전문성 부족 등으로 다문화가족 지원사업의 추진체계는 아직 미성숙 단계로 평가된다. 특히, 지방자치단체의 재정자립도, 민간단체·기업지원 등 지역의 인적·물적 자원 여건에 따라 지역 간 서비스 편차 존재하고 있음을 확인할 수 있다. 중앙정부 차원의 정책과 마찬가지로 단기적 성격의 사업들만 추진되고 있는 문제점을 제기할 수 있다. 또한 지방자치단체와 다문화가족지원센터의 역할과 기능이 분명하지 않고, '전시행정'과 '예산 나누어 먹기'라는 비판도 제기된다.

(2) 해결방안

① 현재 시행하고 있는 사업에 대해 결과보고서가 제대로 이루어지지 않아 사업의 효과성 검증과 지방자치단체의 다문화가족 지원정책 집행과정을 알기가 어렵다. 따라서 부처는 사업별로 그에 따른 결과보고서를 게재하여 어떠

한 사업이 어떻게 시행되었고 어떠한 효과를 가져왔는지 알 수 있도록 하여 추후 더 나은 사업을 할 수 있도록 기초자료가 되도록 해야 한다.

② 다문화사업에 있어 문제가 되고 있는 점이 사업의 일회성 부분이다. 사업의 지속성을 위해 각각의 사업별로 보고 관련 부분을 확실히 하여 효과가 좋은 사업은 지속적으로 이어질 수 있도록 하고 반면에 사업의 효과가 떨어지는 사업의 경우 그 사업을 대체할 수 있는 방안을 마련하도록 하여야 할 것이다.

③ 다문화 전담 부서가 없는 부처의 경우 전담 부서실을 개설하여 다문화정책을 전문적으로 다룰 수 있게 하여 담당 공무원의 전문성을 기르고 다문화 분야에 대해 힘을 실어줄 수 있도록 해야 한다(유성지, 2014: 58).

3) 법적 제도 및 예산 문제점과 해결방안

(1) 문제점

① 현재 여성가족부의 경우에는 「다문화가족지원법」에 따라 사업을 시행하고 있으며 법무부의 경우에는 「재한외국인 처우 기본법」과 「국적법」에 따라 다문화 관련 사업을 시행하고 있다. 하지만 부처별 다른 법령을 기준으로 부처의 입장과 상황에 따른 해석 차이로 인해 사업의 중복문제가 나타나게 되는 것이다.

> 「다문화가족지원법」의 경우 대한민국 국적을 취득한 자로 이루어진 가족, 즉 결혼이민자 여성을 의미하고 있고, 「재한외국인처우기본법」의 경우 대한민국의 국적을 가지지 아니한 자로 정하여 외국인을 대상으로 하고 있는 것을 알 수가 있다. 여기서 「다문화가족지원법」은 결혼이민자 여성을 위주로 한 법으로 서비스 대상을 축소하고 있다고 볼 수 있다. 이렇게 각각 법령에 따른 대상자가 다르다고 설명하고 있지만 실질적으로 부처별 시행사업을 살펴보면 한국어교육의 경우 여성가족부의 다문화가족지원센터 한국어교육과 법무부의 결혼이민자 한국어교육 사업이 이루어지는 것으로 보아 결국 두 부처 모두 결혼이민자 여성을 대상으로 사업을 시행하고 있다는 것으로 나오며 이것은 다른 법을 기준으로 하나 결국 사업대상은 같다는 결론이 나오게 된다. 즉, 법령의 모호함으로 인해 '결혼이민자여성 = 외국인'을 대상으로 같은 사업이 시행되고 있는 것이다.

② 부처별 다른 법령 기준으로 인하여 사업의 중복이 예산의 중복으로 이어지고 있다. 부처별 많은 정책의 유사성으로 인해 같은 대상자를 위한 다른 사업들을 진행하는 등 고비용·저효율만 초래한다는 문제점을 가져왔다.

(2) 해결방안

① 다문화가족 지원정책의 컨트롤타워 설치이다. 수요자들의 요구사항 청취 및 부처별 간의 중복적이지 않은 사업 수립을 위해서는 무엇보다도 이를 총괄할 수 있는 컨트롤타워가 필요하다.

② 다문화가족의 유형과 성격은 지방자치단체마다 다른 것이기 때문에 중앙정부보다는 지방자치단체의 역할과 기능이 중요하기 때문에 지방자치단체의 역할과 기능 및 재정 확대가 중요하다. 따라서 중앙정부의 역할은 다문화정책의 전반적인 방향성을 제시하고 재정적 지원을 하는 것에 그치고 지방자치단체에 자율성을 부여하는 것이 맞는 것이라고 생각한다.

③ 예산의 중복성 문제를 해결하기 위해서는 수요자 맞춤형 정책을 추진하는 것이다. 다문화정책을 총괄하는 컨트롤타워가 만들어지고 거버넌스가 활발하게 이뤄진다면 이를 중심으로 수요자 필요사항에 맞는 정책을 추진하여야 할 것이다(임동진, 2011: 389).

4) 경제적 문제점과 해결방안

(1) 문제점

① 2021년 전국다문화가족실태조사에서 다문화가족의 대부분은 한국 전체 가정의 월평균 소득에 미치지 못하고 있고, 취업한 직종도 단순노무직에 종사하는 비중이 가장 큰 것으로 나타났다.

② 박선영(2008)의 연구를 살펴보면, 결혼이민자 중에서 73%가 '경제적인 이유'

로 인해 국제결혼을 선택했으며, 경제권의 주역인 남편의 입장에서는 아내를 돈을 주고 데려왔기 때문에 소유물로 보는 경향도 있을 것이다.

(2) 해결방안

① 다문화가족의 안정된 생활유지를 위한 일자리 창출을 위한 지원과 다문화가족의 사회참여 촉구 및 인력 활용이 필요하며, 중앙정부 차원의 일자리 질적 수준 개선을 위한 대책 마련이 필요하다.

② 다문화가족을 위한 구체적 프로그램을 제시하면, 학교의 보조교사, 자녀교육교사, 관공서 근무, 상담, 의료기관 등에서 통역, 자조모임의 리더로 활용하여 그들의 꿈을 실현하여 자존감 있는 삶을 살도록 해야 할 것이다. 또한, 다양한 여성결혼 이민자 및 다문화가정을 위한 지역별 특색을 고려한 프로그램, 자활자립을 위한 지원 프로그램, 다문화가정의 욕구를 반영한 맞춤형 프로그램을 개발하고 발굴하여 그들의 자존감을 고취하고 차별 없는 공동체 의식과 통합으로 안정된 생활을 유지할 수 있도록 지속적인 지원이 필요하다.

5) 문화·언어 차이 문제점과 해결방안

(1) 문제점

국제결혼 이주여성들에게 문화·언어 차이는 남편이나 가족 구성원과 대화를 기피하게 만들고, 스스로 고립시키는 부정적인 결과를 초래하며, 궁극적으로 결혼생활 자체를 어렵게 하고 있다. 또한 결혼이민자들의 한국어 미숙은 가족 간의 원활한 대화가 이루어지기 어렵게 만들고 문화적 차이로 인하여 오해와 갈등이 유발되기도 한다. 그 외에도 이주여성의 의사소통의 어려움은 한국사회에 대한 이해부족, 정보소외와 이로 인한 사회적 관계망 및 사회참여의 기회를 제한하며, 복지서비스 접근의 어려움 등을 유발하여 이주여성의 사회참여 및 사회통합을 저해하는 요인으로 작용하게 된다.

(2) 해결방안

① 부부간 문화적 갈등 관리를 위한 상담서비스 수요에 대한 대응이 필요하다. 문화적 이질성에서 오는 갈등을 관리할 수 있는 상담 지원서비스에 대한 수요가 증가할 것으로 보이며, 이에 대한 정책적 대응이 필요하다.

② 한국어교육 서비스는 다양한 기관에서 제공되고 있기는 하지만, 현재는 교육 기간이 너무 짧기 때문에 일상생활에서 불편이 없을 만큼 충분히 한국어를 습득하기에는 부족하다. 서비스 수혜자들의 교육 기간을 좀 더 연장하여 한국어교육을 체계적으로 받을 수 있도록 해야 하고, 개별적 특성에 따른 프로그램을 개발하여 적용할 필요성이 제기된다. 또한, 서비스 수혜자들의 교육 수준, 출신국, 지역 특성 등을 반영한 프로그램과 교수 체계를 통해 강의 수준의 향상을 이끌어 내야 한다.

CHAPTER 15 장애인가족

1. 장애인가족의 개념과 인권

1) 장애와 장애인가족의 개념

(1) 장애의 개념

사전에서의 장애란 "신체기관이 본래의 제 기능을 못 하거나 정신능력에 결함이 있는 상태"를 말한다. 일반적으로의 장애란 몸이나 정신에 이상이 있는, 다시 말해 의학적 차원의 이상으로 보는 경향이 있다. 의학적 시각에서 볼 때 장애가 질병과 같은 것으로 취급되기 쉽지만, 실제로는 그렇지가 않고 질병이 치료를 통해 완쾌될 수 있는, 즉 비교적 흔적 없이 질병이 사라질 수 있는 상태의 장애의 경우에는 개선의 여지가 있으나, 완전히 흔적이 없어질 수는 없는 상태라고 할 수 있다.

- UN이 정한 장애인권리선언문 제1조에서는 장애인을 "선천적이든 후천적이든 신체적·정신적 능력의 불완전으로 인하여 개인의 일상생활이나 사회생활에 필요한 것을 스스로 완전히 또는 부분적으로 해결할 수 없는 상태"이다.
- 우리나라는 「장애인복지법」 제32조에 근거하여 신체적 장애와 정신적 장애로 분류하고 있다. 신체적 장애는 외부 신체기능장애와 내부기관의 장애가 포함되며, 정신적 장애는 정신지체 및 정신장애, 발달장애를 포함한다.

표 15-1 장애인복지법에 따른 장애유형 분류

대분류	중분류	소분류	세분류
신체적 장애	외부 신체 기능의 장애	지체장애	절단장애, 관절장애, 지체기능장애, 척추장애, 변형 등의 장애
		뇌병변장애	뇌의 손상으로 인한 복합적인 장애
		시각장애	시력장애, 시야결손장애, 겹보임(복시)
		청각장애	청력장애, 평형기능장애
		언어장애	언어장애, 음성장애, 구어장애
		안면장애	안면부의 추상, 함몰, 비후 등 변형으로 인한 장애
	내부 기관의 장애	신장장애	투석치료 중이거나 신장을 이식 받은 경우
		심장장애	일상생활이 현저히 제한되는 심장기능 이상
		간장애	일상생활이 현저히 제한되는 만성·중증의 간기능 이상
		호흡기장애	일상생활이 현저히 제한되는 만성·중증의 호흡기기능 이상
		장루·요루장애	일상생활이 현저히 제한되는 장루·요루
		뇌전증장애	일상생활이 현저히 제한되는 만성·중증의 뇌전증
정신적 장애	발달장애	지적장애	지능지수가 70 이하인 경우
		자폐성장애	소아청소년 자폐 등 자폐성장애
	정신장애	정신장애	조현병, 조현정동장애, 양극성정동장애, 재발성우울장애, 뇌의 신경학적 손상으로 의한 기질성 정신장애, 지속적 치료에도 호전되지 않는 강박장애, 투렛장애(Tourettes's disorder), 기면증

출처: 보건복지부(2023). 2023년 장애인실태조사.

(2) 장애인가족의 개념

장애인가족이란 장애를 가진 구성원이 1명 또는 그 이상 있는 경우를 말한다. 이때 장애인의 유무보다는 장애인과의 동거 여부에 중점을 두어 장애인이 포함된 가족이라고 할지라도 장애인가족에서 제외하기도 한다. 왜냐하면 가족이 고유의 기능을 담보하기 위하여 물리적 거주지를 공유하는 것이 선행되어야 한다고 보기 때문이다. 이러한 관점에서 볼 때 장애인이 사회복지시설 등에 수용됨으로써 가족과의 일상적 내지 장기적인 접촉을 거의 하지 않는 경우, 또는 시설에 보호되어 장애인에 대한 경제적 부담을 전혀 하지 않는 경우 등은 장애인가족의 범주에 포함하는 데 다소 무리가 있다고 할 수 있다고 할 것이다. 따라서 장애인가족은 1명 또는 그 이상의 장애인이 다른 가족 구성원과 함께 동거하고 있는 경우를 의미하는 것으로 본다(박지연, 2006: 12).

2) 장애인 인권

모든 국민은 행복을 추구하고 인간다운 생활을 할 수 있는 권리를 「헌법」으로부터 보장받고 있다. 인간다운 생활이란 사회·문화적 배경에 따라 그 양과 질이 다소 차이가 있겠으나, 그 사회의 중산층 정도의 문화적 생활의 수준을 국가가 보장하는 것으로 해석할 때, 심신의 장애가 있다고 하더라도 인간으로서의 존엄성을 잃지 않고 품위 있는 생활을 유지하기 위해서는 최저생활이 아닌 그 이상의 생활을 해 나갈 수 있도록 국가로부터 보장받을 권리가 있다.

지금까지 우리 사회가 장애인을 바라보았던 주류적 시각이나 장애인에 대한 통상적인 이미지[1)]

① 장애로 인해 겪게 되는 삶의 어려움과 비참함에 대한 시혜와 동정의 시각
② 이러한 장애인을 위한 봉사하는 따뜻한 이웃들의 모습
③ 장애인 개인의 초인적 노력을 통해 장애를 이겨내고 성공하는 극복의 이미지

2006년 12월 13일, 장애인 인권을 다룬 최초의 협약인 '장애인국제권리협약'이 UN에서 채택된 것은 세계 각국의 장애인 정책이 이제 시혜적 관점에서 벗어나 장애인의 권리보장으로 이동되는 것을 의미하고, 우리나라는 1988년 한국장애인 총연맹에 의해 '한국장애인 인권선언'이 제정되었으나 정부의 보장이 없었기 때문에 장애인 단체의 성격만 가졌었다(권육상, 2011: 241). 장애인 인권에 대한 법적 제도는 2007년 3월 6일 「장애인차별금지법」이 제정되고, 2008년 4월 11일부터 시행되고 있다.

1) '시혜와 동정, 봉사, 극복'으로 그려지는 장애인에 대한 이미지는 비장애인들로 하여금 '자신들과는 다르다'는 장애인에 대한 차별적 인식을 강화할 수 있다. 나아가 이러한 다르다는 인식을 장애인에 대한 사회적 차별을 고착화시킴으로써, 그 결과 사회활동에 주류적으로 참여하지 못하게 됨으로써 결국 그들을 '장애를 가진 사람'으로 인식하게 되고, 그래서 비장애인과 다르게 취급되도록 만들 수 있다.

장애인 인권 헌장은 장애를 이유로 사회의 여러 분야에서 차별받는 대우에 대해 비장애인과 동등한 대우를 요청하는 선언문이다. 총 13장으로 구성되어 있으며, 1장 장애인은 생활의 모든 영역에서 차별을 받아선 안 된다. 2장 인간다운 삶에 대한 권리. 3장 시민권과 정치적 권리. 4장 장애인의 자유로운 이동과 시설 이용의 편의 및 의사 표현 서비스 제공의 권리. 5장 교육을 받을 권리. 6장 노동의 권리. 7장 문화, 예술, 체육 및 여가 활동에 참여할 권리. 8장 가족과 함께 생활할 권리. 9장 분리, 학대 및 멸시 받지 않을 권리. 10장 자신의 인격과 재산의 보호를 위하여 필요한 법률상의 도움을 받을 권리. 11장 여성 장애인은 임신, 출산, 육아 및 가사 등에 대한 보호와 지원을 받을 권리. 12장 혼자 힘으로 의사결정을 하기 힘든 장애인과 그 가족은 인간다운 삶을 영위하기 위하여 필요한 지원을 받을 권리. 13장 장애인의 특수한 욕구에 대한 국가 차원의 지원, 장애인과 가족은 복지 증진을 위한 정책 결정에 참여할 수 있는 권리를 나타내고 있다.

「장애인차별금지법」은 장애인의 실질적인 권리보장을 달성하기 위해 적극적인 차별 시정의 노력이 필요하다는 점에서 출발해, 장애인 차별의 특수성을 담아낼 수 있는 별도 입법이 필요하다는 공감대가 형성되어 「장애인차별금지법」의 제정에 이르게 되었고 총 6장, 50개의 조문으로 구성되어 있다.

참고 장애인차별금지법의 의의

① 장애인 당사자주의에 입각한 입법 및 인권 패러다임으로의 전환
② 장애인차별에 대한 가이드라인 및 판단기준의 제시
③ 장애인차별의 보편성과 특수성을 충분히 감안하여 차별의 유형을 상세히 적시함으로써, 장애인차별금지에 대한 가이드라인을 제시하고 차별 판단의 기준을 제시
④ 사회적 약자의 인권증진을 위한 입법의 모범과 국제협약의 국내 이행의 기준 설정
⑤ 차별의 영역 설정

2. 장애인가족의 현황

우리나라에서는 등록 장애인 수와는 별도로 장애인실태조사를 통하여 전체 장애인수를 추정하고 있다. 전국 규모의 장애인실태조사[2]를 실시한 것은 1960년대에 들어서이다. 장애인복지법에는 보건복지부 주관으로 매 5년마다 장애인구수와 생활실태를 파악하기 위한 장애인실태조사를 전수 또는 표본 조사로서 실시하여야 한다고 규정되어 있으며, 동법에 의거하여 우리나라에서 1980년부터 5년마다 전국적인 장애인실태조사를 실시하였고, 2005년 이후 매 3년마다 실태조사를 실시한다. 2023년도 장애인실태조사(보건복지부, 2023) 결과, 총 285개 읍·면·동의 등록장애인 11,480명에 대해 조사 접촉을 하였고 이 중 8,000명에 대해 장애인 심층조사를 완료하였다.

표 15-2 2023년 장애인실태조사 현황

조사지역 수	대상가구 수	완료율	조사 장애인 수
285개 읍·면·동	11,480명	69.7%	8,000명

출처: 보건복지부(2023). 2023년 장애인실태조사.

1) 장애인 현황

2023년 장애인실태조사를 통해 확인한 재가 장애인은 2,630,374명이었다.

표 15-3 전국 장애인 수

(단위: 명)

구분	재가 장애인	전체
2017년	2,530,340	2,726,910
2020년	2,622,950	2,623,201
2023년	2,630,374	2,637,397

출처: 보건복지부(2023). 2023년 장애인실태조사.

2) 장애인복지법 제31조 및 장애인복지법 시행령 제18조 내지 제19조를 기반으로 실시하고, 장애인의 생활실태 및 복지욕구를 파악하여 장·단기 장애인복지정책 수립 및 시행을 위한 기초자료로 이용하고자 실시한다.

재가 장애인의 성별 분포는 남자가 57.8%, 여자가 42.2%로, 남자의 비율이 다소 높은 것으로 나타났다. 장애 유형별로 살펴보면, 자폐성장애는 남자의 비율이 82.5%로 특히 높았으며, 뇌전증장애의 경우 여자의 비율이 49.6%로 상대적으로 높게 나타났다.

표 15-4 성별 분포

(단위: %, 명)

구분	지체 장애	뇌병변 장애	시각 장애	청각 장애	언어 장애	지적 장애	자폐성 장애	정신 장애	신장 장애	심장 장애	호흡기 장애	간 장애	안면 장애	장루 요루 장애	뇌전증 장애	전체
남자	57.0	57.0	60.2	52.8	74.9	64.9	82.5	51.6	59.8	61.1	78.8	73.2	64.2	54.2	50.4	57.8
여자	43.0	43.0	39.8	47.2	25.1	35.1	17.5	48.4	40.2	38.9	21.2	26.8	35.8	45.8	49.6	42.2
계	100.0	100.0	100.0	100.0	100.0	100.0	100.0	100.0	100.0	100.0	100.0	100.0	100.0	100.0	100.0	100.0
전국 추정수	1,162,531	256,042	252,490	424,652	23,254	202,112	38,072	103,819	107,516	4,944	11,400	15,239	2,629	18,439	7,235	2,630,374

출처: 보건복지부(2023). 2023년 장애인실태조사.

연령 분포를 살펴보면, 연령대가 높아질수록 증가하는 경향을 보이고 있는데, 특히 50대 이후 연령대에서 더욱 증가폭이 컸다. 50~60세 미만 15.1%, 60~70세 미만 23.9%, 70세 이상 42.0%로 나타나 60세 이후 장애인이 전체의 65.9%를 차지하고 있다. 대부분의 장애 유형에서 50세 이상부터 급격히 많아지는 것을 볼 수 있으나, 지적장애와 자폐성장애의 경우 상대적으로 30대 미만의 연령대에서 높은 비율을 보이고 있다.

표 15-5 연령 분포

(단위: %)

구분	지체 장애	뇌병변 장애	시각 장애	청각 장애	언어 장애	지적 장애	자폐성 장애	정신 장애	신장 장애	심장 장애	호흡기 장애	간 장애	안면 장애	장루 요루 장애	뇌전증 장애	전체
10세 미만	-	2.6	0.1	0.3	18.1	5.1	26.5	-	0.2	0.5	-	0.4	-	-	0.6	1.3
10~20세 미만	0.2	1.9	0.2	1.1	5.9	16.6	33.1	-	0.1	6.8	-	0.9	1.6	2.3	5.3	2.3
20~30세 미만	0.6	3.6	1.1	0.9	2.6	25.4	27.3	2.2	1.0	9.5	0.5	0.5	5.1	-	5.1	3.4

30~40세 미만	1.4	4.8	3.8	1.3	3.1	19.3	12.1	9.9	3.7	4.9	1.7	-	7.2	1.2	10.5	4.0
40~50세 미만	7.2	7.1	10.2	2.9	6.1	13.8	1.0	21.3	11.6	6.4	4.5	11.7	10.7	3.1	20.4	8.0
50~60세 미만	17.4	13.0	16.5	5.1	16.0	10.7	-	37.3	23.1	13.1	12.6	30.4	24.1	7.3	28.4	15.1
60~70세 미만	30.3	24.0	23.9	13.9	23.1	7.3	-	22.5	31.1	25.8	31.8	41.9	23.2	19.0	27.9	23.9
70세 이상	42.8	42.9	44.2	74.4	24.9	1.8	-	6.9	29.2	32.9	48.9	14.2	28.2	67.0	1.9	42.0
계	100.0	100.0	100.0	100.0	100.0	100.0	100.0	100.0	100.0	100.0	100.0	100.0	100.0	100.0	100.0	100.0

출처: 보건복지부(2023). 2023년 장애인실태조사.

장애인의 장애등록 연도를 살펴보면, 2003년~2008년이 22.2%로 가장 높게 나타났고 다음으로 2013년~2018년이 18.6%, 2019년~2021년이 16.6%의 순으로 높게 나타났다. 최근(2019년 이후) 장애등록(재판정 포함)한 비중이 높은 장애 유형은 신장장애(60.6%), 자폐성장애(58.9%), 호흡기장애(48.3%), 뇌전증장애(46.7%), 청각장애(42.3%), 장루·요루장애(41.3%), 언어장애(41.1%) 등이었다.

표 15-6 장애 등록 연도

(단위: %)

구분	지체 장애	뇌병변 장애	시각 장애	청각 장애	언어 장애	지적 장애	자폐성 장애	정신 장애	신장 장애	심장 장애	호흡기 장애	간 장애	안면 장애	장루 요루 장애	뇌전증 장애	전체
1988년~1992년	4.2	0.5	2.8	1.9	4.0	3.9	-	-	-	-	-	-	-	-	-	2.8
1993년~1997년	5.8	1.0	1.7	0.8	1.2	5.8	-	0.4	-	-	-	-	-	-	-	3.4
1998년~2002년	20.6	9.5	18.2	8.1	16.2	11.7	4.0	10.3	5.2	9.9	-	-	-	6.5	-	14.8
2003년~2008년	30.0	20.3	24.3	11.2	14.0	13.9	8.0	17.8	6.8	20.5	28.1	15.4	60.4	25.6	28.4	22.2
2009년~2012년	13.2	9.3	12.9	6.6	8.5	12.8	6.6	12.4	7.1	15.3	8.1	18.9	15.6	8.8	5.9	11.2
2013년~2018년	12.0	23.3	19.3	29.1	15.1	22.2	22.5	25.6	20.3	22.4	15.5	26.7	11.2	17.9	19.0	18.6
2019년~2021년	9.3	22.3	15.3	26.1	22.5	20.4	33.3	17.4	27.4	17.9	20.1	26.2	8.5	27.5	24.6	16.6
2022년 이후	4.9	13.9	5.6	16.2	18.6	9.4	25.6	16.1	33.2	14.0	28.2	12.8	4.4	13.8	22.1	10.3
계	100.0	100.0	100.0	100.0	100.0	100.0	100.0	100.0	100.0	100.0	100.0	100.0	100.0	100.0	100.0	100.0

출처: 보건복지부(2023). 2023년 장애인실태조사.

등록 장애 유형을 보면 주장애로는 지체장애가 44.4%로 가장 많았고, 다음으로 청각장애(16.4%), 시각장애(9.5%), 뇌병변장애(9.2%)의 순이었고, 안면장애(0.1%)가 가장 적었다. 부장애가 있는 경우의 장애 유형은 지체장애가 55.1%로 가장 많았고, 청각장애(12.0%), 뇌병변장애(10.6%) 등의 순이었다.

표 15-7 등록 장애 유형

(단위: %, 명)

구분	지체 장애	뇌병변 장애	시각 장애	청각 장애	언어 장애	지적 장애	자폐성 장애	정신 장애	신장 장애	심장 장애	호흡기 장애	간 장애	안면 장애	장루 요루 장애	뇌전증 장애	전체
주장애	44.4	9.2	9.5	16.4	0.9	7.9	1.4	4.0	4.1	0.2	0.4	0.6	0.1	0.6	0.3	100.0 (2,630,374)
부장애	55.1	10.6	10.5	12.0	5.1	3.5	0.3	0.3	0.2	0.3	-	0.4	0.5	0.7	0.5	100.0 (231,753)

주: 부장애의 경우 부장애가 있는 경우의 비율임.
출처: 보건복지부(2023). 2023년 장애인실태조사.

장애 정도를 살펴보면, 장애 정도가 심한 장애인이 34.9%, 장애 정도가 심하지 않은 장애인은 65.1%로 나타났다. 장애 유형별로 장애 정도가 심한 장애인은 지적장애, 자폐성장애, 정신장애의 정신적 장애 유형에서 99%~100%로 나타났고, 장애 정도가 심하지 않은 장애인은 간장애와 장루·요루장애에서 상대적으로 높게 나타났다.

표 15-8 장애 정도

(단위: %)

구분	지체 장애	뇌병변 장애	시각 장애	청각 장애	언어 장애	지적 장애	자폐성 장애	정신 장애	신장 장애	심장 장애	호흡기 장애	간 장애	안면 장애	장루 요루 장애	뇌전증 장애	전체
장애정도가 심한 장애인	16.6	57.5	17.7	19.2	42.3	100.0	100.0	99.0	73.8	75.9	95.6	4.6	45.7	5.3	25.1	34.9
장애정도가 심하지 않은 장애인	83.4	42.5	82.3	80.8	57.7	-	-	1.0	26.2	24.1	4.4	95.4	54.3	94.7	74.9	65.1
계	100.0	100.0	100.0	100.0	100.0	100.0	100.0	100.0	100.0	100.0	100.0	100.0	100.0	100.0	100.0	100.0

출처: 보건복지부(2023). 2023년 장애인실태조사.

2) 장애 가구 현황

장애인 가구의 총 가구원 수를 살펴보면, 2인 가구가 40.6%로 가장 많았고 다음으로 1인 가구 26.6%, 3인 가구 17.5%, 4인 가구 10.8%, 5인 이상 가구 4.5%의 순으로 나타났다. 특히 1인 가구의 경우는 장루·요루장애(34.3%), 안면장애(33.6%), 호흡기장애(33.2%), 시각장애(32.7%)의 경우에 다른 장애 유형에 비해 더 높은 비율을 보였다. 장애 유형별로는 대부분의 장애 유형에서 1인 및 2인 가구가 가장 높은 비율을 차지하고 있는 반면 지적장애와 자폐성장애의 경우 가구원 수가 3인 이상인 경우가 66.6%, 88.4%로 다른 장애 유형에 비해 높았다.

표 15-9 총 가구원 수

(단위: %)

구분	지체장애	뇌병변장애	시각장애	청각장애	언어장애	지적장애	자폐성장애	정신장애	신장장애	심장장애	호흡기장애	간장애	안면장애	장루요루장애	뇌전증장애	전체
1인	27.8	25.7	32.7	30.8	18.9	12.3	0.7	27.0	20.8	16.1	33.2	16.7	33.6	34.3	26.3	26.6
2인	42.8	40.4	39.7	46.3	35.1	21.1	10.9	37.3	46.8	42.1	42.0	43.3	30.0	47.5	36.5	40.6
3인	15.8	18.5	15.2	12.8	16.9	30.8	31.9	25.5	19.9	22.9	15.6	19.6	20.7	11.3	24.7	17.5
4인	9.7	10.0	8.4	6.6	21.4	26.4	43.4	7.0	9.7	10.2	6.6	17.1	9.3	2.9	8.4	10.8
5인 이상	3.8	5.4	4.1	3.4	7.7	9.4	13.1	3.3	2.8	8.7	2.6	3.3	6.4	4.0	4.1	4.5
계	100.0	100.0	100.0	100.0	100.0	100.0	100.0	100.0	100.0	100.0	100.0	100.0	100.0	100.0	100.0	100.0

출처: 보건복지부(2023). 2023년 장애인실태조사.

가구 내 총 장애인 수는 1인이 91.4%로 가장 많았으며, 다음으로 2인 7.9%, 3인 0.5%의 순이었다. 가구 내 장애인이 1인 있는 경우가 가장 많았으나, 2인 이상의 장애인이 있는 경우는 지적장애(16.1%), 언어장애(15.2%)가 상대적으로 가장 많았다.

표 15-10 가구 내 총 장애인 수

(단위: %)

구분	지체 장애	뇌병변 장애	시각 장애	청각 장애	언어 장애	지적 장애	자폐성 장애	정신 장애	신장 장애	심장 장애	호흡기 장애	간 장애	안면 장애	장루 요루 장애	뇌전증 장애	전체
1인	92.7	94.0	93.0	89.4	84.9	83.9	93.4	87.2	93.6	94.7	96.9	94.1	92.7	93.1	89.7	91.4
2인	7.1	5.6	6.5	9.6	13.0	13.6	5.7	11.7	5.7	5.3	2.6	5.9	7.3	6.9	9.9	7.9
3인	0.2	0.3	0.6	1.0	1.4	1.6	0.9	0.6	0.6	-	0.5	-	-	-	0.4	0.5
4인 이상	0.1	0.1	-	0.1	0.8	0.9	-	0.4	-	-	-	-	-	-	-	0.2
계	100.0	100.0	100.0	100.0	100.0	100.0	100.0	100.0	100.0	100.0	100.0	100.0	100.0	100.0	100.0	100.0

출처: 보건복지부(2023). 2023년 장애인실태조사.

장애인 가구의 가구주가 누구인지에 대해서는 장애인 본인인 경우가 65.4%로 가장 높은 비율을 보였고, 다음으로 배우자 15.4%, 부모 11.4%의 순으로 나타났다. 장애인 본인이 가구주인 경우는 호흡기장애가 85.5%로 가장 높았고, 다음으로 간장애, 안면장애, 장루·요루장애, 지체장애, 시각장애, 청각장애 등에서 70% 이상으로 높게 나타났으며, 부모가 가구주인 경우는 지적장애(68.8%), 자폐성장애(94.1%)에서 높게 나타났다.

표 15-11 가구주

(단위: %)

구분	지체 장애	뇌병변 장애	시각 장애	청각 장애	언어 장애	지적 장애	자폐성 장애	정신 장애	신장 장애	심장 장애	호흡기 장애	간 장애	안면 장애	장루 요루 장애	뇌전증 장애	전체
본인	74.8	56.5	74.2	72.6	54.3	17.9	3.4	43.8	66.5	56.2	85.5	77.0	76.0	75.7	44.9	65.4
배우자	17.5	19.1	16.1	12.9	8.9	4.6	-	11.9	21.8	17.2	7.0	17.2	13.5	14.3	21.7	15.4
자녀	4.9	7.2	4.4	9.5	5.5	0.8	-	2.1	6.5	6.6	3.6	1.6	1.3	5.8	0.4	5.3
자녀의 배우자	0.8	1.2	0.7	1.0	0.8	-	-	-	-	1.1	0.2	0.7	-	0.6	-	0.7
부모	1.5	13.8	3.3	3.4	29.3	68.8	94.1	32.0	4.7	16.9	2.6	3.0	8.6	3.3	26.7	11.4
형제자매	0.2	1.7	0.8	0.4	1.2	4.3	1.2	9.4	0.3	2.0	1.0	0.5	-	0.2	6.2	1.2
조부모	-	-	-	0.1	-	2.0	0.9	-	0.3	-	-	-	-	-	-	0.2
손자녀	-	0.2	0.2	0.1	-	-	-	-	-	-	-	-	-	-	-	0.1

배우자의 부모	-	-	-	0.1	-	-	-	-	-	-	-	-	-	-	-	-
배우자의 형제자매	-	-	-	-	-	-	-	-	-	-	-	-	-	-	-	-
기타 친족	0.3	0.2	-	0.1	-	1.1	0.4	0.4	-	-	-	-	0.5	0.1	-	0.3
비혈연	-	-	0.1	-	-	0.6	-	0.4	-	-	-	-	-	-	-	0.1
계	100.0	100.0	100.0	100.0	100.0	100.0	100.0	100.0	100.0	100.0	100.0	100.0	100.0	100.0	100.0	100.0

출처: 보건복지부(2023). 2023년 장애인실태조사.

장애인 가구 구성원을 기준으로 유형 분류를 하면, '부부 가구'가 31.6%로 가장 많았고, 다음으로 '1인 가구'(26.6%), '부부 + 미 · 기혼자녀'(22.7%), '편모 + 미혼자녀'(6.8%) 등으로 나타났다. 장애 유형별로는 지적장애, 자폐성장애에서 '부부 + 미 · 기혼자녀' 비율이 각각 48.3% 및 71.8%로 높았고, 정신장애(23.3%), 지적장애(21.1%)의 경우 '편모/편부 + 미혼자녀' 비율이 높게 나타났다.

표 15-12 가구 유형

(단위: %)

구분	지체 장애	뇌병변 장애	시각 장애	청각 장애	언어 장애	지적 장애	자폐성 장애	정신 장애	신장 장애	심장 장애	호흡기 장애	간 장애	안면 장애	장루 요루 장애	뇌전증 장애	전체
1인가구	27.8	25.7	32.7	30.8	18.9	12.3	0.7	27.0	20.8	16.1	33.2	16.7	33.6	34.3	26.3	26.6
부부	361	307	326	388	265	34	-	116	372	300	397	389	247	403	21.7	31.6
기타 1세대	0.3	1.4	0.5	0.5	0.8	2.9	0.9	6.4	0.9	2.0	0.3	1.0	-	0.1	1.9	0.9
부부 + 미기혼자녀	21.1	23.1	19.1	11.9	36.7	48.3	71.8	20.1	24.6	30.5	18.1	31.7	30.0	10.8	25.2	22.7
편부 +미혼자녀	1.5	1.6	1.7	1.4	2.1	5.2	2.8	4.7	2.0	4.7	2.2	0.3	1.9	2.6	4.7	2.0
편모 + 미혼자녀	5.2	6.3	5.4	4.5	6.7	15.9	14.1	18.6	6.9	4.8	0.2	2.9	4.9	5.3	14.6	6.8
부부 + 양친	0.1	0.3	-	0.5	0.5	0.3	-	0.3	-	-	-	0.7	-	-	-	0.2
부부 + 편부모	1.6	1.5	1.4	3.2	0.8	0.3	-	0.3	1.1	2.7	0.6	0.9	0.9	1.4	0.7	1.6
부부 + 자녀 + 부부형제 · 자매	0.2	0.4	-	0.0	-	0.2	-	1.4	-	-	-	0.6	-	-	1.4	0.2
조부모 + 손자녀	0.8	1.2	0.4	0.5	-	1.6	-	0.1	0.3	1.7	0.4	0.1	-	-	-	0.7
기타 2세대	1.5	2.6	1.3	1.7	1.3	3.4	1.3	4.7	1.5	0.8	0.7	1.7	1.5	1.0	2.3	1.9
부부 + 자녀 + 양친	0.6	0.9	0.4	1.0	-	0.6	2.4	-	0.6	-	1.3	0.5	-	2.6	0.3	0.7
부부 + 자녀 + 편부모	1.8	2.6	2.0	2.1	4.2	2.0	2.4	1.2	2.5	3.5	1.5	2.5	0.4	0.8	0.9	2.0

기타 3세대	1.4	1.5	2.2	3.1	1.5	3.0	3.7	2.9	1.4	3.0	1.7	1.5	2.1	0.8	-	2.0
비혈연가구	-	-	0.2	-	-	0.6	-	0.7	0.4	-	-	-	-	-	-	0.1
계	100.0	100.0	100.0	100.0	100.0	100.0	100.0	100.0	100.0	100.0	100.0	100.0	100.0	100.0	100.0	100.0

주: 기타는 조부모, 부모, 배우자, 형제자매, 자녀, 손자녀, 증조부모, 증손자녀, 비혈연 외 기타로만 이루어진 가구임.
출처: 보건복지부(2023). 2023년 장애인실태조사.

3. 장애인가족 지원서비스

1) 장애예방서비스

(1) 모자보건

모자보건은 임산부와 영유아를 대상으로 장애발생 위험요인을 사전에 발견하고 장애발생을 예방할 목적에서 실시되고 있는 사업으로, 전국의 보건소 및 모자보건센터를 중심으로 실시되고 있다. 선천적 장애의 발생 예방을 위해 1997년부터 모든 신생아에게 국고부담으로 선천성대사이상 검사를 무료 실시하며, 저소득층의 선천성대사이상 환아에게는 특수조제분유 무료지급 등 사후관리를 하고 있고, 임산부·영유아에 대한 무료 건강검진 및 예방접종, 임신·육아지침서의 발간과 보급 등 모자보건사업을 내실화하고 있으며, 유전성 질병 관련 장애발생 방지대책을 강화하고 있다.

(2) 산업안전

우리나라는 1960년대 이후 산업화 과정을 거치면서 산업재해로 인한 장애 발생이 늘어나는 양상을 보이고 있다. 산업재해보상보험이 1963년 도입된 이래 매년 10만여 명이 산업재해로 인하여 부상을 당하였으며, 이 중 3만여 명이 신체장애를 입은 것으로 나타나고 있다. 사업체에 대하여 산업안전보건위원회의 설치를 의무화하고, 사업장에 보건안전관리 책임자를 선임하여 산업안전에 관한 사항을 관장하게 하고 있다. 또한 노동부에서는 산업재해를 일으킬 수 있는 위험요인이 되는 불량 작업환경을 개선하기 위한 시설투자를 하는 산업체에 대하여는 산업재해예방시설자금을 융자하여 주고 있으며, 위험 기계·설비에 대한 기술적 안전평가제를 실시하고, 불량 작업환경 사업장에 대해 정기 감독과 개선지도를 실시하고 있다. 그리고 산업안전보건 전문인력을 양성·배치하고, 산업재해에 대한 인식개선을 위하여 경영자와 근로자를 위하여 재해예방에 대한 교육을 실시하고 있다. 직업병을 조기 발견하여 장애상태에 이르는 것을 예방하기 위해서는 특수검진 지정기관과 근로자에 대한 검진항목을 확대하고, 검진 누락방지를 위한 검진계획서 제출과 심사를 강화하고 있으며, 직업병 예방대책을 수립하여 실시하고 있다.

(3) 교통안전

교통 환경의 미비, 운전자와 보행자의 안전의식 미비, 자동차 보유 대수의 증가 등으로 인하여 교통사고로 인한 사상자가 지속적으로 증가하고 있다. 정부에서는 교통사고의 예방과 교통안전 증진을 위하여 교통안전정책심의위원회를 설치·운영하고 있으며, 1983년부터 매 5년 단위로 교통안전기본계획종합대책 및 세부시행계획을 수립하여 시행하고 있다.

2) 의료 및 소득보장서비스

(1) 의료보장

장애인은 다른 일반 환자들에 비하여 장기간의 치료와 재활을 요하므로 의료부문에 대한 복지정책이 필수적으로 요구되는데, 장애인 의료 및 재활지원으로는 사회보험제로서의 국민건강보험, 공적부조제도로서의 의료보호, 저소득장애인 의료비 지원, 건강보험 지역가입자의 보험료 감경, 장애인 등록진단비 지급, 장애검사비 지원, 발달재활서비스, 언어발달지원, 장애인보조기기 교부, 보장구건강보험급여(의료급여) 적용, 장애인 의료재활시설 운영, 여성장애인출산비용 지원 등이 있다.

(2) 소득보장

장애인의 경제적 문제를 해결하고자 국가에서 제공하는 직접적인 소득보장정책은 공적부조의 일환으로 실시되는 소득보장(국민기초생활보장, 생계보조 수당지급사업 및 자립자금대여사업), 사회보험의 장애연금 또는 장애일시(보상)금, 조세감면 및 이용요금할인 등을 통한 경제적 부담 경감 시책이다.

대여자금의 종류로는 생업자금, 취업에 필요한 지도 및 기술훈련비, 기능회복훈련에 필요한 고가의 재활기기 구입비, 고가의 사무보조기기 구입비, 기타 시·도지사가 장애인재활에 필요하다고 인정하는 비용 등이 있다. 성년 등록장애인이 대상이 된다.

(3) 보육·교육

장애인에 대한 교육권리를 보장하기 위한 정책으로는 장애아 보육료 지원과 여성장애인 교육지원, 특수학교 및 특수학급에서의 특수교육 실시 및 운영비 지급, 대학정원 특례입학제도, 특수교육 종합발전 계획 등이 있다.

(4) 직업재활

장애인 직업재활정책은 지난 1982년 당시 보건사회부가 사단법인 한국장애인재활협회로 하여금 장애인 취업알선업무를 위탁하여 한국장애고용촉진공단이 설립되기 전인 1992년까지 약 1만5,000명의 장애인을 취업시킴으로써, 1990년 「장애인고용촉진 등에 관한 법률」의 제정 및 한국장애인고용촉진공단의 설립에 기반을 다지게 되었다. 또한 동 법률은 300인 이상의 적용대상 업체보다는 300인 이하 업체에 많은 장애인을 고용하고, 사업주에 여러 가지 지원을 하여 장애인들의 직업 적응을 위한 노력을 하였으나 중증장애인의 고용한계와 정책의 한계를 드러내어 1999년 12월 「장애인고용촉진 및 직업재활법」으로 전면 개정되어, 장애인 고용정책이 직업재활정책으로 탈바꿈하는 계기를 마련하였다.

(5) 편의시설정책

장애인의 접근성 보장을 위한 편의시설 설치에 있어서 대표적인 법적 근거로는 보건복지부가 1997년 4월 10일 법률 제5332호로 제정한 「장애인·노인·임산부 등의 편의증진보장에 관한 법률」을 들 수 있다.

① 주거

공동주택 특별 분양알선은 「주택공급에 관한 규칙」 제19조에 의해 등록 장애인인 무주택세대주(정신지체인 경우 그 배우자 포함)에게 청약저축에 상관없이 공동주택 중 국민주택(국민주택과 국가, 지방자치단체, 대한주택공사 또는 「지방공기업법」 제49조의 규정에 의하여 주택사업을 목적으로 설립된 지방공사가 건설하는 주택 중 85제곱미터 이하의 주택) 등에 해당하는 주택을 공급 시 무주택세대주인 장애인에게 특별 공급할 수 있도록 알선하는 제도이다.

② 교통

우리나라의 교통수단에 대한 접근성은 승용차 관련, 공공교통수단 관련 접근성으로 나누어 볼 수 있다. 장애인 승용차와 관련하여 현재 우리나라에서 시행하고 있는 제도는 장애인 운전면허시험제도, 장애인차량에 대한 각종 세금 감면 및 면제제도, 자동차표지 발급 및 주차요금할인제도, 기타 비용부담 경감제도가 있으며, 공공교통수단 관련 제도로는 철도 및 지하철, 공공버스, 항공요금 등의 요금할인 및 감면제도가 있다.

③ 정보

개인과 기업의 생산성, 국가경제의 성장, 선진국과 후진국의 소득격차는 지식격차와 정보화 수준에 의해 결정되고 있어 지식정보사회에서 개인과 기업, 국가가 성공하기 위해서는 언제, 어디서나 유용한 정보를 획득하여 필요한 형태로 가공 및 활용할 수 있는 환경과 능력을 갖추는 것이 필요하다.

(6) 기타 서비스

장애인가족을 위한 서비스 영역으로 장애인 활동지원, 장애아 가족양육 지원(1~3급), 발달장애인 공공후견인 심판청구 비용지원, 발달장애인 공공후견인 활동비용 지원, 발달장애인 부모상담지원, 발달장애인가족휴식지원, 장애인거주시설 운영, 방송수신기 무료보급(자막방송수신기, 화면해설방송수신기, 난청노인용수신기), 실비 장애인 거주시설입소 이용료 지원, 장애인방송시청 지원, 장애인자동차표지 발급, 공동주택 특별분양 알선, 무료법률구조제도 실시 등이 있다. 장애인가족을 위한 지역사회 복지사업(재활시설) 및 기타 관련 정책은 주간보호시설 운영, 장애인복지시설 치과유니트 지원, 장애인복지관 운영, 장애인재가복지봉사센터 운영, 장애인체육시설 운영, 장애인특별운송사업 운영, 여성장애인가사도우미 파견, 장애인생활이동지원센터, 수화통역센터 운영, 장애인재활지원센터 운영, 지적장애인자립지원센터 운영, 편의시설 설치 시민촉진단 운영, 시각장애인편의시설지원센터 운영, 지체장애인편의시설지원센터 운영, 청각장애아동 인공달팽이관수술비 지원 등이 있다.

4. 장애인가족의 문제와 지원정책

1) 경제적 문제에 따른 지원정책

장애인가족이 직면하고 있는 문제는 매우 다양하나 그중 가장 큰 비중을 차지하는 것이 경제적 문제이다. 장애는 수입 감소와 지출에서 추가 비용을 발생시킴으로써 장애인가족에게 많은 경제적 부담을 지우고 있다. 장애인에 대한 교육비,

의료비, 보장구 구입과 같이 장애와 직접적으로 관련된 지출이 불가피할 뿐 아니라 교통비, 식비, 보호비 등 장애와 직접적으로 관계가 없어 보이는 품목에서도 추가적인 비용이 발생하게 된다. 현재 시행되는 경제적인 정책은 연금과 수당을 있다.

(1) 장애인 연금

18세 이상 「장애인연금법」상 중증 장애인으로 등록된 장애인이 읍·면·동 주민센터 방문 또는 복지로 온라인 신청을 통해 지급 받을 수 있다[2024년도 선정기준액 단독가구(130만 원), 부부가구(208만 원)].

표 15-13 장애인 연금 지원내용

구분		계	기초	부가
생계·의료급여	18~64세	424,810	334,810	90,000
	65세 이상	424,810	-	424,810
주거·교육급여 차상위	18~64세	414,810	334,810	80,000
	65세 이상	80,000	-	80,000
차상위 초과	18~64세	364,810	334,810	30,000
	65세 이상	50,000	-	50,000

출처: 보건복지부(2024). 2024년 장애인복지사업안내.

(2) 장애수당 및 장애아동수당

장애인의 경제적인 지원정책은 다음 <표 15-14>와 같다.

표 15-14 장애수당 및 장애아동수당 지원대상 및 지원내용

구분	지원대상	지원내용	신청기관
장애수당	국민기초생활보장법에 의한 수급자 및 차상위계층(기준중위소득 50% 이하)의 18세 이상 등록 장애인 중 장애인연금법상 중증장애인에 해당하지 않는 자(종전 3~6급)	• 기초(생계, 의료, 주거, 교육) 및 차상위 : 1인당 월 6만 원 • 보장시설 수급자(생계, 의료) : 1인당 월 3만 원	읍·면·동 주민센터에 신청
장애아동 수당	국민기초생활보장법에 의한 수급자 및 차상위계층(기준중위소득 50% 이하)의 18세 미만 장애아동 • 장애등록 외국인 중 난민인정자 및 특별기여자는 포함 • 중증장애인 : 장애인연금법상 중증장애인에 해당하는 자(종전 1급, 2급 및 3급 중복장애) • 경증장애인 : 장애인연금법상 중증장애인에 해당하지 않는 자(종전 3~6급)	• 기초(생계, 의료) 중증 : 1인당 월 22만 원 • 기초(주거, 교육), 차상위 중증: 1인당 월 17만 원 • 기초(생계, 의료, 주거, 교육) 및 차상위 경증: 1인당 월 11만 원 • 보장시설(생계, 의료) 중증 : 1인당 월 9만 원 • 보장시설(생계, 의료) 경증 : 1인당 월 3만 원	
장애아동 양육수당	어린이집·유치원(특수학교 포함), 종일제 아이돌봄서비스 등을 이용하지 않는 취학 전 가정양육 영유아 - 보호자가 장애아동 양육수당 지원을 신청하고, 장애인으로 등록되어 시·군·구가 장애아동 양육수당을 지원하기로 결정한 영유아	장애아동 양육수당(24~85개월): 100~200천 원	읍·면·동 주민센터 방문신청·복지로 온라인 신청

출처: 보건복지부(2024). 2024년 장애인복지사업안내.

2) 보육 및 교육 문제에 따른 지원정책

장애인가족이 직면하고 있는 문제로 자녀 보육과 교육 문제가 있다. 어린이집을 이용하지 않고 있는 경우도 많으며, 교육 기회가 있으나 장애라는 이유로 교육현장에 적응을 못하여 또는 정보를 갖지 못하는 경우 등이 많음으로 장애인가족의 보육 및 교육 문제는 지원정책에 대한 많은 홍보와 현실에 맞는 제도 보완이 이루어져야 할 것이다.

(1) 장애아 보육료 지원

장애아 보육료 지원(읍·면·동 주민센터에 신청)은 원칙적으로 장애인복지카드(등록증)를 소지한 만12세 이하의 미취학 장애아동이 지원대상이며, 장애아보육료는 인건비 지원시설 587,000원, 인건비미지원시설 수납한도액으로 지원이 된다. 장애아 방과 후 보육료는 12세 이하 등록 장애아 또는 8세 이하 특수교육대상 취학아동에게 298,000원을 지원하고 있다.

(2) 여성장애인 교육지원

여성장애인 교육지원(제공기관에 신청)은 「장애인복지법」에 의한 등록 여성장애인으로 사회참여 교육비 지원을 받을 수 있다. 역량강화교육프로그램(정서안정, 사회성 향상, 기초 경제적 역량강화 등 자립능력 향상을 위한 프로그램), 상담 및 사례관리, 자조모임, 지역사회 연계 지원을 받을 수 있다.

(3) 정보화 교육

정보화 교육(한국정보화진흥원 1588-2670 전화 신청)은 등록 장애인으로 전국 장애인 정보화교육기관에서 PC운용, OA운용, 생활활용, 멀티미디어 등 무료교육으로 집합교육과 중증 장애인은 1:1 방문교육도 받을 수 있다.

(4) 장애학생 정보격차 해소지원

장애학생 정보격차 해소지원(국립특수교육원 www.nise.go.kr 사이트 신청)은 「장애인 등에 대한 특수교육법」에 따른 특수교육대상자(시각·청각·지체·지적·자폐성·정서행동·의사소통·학습·건강·발달지체 장애인)의 특수학교 및 특수학급 교사, 일반학교 교사를 위한 콘텐츠를 개발하여 사이트 운영을 통해 지원하고 있다.

(5) 국립특수학교 및 국립부설학교 특수학급지원

국립특수학교 및 국립부설학교 특수학급지원(해당 기관 신청)은 국립특수학교(급)에 재학 중인 장애 학생(특수교육보조원 지원 대상은 특수교육 대상 학생 중 중증장애 학생 우선 지원) 방과후 교육비, 돌봄교실은 특수교육학생 희망자 전원 지원 대상이며, 특수교육대상 학생의 전인적 발달도모 및 부모의 사회활동 참여 증대를 위한 방과후학교 및 돌봄교실 운영지원을 하고 있다.

(6) 청소년 발달장애인 방과후 활동서비스

청소년 발달장애인 방과후 활동서비스(읍·면·동 주민센터 방문신청·복지로 온라인 신청)는 6세~18세 미만의 「장애인복지법」상 등록된 지적 및 자폐성 장애인(단, 18세 이상 재학생의 경우 방과후 활동서비스(재학증명서 필수)와 주간활동 서비스 중 택1 가능(중복이용 불가)) 장애인 당사자 및 가구의 소득수준과 무관하게 신청 가능하다. 지원 내용은 발달장애인이 의미 있는 낮시간을 보낼 수 있도록 취미, 여가, 활동 프로그램을 제공하여 지역사회 참여 및 성인기 자립 준비 지원, 부모의 돌봄 부담 경감(서비스 제공기관 이용권(바우처) 제공, 월 최대 66시간 제공)시킨다.

(7) 어린이집 우선입소 지원

어린이집 우선입소 지원(어린이집 입소대기관리시스템에 신청)은 장애의 정도가 심한 장애인이 지원대상이며, 우선입소 대상자가 된다.

3) 보건의료·건강 문제에 따른 지원정책

장애인가족이 직면하고 있는 문제로 보건의료 및 건강 문제가 있다. 장애인이 지역 내에서 예방접종이나 건강검진 등 건강에 관한 정보는 과거에 비해 점차 인터넷(스마트폰)을 통해 습득하는 경우가 많아지고 있고, 고령이나 지리적인 여건에 따라 소외된 사각지대가 존재하는 경우도 있으므로 맞춤형 찾아가는 서비스도 병행 실시하여 현실에 맞는 지원정책이 실행되어야 할 것이다.

(1) 장애인 의료비 지원

지원대상	지원내용	이용방법
• 의료급여법에 의한 의료급여 2종 수급권자인 등록장애인 • 건강보험의 차상위 본인부담 경감 대상자인 등록장애인(만성질환 및 18세 미만 장애인)	• 의료기관 이용 시 발생하는 급여항목 본인부담금의 일부 또는 전액 지원(비급여 제외) : 1차 의료기관 외래 진료 본인부담금 750원 일괄 지원 • 2차, 3차 의료기관 진료 : 의료(요양)급여 수가적용 본인부담 진료비 15%(차상위 14%, 암환자 5%, 입원 10% 등) 전액을 지원하되 본인부담금 식대 20% 및 약제비는 지원하지 않음	의료급여증과 장애인 등록증을 제시

(2) 건강보험 지역가입자의 보험료 경감

「장애인복지법」 규정에 의해 등록한 장애인으로 건강보험 지역가입자 중에서 건강보험공단에 신청자는 ① 자동차 분의 건강보험료 전액을 면제, ② 지역가입자 중 등록장애인이 있는 세대로 소득이 360만 원 이하인 동시에 과표 재산이 1억 3천 5백만 원 이하에 해당하게 되면 산출 보험료 경감(중증 30%, 경증 20%), ③ 장애의 정도가 심한 장애인이 장기요양보험가입자 또는 그 피부양자인 경우 장기요양보험료 경감(30%)을 시행하고 있다.

(3) 장애인 등록 진단서 발급비 및 검사비 지원

기초생활수급자로서 신규 등록 장애인, 재판정으로 재진단 받는 등록 장애인 중 기초수급자 또는 차상위계층은 읍·면·동 주민센터에 신청하여 지원을 받을 수 있다(지적, 자폐성, 정신장애 진단서 4만 원(그 외 1만 5천 원), 검사비 최대 10만 원 범위 내에서 실비 지원).

(4) 발달재활서비스

지원대상	지원내용	이용방법
• 연령기준: 18세 미만 장애아동 • 장애유형: 시각·청각·언어·지적·자폐성·뇌병변 장애아동(중복장애 인정) • 소득기준: 기준 중위소득 180% 이하(소득별 차등지원) • 기타 요건 - 장애인복지법상 등록장애아동 - 다만, 장애등록되지 않았지만 시각·청각·언어·지적·자폐성·뇌병변 장애가 예견되는 6세 미만 아동의 경우 발달재활서비스 의뢰서 및 검사 자료로 서비스 신청 가능 - 장애등록 외국인 중 예외적으로 난민 인정자 포함	• 매월 17만 원~25만 원의 발달재활서비스 바우처 지원 • 언어·청능, 미술·음악, 행동·놀이·심리, 감각·운동 등 발달재활서비스 선택하여 이용 • 시·군·구에서 지정한 발달재활서비스 제공 기관 중 이용자가 원하는 기관에서 서비스 이용 가능	읍·면·동 주민센터 신청

(5) 언어발달지원

언어발달지원은 ① 소득 기준으로 기준 중위소득 120% 이하, ② 연령 기준으로 12세 미만 비장애아동(한쪽 부모 및 조손가정의 한쪽 조부모가 시각·청각·언어·지적·뇌병변·자폐성 등록 장애인)에게 매월 16만 원~22만 원의 언어재활 등 바우처 지원과 언어발달진단서비스, 언어·청능 등(시·군·구에서 지정한 발달재활서비스 제공기관 중 이용자가 원하는 기관에서 서비스 이용 가능)의 지원을 읍·면·동 주민센터에 신청하여 받을 수 있다.

(6) 장애인보조기기 교부

장애유형(지체, 뇌병변, 시각, 청각, 심장, 호흡기, 언어, 자폐성, 지적장애)에 따라 소득기준(국민기초생활법상 수급자 및 차상위 계층)을 충족한 자 중에서 교부대상(서비스 지원 종합조사에서 보조기기 필요(적격)로 판정된 자)은 읍·면·동 주민센터에 신청하여 교부 받을 수 있다.

(7) 장애인보조기기 건강보험/의료급여 적용

건강보험(등록장애인 중 건강보험 가입자 및 피부양자), 의료급여(등록장애인 중 의료급여 수급권자)에게 전동휠체어, 의지·보조기, 자세보조용구 등 83개 품목에 대해 지급 기준 금액의 90%까지 국민건강보험공단(의료급여 대상자는 시·군·구청 신청)에서 지원(차상위, 의료급여 100%)한다.

(8) 기타 지원

① **여성 장애인 출산비용 지원**: 출산(유산, 사산 포함) 태아 1인 기준 120만 원 지급(읍·면·동 주민센터에 신청)

② **장애입양아동 의료비 지원**: 장애아동 의료비(진료, 상담, 재활 및 치료 소요비용)를 연간 260만 원 내에서 지원(시·군·구청 및 읍·면·동 주민센터에 신청)

③ **장애인 건강검진**: 장애인에 국한되지 않으며, 노인 등 거동이 불편한 수검자 이용 가능(2023년 12월 말 기준 110개소가 지정되어 운영)

④ **기타**: 특수교육 대상자 치료지원 서비스, 장애인산소치료 요양비 검사면제, 지역장애인 보건의료센터 운영

4) 일상생활 불편 해소를 위한 지원정책

장애인가족의 일상생활 수행에 있어 일부 지원 이상을 필요로 하는 장애인이 전체의 35.3%를 차지하고 있으며, 돌봄 서비스 수요 대비 현재 제공 받고 있는 공식 및 비공식 돌봄 지원이 부족하다고 응답한 장애인이 37.6%에 달하는 것으로 나타난 실태조사 결과 등이 이를 입증하고 있다. 따라서 전체 장애인을 대상으로 한 장애인활동지원서비스의 지속적인 확대와 함께 특히 장애 특성상 다른 장애 유형에 비해 돌봄서비스 수요가 높은 발달장애인을 대상으로 한 주간활동서비스 및 긴급돌봄서비스 등을 통해 일상생활 불편 해소를 위한 지원정책이 활성화되어야 할 것이다.

(1) 장애인활동지원

지원대상	지원내용	이용방법
6세 이상 65세 미만 장애인복지법상 등록 장애인 중 서비스 지원 종합조사 결과 산출된 종합점수에 따라 활동지원급여 수급자격을 인정받은 자[3]	• 월 한도액 - 활동지원급여(1~15구간): 월 971천 원~7,754천 원 - 특별지원급여 • 한시적 지원[4] - 출산: 월 1,294천 원 - 자립준비: 월 333천 원 - 보호자 일시부재: 월 333천 원	읍·면·동 주민센터에 신청

(2) 장애아 가족 양육지원

지원대상	지원내용	이용방법
• 18세 미만 장애 정도가 심한 장애아동을 양육하는 가정 • 기준중위소득 120% 이하는 무료 지원, 초과 시 본인부담금 40%(서비스 단가: 12,140원/시간) * 휴식지원 프로그램은 소득기준 상관없이 18세 미만 모든 장애아가족에게 지원(돌봄서비스 받는 가정 우선 지원)	• 돌봄서비스 - 아동의 가정 또는 돌보미 가정 등에서 돌봄서비스 제공 - 아동 1인당 연 1,080시간 범위 내 지원(초과 시 전액 본인부담) * 휴식지원 프로그램: 문화·교육프로그램, 휴식지원 프로그램 운영 및 상담서비스, 생활지도, 자조모임 결성 지원	읍·면·동 주민센터에 신청

(3) 발달장애인 주간활동서비스

지원대상	지원내용	이용방법
• 18~64세 장애인복지법상 등록된 지적 및 자폐성 장애인(장애인 당사자 및 가구의 소득 수준과 무관하게 신청 가능) • 기초조사, 종합조사의 적격 판정 및 지자체 수급자격심의위원회를 통하여 선정된 자	• 발달장애인이 의미 있는 낮시간을 보낼 수 있도록 취미, 여가, 활동 프로그램을 제공하여 지역사회 참여 및 자립지원, 부모의 돌봄 부담 경감 • 서비스 제공기관 이용권(바우처) 제공 (월 최대 132/176시간 제공)	읍·면·동 주민센터에 방문신청 또는 복지로 온라인 신청

3) 노인성질환이 있는 65세 미만의 등록 장애인도 활동급여 신청 가능('23~)
4) 노인장기요양 전환자 서비스 감소분 지원 중('21년~)

(4) 발달장애인 부모상담 및 가족휴식 지원

발달장애인 자녀를 가진 부모 및 보호자, 그 가족의 지원책으로 상담(개별/단체) 서비스 지원(1인당 월 160,000원 바우처 지원, 월 3~4회 회당 50~100분 12개월간 제공, 읍·면·동 주민센터 방문신청·복지로 온라인 신청)과 힐링캠프(가족캠프, 인식개선캠프, 동료상담캠프), 테마여행(역사, 문화, 기관방문 등 1인당 최대 240,000원), 돌보미 및 캠프(여행도우미)가 있다.

(5) 발달장애인 긴급돌봄

「장애인복지법」에 근거한 지적·자폐성 장애인 보호자의 도움을 주고자 발달장애인 보호자의 치료·입원, 경조사, 신체적·심리적 소진 등 긴급상황 시 일시적 돌봄서비스 제공(1회 최대 7일(사유별 이용일수 차이), 1년 최대 30일, 이용료 15,000원, 식비 15,000원, 국민기초생활수급자, 차상위자는 이용료 없으며 식비만 지불)하며, 지역발달장애인지원센터를 통해 이용이 가능하다.

(6) 기타 서비스 지원

① 실비 장애인 거주시설 입소 이용료 지원: 시·군·구에서 해당시설에 지원(월 294천 원 입소료 지원)

② 발달장애인 공공후견인 활동비용 지원: 가정법원에서 발달장애인의 공공후견인으로 선임 결정을 받은 자, 공공후견인 선임(월 200,000원), 월 지급 상한(월 500,000원, 1인 : 200,000원, 2인 : 400,000원, 3인 이상 : 500,000원)

③ 기타: 장애인 자동차 표지 발급, 공동주택 특별분양 알선, 농어촌장애인 주택개조 지원, 무료 법률구조제도 실시, 장애인 운전 및 면허취득 교육사업, 장애인 응급안전알림서비스

5) 취업 및 직업생활 적응을 위한 지원정책

2023년 장애인실태조사 결과에 장애인 경제활동참가율은 38.8%로 전체인구 경

제활동참가율인 64.7%의 약 절반 수준에 불과하고 장애인 실업률은 4.2%(전체인구 2.1%)로 나타났다. 인구 대비 취업자 비율인 고용률도 장애인이 37.2%로 우리나라 전체인구 고용률인 63.3%의 절반 수준인 것이다. 또한, 연령별 장애인 실업률의 경우 '20~29세' 청년장애인의 실업률이 9.6%로 가장 높고 다음이 '30~39세' 5.3%, '50~64세' 4.6%, '40~49세' 3.6%, '65세 이상' 3.0%의 순서로 조사되었다. 이를 개선하고자 시행되는 정책을 활성화하여 장애인 취업률 개선과 직업생활 적응을 지원하여 일과 가정생활이 병행될 수 있도록 지원해야 한다.

(1) 장애인 고용 서비스

지원대상	지원내용	이용방법
등록 장애인	• 장애인 취업지원서비스 등 제공 - 장애인 직업상담과 직업능력평가를 통한 집중 취업 알선 - 취업지원 프로그램 등 구직역량 강화 지원 - 장애인 직업훈련 실시 및 훈련비 지원 - 보조공학기기 및 근로지원인 서비스 지원 • 중증장애인 고용지원, 장애인훈련준비금(40,000원) 및 훈련수당(1일 18,000원) 지급, 재해보험가입 (사업주) 훈련보조금 1인당 1일 19,340원, 훈련기간 동안 직무지도원 배치	고용노동부 (한국장애인고용공단 ☎1588-1519, kead.or.kr)

(2) 장애인 일자리 지원

18세 이상 등록장애인(단, 시각장애인안마사 파견사업의 경우 시각장애인 중 관련법에 의거 안마사 자격 인증을 받은 자)을 대상으로 지원이 된다.

① 일반형 일자리

시·군·구청, 읍·면·동주민센터, 보건소, 공공기관 등에 배치되어 행정보조, 복지서비스 지원, 직업재활시설 지원 업무 수행하는 일자리로 전일제는 주 5일 40시간(월 보수 2,061,000원, 월 운영비 232,000원) 근로, 시간제는 주 20시간(월 보수 1,000,000원, 월 운영비 116,000원) 근로하게 된다.

② 복지 일자리

공공기관, 복지관 등에 배치되어 도서관 사서보조, 주차단속보조, 환경정리 등 참여자의 직업능력을 반영한 45개 맞춤형 직무 수행하는 일자리로 월 56시간(월 보수 552,000원, 월 운영비 24,000원) 근로하게 된다.

③ 시각장애인 안마사 파견

안마서비스 제공을 위한 일정 시설 여건 등을 갖춘 노인복지관, 노인여가시설(경로당)에서 안마서비스를 제공하는 일자리로 주 5일 25시간(월 보수 1,292,000원, 월 운영비 153,000원)을 근로하게 된다.

④ 발달장애인 요양보호사 보조

요양보호사가 배치된 노인복지시설 및 노인전문병원 등에 배치되어 요양보호사의 전반적인 업무를 지원하는 일자리로 주 5일 25시간(월 보수 1,292,000원, 월 운영비 153,000원)을 근로하게 된다.

(3) 장애인 생산품 판매시설 운영지원

장애인직업재활시설 등에서 물품을 생산하는 장애인이 지원 대상이며, 시·도당 1개소(17개 지역)가 설치지역이며 장애인들이 생산한 물품의 판로 확보로 장애인 취업 확대 및 소득을 보장해 준다.

(4) 기타 일자리 지원

장애인기업종합지원센터 운영, 장애인 창업점포 지원사업, 장애인창업육성, 중증장애인 직업재활 지원, 장애인 직업재활시설 운영 등이 있다.

(5) 장애인 자립자금 대여

지원대상	지원내용	이용방법
• 성년(19세 이상) 등록 장애인 - 소득기준 : 가구의 소득인정액이 기준 중위소득 50% 초과 100% 이하 - 금융기관의 여신규정상 결격사유가 없는 자[1] • 대여목적 : 생업자금, 생업용 자동차 구입비, 출퇴근용 자동차 구입비, 취업에 필요한 지도 및 기술훈련비 등[2]	• 대여한도 - 무보증대출 : 가구당 1,200만 원 이내(단, 자동차 구입자금의 경우 특수설비 부착 시 1,500만 원 이내) - 요건 : 재산세 2만 원 이상 또는 연간 소득 600만 원 이상 - 담보대출 : 5,000만 원 이하 • 대여이자 - 21년 1분기 이전 대상자까지 : 최고 3% - 21년 2분기 이후 신규자부터 : 최고 2% • 상환방법 : 5년 거치, 5년 분할 상환	읍·면·동에 신청

* 1) 국민기초생활보장법상의 수급자 및 차상위 계층은 미소금융재단의 자금 대여상품을 이용(자영업자 관련 대출자금, 장애인 자립자금 대출자금)
2) 생활가계자금, 주택전세자금, 학자금 등의 용도로 융자 불가

(6) 기타 채용/시험 관련

중증 장애인 경력경쟁 채용시험 실시(「장애인고용촉진법」상에 따른 중증장애인), 국가 공무원 및 외교관 후보자 선발 시험 편의제공, 국가직 5·7급 공채 영어 검정 시험 대체, 장기복무제대 군인 자녀 지정 취업 등이 있다.

(7) 중증 장애인 직업재활지원(훈련수당)

15세 이상 미취업 등록장애인, 특수교육 대상자가 지원대상이며, 직업적응훈련(일상생활훈련, 사회적응훈련, 작업환경적응 직업능력 향상 훈련 및 현장중심 직업훈련)을 한국장애인개발원에서 실시하며 훈련수당으로 월 100,000원을 받을 수 있다.

(8) 장애인 취업성공 패키지

지원대상	지원내용	이용방법
• 1유형 : 취업을 희망하는 만18세 이상 구직 장애인 • 2유형 : 중위소득 60% 이하의 취업을 희망하는 만18세 이상 구직 장애인 ※ 단, 만69세 초과할 경우 상담 및 평가를 통해 참여여부 판단	• 장애인에게 성공적인 취업과 직업적응을 지원하기 위해 단계별로 전문적인 서비스를 제공하는 통합 취업지원프로그램 • 1단계 : 장애인 전문 상담(최소 2회 이상 실시), 장애인 심리검사·직업평가, 장애인 집단상담 프로그램 운용, 개인별 취업 활동계획 수립 • 2단계 : 장애인 전용 직업훈련, 중증장애인 지원고용, 국민내일배움, 카드 훈련 연계 등 • 3단계 : 집중취업알선 및 취업 후 적응 지도(적합일자리동행면접)·취업 후 적응 지도 등	한국장애인 고용공단 ☎1588-1519

(9) 장애인 직업능력개발 운영(훈련수당)

지원대상	지원내용	이용방법
• 만15세 이상 장애인 중 직업능력개발훈련을 희망하거나 필요로 하는 자 - 훈련수당지급 대상 : 정규훈련(융복합 훈련, 특화훈련) 또는 1개월 이상의 맞춤 훈련 과정 훈련생 - 한국장애인고용공단에서 지원하는 공공(폴리텍)·민간훈련기관 훈련생	• 직업능력개발원, 맞춤훈련센터(8개소), 발달장애인 훈련센터(19개소) • 훈련 수당 : 참여수당 + 장려금(교통비, 식비) - 참여수당[1] : 월 최대 20만 원 - 교통비 : 월 최대 5만 원 - 식비[2] : 월 최대 6만 6천 원	한국장애인 고용공단 ☎1588-1519

* 1) 훈련참여수당의 경우 장애인취업성공패키지 2단계 수당을 받는 자는 제외한다.
2) 단, 훈련기관이 식사를 제공하는 경우 식비를 지급하지 아니하며, 통학생 중 개인적 사정(식이조절 등으로 개별 도시락 지침)으로 식비 지급을 희망할 경우 지급한다.

참고문헌

가족·환경연구회(1994). **가족과 환경**. 경기: 교문사.

경찰청(2017). 다문화 가정 폭력 검거건수 현황.

공인숙(1999). 가정복지서비스 전달체계의 모형 탐색. **한국가정관리학회지**, 19(3), 217-228.

권선진(2007). **장애인복지론**. 서울: 청목출판사.

권육상 외(2011). **가족복지론**. 서울: 동문사.

권진숙·신혜령·김정진·김성경·박지영(2006). **가족복지론**. 경기: 공동체.

김규수·오현숙(2010). **가족치료-이론과 실제**. 경기: 양서원.

김동성 외(2002). 주민자치센터 프로그램 개발연구. 경기도.

김상욱·김지법·문용갑·신승배(2013). 한국종합사회조사 2012. 성균관대학교출판부.

김소영·마경희·송효진·김아영(2015). 가족정책 관점에서 본 간통죄 폐지의 의미와 향후 정책방안 연구. 한국여성정책연구원.

김연옥 외(2005). **가족복지론**. 서울: 나남.

김영만(2011). 가정폭력의 현황과 문제점 및 방지방안 연구. 서울: 한성대학교.

김영화·이진숙·이옥희(2010). **성인지적 가족복지론**. 경기: 양서원.

김유숙(2002). **가족치료**. 서울: 학지사.

김은영 외(2009). **가족복지론**. 경기: 학현사.

김은지(2013). 한부모가족을 위한 양육비 이행확보지원: 필요성과 해외사례. 국회 민현주의원실 토론회 자료.

김은지·황정임(2012). 저소득 한부모가족 아동양육비 지원방안 연구. 한국여성정책연구원.

김익균·박은미·이정남(2009). **가족복지론**. 서울: 동문사.

김인숙(1991). **모자가족의 심리 사회적문제와 대책**. 서울: 성공회대학교.

김일태(2001). 주민자치센터의 올바른 이해와 활성화 방안. **새서울터전**, 8(2). 서울특별시.

김종성 외(2002). 주민자치센터 운영모델 개발연구. 경기도.

김주원 외(2002). 주민자치센터 프로그램 개발. 강원도.

김필두(2000). 읍·면 주민자치센터 설치의 필요성과 활성화 방안. 지방자치, 제141호. 현대사회연구소.

김혜경 외(2016). **가족복지론**. 경기: 공동체.

김혜란 외(2005). **사회복지 실천기술론**. 서울: 나남.

김혜숙(2008). 가족치료 이론과 기법. 서울: 학지사.

김희수·김은영(2003). 사회복지관에서의 통합적인 가족서비스에 대한 연구. 태화사회복지관 자료집.

나동석(1997). 가족개발을 통한 빈곤문제해결에 관한 연구. 한국사회복지학회, 통권 31호, 32-34.

류종훈(2006). 최신 가족복지론. 경기: 학현사.

박귀영 외(2008). 최신 가족복지론. 서울: 은혜출판사.

박미은·신희정·이혜경·이미림(2015). 가족복지론. 경기: 공동체.

박성석 외(2009). 가족복지론. 경기: 양서원.

박소연·양소남(2015). 청소년의 인터넷 사용시간에 영향을 미치는 요인: 융복합적 함의를 중심으로. 디지털융복합연구, 13(9).

박인영(2012). 활동보조서비스 만족도가 장애인 사회참여에 미치는 영향 연구. 백석대학교 박사학위논문.

박지연(2006). 장애인가족지원. 서울: 학지사.

보건복지부(2001). 2001년도 사회복지관 및 재가복지봉사센터 운영안내.

__________(2003). 노인보건복지사업안내.

__________(2012). 2012년 사회복지관 운영관련 업무처리 안내.

__________(2016). 2016년 국민생활보장수급자 현황.

__________(2017a). 2017 노인보건복지사업안내.

__________(2017b). 2017 노인복지시설 현황.

__________(2023). 2023년 국민기초생활보장 수급자 현황.

__________(2023). 2023년 장애인실태조사.

__________(2024). 2024 긴급복지지원사업 안내.

__________(2024). 2024년 노인보건복지사업안내.

__________(2024). 2024년 노인복지시설 현황.

__________(2024). 2024년 지역아동센터 지원 사업안내.

__________(2024). 2024년 장애인복지 사업안내.

__________(2024). 2024년 전국 사회복지관 현황.

__________(2024). 2024년 사회복지관 운영관련 업무처리 안내.

서상범·이은아·정병오(2017). 사회복지관의 가족복지전달체계로서의 현황과 과제-경기도를 중심으로-. 한국가족사회복지학회 학술발표논문집, 2017권 2호, 95-123.

서울특별시(2002). 주민자치센터 활성화 프로그램 개발 학술용역.

성정현 · 여지영 · 우국희 · 최승희 · 임세희(2014). **가족복지론**. 경기: 양서원.

손병덕(2011). **가족복지론**. 서울: 학지사.

손병덕 · 황혜원 · 전미애(2008). **가족복지론**. 서울: 학지사.

송성자(2000). **가족과 가족치료**. 경기: 법문사.

송정애 외(2010). **가족복지론**. 경기: 양서원.

심재호(1999). 주민자치센터의 도입에 따른 사회복지 전달체계의 구축방안. **인문사회과학연구**, 1.

안전행정부(2017). 2016년 외국인주민현황조사.

양승주 외(2002). 주민자치센터 프로그램 개발연구. 전라남도.

양옥경(2005). **가족과 사회복지**. 서울: 이화여자대학교출판부.

양옥경 · 이재경 · 김인숙 · 윤홍식 · 송다영 · 박영희 · 정순둘 · 김유순 · 김신열 · 이은주 · 류미란 · 최명민 · 이선혜(2007). **가족복지의 정책과 실천**. 경기: 공동체.

양희택 · 최영 · 이승민(2011). **장애인복지 이해와 실천**. 경기: 정민사.

엄명용 · 김성천 · 오혜경 · 윤혜미(2004). **사회복지 실천의 이해**. 서울: 학지사.

엄명용 · 노충래 · 김용석(2005). **사회복지 실천기술의 이해**. 서울: 학지사.

엄예선(2004a). **한국 가족치료 개발론**. 서울: 홍익재.

______(2004b). 가족치료의 초기과정을 이끄는 방법. **한국사회복지학**, 제23호, 261-285.

에이블뉴스(2016). 장애인에 초점 맞춘 선진국의 활동보조제도. 2016.11.15.

여성가족부(2013). 제2차 건강가정기본계획 2013년도 시행계획(2011-2015).

__________(2016). 2015년 한부모가족 실태조사.

__________(2017). 2016년도 가정폭력 피해자 지원시설 운영실적.

__________(2018). 2018년 건강가정지원센터 사업안내.

__________(2021). 2021년 한부모가족 실태조사.

__________(2022). 2021년 전국다문화가족실태조사.

__________(2022). 2022년 가정폭력실태조사 연구.

__________(2024). 2024년 가족사업안내.

__________(2024). 2024년 한부모가족지원사업 안내.

여성한국사회연구소(2002). 가족과 한구사회-변화하는 한국가족의 삶 읽기-. 서울: 경문사.

원영희 · 최혜지(2015). 핵심사업을 통해 본 노인복지관 역할의 중심성과 고유성(서울시 노인복지관을 중심으로). **사회복지 실천과연구**, 12(2), 105-136.

유성지(2014). 다문화가족지원정책 추진 실태와 개선방안 연구. 경희대학교 공공대학원.

윤지은(2017). 다문화가정 정책 현황 및 개선방안 연구. 건국대학교 교육대학원 석사학위논문.

윤홍식 · 송다영 · 김인숙(2011). **가족정책론 : 복지국가의 새로운 전망**. 경기: 공동체.

이규진(2007). 저소득 모자가족의 생활실태 및 대책 : 청주시를 중심으로. 청주대학교 사회복지행정대학원 석사학위논문.

이근홍(1999). 노인의 경로당 이용만족도와 운영 개선방안. **노인복지연구**, 제5호.

이민아(2010). 지역사회복지관과 건강가정지원센터의 가족복지서비스프로그램 운영실태 및 개선방안 연구: 서울특별시를 중심으로. 서울기독대학교 일반대학원 석사학위논문.

이선우 · 김용득 · 장기성 · 황소진 · 김수완(2014). 장애인주거정책 현황 및 개선방안 연구. 부산복지개발원.

이영분 외(2000). **사회복지 실천론**. 서울: 동인.

이영분 · 신영화 · 권진숙 · 박태영 · 최선령 · 최현미(2008). **가족치료–모델과 사례**. 서울: 학지사.

이영실 외(2016). **가족복지론**. 경기: 양서원.

이영주 외(2015). **가족복지론**. 경기: 양서원.

이원숙(2012). **가족복지론**. 서울: 학지사.

이종복 외 역(2001), 野々山久也 저(1992). **가족복지**. 서울: 나눔의 집.

이준영 외(2016). 노인복지관 운영가이드 및 서비스 기준안 개발 보급사업-노인복지관 운영 · 사업실태조사 보고서. 보건복지부 · 한국노인종합복지관협회.

이진 · 소순창(2016). 한국 가족복지전달체계 개선방안에 대한 연구: 전달체계의 적절성 · 통합성 · 지속성을 중심으로. **지방정부연구**, 20(1), 81-108.

이진숙 · 신지연 · 윤나리(2010). **가족정책론**. 서울: 학지사.

이창수(1999). 주민자치센터를 통한 지역사회복지사업 방안에 관한 연구. **대덕대논문집**, 제17집.

이현주(2002). 주민자치센터의 운영 효율화 방안. **경인논집**, 제9호.

이화여자대학교 사회복지연구회 역(2001). **가족복지 실천론**. 서울: 나눔의 집.

이효재(1988). **가족과 사회학**. 서울: 경문사.

임동진(2011). 다문화정책 실태분석 및 개선방안 연구. 한국행정연구원.

임병우 외(2007). 노인복지관의 기능재정립에 관한 연구. 보건복지부 · 한국노인복지관협회.

임보혜(2011). 사회복지관 가족복지사업의 실태 및 종사자 욕구와 인식에 관한 연구. 대구대학교 사회복지대학원 석사학위논문.

장동일(2003). 노인복지회관 이용노인의 욕구와 프로그램의 개선방안. **노인복지연구**, 제19호.

장재열(2010). 우리나라 다문화가족복지정책의 현황과 개선방안에 대한 연구. 중부대학교대학원 석사학위논문.

장혜경 외(2005). 가족실태조사. 여성가족부(한국여성개발원 수행).

전국다문화가족사업지원단(2008). 다문화가족 상담가이드북.

전원보(2000). 주민자치센터의 성공적 실시를 위한 방안. **21세기정치학회보**, 10(2), 137-156.

______(2002). 주민자치센터 도입의 효과와 문제점. **동의논총**, 제36집.

정경희 외(1998). 노인복지의 현황과 정책과제. 한국보건사회연구원.

정무성 외(2004). 패러다임의 변화에 따른 장애인복지관 기능 및 역할 모형에 관한 연구. 보건복지부·대구광역시·한국장애인복지관협회.

_________(2010). 사회복지관 기능정립연구. 보건복지부·한국사회복지관협회.

정문자 외(2008). **가족치료의 이해**. 서울: 학지사.

_________(2012). **가족치료의 이해**. 서울: 학지사.

정문자·송성자·이영분·김유순·김은영·어주경(2006). **해결중심 가족치료 사례집**. 서울: 학지사.

정석환(2005). 이야기 치료. 대전·충남 상담학회 워크숍 자료집. 한국상담학회.

정 은(2006). **가족치료 이론과 실제**. 서울: 창지사.

______(2009). **가족상담. 모델과 사례**. 서울: 창지사.

정은주(2011). 가족중심실천에 관한 중요성인식과 현재실천의 차이 연구 : IPA기법 활용. **한국가족복지학**, 16(2), 67-93.

정은하(2011). 노인종합복지관 기능 및 역할 재정립 연구. 서울특별시·서울시복지재단.

정재훈(2013). 한국 가족복지 전달체계의 과제와 대안. **복지동향**, 제175호, 5-8.

정춘숙 외(2008). **여성주의적 가정폭력 쉼터 운영의 실제**. 서울: 한울타리.

정현숙 외(2007). **가족관계**. 서울: 도서출판 신정.

정혜정·공미혜·전영주·정현숙(2009). **가족과 젠더**. 서울: 도서출판 신정.

조선일·정순관(2001). 주민자치센터 운영의 평가와 과제 -전라남도 읍·면 시범지역을 중심으로-. **한국사회와 행정연구**, 12(2). 서울행정학회.

조흥식 외(2002). **가족복지학**. 서울: 학지사.

_________(2010). **가족복지학**. 서울: 학지사.

중앙아동보호전문기관(2016). 2016년 전국아동학대 현황보고서.

지은구 외(2016a). 노인복지관 운영가이드 및 서비스 기준안 개발 보급사업 - 노인복지관 유형화에 따른 운영가이드 및 서비스 기준안 연구. 보건복지부·한국노인종합복지관협회.

_________(2016b). 노인복지관 운영가이드 및 서비스 기준안 개발 보급사업 - 성과측정 도구 개발 연구. 보건복지부·한국노인종합복지관협회.

_________(2016c). 노인복지관 운영가이드 및 서비스 기준안 개발 보급사업 - 노인복지관 성과관리척도집. 보건복지부·한국노인종합복지관협회.

최경석·김양희·김성천·김진희·박정윤·윤정향(2006). **한국가족복지의 이해**. 서울: 인간과 복지.

최경석(1993). 노인복지. 한국 사회보장제도의 재조명. 중앙대학교 사회복지학과 편. 한국복지정책연구소출판부.

최덕경 외(2010). **가족복지론**. 서울: 파란마음.

최봉기(2001). 주민자치센터 설치운영정책의 실태분석과 효율적 운영방안. **사회과학논총**, 20(2), 167-194.

최연실(1999). 한국가정복지정책과 서비스 전달체계의 현황과 평가. **한국가정관리학**, 17(4), 99-118.

최용환 외(2002). 주민자치센터 프로그램 개발연구. 충청북도.

최현미·이혜경·신은주·최승희·김연희·송성실(2010). **다문화가족복지론**. 경기: 양서원.

통계청(2016). 2016년 고령자통계.

______(2017). 2016년 인구주택총조사.

______(2023). 2023년 인구주택총조사.

한국가족학회(1994). **복지국가와 가족정책**. 서울: 도서출판 하우.

한국사회복지관협회(2002). **사회복지관 프로그램 사례연구Ⅱ**. 등촌4 종합사회복지관. 가족기능보완사례 인용, 27-46.

__________________(2004). **사회복지관 프로그램 사례연구Ⅳ**. 신월종합사회복지관. 가족임파워먼트 사례 인용, 121-130.

__________________(2004). **사회복지관백서**.

__________________(2015). **사회복지관과 지역사회복지 실천**. 경기: 공동체.

한국여성복지연구회(2008). **가족복지론**. 서울: 청목출판사.

한국여성인권진흥원(2023). 여성폭력 피해자 보호시설·주거지원시설 현황 및 개선방안 연구.

행정자치부(2002a). 전국 주민자치센터 운영 현황집(Ⅰ)(Ⅱ)(Ⅲ).

__________(2002b). 행정자치백서.

허남순·노혜련 역(2004), DeJong, P. & Berg, I. K. 저(1998). **해결을 위한 면접**. 서울: 시그마프레스.

Alice C. Kilpatric & Thomas P. Holland(2008). **가족복지 실천기술론**(유계숙·신수진·정혜정·권영인·강진경·천혜정 공역). 서울: 시그마프레스.

Barry Couurnoyer. **사회복지 실천기술 연습**(김인숙·김용석 역). 경기: 나남.

M. McGoldrick & R. Gerson(1997). **가족치료를 위한 가족분석 가계도**(이영분·김유숙 역). 서울: 홍익재.

McGoldrick, M., & Gerson, R.(2005). **가족분석가계도**(이영분 외 공역). 서울: 학지사.

한국사회복지관협회 홈페이지 http://kaswc.or.kr/welfarecenter
한국노인종합복지관협회 홈페이지 http://www.kaswcs.or.kr
행정안전부 홈페이지 http://www.mois.go.kr

Ackerman, N. (1960). *The psychodynamics of family life*. Basic Books.

Bailey, D. B., Blasco, P. M., & Simeonsson, R. J. (1992). Needs expressed by mothers and fathers of young children with disabilities. *American Journal on Mental Retardation, 97*, 1-10.

Berge, I., & Miller. S. (1992). *Working with the problem drinker*. New York: W. W. Norton.

Berry, J. O., & Jones, W. H. (1995). Balancing employment and fatherhood. *Journal of Family issues, 19*, 386-402.

Black, A. E., & Pedro-Carroll, J. L. (1993). Role of parent-child relationships in mediating the effects of marital disruption. *Journal of the American Academy of Child and Adolescent Psychiatry, 32*, 1019-1027.

Bowen, G. K., & Chapman, M. V. (1996). Poverty, neighborhood danger, social support, and the individual adaptation among at-risk youth in urban areas. *Journal of Family Issues, 17*, 641-666.

Bowen. M. (1978). *Family therapy in clinical practice*. New York: Jason Aronson.

Brock, G., & Barnard, C. (1992). *Procedures in marriage and family therapy*. Boston: Allyn and Bacon.

Busby, D. M., Christensen, C., Crane, K. R., Larson, J. S. (1995). A revision of the dyadic adjustment scale for use with distressed and nondistressed couple: Construct hierarchy and multidimensional scales. *Journal of Marital and Family Therapy, 21*(3), 289-308.

Chun, Y. J., & MacDermid, S. M. (1997). Family differentiation, individuation and self-esteem of Korean adolescents. *Journal of Marriage and the Family, 59*(2), 451-462.

Cicirelli, V. G. (1995). A measure of caregiving daughters' attachment to elderly mothers. *Journal of Family Psychology, 9*(1), 89-94.

Collins., D., Jordan, C., & Coleman, H. (1999). *An introduction to family social work*. F. E. Peacock Publishers, Inc.

Dominelli, L .(2002). *Anti-oppressive social work theory and practice*. NY: PALGRAVE.

Dunst, C. J., & Leet, H. (1987). Measuring the adequacy of resources in households with young children. *Child Care Health and Development, 13*, 111-125.

Fook, J. (1993). *Radical casework*. Australia: Allen & Win Pty Ltd.

Fraser, Pecora & Haapala (1991). *Families in crisis*. New York: Aldine de Gruyter.

Garrison, M., E., & Hira, T. K. (1992). The effects of daily hassles, reported managerial behavior, family adaptability and cohesion on family health. *Family Perspective, 26*, 361-382.

Gavazzi, S. M, Reese, M. J., & Sabatelli, R. M. (1998). Conceptual Development and empirical use of the Family Intrusiveness Scale. *Journal of Family Issues 19*, 65-74.

Goldenberg, H., & Goldenberg, I. (1998). *Counseling today's families* (3rd ed.). Brooks/Cole Publishing Company.

________________(1991). *Family therapy: An overview* (3rd ed.). Pacific Grove. CA: Brooks/Cole.

Hartman & Laird. (1983). *Family-centered social work practice*. New York: Free.

Howell, S. H., Portes, P. R., & Brown, J. H. (1997). Gender and age differences in child adjustment to parental separation. *Journal of Divorce and Remarriage, 27*, 141-158.

Libow, J. A., Raskin, P. A., & Caust, B. L. (1982). Feminist and family systems therapy: Are they irreconcilable? *American Journal of Family Therapy, 10*(3), 3-12

Michael, R. & Andrews, J. (2001). *The Road Not Taken. Ann Arbor*: Sheridan Books.

Minuchin, S. (1974). *Families and family therapy*. Cambridge. MA: Harvard University Press.

________(1974). *Structural family therapy*. New York: Basic Books.

Morgan, A. (2000). *What is narrative therapy?: An easy-to-read-to-read introduction*. South Australia: Adelaide. Dulwich Centre Publications.

Murstein, B. I., & Adler, E. R. (1995). Gender differences in power and self-disclosure in dating and married couples. *Personal Relationship, 2*, 199-209.

Netemeyer, R. G., Bles, J. S., & McMurrian, R. (1996). Development and validation of Work-Family Conflict and Family-Work Conflict Scales. *Journal of Applied Psychology, 81*(4), 400-410.

Nichols, M. P., & Schwartz, R. C. (2005). *The essentials of family therapy* (2nd ed.). Pearson Education, Inc.

________________(1995). Family therapy: Concepts and methods. (3rd). Boston: Allyn and Bacon.

Robinson, B. E., & Carroll, J. J. (2000). Criterion-related validity of the marital disaffection sale as a measure of marital estrangement. *Psychological Reports, 86*, 1101-1103.

Rossa, M. W., Sandler, I. N., Gehring, M., Beals, J., & Cappo, L. (1988). The Children of Alcoholics Life-Events Schedule: A stress scale for children of alcohol-abusing parents. *Journal of Studies on Alcohol, 49*(5), 422-429.

Sandau-Beckler, P. (2001). Family-Centered Assessment and Goal Setting. In Walton, E. (eds.), *Balancing Family-Centered Services and Child Well-Being*. New York: Columbia University Press.

Sanders, B., & Becker-Lausen, E. (1995). The measurement of psychological maltreatment: Early data on the Child Abuse and Trauma Scale. *Child Abuse and Neglect, 19*, 315-323.

Satir, V. (1967). *Conjoint family therapy*. Palo Alto Cal: Science and Behavior Books, Inc.

________(1983). *Conjoint family therapy*. Palo Alto, CA: Science and Behavior Books.

Shazer, S. (1988). *Clues: Investigating slutions in brief therapy*. New York: Norton.

Shields, C. G., Franks, P., Harp, J.J., McDaniel, S. H., & Campbell, T. L. (1992). Development of the Family Emotional Involvement and Criticism Scale. *Journal of Marital and Family Therapy, 18*(4), 395-407.

Singh, R. N., & Mcbrown, J. (1992). On measuring the adjustment of separated and divorced Mothers to Parenting: A proposed scale. *Journal of Divorce and Remarriage, 18*(1/2), 127-147.

Thompson, N. (2001). *Anti-discriminatory practice*. British Association of Social Workers.

White, M., & Epston, D. (1990). *Narrative means to therapeutic ends*. New York: Norton.

Whitsett, D., & Land, H. (1992). The development of a role strain index for stepparents. *Families in Society, 72*, 14-22.

Zastrow, C., & Kirst-Ashman, K. K. (1997). *Understanding human behavior and the social environment* (4th ed.). Chicago: Nelson-Hall Publishers.

Zhang, C. (2000). Family service delivery in early head start: perspectives of professionals in six states. Dissertation in the Illinois University.

찾아보기

인명

내용

저자소개

■ 임정문

성결대학교 대학원 사회복지학 박사
전) EBS교육방송 강사
이그잼 고시학원 사회복지학 교수
경복대학 겸임교수
고려직업전문학교 교수
현) 포천 다문화가정지원센터 부소장
은평여성인력개발센터 운영위원
경민대학교 교수

■ 한현지

대구가톨릭대학교 대학원 문학박사(심리학)
현) 성운대학교 미래휴먼사회복지학부 학부장

■ 신선애

영남대학교 사회학 박사
현) 부산과학기술대학교 사회복지과 전임교수
복지법인) 삼원 이사

■ 오선영

원광대학교 일반대학원 가정아동복지학과 박사
전) 춘천교육대학교, 공주교육대학교 외래교수
충청북도 여성고용대책위원회 위원
국민건강보험공단 청주청원서부지사 장기요양등급판정위원회 위원
충북사회복지사협회자문위원
현) 충북보건과학대학교 복지행정과 교수(학과장)

가족복지론

초판 1쇄 인쇄 / 2025년 2월 20일
초판 1쇄 발행 / 2025년 2월 25일

공저자 / 임정문 · 한현지
신선애 · 오선영
발행인 / 이 중 수
발행처 / **동 문 사**

서울특별시 서대문구 홍제원 1길 12
(홍제동 137-8)
Tel : 02)736-3718(대), 736-3710, 3720
Fax : 02)736-3719
등록번호 : 1974.04.27. 제9-17호
가격 : 25,000원

ISBN : 979-11-6328-650-9(93330)
E-mail : dong736@naver.com
www.dongmunsa.com